普通高等教育经管类专业系列教材

# 商务谈判实务
## (第 4 版)

杜海玲　许彩霞　主　编
邵子豪　隋囡囡　副主编

清华大学出版社
北　京

## 内容简介

本书吸收了商务谈判学最新的理论和实践研究成果，以扎实理论、突出应用、培养技能为目标，覆盖了商务谈判学中的主要实践环节的内容，结合丰富的案例，遵循"学以致用"的原则，对重点内容进行挖掘，强化了综合性、应用性和实践性。全书共3篇、9章，分为基础原理篇、基本程序篇和实务篇。第一篇包括商务谈判概述、商务谈判心理和思维、国际商务谈判；第二篇包括商务谈判准备、商务谈判过程；第三篇包括商务谈判策略、商务谈判技巧、商务谈判僵局的破解和商务谈判的礼仪与礼节。本书案例力求新颖，语言通俗易懂、选材实用生动，可读性强。在结构安排上，按学习目标、开篇案例、正文、本章小结、综合练习和实践练习为顺序，由浅入深，循序渐进，培养学生分析和解决问题的能力。

本书可作为高等院校管理类、经济类专业及其他专业的商务谈判课程教材使用，也可供有相关工作需要的读者阅读参考。

本书封面贴有清华大学出版社防伪标签，无标签者不得销售。
版权所有，侵权必究。举报：010-62782989，beiqinquan@tup.tsinghua.edu.cn。

**图书在版编目(CIP)数据**

商务谈判实务 / 杜海玲，许彩霞主编. —4版. —北京：清华大学出版社，2023.1(2024.2重印)
普通高等教育经管类专业系列教材
ISBN 978-7-302-62331-1

Ⅰ. ①商… Ⅱ. ①杜… ②许… Ⅲ. ①商务谈判实务 Ⅳ. ①F715.4

中国版本图书馆CIP数据核字(2022)第257956号

责任编辑：高 姗
封面设计：周晓亮
版式设计：思创景点
责任校对：马遥遥
责任印制：沈 露

出版发行：清华大学出版社
网　　址：https://www.tup.com.cn，https://www.wqxuetang.com
地　　址：北京清华大学学研大厦A座　　　　邮　编：100084
社 总 机：010-83470000　　　　　　　　　　邮　购：010-62786544
投稿与读者服务：010-62776969，c-service@tup.tsinghua.edu.cn
质 量 反 馈：010-62772015，zhiliang@tup.tsinghua.edu.cn

印 装 者：三河市东方印刷有限公司
经　　销：全国新华书店
开　　本：185mm×260mm　　　印　张：15.75　　　字　数：434千字
版　　次：2010年8月第1版　 2023年2月第4版　　印　次：2024年2月第3次印刷
定　　价：59.00元

产品编号：099770-02

# 第 4 版前言

商务谈判是一项社会经济活动，带有很强的艺术性、技巧性。商务谈判内容广泛，涉及价格学、心理学、公共关系学、市场营销学、社会学、逻辑学、会计学、广告学、行为科学、语言学、统计学等学科。党的二十大报告指出，"从现在起，中国共产党的中心任务就是团结带领全国各族人民全面建成社会主义现代化强国、实现第二个百年奋斗目标，以中国式现代化全面推进中华民族伟大复兴。"在伟大新征程中，应依托我国超大规模市场优势，以国内大循环吸引全球资源要素，增强国内国际两个市场两种资源联动效应，提升贸易投资合作质量和水平。在这个过程中，任何一次商务活动都离不开谈判，任何一次商务谈判都离不开准备工作的落实，计划的制订，以及谈判技巧、策略的运用，离不开商务谈判心理活动，离不开商务礼仪及合同的签订和履行。这就使得商务谈判这门课程越来越重要。商务谈判知识的多少直接影响经济利益的实现及谈判的结果。

本书第1版自2010年出版以来，被多所院校选用，受到广大读者的欢迎。《商务谈判实务(第4版)》在第3版的基础上对原有章节体系进行了系统梳理，对每章的多处细节做了重新修改和调整，并且更新了大量的案例。《商务谈判实务(第4版)》保持了第3版教材的体例和风格，以扎实理论、突出应用、培养技能为目标，深入浅出，结合丰富的案例，遵循"学以致用"的原则，对重点内容进行挖掘，强化了综合性、应用性和实践性。在内容处理上注重理论与实践有机结合，着力于培养学生的综合运用能力和实践操作能力。

本次修订有三大特色。其一，本书特别邀请贝壳找房(大连)的资深职业经理人、客服部总监隋囡囡作为企业专家对内容进行系统审阅，发现纰漏及时纠正，帮助广大读者从企业的角度理解商务谈判的各项理论和实操知识，力求本书更加实用。其二，本书链接全球大型的学分课程运营服务平台——智慧树在线教育网，实现与慕课资源的有效结合。其三，本书作为辽宁对外经贸学院倾力打造的精品在线开放课程"谈判那些事"的主要教材，可以为读者提供精彩的在线课程指导，获取更多、更有效的学习资源。

本书可作为高等院校管理类、经济类专业及其他专业的商务谈判课程教材使用，也可供有相关工作需要的读者阅读参考。为了便利教学，本书提供丰富的教学资源，读者可扫描右侧二维码获取。

本书由杜海玲、许彩霞任主编，邵子豪、隋囡囡任副主编。各章节初稿完成后，由杜海玲对全书进行修改、定稿。参与本次修订的成员还包括金依明、杨娜、尹赫楠、肖永胜、贾博轩、王奕乔等。

教学资源

感谢编者所在单位领导的支持和全体编写人员的辛勤劳作，是你们的大力支持才使得本书能够第4次出版：特别感谢校企合作单位大连链家房地产经纪有限公司的倾力支持和协作，才使本书更符合企业操作实际，才更能体现它的实用性；也感谢清华大学出版社的大力支持，你们的专业精神和强烈的责任感鼓舞着我们每一位编写人员，使本书得以高水准地完成。

编者<br>2023年1月

# 目 录

## 第一篇 基本原理篇

### 第1章 商务谈判概述 … 3
- 1.1 商务谈判的概念及特点 … 5
  - 1.1.1 谈判的基本概念 … 5
  - 1.1.2 商务谈判的特点 … 6
- 1.2 商务谈判的构成要素 … 8
- 1.3 商务谈判的类型和内容 … 11
  - 1.3.1 商务谈判的类型 … 11
  - 1.3.2 商务谈判的内容 … 15
- 1.4 商务谈判的基本原则 … 19
- 1.5 商务谈判的模式 … 22
  - 1.5.1 商务谈判的价值评判标准 … 22
  - 1.5.2 商务谈判的成功模式 … 23
- 本章小结 … 25
- 综合练习 … 26
- 实践练习 … 27

### 第2章 商务谈判心理和思维 … 29
- 2.1 商务谈判心理 … 30
  - 2.1.1 商务谈判心理的概念 … 30
  - 2.1.2 商务谈判心理的特点 … 31
  - 2.1.3 商务谈判需要 … 31
  - 2.1.4 商务谈判的心理禁忌 … 34
  - 2.1.5 商务谈判中的心理挫折 … 37
- 2.2 商务谈判思维 … 39
  - 2.2.1 商务谈判思维的概念 … 39
  - 2.2.2 商务谈判中的思维类型 … 41
- 本章小结 … 42
- 综合练习 … 43
- 实践练习 … 44

### 第3章 国际商务谈判 … 46
- 3.1 国际商务谈判概述 … 47
  - 3.1.1 国际商务谈判的含义 … 47
  - 3.1.2 国际商务谈判的重要性 … 47
  - 3.1.3 国际商务谈判的特点 … 48
  - 3.1.4 国际商务谈判的原则 … 49
  - 3.1.5 国际商务谈判的基本要求 … 50
- 3.2 商务谈判风格的国别比较 … 52
  - 3.2.1 商务谈判风格的特点和作用 … 52
  - 3.2.2 不同国家的谈判风格 … 53
  - 3.2.3 中西方商务谈判风格比较 … 61
- 3.3 文化差异与国际商务谈判 … 63
  - 3.3.1 文化差异概述 … 63
  - 3.3.2 文化差异对国际商务谈判的影响 … 64
  - 3.3.3 文化差异在国际商务谈判中影响的对策分析 … 64
- 本章小结 … 66
- 综合练习 … 67
- 实践练习 … 68

## 第二篇 基本程序篇

### 第4章 商务谈判准备 … 71
- 4.1 商务谈判的信息准备 … 72
  - 4.1.1 商务谈判信息准备的主要内容 … 72
  - 4.1.2 谈判信息的收集途径 … 75
  - 4.1.3 谈判资料的整理与分析 … 76
- 4.2 商务谈判的人员准备 … 77
  - 4.2.1 谈判者应具备的素质 … 77
  - 4.2.2 谈判队伍的规模 … 82

4.2.3 谈判者的配备 …………… 83
4.2.4 谈判班子成员的分工与合作 … 85
4.3 商务谈判的物质条件准备 ………… 86
4.3.1 谈判场所的设施 …………… 86
4.3.2 谈判房间的布置 …………… 86
4.3.3 谈判者的食宿安排 ………… 89
4.4 商务谈判方案的制订 ……………… 89
4.4.1 选择谈判对手 ……………… 89
4.4.2 制定谈判目标 ……………… 89
4.4.3 设定谈判的地点和时间 …… 92
4.4.4 确定谈判的议程和进度 …… 94
4.4.5 制订谈判的对策 …………… 94
4.5 模拟谈判 …………………………… 95
4.5.1 模拟谈判的必要性 ………… 95
4.5.2 模拟谈判的过程 …………… 96
4.5.3 模拟谈判的人员选择 ……… 96
4.5.4 模拟谈判的总结 …………… 97
本章小结 ………………………………… 97
综合练习 ………………………………… 98
实践练习 ………………………………… 99

## 第5章 商务谈判过程 …………… 100
5.1 商务谈判的开局阶段 …………… 101
5.1.1 开局阶段的含义、作用 …… 101
5.1.2 开局阶段的主要任务 ……… 102
5.2 商务谈判的报价阶段 …………… 107
5.2.1 报价的方式 ………………… 107
5.2.2 报价的次序 ………………… 108
5.2.3 报价的原则 ………………… 108
5.2.4 进行报价解释时应注意的问题 …………………………… 110
5.3 商务谈判的磋商阶段 …………… 111
5.3.1 讨价 ………………………… 111
5.3.2 还价 ………………………… 112
5.3.3 讨价还价中的让步 ………… 113
5.4 商务谈判的结束阶段 …………… 115
5.4.1 商务谈判终结的判断 ……… 115
5.4.2 商务谈判结束的方式 ……… 118
5.4.3 商务谈判结束后的谈判总结 … 120

本章小结 ………………………………… 121
综合练习 ………………………………… 122
实践练习 ………………………………… 122

## 第三篇 实务篇

## 第6章 商务谈判策略 …………… 127
6.1 商务谈判策略概述 ……………… 128
6.1.1 商务谈判策略的含义 ……… 128
6.1.2 商务谈判策略的特征 ……… 128
6.1.3 商务谈判策略的作用 ……… 130
6.1.4 商务谈判策略的分类 ……… 131
6.2 商务谈判各阶段的策略 ………… 136
6.2.1 商务谈判开局阶段的策略 … 136
6.2.2 商务谈判报价阶段的策略 … 141
6.2.3 商务谈判磋商阶段的策略 … 143
6.2.4 商务谈判成交阶段的策略 … 146
6.3 商务谈判中针对谈判对手的策略 ………………………………… 149
6.3.1 攻心战 ……………………… 149
6.3.2 擒将战 ……………………… 152
6.3.3 意志战 ……………………… 155
本章小结 ………………………………… 159
综合练习 ………………………………… 160
实践练习 ………………………………… 161

## 第7章 商务谈判技巧 …………… 162
7.1 商务谈判语言技巧概述 ………… 163
7.1.1 商务谈判语言的分类 ……… 163
7.1.2 商务谈判语言技巧运用的重要性 …………………………… 165
7.1.3 商务谈判语言技巧的运用原则 …………………………… 167
7.2 商务谈判中的有声语言技巧 …… 170
7.2.1 陈述技巧 …………………… 170
7.2.2 问与答的技巧 ……………… 174
7.2.3 听与辩的技巧 ……………… 179
7.2.4 说服的技巧 ………………… 182
7.3 商务谈判中的行为语言技巧 …… 184

|     |       | 7.3.1 眼睛语言 ……………………… 185 |
| --- | ----- | --- |
|     |       | 7.3.2 嘴巴语言 ……………………… 186 |
|     |       | 7.3.3 腿部语言 ……………………… 186 |
|     |       | 7.3.4 手势语言 ……………………… 187 |
|     | 7.4   | 不同形势下的商务谈判技巧 …… 188 |
|     |       | 7.4.1 谈判形势概述 ………………… 188 |
|     |       | 7.4.2 优势谈判技巧 ………………… 189 |
|     |       | 7.4.3 劣势谈判技巧 ………………… 193 |
|     |       | 7.4.4 均势谈判技巧 ………………… 195 |
|     | 本章小结 ……………………………………… 198 |
|     | 综合练习 ……………………………………… 199 |
|     | 实践练习 ……………………………………… 200 |

## 第8章 商务谈判僵局的破解 ………… 201

8.1 商务谈判僵局概述 ……………… 202
　　8.1.1 商务谈判僵局的概念 ………… 202
　　8.1.2 商务谈判僵局形成的原因 …… 202
　　8.1.3 商务谈判僵局处理的原则 …… 204
8.2 僵局的处理方法 ………………… 205
　　8.2.1 避免僵局的产生 ……………… 205
　　8.2.2 处理僵局的方法 ……………… 207
8.3 破解商务谈判僵局的策略和技巧 …………………………………… 213
　　8.3.1 采取横向式的谈判打破僵局 … 213
　　8.3.2 寻找替代方案打破僵局 ……… 213
　　8.3.3 更换谈判者或者由领导出面打破僵局 ……………………… 214
　　8.3.4 从对方的漏洞中借题发挥打破僵局 ……………………… 214
　　8.3.5 利用"一揽子"交易打破僵局 ……………………………… 215
　　8.3.6 有效退让打破僵局 …………… 215
　　8.3.7 适当馈赠打破僵局 …………… 215
　　8.3.8 场外沟通打破僵局 …………… 216
　　8.3.9 以硬碰硬打破僵局 …………… 216
本章小结 ……………………………………… 217
综合练习 ……………………………………… 218
实践练习 ……………………………………… 219

## 第9章 商务谈判的礼仪与礼节 ………… 220

9.1 商务谈判礼仪 …………………… 221
　　9.1.1 迎送礼仪 ……………………… 221
　　9.1.2 交谈礼仪 ……………………… 223
　　9.1.3 会见礼仪 ……………………… 224
　　9.1.4 谈判礼仪 ……………………… 225
9.2 商务谈判礼节 …………………… 230
　　9.2.1 见面礼节 ……………………… 230
　　9.2.2 日常交往礼节 ………………… 231
　　9.2.3 电话联系礼节 ………………… 233
　　9.2.4 仪容仪表礼节 ………………… 237
本章小结 ……………………………………… 239
综合练习 ……………………………………… 239
实践练习 ……………………………………… 241

**参考文献** ……………………………………… 242

# 第一篇 基本原理篇

- 第1章 商务谈判概述
- 第2章 商务谈判心理和思维
- 第3章 国际商务谈判

# 第1章 商务谈判概述

## 学习目标

通过本章学习，应该达到如下目标。

**【知识目标】** 掌握谈判的定义和商务谈判的概念；理解商务谈判的基本特征；掌握商务谈判的基本原则；理解谈判的基本要素；了解谈判的主要类型；了解商务谈判的模式。

**【技能目标】** 正确确定谈判议题；懂得如何对谈判各方及谈判背景进行分析；能够正确运用谈判原则；能够正确评价商务谈判的成败。

**【能力目标】** 通过对谈判各方及谈判背景的分析，初步掌握认识谈判各方的优势、弱点及谈判的客观条件的能力；具备初步认识并运用谈判模式的能力。

## 开篇案例

### 诸葛亮舌战群儒

赤壁之战的前奏，曹操集团的百万雄师资金雄厚，欲与孙权"会猎江东"。猎的是刘备，实则意在江东。刘备刚刚得到了诸葛亮这样的人才，有了很好的团队，本应大有一番作为。但是他弃新野，走樊城，败当阳，奔夏口，搞得无容身之地，连老婆都赔上了。曹操集团则破袁绍，收刘琮，据荆州，得襄阳，其势正旺，孰不可挡。刘备唯一的出路就是和孙权合作对抗曹操。诸葛亮说："曹操势大，急难抵敌，不如往投东吴孙权，以为应援。使南北相持，吾等于中取利，有何不可？"所以诸葛亮与鲁肃一道与孙权谈判。

在诸葛亮见孙权之前，鲁肃已经给孙权分析了形势。肃曰："将军降操，欲安所归乎？位不过封侯，车不过一乘，骑不过一匹，从不过数人，岂得南面称孤哉！"这一番话深深打动了孙权。为了增加胜算，孙权也知道要和刘备合作。为了增加自己的谈判筹码，孙权特地安排了一班谈判人员和诸葛亮展开了一番交锋。

"肃乃引孔明①至幕下。早见张昭、顾雍等一班文武二十余人，峨冠博带，整衣端

---

① 诸葛亮（181年—234年10月8日），字孔明，号卧龙，琅琊阳都(今山东省临沂市沂南县)人，三国时期蜀汉丞相，中国古代杰出的政治家、军事家、发明家、文学家。

坐。孔明逐一相见，各问姓名。施礼已毕，坐于客位。张昭等见孔明丰神飘洒，器宇轩昂，料道此人必来游说。

"张昭先以言挑之曰：'昭乃江东微末之士，久闻先生高卧隆中，自比管、乐。此语果有之乎？'

"孔明曰：'此亮平生小可之比也。'

"昭曰：'近闻刘豫州三顾先生于草庐之中，幸得先生，以为"如鱼得水"，思欲席卷荆襄。今一旦以属曹操，未审是何主见？'

"孔明自思张昭乃孙权手下第一个谋士，若不先难倒他，如何说得孙权，遂答曰：'吾观取汉上之地，易如反掌。我主刘豫州躬行仁义，不忍夺同宗之基业，故力辞之。刘琮孺子，听信佞言，暗自投降，致使曹操得以猖獗。今我主屯兵江夏，别有良图，非等闲可知也。'

"昭曰：'若此，是先生言行相违也。先生自比管、乐——管仲相桓公，霸诸侯，一匡天下；乐毅扶持微弱之燕，下齐七十余城：此二人者，真济世之才也。先生在草庐之中，但笑傲风月，抱膝危坐。今既从事刘豫州，当为生灵兴利除害，剿灭乱贼。且刘豫州未得先生之前，尚且纵横寰宇，割据城池；今得先生，人皆仰望。虽三尺童蒙，亦谓彪虎生翼，将见汉室复兴，曹氏即灭矣。朝廷旧臣，山林隐士，无不拭目而待：以为拂高天之云翳，仰日月之光辉，拯民于水火之中，措天下于衽席之上，在此时也。何先生自归豫州，曹兵一出，弃甲抛戈，望风而窜；上不能报刘表以安庶民，下不能辅孤子而据疆土；乃弃新野，走樊城，败当阳，奔夏口，无容身之地：是豫州既得先生之后，反不如其初也。管仲、乐毅，果如是乎？愚直之言，幸勿见怪！'

"孔明听罢，哑然而笑曰：'鹏飞万里，其志岂群鸟能识哉？譬如人染沉疴，当先用糜粥以饮之，和药以服之；待其腑脏调和，形体渐安，然后用肉食以补之，猛药以治之：则病根尽去，人得全生也。若不待气脉和缓，便以猛药厚味，欲求安保，诚为难矣。吾主刘豫州，向日军败于汝南，寄迹刘表，兵不满千，将止关、张、赵云而已：此正如病势尪羸已极之时也，新野山僻小县，人民稀少，粮食鲜薄，豫州不过暂借以容身，岂真将坐守于此耶？夫以甲兵不完，城郭不固，军不经练，粮不继日，然而博望烧屯，白河用水，使夏侯惇，曹仁辈心惊胆裂：窃谓管仲、乐毅之用兵，未必过此。至于刘琮降操，豫州实出不知；且又不忍乘乱夺同宗之基业，此真大仁大义也。当阳之败，豫州见有数十万赴义之民，扶老携幼相随，不忍弃之，日行十里，不思进取江陵，甘与同败，此亦大仁大义也。寡不敌众，胜负乃其常事。昔高皇数败于项羽，而垓下一战成功，此非韩信之良谋乎？夫信久事高皇，未尝累胜。盖国家大计，社稷安危，是有主谋。非比夸辩之徒，虚誉欺人：坐议立谈，无人可及；临机应变，百无一能。——诚为天下笑耳！'这一篇言语，说得张昭并无一言回答。"

顿时把整个谈判的局势反转过来。然后诸葛亮逐一从刘备的军备上，把虞翻说得"不能对"；从有求于孙权而来的用意，把步骘说得"默然无语"；从君臣大义上，把薛综说得"满面羞惭，不能对答"；从刘备个人的出身方面，把陆绩说得"语塞"；从个人的学术宗派方面，把严畯说得"低头丧气而不能对"；从学问上，把程德枢说得"不能对"；众谈判对手"见孔明对答如流，尽皆失色"。诸葛亮一步一步地把"势"

发挥得淋漓尽致，最终舌战群儒，大获全胜。后激得孙权誓不降曹，与刘备合作，在赤壁大败曹操。

(资料来源：罗贯中. 三国演义[M]. 北京：商务印书馆，2016)

"谈判"这个词听起来很神秘、玄妙，《现代汉语词典》对此解释为："有关方面对有待解决的重大问题进行会谈。"谈判体现在我们生活的方方面面，从比较小的事情(如日常生活中的购物行为等)到比较大的国际争端的解决，都可以归入谈判的范畴。可以说，谈判活动时时刻刻都发生在我们身边，我们或亲身参与其中，或耳闻目睹。

## 1.1 商务谈判的概念及特点

### 1.1.1 谈判的基本概念

**1. 谈判的含义**

关于"谈判"的概念众说纷纭，至今没有一致的说法。国外关于谈判含义的代表观点主要有以下几种。

美国谈判学会会长贾拉德·尼尔伦伯格认为："谈判的定义最为简单，涉及的范围却最为广泛。每一个要求满足的欲望，每一个寻求满足的需要，至少都是诱发人们展开谈判的潜因。只要人们为了改变相互关系而交换观点，只要人们为了取得一致而磋商协议，他们就是在进行谈判。"

法国谈判学家克里斯托夫·杜邦全面研究了欧美众多谈判专家的著述后在其所著的《谈判的行为、理论与应用》一书中给谈判下了这样的定义："谈判是使两个或数个角色处于面对面位置上的一项活动。各角色因持有分歧而相互对立，但他们彼此又互为依存。他们选择谋求达成协议的实际态度，以便终止分歧，并在他们之间(即使是暂时性地)创造、维持、发展某种关系。"

著名谈判咨询顾问C.威恩·巴罗和格莱思·P.艾森在合著的《谈判技巧》一书中指出："谈判是一种双方致力于说服对方接受其要求时所运用的一种交换意见的技能。其最终目的就是要达成一项对双方都有利的协议。"

美国《哈佛谈判学》丛书主编罗杰·费希尔和副主编威廉·尤瑞认为："谈判是你从别人那里取得你所需要的东西的基本手段，你或许与对方有共同利益，或许遭到对方的反对，谈判是为达成某种协议而进行的交流。"

《世界知识辞典》对"谈判"一词的解释为："谈判是现代国际关系中解决争端时经常使用的方法之一。即在国家间发生争端时，由争端当事国通过相互接触来说明彼此的意图，并在交换意见后谋求双方所争执的问题而达成协议的过程。"

国内谈判专家关于谈判含义的主要观点如下。

谈判是双方或多人为了消除分歧、改变关系而交换意见，为了取得一致、谋取共同利益和契合利益而磋商协议的社会交往活动。

谈判是指人们为了各自的利益或责任，通过交换意见，谋求一致的交往活动。

谈判就是具有利害关系的双方或多方谋求一致而进行协商洽谈的沟通协调活动。

谈判是指各方当事人在一定的条件下，为改变和建立新的社会关系，并使各方达到某种利益目标所采取的协调行为的过程。

以上各种说法，虽然有的存在着明显的缺点和不足，但它们都从不同的侧面反映了谈判的某些特点。通过对各种说法的分析，谈判的定义至少包括以下几个方面的内容。

(1) 谈判活动必须在两个或两个以上的参与者之间进行；谈判的各方之间必须有一定的利害关系；这种利害关系可以是现实的，也可以是潜在的。

(2) 谈判是建立在人们需要的基础上的。人们的需要包括交换意见、改变关系和寻求同意。这些需要促使人们去谈判，并且人们的这些需要越强烈，谈判的动因就越明确。

(3) 谈判的各方之间存在着观点、立场和利益等方面的分歧和冲突，他们试图通过谈判来缩小或消除分歧，缓和或解决冲突，建立或改善关系，并就所争执的问题互相让步，进而达成协议。

(4) 谈判是各方当事人运用策略和技巧、相互磋商与协调，努力达成协议的过程或行为。

综上所述，可以概括出谈判的含义：谈判是参与各方为了满足各自的需要，在一定时空条件下，就所关心的问题进行磋商，就所争执的问题相互协调与让步，努力达成协议的过程和行为。

### 2. 商务谈判的含义

党的二十大报告指出，"未来五年是全面建设社会主义现代化国家开局起步的关键时期"。实现"经济高质量发展取得新突破""构建新发展格局和建设现代化经济体系取得重大进展""社会主义市场经济体制更加完善""更高水平开放型经济新体制基本形成"等目标任务，离不开国与国、人与人之间的经济交往。为实现一定的交易行为或实现一定的商业目的而进行的谈判——商务谈判，是经济活动的重要手段，是现代化国家发展的重要内容之一。

所谓商务，是指经济组织或企业的一切有形资产与无形资产的交换与买卖事宜。按照国际习惯，商务行为可以分为以下4种。

(1) 直接的商品交易活动，如销售、批发活动等。

(2) 直接为商品交易服务的活动，如运输、包装活动等。

(3) 间接为商品交易服务的活动，如金融、保险活动等。

(4) 具有服务性质的活动，如咨询、广告、信息服务活动等。

所以，商务谈判是指在商务活动中为满足买卖双方各自的经济利益而进行的谈判。

商务谈判是在商品经济条件下发展起来的，其已经成为现代经济社会生活中必不可少的组成部分。可以说，没有商务谈判，经济活动就很难进行，小到日常生活中购物时的讨价还价，大到企业之间的交易、国家之间的技术合作和交流都离不开商务谈判。

谈判是一种行为、过程，可以分作三个层次，一是使用威胁利诱等手段迫使对方按对我方利益最有利的方式行事；二是让对方在我方的阐述中看到合作的互利点，从而按我方的思路行事；三是让对方充分了解我方想展示的概念及其前景，并且密切关注对方的情绪化、非理性变化及相关影响因素，增大谈判成功的概率。三个层次由低至高，逐步完善，由暂时的、不稳定的关系转向长久的、牢固的关系。市场商务活动尤重利益，大型企业单单依靠第一、第二谈判层次是远达不到发展要求的。

## 1.1.2 商务谈判的特点

良好调节利益和关系的商务谈判活动说明谈判不是单纯追求自身利益需要的过程，而是双方通过不断调整各自的需要而相互接近，最终达成一致意见的过程；谈判不是"合作"与"冲突"的单一选择，而是"合作"与"冲突"的矛盾统一；谈判不是无限制地满足自己的利益，而是有一定的利益界限；判定一场谈判是否成功不是以实现某一方的预定目标为唯一标准，而是有一系列具体综合的价值评判标准的；谈判不能单纯地强调"科学性"，要体现科学性与艺术性的有机结合。

具体来讲，商务谈判作为现代经济社会中重要的商务活动，具有以下特点。

### 1. 商务谈判以经济利益为目的

不同的谈判者参加谈判的目的是不同的，外交谈判涉及的是国家利益；政治谈判关心的是政党、团体的根本利益；军事谈判主要是关系敌对双方的安全利益。虽然这些谈判都不可避免地涉及经济利益，但常常是围绕着某一种基本利益进行的，其重点不一定是经济利益。而商务谈判则十分明确，谈判者以获取经济利益为其基本目的。虽然，在商务谈判过程中谈判者可以调动和运用各种因素，而且其他非经济利益的因素也会影响谈判的结果，但其最终目标仍是经济利益。人们通常以经济效益的好坏来评价一项商务谈判的成功与否，因而不讲求经济效益的商务谈判就失去了它的价值和意义。

### 2. 商务谈判以价格谈判为核心

商务谈判所涉及的因素众多，谈判者的需求和利益表现在许多方面，但价格几乎是所有商务谈判的核心内容，在商务谈判中占据重要地位。因为双方经过谈判达成的利益划分，可直接通过价格表现出来。谈判各方在其他利益因素上的得与失，拥有的多与少，在多数情况下均能折算为一定的价格，通过价格的升与降得到体现。

因此，在商务谈判中，一方面要以价格为中心，坚持自己的利益；另一方面又不要仅仅局限于价格，可以拓宽思路，从其他因素上争取利益。

### 3. 谈判双方的排斥性和合作性

在商品经济社会中，人们在生产、交换、分配等方面存在着各自不同的物质利益，而参与商务谈判的双方都希望对方能按己方的意愿行事，所以利益上的矛盾和冲突在所难免。

例如，在购销谈判中，卖方希望把价格定得尽量高一些，而买方则希望尽量压低价格；供应方希望交货期尽量长一些，而买方却要求尽快提货。借款谈判中，借方总是希望借款期延长一些，利息低一些，而贷方则希望利息高一些，期限短一些。以上这些都反映了谈判双方行为上的排斥性。没有这种排斥，也就没有谈判的必要。相反，如果只有这种排斥性，没有协商合作性，谈判也不会进行下去。

在谈判活动中，谈判双方都要从对方那里得到满足，双方都是以对方的要求和策略为自己思考的起点，所以谈判又具有合作性。谈判的目的是达成协议，不是一方战胜另一方。在谈判中，双方要不断调整自己的行为和态度，做出必要的让步，且能理解对方的要求，这样，谈判才可能取得成功，最终达成双方都较满意的协议。

### 4. 谈判对象的广泛性和不确定性

商务活动是跨地区、跨国界的，如购销谈判中的商品，从理论上讲可以出售给任何一个人。作为卖方，其商品销售范围具有广泛性；作为买方，其采购可以在全国各地甚至全世界。此外，为了使交易更加有利，也需要广泛接触交易对象。但是，不论买方还是卖方，每一笔交易都是同具体的交易对象成交的，而具体的交易对象在竞争存在的情况下是不确定的。

谈判对象的广泛性和不确定性这一特点，要求谈判者不仅要充分了解市场行情，及时掌握价值规律和供求关系变化状况，而且要选择适当的广告媒体宣传自己，树立形象，经常与社会各方面保持联系，维护老客户，发展新客户。

**5. 商务谈判具有约束性**

商务谈判在内容和结果上受外部环境的制约，这是商务谈判的约束性。政治、法律环境对商务谈判的影响最大；经济环境中的市场供求变化和竞争情况对商务谈判的约束性更强；社会环境（如风俗习惯、宗教信仰、教育程度等）因素制约着商务谈判者的沟通和交流。因此，商务谈判者不仅要掌握商务知识、谈判策略和技巧，而且要掌握政策、法规、社会文化等方面的知识，这样才能控制复杂的谈判局势，实现谈判目标。

**6. 谈判的公平性与不平等性**

商务谈判受当前国际、国内供求关系的影响，也受价格波动的影响。每一次谈判的具体结果，双方在需求满足问题上是具有不同得失的。也就是说，谈判的结果总是不平等的，即谈判双方可能一方需求满足的程度高一些，另一方可能差一些。导致谈判结果不平等的主要因素有两个：一是谈判双方各自拥有的实力；二是谈判双方各自所掌握的谈判技巧。但不论谈判的结果如何不平等，只要最终协议是双方共同达成的，并且谈判双方对谈判结果都具有否决权，就说明双方在谈判中的权利和机会是均等的，谈判便是公平的。

## 1.2 商务谈判的构成要素

商务谈判的要素是指构成商务谈判活动的必备要素。它是从静态的结构揭示商务谈判的内在基础。商务谈判是在商务活动中为满足买卖双方各自的经济利益而进行的谈判。因此，从这个角度而言，商务谈判主要由谈判主体、谈判客体和谈判背景三个基本要素构成。

**1. 商务谈判主体**

商务谈判是人与人之间进行智力和心理较量的过程，而商务谈判的成效在很大程度上取决于谈判主体的主观能动性和创造性，因此没有谈判当事人，就没有谈判。当事人是谈判形成的原动力，是谈判的主体。

从谈判组织的角度来讲，谈判当事人一般有两类人员：台上的谈判者和台下的谈判者。台上的谈判者，指参加谈判一线的当事人，亦即出席谈判、上谈判桌的人员。一线的当事人，除单兵谈判外，通常包括谈判负责人、主谈人和陪谈人。其中，谈判负责人，即谈判当事一方现场的行政领导，也是上级派在谈判一线的直接责任者，他虽然可能不是谈判桌上的主要发言人，但有发言权，可以对主谈人的阐述进行某些补充甚至必要的更正，是谈判桌上的组织者、指挥者，起到控制、引导和场上核心的作用。主谈人，即谈判桌上的主要发言人，他不仅是场上的主攻手，也是谈判桌上的组织者之一，其主要职责是按照既定的谈判目标及策略同谈判负责人默契配合，与对方进行有理、有利、有节、有据的论辩和坦率、诚恳的磋商，以说服对方接受自己的方案或与对方寻求双方(各方)都能接受的方案。陪谈人，包括谈判中的专业技术人员、记录人员、译员等，其主要职责是在谈判中提供某些咨询、记录谈判的过程与内容及做好翻译工作等。

台下的谈判者，指谈判活动的幕后人员。他们在谈判中虽然不出席、不上桌，但是对谈判起着重要的作用。他们包括该项谈判主管单位的领导和谈判工作的辅助人员。其中，主管单位的领导的主要责任是组班布阵、审定方案、掌握进程、适当干预；辅助人员的主要作用是为谈判做好资料准备和进行背景分析等。

商务谈判主体是商务谈判活动的主要因素，起着至关重要的作用。

**2. 商务谈判客体**

商务谈判客体是指谈判涉及的交易或买卖的内容，也称谈判议题、谈判标的，是谈判的起因。在谈判过程中，谈判标的是核心，其对谈判的影响是深远的。标的的多样性及在交易中的复杂性，造成它对谈判带来的冲击也是多层次的。不了解标的，就很难了解谈判的真实面貌。在商务谈判中，商务谈判的标的几乎没有什么限制，类别十分广泛。可以说，任何可以买卖的有形、无形产品都可以作为谈判标的。有形标的包括所有的固态、液态、气态物体；无形标的包括文化、艺术、服务、知识、技术等。

**3. 商务谈判背景**

商务谈判背景是指谈判所处的客观条件。任何谈判都不可能孤立地进行，而必然处在一定的客观条件之下并受其制约。因此，谈判背景对谈判的发生、发展、结局均有重要的影响，是谈判不可忽视的要件。谈判背景主要包括环境背景、组织背景和人员背景三个方面。

客观存在的谈判环境会给当事人在谈判时带来一定的影响，能为谈判者实施谈判策略与技巧提供依据。

1) 环境背景

谈判环境背景主要包括政治环境、经济环境、人际关系环境、文化环境等。

(1) 政治环境是指本国政局稳定状态、政策要求，以及谈判双方所在国之间的外交状态。政治和经济是紧密相连的，政治对于经济具有很强的制约力。在国内商务谈判中，政治环境多指政局及政策状况。国际商务谈判中的政治环境比较复杂，它既涉及两国各自的政局，又包括两国之间的外交关系，通常情况下后者对谈判影响较大。因此，在进行经济往来之前，必须对谈判对方的政治环境做详尽的了解，主要包括政局的稳定、政府之间的关系、政府对进口商品的控制等。

(2) 经济环境是指谈判当事人所处的经济背景。经济环境分为宏观和微观两种。宏观经济环境主要指国家的经济政策方针、当事人所在国家的经济发展状况、人民的生活水平、交易货币汇率变化情况等。这些因素既反映了谈判当事人所处的宏观经济状态，又反映了交易条件的好坏。微观经济环境主要指标的物所处的市场状态和谈判当事人所在企业的经营状态。标的物的市场状态及其市场身价，也是谈判经济背景的难易信号。该状态可分为4种：垄断市场、供大于求、求大于供和供求平衡。当事人企业状况是指企业的生产状况、产品的更新换代、销售状况、资本运作、品牌经营等现实情况。它决定谈判当事人对进行商品交易需求的程度和谈判中所持的态度，是谈判当事人取得谈判胜利的关键信息。

## 案例1-1

### 一场"浑身湿透"的海外谈判

纬度接近赤道的吉隆坡，6月的室外犹如铁板烧，让人有种要被烤化了的感觉。而此时，马来西亚最大的建筑巨头金务大公司的谈判间里，冷气逼人。一场关系十几亿元的项目谈判即将开始。为提升吉隆坡城市形象，缓解交通压力，马来西亚政府于2010年批准了兴建"大吉隆坡"的城市捷运项目计划。在政府组织的工程竞标中，38家世界各国的工程公司投标，最终，总承包商金务大公司选择了中国中铁，为此，双方进行了两年的磋商、交流。此次，谈判进入最关键、最重要的阶段——确定合作模式。谈判的结果，不仅将关系中方能否拿下项目，而且对中国公司在马来西亚市场的下一步发展也至关重要。金务大集团聘请了10多位来自欧美的顶尖职业经理人、谈判专家，他们在商务合同的管理、识别和把控上有着高超的水平和丰富的经验。而中方公司负责此次谈判的，却是一位看上去和善、有些胖乎乎的小伙子，他叫汪佑平，是中国中铁马来西亚公司的副总经理，年仅31岁。

2012年6月2日的这天早上，汪佑平和两位同事，面对着一群国际工程商务专家，坚定而自信地坐进了对手的包围圈。谈判伊始，金务大的谈判代表率先发言，阐明了自己的立场，表达想用分包的模式来运作MRT(大规模快运系统)项目，且合同价格采用实际工程量来结算的方式。如果中国中铁不能满足他们的条件，还有其他企业在等着合作，如日本三井公司、韩国大宇公司。球踢了过来，大家在等着汪佑平接招。

......

与在座的谈判对手相比，汪佑平最年轻，虽然已经在海外工作了10年，但看上去，他的面貌仍然显得有些稚嫩。2001年，我国加入世界贸易组织，中国企业开始尝试"走出去"，汪佑平跟随中国中铁国际化战略的脚步只身来到马来西亚，并先后辗转新加坡、印度尼西亚、泰国及中东等地。初到海外开辟市场，完全不是他想象中的样子。办公室只有几平方米，在炎热的高温中奔波一整天，回到住处，却又小又旧……背井离乡、困难重重、收入不高，同事纷纷离职，只剩下汪佑平和其他两位同事留了下来。就在这种环境下，作为印尼南苏门答腊煤炭运输项目前期营销和商务负责人，他主持了和印尼方的商务谈判、合同协商及项目建议书的编制工作，逐渐挑起了海外商务谈判的重担。2010年，他代表中国中铁与印尼巴克塔山泛太平洋铁路公司签订了有关煤炭运输项目合同，合同总额约48亿美元。比这个数目更值得一提的是，该项目的合同模式采用了设计、建设、运营一体化的DBO②模式。这种模式在中国中铁的海外项目中还是第一次应用，不仅展现了企业的管理能力，更标志着中国铁路技术的规范和标准第一次输入印尼，对推动中国铁路技术规范和标准进入东南亚铁路市场具有里程碑意义。

......

如今，早已深谙国际工程合同玄机的汪佑平明白，此次金务大前期自定设计工程量、固定工程总价，并计划在随后的实施过程中优化设计，目的是要实现其超额的利润。

沉默片刻，汪佑平从座位上缓缓地站了起来。他推了推鼻梁上的眼镜，用故作轻松的语气，问了对手一个似乎与项目无关的问题："我们是什么关系？"对方有些出乎意料，眼睛齐刷刷地看着汪佑平。"我们是你们的分包商吗？"汪佑平继续发问。对方还是摸不着头脑，犹豫了一下答道："不是。"汪佑平进入主题，他开始说道："是的，我们不是你们的分包商，我们是合作伙伴，寻求的是互利共赢。我们认为，采用一笔总价合同对双方都有好处，既可以锁定金务大的风险，同时可以发挥我方设计施工集成优势，为项目最终成功实施提供保障，谈判应该在这个前提下再讨论其他条款。"顿了一顿，汪佑平使出了撒手锏："如果按照你们提出的分包方式，那就没有必要谈了！"中方的坚决态度，让谈判的气氛骤然升温。围绕着项目合同，双方各自拿出测算的数据和图表……两个多小时过去了，金务大代表提议稍事休息，于是双方都站了起来，但谁也没有离开谈判室，而是自然而然地走到一起，围成一个一个小圈子继续情不自禁地谈起来，一谈又是两个小时。

7月12日，距离上次谈判40天，金务大将MRT地下工程A标段，以"背靠背"(总承包商金务大将与业主签订的该部分合同责任和义务，平行地转移给承包商)合同方式，授予中国中铁马来西亚公司，合同总额9亿马币(约合人民币18亿元)，为企业赢得了巨大的利益。而其他选择了分包和以

---

② DBO：设计(design)—建设(build)—运营(operation)的简称。

实际工程量计算方式参与该项工程的企业，合同从最初签订的近4亿马币最终缩水到1.5亿马币。该项目不仅是中国中铁承建的第一个海外城市地铁工程，也是他们第一次承建海外的集工程设计、采购和工程建造总承包(EPC)的综合性地铁工程。中标后，汪佑平再次主动出击，说服业主和总承包商购买了两台具有自主知识产权的中国中铁装备生产的盾构机，实现了中国盾构机走向海外零的突破。回忆这场谈判，汪佑平说："谈判时，我的心脏紧张得几乎要停跳！从谈判桌下来后，浑身都湿透了……如果这次谈崩了，那就意味着两年多的奋斗前功尽弃。不过，总算挺过来了！"2014年5月，中国中铁集团首次表彰奋战在海外的员工，汪佑平从几万名职工中脱颖而出，荣获中国中铁"海外十大优秀员工"荣誉称号。

(资料来源：一场"浑身湿透"的海外谈判[N]. 工人日报，2014-06-03.)

(3) 人际关系环境是指谈判者所属企业之间、谈判者之间、企业领导人之间的关系。

(4) 文化环境是指一个国家或民族的历史、风土人情、传统习俗、生活方式、文学艺术、行为规范、思维方式、价值观念等。

2) 组织背景

在组织背景方面，包括组织的历史发展、行为理念、规模实力、经营管理、财务状况、资信状况、市场地位、谈判目标、主要利益、谈判时限等。组织背景直接影响谈判议题的确立，也影响着谈判策略的选择和谈判的结果。

3) 人员背景

在人员背景方面，包括谈判当事人的职级地位、教育程度、个人阅历、工作作风、行为追求、心理素质、谈判风格、人际关系等。由于谈判是在谈判当事人的参与下进行的，因此，人员背景直接影响着谈判的策略运用和谈判的进程。

上述是构成谈判活动的三个基本要素。对于任何谈判来说，这三个要素都是不能缺少的。

## 1.3 商务谈判的类型和内容

### 1.3.1 商务谈判的类型

商务谈判的类型是研究商务谈判不可忽视的一个方面，它有助于谈判者更好地掌握商务谈判的内容和特点，以便在实际经济生活中加以灵活运用。商务谈判按照不同的要求可以划分为不同的类型。

**1. 国内商务谈判和国际商务谈判**

根据商务谈判的地区范围，可以分为国内商务谈判和国际商务谈判。

1) 国内商务谈判

国内商务谈判是国内各种经济组织及个人之间所进行的商务谈判，包括国内的商品购销谈判、商品运输谈判、仓储保管谈判、联营谈判、经营承包谈判、借款谈判和财产保险谈判等。国内商务谈判的双方都处于相同的文化背景中，这就避免了由于文化背景的差异可能对谈判产生的影响。由于双方语言相同，观念一致，所以谈判的主要问题在于怎样调整双方的不同利益，寻找更多的共同点。这就需要商务谈判者充分利用谈判的策略与技巧，发挥谈判者的能力和作用。

从我国的实际情况来看，人们普遍比较重视国际商务谈判，而对国内商务谈判则缺乏应有的认识，比较突出的问题就是双方不太重视对合同条款的协商和履行。许多应该明确写入合同条款中的内容，双方却没有考虑到，或者认为理所当然就应该这么做。结果，当出现纠纷时，无以为据，自然也就难以追究违约一方的法律责任及赔偿责任。还有许多企业签订合同之后，并不认真履行，甚至随意撕毁合同，单方中止合同。出现这种情况的原因有二：一是由于商务谈判者的准备工作不充分、不细致，不清楚哪些问题应成为合同的条款，以及对方如不履约将给己方带来的损失；二是商务谈判者法律观念淡薄，认为谈判只是把双方交易的内容明确一下，交易靠的是双方的关系、面子甚至交情，合同条款过于琐碎、细致，反倒伤了感情，失了面子。事实证明，这不仅不利于谈判双方关系的维系，使合同失去应有的效用，长此以往，还会影响双方的合作，这是谈判者应该坚决避免的。

2) 国际商务谈判

国际商务谈判是指本国政府及各种经济组织与外国政府及各种经济组织之间所进行的商务谈判。国际商务谈判包括国际产品贸易谈判、易货贸易谈判、补偿贸易谈判、各种加工和装配贸易谈判、现汇贸易谈判、技术贸易谈判、合资经营谈判、租赁业务谈判和劳务合作谈判等。不论是从谈判形式，还是从谈判内容来讲，国际商务谈判远比国内商务谈判复杂得多。这是由于谈判者来自不同的国家，其语言、信仰、生活习惯、价值观、行为规范、道德标准乃至谈判的心理都有着极大的差别，而这些方面都是影响谈判顺利进行的重要因素。

**2. 商品贸易谈判和非商品贸易谈判**

根据商务谈判的内容不同，商务谈判可分为商品贸易谈判和非商品贸易谈判。

1) 商品贸易谈判

商品贸易谈判是指商品买卖双方就商品的买卖条件所进行的谈判，包括农副产品购销谈判和工矿产品购销谈判。

农副产品购销谈判是指以农副产品为谈判客体的明确当事人权利和义务关系的协商。农副产品的范围很广，瓜果、蔬菜、粮食、棉花、家禽等都属于农副产品。这些商品不仅是人们生活的必需品，而且是某些工业生产不可缺少的原料。所以，这方面的谈判随处可见，在我国经济生活中占有重要的地位。

工矿产品购销谈判是联系产、供、销各个环节，沟通全国各个部门，活跃经济的最基本形式。工矿产品购销谈判签订合同有三大基本要求。

第一，坚持按需生产、质量第一、依托市场、适销对路的原则，按照国家的法律、规定和当前的方针政策进行谈判，签订合同。

第二，签订的合同必须采用书面形式，并由当事人的法定代表人或代理人签字，加盖单位公章或合同专用章。

第三，关于产品的技术标准问题，凡有国家标准的，按国家标准执行；没有国家标准的，按专业(部)标准执行；没有专业(部)标准的，按企业标准执行；没有上述标准或需方有特殊要求的，按双方商定的标准执行。

2) 非商品贸易谈判

非商品贸易谈判是指除商品贸易之外的其他商务谈判，包括工程项目谈判、技术贸易谈判、资金谈判等。

工程项目谈判是指工程的使用单位与工程的承建单位之间的商务谈判。工程项目谈判十分复杂，这不仅仅是由于谈判的内容涉及广泛，还由于谈判常常是两方以上的人员参加，包括使用方、设计方、承建方等。

技术贸易谈判是指对技术有偿转让所进行的商务谈判。技术贸易谈判一般分为两个部分：技术谈判和商务谈判。技术谈判指供需双方就有关技术和设备的名称、型号、规格、技术性能、质量保证、培训、试生产、验收等问题进行商谈。商务谈判指供需双方就价格、支付方式、税收、仲裁、索赔等条款进行商谈。

资金谈判是资金供需双方就资金借贷或投资内容所进行的谈判。资金谈判的主要内容有货币、利率、贷款、保证条件、还款、宽限期、违约责任等。

#### 3. 一对一谈判、小组谈判和大型谈判

根据谈判者数量的多少，商务谈判可以分为一对一谈判、小组谈判和大型谈判。

1) 一对一谈判

项目小的商务谈判往往是"一对一"式的。出席谈判的各方虽然只有一个人，但并不意味着谈判者不需要做准备。"一对一"谈判往往是一种最困难的谈判类型，因为双方谈判者只能各自为战，得不到助手的及时帮助。因此，在安排人员参加这类谈判时，一定要选择有主见，决断力、判断力强，善于单兵作战的人，性格脆弱、优柔寡断的人是不能胜任的。谈判者多、规模大的谈判，有时根据需要，也可在首席代表之间安排"一对一"谈判，磋商某些关键问题或微妙敏感问题。

2) 小组谈判

小组谈判是一种常见的谈判类型。一般较大的谈判项目，情况比较复杂，各方有几个人同时参加谈判，各人之间有分工有协作，取长补短，各尽所能，可以大大缩短谈判时间，提高谈判效率。

3) 大型谈判

国家级、省(市)级或重大项目的谈判，都必须采用大型谈判，由于关系重大，有的会影响国家的国际声望，有的可能关系国计民生，有的将直接影响地方乃至国家的经济发展速度、外汇平衡等，所以在谈判全过程中，必须准备充分、计划周详，不允许存在丝毫破绽、半点含糊。为此，就必须为谈判班子配备阵营强大、拥有各种高级专家的顾问团或咨询团、智囊团。这种类型的谈判程序严密、时间较长，通常分成若干层次和阶段进行。

#### 4. 主座谈判、客座谈判和主客座轮流谈判

根据谈判地域不同，商务谈判可分为主座谈判、客座谈判和主客座轮流谈判。

1) 主座谈判

主座谈判又称主场谈判，它是在自己所在地组织的谈判。主座包括自己居住的国家、城市或办公所在地。总之，主座谈判是不远离自己熟悉的工作和生活环境，是在自己做主人的情况下所组织的商务谈判。

主座谈判给主方带来不少便利之处，从谈判时间表、各种谈判资料的准备到新问题的请示均比较方便，所以主座谈判者谈起来很自如，底气十足。作为东道主，必须懂得礼貌待客，包括邀请、迎送、接待、洽谈等。礼貌可换来信赖，它是主座谈判者谈判中的一张王牌，它会促使谈判对手积极思考东道主谈判者的各种要求。

2) 客座谈判

客座谈判又称客场谈判，它是在谈判对手所在地组织的一种谈判。客座谈判对己方来说需要克服不少困难。到客场谈判时必须注意以下几点。

(1) 要入境问俗、入国问禁。要了解各地、各国的不同风俗和国情、政情，以免做出会伤害对方感情的事情。

(2) 要审时度势、争取主动。在客场谈判中，客居他乡的谈判者，受到各种条件的限制，如客居时间、上级授权的权限、信息沟通的困难等。面对顽强的对手可以施展的手段有限，除了市场的竞争条件，就是让步或坚持到底。客场谈判者在这种处境中，要审时度势、灵活反应、争取主动，包括分析市场、主人的地位及心理变化等。有希望则坚持，无希望成功则速决，对方有诚意就考虑可能给予的优惠条件，若无诚意则不必随便降低自己的条件。

(3) 如果是在国外举行的国际商务谈判，遇到的首先是语言问题。要配备好的翻译、代理人，不能随便接受对方推荐的人员，以防泄露机密。

3) 主客座轮流谈判

这是一种在商务交易中谈判地点互易的谈判。谈判可能开始在卖方，继续谈判在买方，结束在卖方也可能在买方。主客座轮流谈判的出现，说明交易是不寻常的，它可能是大宗商品买卖，也可能是成套项目的买卖，这些复杂的谈判拖得时间比较长，应注意以下两个方面的问题。

(1) 确定阶段利益目标，争取不同阶段的最佳谈判效益。主客场轮流谈判说明交易的复杂性，每次更换谈判地点必定有新的理由和目标。谈判者在利用有利条件或寻找有利条件、创造有利条件时，应围绕阶段利益目标的实现可能性来考虑。如同下棋，要多看几步，在"让与争"中，在成功与失败中掌握分寸、时机。没有阶段利益目标不能称其为优秀的谈判者。"阶段利益目标"的谈判意识，是以"循序渐进，磋商解决"的方式为基础，以"生意人的钱袋扎得紧"为座右铭的。要像日本人所做的那样："笑着打开您的钱袋子。"

(2) 坚持主谈人的连贯性，换座不换帅。在谈判交易中易人尤其是易主谈人是不利于谈判的，但在实际中这种情况仍经常发生。由于公司的调整、人员的变迁、时间安排等客观原因，或是出于谈判策略的考虑，如主谈人的上级认为其谈判结果不好或表现不够出色，为了下一阶段的利益目标而易帅。无论属于哪种情况，易帅都会在主客轮流谈判中带来不利影响。而新的主谈人也不可能完全达到原定目标。因为谈判已经展开，原来的基础条件已定，过去的许多言论已有记载，对方并不会因你易帅而改变立场。因此，易帅是否可以争取到比以前更好的结果，也不尽然。避免主帅更迭的最好方法，是在主客场轮流谈判中配备好主帅和副帅，有两个主谈人就可以应付各种可能出现的情况，以确保谈判的连贯性。

**5. 软式谈判、硬式谈判和原则式谈判**

根据谈判中双方所采取的态度，可分为软式谈判、硬式谈判和原则式谈判。

1) 软式谈判

软式谈判又称友好型谈判，是指谈判者设法避免冲突，强调互相信任、互相让步，以达成互相满意的协议、为将来进一步扩大合作打好基础为目的的商务谈判。在谈判中出现分歧时，双方常以友善的言语提出建议，或在有利于大局的情况下尽量做出妥协，避免与谈判对手摊牌。软式谈判的一般做法是提议、让步、信任对方、保持友善、保持友好、发展关系，以及为了避免冲突对抗而屈服于对方。

在实际的商务谈判中，采取这种谈判方法是极少的，一般只限于有定期的业务来往，并且合作关系非常友好的双方或为了长远利益的谈判。

2) 硬式谈判

硬式谈判也称立场型谈判。谈判者把谈判看成是一场意志力的竞赛，认为在这种谈判中，立场越强硬的人，最后获得的就越多。采取这种谈判方法的人往往把注意力放在如何维护自己的立场，加强自己的地位等方面，处心积虑地要压倒对方。

硬式谈判的双方如果都采取强硬的态度和方针，必然会导致双方关系紧张，增加谈判的时间和成本，降低谈判的效率，结果往往使谈判陷入僵局，无法达成协议。即使某一方屈服于对方而被迫让步签订协议，其内心的不满也是必然的。因为在这场谈判中，屈服者的需要没能得到应有的满足，会导致其在以后合同履行中的消极行为。迫使对方屈服的一方只注意维护自己的利益而否定对方的利益，这显然忽视了谈判的真实意义，最终也不能解决问题。从谈判的价值评判标准来看，硬式谈判没有真正的胜利者，更无法谈论其成功与否了。

3) 原则式谈判

原则式谈判又称价值型谈判，是指谈判双方将对方作为合作伙伴而不是作为敌人，谈判的出发点和落脚点均建立在公正的利益目标上，友好而高效地取得各方均感满意的谈判结果的商务谈判。

原则式谈判要求谈判双方尊重对方的基本需要，寻求双方合作的共同点，当双方的利益发生冲突时，则坚持运用公平、公正的原则做出最后的决定。这样，常常可以找到既符合己方利益，又符合对方利益的方案。

原则式谈判强调通过谈判取得经济上的和人际关系上的双重价值，是一种既理性又富有人情色彩的谈判，是目前商务谈判者普遍追求的谈判形式。

6. 传统式谈判和现代式谈判

根据谈判理论、评价标准的不同，商务谈判可分为传统式谈判(输-赢式谈判)和现代式谈判(赢-赢式谈判)。这两种谈判类型分别如图1-1和图1-2所示。

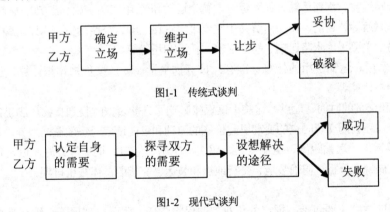

图1-1 传统式谈判

图1-2 现代式谈判

## 1.3.2 商务谈判的内容

商务谈判是商业事务的谈判，包括商品买卖、劳务合作、工程承包、咨询服务、中介服务、技术转让、合资合作等方面的谈判。商务谈判的内容因商务谈判的类型不同而各有差异。下面将分别介绍商品贸易谈判、技术贸易谈判和劳务合作谈判这三种谈判。

**1. 商品贸易谈判的内容**

商品贸易谈判的内容是以商品为中心的，主要包括商品品质、数量、包装、运输、保险、商品检验、价格、货款结算支付方式，以及索赔、仲裁和不可抗力等条款。

1) 商品品质

商品品质是指商品的内在质量和外观形态。它往往是交易双方最关心的问题，也是洽谈的主要问题。商品品质取决于商品本身的自然属性,其内在质量具体表现在商品的化学成分、生物学特征及其物理、机械性能等方面;其外在形态具体表现为商品的造型、结构、色泽、味觉等技术指标或特征。

2) 商品数量

商品交易的数量是商务谈判的主要内容之一。确定买卖商品的数量,首先要根据商品的性质,明确所采用的计量单位。表示重量的计量单位有吨、千克、磅等;表示个数的计量单位有件、双、套、打等;表示面积的计量单位有平方米、平方英尺等;表示体积的计量单位有立方米、立方英尺等。在国际贸易中,由于各国采用的度量衡制度不同,同一计量单位所代表的数量也各不相同,因而要掌握各种度量衡之间的换算关系,在谈判中应明确规定使用哪一种度量衡制度,以免造成误会和争议。

3) 商品包装

在商品交易中,绝大多数商品都需要包装。包装具有宣传商品、保护商品、便于储运、方便消费的作用。作为商务谈判者,为了使双方满意,必须精通包装材料、包装设计、运装标志等知识,以便做出明确规定。

4) 商品运输

在商品交易中,卖方向买方收取货款是以交付货物为条件的。所以运输方式、运输费用及装运和交货的时间、地点也是商务谈判的重要内容。

(1) 运输方式。商品的运输方式是指将商品转移到目的地所采用的方法和形式。按运输工具进行划分,有公路运输、水路运输、铁路运输、航空运输和管道运输;按营运方式进行划分,可分为自运、托运和联运等。目前,在国内贸易中主要采用铁路运输、公路运输、水路运输和自运、托运等;对外贸易中主要采用水路运输、航空运输、托运和租运等。

(2) 运输费用。运输费用的计算标准有:按货物重量计算、按货物体积计算、按货物件数计算、按商品价格计算等。

(3) 装运和交货的时间、地点。这些不仅直接影响买方能否按时收到货物,满足需求或投放市场、回收资金,还会因交货时空的变动引起价格的波动和可能造成经济效益的差异。谈判中应对运输条件、市场需求、运输距离、运输工具、码头、车站、港口、机场等设施,以及货物的自然属性、气候条件做综合分析,明确装运、交货地点和装运、交货的具体截止日期。

5) 保险

货物保险的内容主要包括:规定贸易双方的保险责任;明确办理保险手续和支付保险费用的承担者。

6) 商品检验

商品检验是对交易商品的品种、质量、数量、包装等项目按照合同规定的标准进行检查或鉴定。通过检验,由有关检验部门出具证明,作为买卖双方交接货物、支付货款和处理索赔的依据。商品检验主要包括:商品检验权、检验机构、检验内容、检验证书、检验时间、检验地点、检验方法和检验标准。

7) 商品价格

针对商品价格的谈判是商务谈判中最重要的内容,价格的高低直接影响贸易双方的经济利益。商品价格是否合理是决定商务谈判成败的重要条件。

商品的价格是根据不同的定价依据、定价目标、定价方法和定价策略来制定的,商品价格的构成一般受商品成本、商品质量、成交数量、供求关系、竞争条件、运输方式和价格政策等多种因素的影响。

谈判中只有深入了解市场情况，掌握并切合实际关注上述因素的变动情况，才能取得谈判的成功。

8) 货款结算支付方式

在商品贸易中，货款的结算与支付是一个重要问题，直接关系交易双方的利益，影响双方的生存与发展。在商务谈判中应注意货款结算支付的方式、期限、地点等。

国内贸易货款结算方式分为现金结算和转账结算。现金结算，即一手交货，一手交钱，直接以现金支付货款的结算方式。转账结算是通过银行在双方账户上划拨的非现金结算。非现金结算有两种方式：一种是先货后款，包括异地托收承付、异地委托收款、同城收款等；另一种是先款后货，包括汇款、限额结算、信用证、支票结算等。根据国家规定，各单位之间的商品交易，除按照现金管理办法外，都必须通过银行办理转账结算。这种规定的目的是节约现金使用，利于货币流通，加强经济核算，加速商品流通和加快资金周转。转账结算可分为异地结算和同城结算。前者的主要方式有托收承付、信用证、汇兑等，后者的主要方式有支票、付款委托书、限额结算等。

9) 索赔、仲裁和不可抗力

在商品交易中，买卖双方常常会因彼此的权利和义务引起争议，并由此导致索赔、仲裁等情况的发生。

(1) 索赔。索赔是一方在认为对方未能全部或部分履行合同规定的责任时，向对方提出索取赔偿的要求。引起索赔的原因除了买卖一方违约外，还有由于合同条款规定不明确，一方对合同某些条款的理解与另一方不一致而认为对方违约等。一般来讲，买卖双方在洽谈索赔问题时应洽谈索赔的依据、索赔期限和索赔金额的确定等内容。

(2) 仲裁。仲裁是双方当事人在谈判中磋商约定，在本合同履行过程中发生争议，经协商或调解不成时，自愿把争议提交给双方约定的第三方(仲裁机构)进行裁决的行为。在仲裁谈判时应洽谈的内容有仲裁地点、仲裁机构、仲裁程序规则和裁决的效力等内容。

(3) 不可抗力。不可抗力，又称人力不可抗力。通常是指合同签订后，不是由于当事人的疏忽过失，而是由于当事人所不可预见，也无法事先采取预防措施的事故，如地震、水灾、旱灾等自然原因或战争、政府封锁、禁运、罢工等社会原因造成的不能履行或不能如期履行合同的全部或部分。在这种情况下，遭受事故的一方可以据此免除履行合同的责任或推迟履行合同，另一方也无权要求其履行合同或索赔。洽谈不可抗力的内容主要包括不可抗力事故的范围、事故出现后果和发生事故后的补救方法、手续、出具证明的机构和通知对方的期限。

**2. 技术贸易谈判的内容**

技术贸易谈判包括技术服务、发明专利、工程服务、专有技术、商标和专营权的谈判。技术的引进和转让是同一过程的两个方面。有引进技术的接受方，就有供给技术的许可方。引进和转让的过程，是双方谈判的过程。技术贸易谈判一般包括技术类别、名称和规格，即技术的标的。其基本内容是磋商具有技术的供给方能提供哪些技术，引进技术的接受方想买进哪些技术。具体包括以下几方面内容。

1) 技术贸易的种类

技术商品是指那些通过在生产中的应用，能为应用者创造物质财富的具有独创性的用来交换的技术成果。技术贸易的种类主要有专利、专有技术、技术服务、工程服务、商标、专营权等。

2) 技术经济要求

因为技术贸易转让的技术或研究成果有些是无形的，难以保留样品作为今后的验收标准，所以，谈判双方应对其技术经济参数采取慎重和负责的态度。技术转让方应如实地介绍情况，技术受让方应认真地调查核实。然后，把各种技术经济要求和指标详细地写在合同条款里。

3) 技术的转让期限

虽然科技协作的完成期限事先往往很难准确地预见，但规定一个较宽的期限还是很有必要的，否则容易发生纠纷。

4) 技术商品交换的形式

这是双方权利和义务的重要内容，也是谈判不可避免的问题。技术商品交换的形式有两种：一种是所有权的转移，买方付清技术商品的全部价值并可转卖，卖方无权再出售或使用此技术。这种形式较少使用。另一种是不发生所有权的转移，买方只获得技术商品的使用权。

5) 技术贸易的计价、支付方式

技术商品的价格是技术贸易谈判中的关键问题。转让方为了更多地获取利润，报价总是偏高。引进方不会轻易地接受报价，往往通过反复谈判，进行价格对比分析，找出报价中的不合理成分，将报价压下来。价格对比一般是比较参加竞争的厂商在同等条件下的价格水平或相近技术商品的价格水平。价格水平的比较主要看两个方面，即商务条件和技术条件。商务条件主要是对技术贸易的计价方式、支付条件、使用货币和索赔等进行比较。技术条件主要是对技术商品供货范围的大小、技术水平的高低、技术服务的多少等进行比较。

6) 责任和义务

技术贸易谈判中，技术转让方的主要义务是：按照合同规定的时间和进度，进行科学研究或试制工作，在限期内完成科研成果或样品，并将经过鉴定合格的科研成果报告、试制的样品及全部科技资料、鉴定证明等全部交付委托方验收；积极协助和指导技术受让方掌握科技成果，达到协议规定的技术经济指标，以收到预期的经济效益。

技术受让方的主要义务是：按协议规定的时间和要求，及时提供协作项目所需的基础资料，拨付科研、试制经费，按照合同规定的协作方式提供科研、试制条件，并按接收技术成果支付酬金。

技术转让方如完全未履行义务，应向技术受让方退还全部委托费或转让费，并承担违约金。如部分履行义务，应根据情况退还部分委托费或转让费，并偿付违约金。延期完成协议的，除应承担因延期而增加的各种费用外，还应偿付违约金。所提供的技术服务，因质量缺陷给对方造成经济损失的，应负责赔偿。如由此引起重大事故，造成严重后果的，还应追究主要负责人的行政责任和刑事责任。

技术受让方不履行义务的，已拨付的委托费或转让费不得追回。同时，还应承担违约金。未按协议规定的时间和条件进行协议配合的，除应允许顺延完成外，还应承担违约金。如果给对方造成损失的，还应赔偿损失。因提供的基础资料或其他协作条件本身的问题造成技术服务质量不符合协议规定的，后果自负。

**3. 劳务合作谈判的内容**

劳务合作谈判是关于某一具体劳动力供给方所能提供的劳动者的情况和需求方所能提供给劳动者的有关生产环境条件和报酬、保障等内容所进行的谈判。其基本内容包括：劳动力供求的层次，数量，素质，职业、工种，劳动地点(国别、地区、场所)、时间、条件，劳动保护、劳动工资、劳动保险与福利等。

(1) 层次。它是指劳动者由于学历、知识、技能、经验的差别，职业要求的差异，形成许多具体不同的水平级别，如科技人员、技术工人、勤杂工、保姆等。

(2) 数量。劳动力是指人的劳动能力，通过劳动者人数来表现。

(3) 素质。它指劳动者智力和体力的总和。目前，只能从劳动者年龄、文化程度、技术水平上加以具体表现。劳动者的体力主要从年龄上来测定。我国规定的劳动力年龄是男性16~60岁，女性

16~55岁。体力随着年龄的增大而衰退。一般将年龄分成4组，即16~25岁、26~35岁、36~50岁、50岁以上。劳务市场磋商时，一般对劳动者的体力采用目测认定其强壮还是弱小。文化程度是劳动者受教育的情况，作为表现智力的指标。文化程度分为：大学以上(含大专)；高中(含中专)、职高、技校毕业生；初中；小学；半文盲、文盲。技术水平是劳动者社会劳动技能熟练程度和水准高低的体现，具体分为：专业技术人员(高、中、低级职称，未评职称)，技术工人(3级以下，4~6级，7~8级，8级以上)，其他(含非专业技术干部和普通工人)。

(4) 职业、工种。根据《国民经济行业分类》，行业分类共有20个门类、97个大类、473个中类、1380个小类。职业工种在各行业部门中又有许多不同的分类，如农民、教师、医生、工人等。机器制造业工人又分为铸工、锻工、车工、铣工、磨工、钳工等。职业、工种按劳动者层次、素质双向选择，特别是对高空、水下、井下和易形成职业病的职业，工种的选择性更大。

(5) 劳动地点、时间、条件。劳动地点对某一具体劳动力需求方来说一般是固定的，只有少数是流动的。劳动者主要考虑劳动地点离家远近、交通状况，结合劳动时间、劳动条件和劳动报酬等选择工作。

(6) 劳动保护、劳动工资、劳动保险与福利。这是双方磋商的核心问题。它是发展劳务市场，推动劳动力在不同工作、地区、单位间转移的重要动力。

除此之外，劳务合作谈判还应依据劳动法律法规条文，确定谈判内容与条件。

## 1.4 商务谈判的基本原则

商务谈判的原则，是指商务谈判中谈判各方应当遵循的指导思想和基本准则，具体包括以下几个原则。

**1. 自愿原则**

商务谈判的自愿原则是指作为谈判当事各方，是出于自身利益目标的追求和互补互惠的意愿来参加谈判的，而非受他人驱使或迫于外界压力。自愿原则表明谈判各方具有独立的行为能力，能够按照自己的意志在谈判中就有关权利义务做出决定。同时，只有自愿，谈判各方才会有合作的诚意，最终取得各方满意的谈判结果。如果一方是被迫的，被迫的一方势必带有抵触情绪，在于己不利的情况下退出谈判，谈判将不会有结果，或中途破裂。可以说，自愿原则是商务谈判的前提。

**2. 合法原则**

任何谈判都是在一定的法律约束下进行的，谈判必须遵循合法原则。合法原则，是指谈判及其合同的签订必须遵守相关的法律法规。其主要体现在4个方面：谈判主体必须合法；交易标的必须合法；谈判各方在谈判过程中的行为必须合法；签订的合同必须合法。

谈判主体合法是谈判的前提条件。无论是谈判的行为主体还是谈判的关系主体，都必须具备谈判的资格，否则就是无效的谈判。交易标的合法是谈判的基础。如果谈判各方从事的是非法交易，如贩卖人口、走私货物、买卖毒品等，那么他们为此举行的谈判不仅不是合法的谈判，而且其交易项目应该受到法律的禁止，交易者还要受到法律的制裁。谈判行为合法是谈判顺利进行并且取得成功的保证。谈判要通过正当的手段达到目标，而不能通过一些不正当的手段，如行贿、受贿、暴力威胁等谋取私利。只有在谈判中遵循合法原则，谈判及其签订的合同或协议才具有法律效力，谈判当事人的权益才能受到保护，实现其预期的目标。

### 3. 客观标准原则

"没有分歧就没有谈判"说明谈判双方利益的冲突和分歧是客观存在的,是无法避免的。买方希望价格低一些,卖方希望价格高一些,双方都希望在谈判中获得的利益再大一些。谈判的根本目的就是协调和消除双方的分歧,获得双方都满意的结果。协调和消除双方分歧的方法有多种,其中,坚持客观标准是一个主要方法。客观标准是指独立于各方意志之外的合乎情理和切实可用的准则。它既可能是一些惯例、通则,也可能是职业标准、道德标准、科学工作者的鉴定等。

在谈判中坚持使用客观标准有助于双方和睦相处,冷静而又客观地分析问题,有助于谈判的顺利进行。由于谈判的进行是根据客观合理的标准,双方都会感到自己的利益没有受到损失,因而会使谈判在和谐的气氛中愉快而又顺利地进行。

### 4. 平等原则

平等原则是指商务谈判中无论各方的经济实力强弱、组织规模大小,其地位是平等的。在商务谈判中,当事各方对于交易项目及其交易条件都拥有同样的否决权,协议只能通过协商取得一致意见的达成,不能一方说了算或少数服从多数。这种同质的否决权和协商一致的要求,客观上赋予了各方平等的权利和地位。因此,谈判各方必须充分认识这种相互平等的权利和地位,自觉贯彻平等原则。党的二十大报告指出,"当前,世界之变、时代之变、历史之变正以前所未有的方式展开。一方面,和平、发展、合作、共赢的历史潮流不可阻挡,人心所向、大势所趋决定了人类前途终归光明。另一方面,恃强凌弱、巧取豪夺、零和博弈等霸权霸道霸凌行径危害深重,和平赤字、发展赤字、安全赤字、治理赤字加重,人类社会面临前所未有的挑战。"在商务谈判中,应贯彻平等原则,谈判各方互相尊重,以礼相待,任何一方都不能仗势欺人,以强凌弱,把自己的意志强加于人。

### 5. 人事分开的原则

所谓人事分开的原则,就是在谈判中区分人与问题,把对谈判对手的态度与讨论的问题区分开来,就事论事,不要因人误事。

由于谈判的主体是富有理智和情感的人,所以谈判的结果不可避免要受到人的因素的影响。因此,在谈判中要避免因人误事,既不能指望对方之中的老朋友能够"不忘旧情",良心发现,对自己"手下留情",也不要责怪对方"见利忘义""不够朋友"、对自己"太黑"。商务谈判并不是一场你死我活的人与人的战争,因此,在谈判中商务人员应当就事论事,不要让自己对谈判对手主观上的好恶,来妨碍自己解决现实问题。

商务谈判中,对"事"要严肃,对"人"要友好;对"事"不可以不争,对"人"不可以不敬。谈判者要是在商务谈判中"小不忍则乱大谋",那可就怪不得旁人了。

在商界,有一句行话,叫作"君子求财不求气"。它再次告诫谈判者:意气用事,在商务交往中的任何场合都是弊大于利的。

### 6. 互利原则

谈判各方都有自己的利益或"小算盘",谁都想达到自己的目的,可以说都是"利己"的。但是,如果"算盘"打过对方的临界点,对方不一定认可,甚至会由此退出谈判。为此,要使谈判成功,谈判各方应在追求自身利益的同时,考虑并尊重对方的利益追求,争取互惠互利。党的二十大报告明确提出,"中国坚持对外开放的基本国策,坚定奉行互利共赢的开放战略,不断以中国新发展为世界提供新机遇,推动建设开放型世界经济,更好惠及各国人民。"

### 7. 求同原则

求同原则是指谈判中面对利益分歧，从大局着眼，努力寻求共同利益。谈判过程中，各方必然会就协议条款发生这样或那样的争议，存在利益分歧。要承认利益分歧，正是由于需求的差异和利益的不同，才可能产生需求的互补和利益的契合，才会形成共同利益。求同原则，要求谈判各方首先要立足于共同利益，要把谈判对方当作合作伙伴，而不仅视为谈判对手。贯彻求同原则，要求在商务谈判中要善于从大局出发，着眼于自身发展的整体利益和长远利益；要善于运用灵活机动的谈判策略，根据不同的谈判对象、不同的市场竞争情况，努力寻求协调利益冲突的各种方法，构建和增进共同利益；要善于求同存异。

### 8. 合作原则

商务谈判是企业进行经营活动和参与市场竞争的重要手段。但是，参与谈判各方都是合作者，而非竞争者，更不是敌对者。

其一，人们谈判是为了满足需要及建立和改善关系，是一个协调行为的过程，这就要求参与谈判的双方进行合作和配合。如果没有双方的提议、谅解与让步，就不会达成最终的协议，双方的需要都不能得到满足，合作关系也无法建立。

其二，如果把谈判纯粹看成是一场比赛或一场战斗，非要论个输赢，那么，双方都会站在各自的立场上，把对方看成是对手、敌手，千方百计地想压倒对方，击败对方，以达到自己单方面的目的。这样做的最终结果往往是谈判破裂。即使签订了协议，达到目的的一方成了赢家，心情舒畅，做出重大牺牲或让步的另一方则成了输家。因而这一协议缺乏牢固的基础，自认为失败的一方会寻找各种理由和机会，延缓合同的履行，挽回自己的损失。其结果往往是两败俱伤。

## 案例1-2

### 唐雎不辱使命

秦王使人谓安陵君曰："寡人欲以五百里之地易安陵，安陵君其许寡人！"安陵君曰："大王加惠，以大易小，甚善；虽然，受地于先王，愿终守之，弗敢易！"秦王不说。安陵君因使唐雎使于秦。

秦王谓唐雎曰："寡人欲以五百里之地易安陵，安陵君不听寡人，何也？且秦灭韩亡魏，而君以五十里之地存者，以君为长者，故不错意也。今吾以十倍之地，请广于君，而君逆寡人者，轻寡人与？"唐雎对曰："否，非若是也。安陵君受地于先王而守之，虽千里不敢易也，岂直五百里哉？"

秦王怫然怒，谓唐雎曰："公亦尝闻天子之怒乎？"唐雎对曰："臣未尝闻也。"秦王曰："天子之怒，伏尸百万，流血千里。"唐雎曰："大王尝闻布衣之怒乎？"秦王曰："布衣之怒，亦免冠徒跣，以头抢地耳。"唐雎曰："此庸夫之怒也，非士之怒也。夫专诸之刺王僚也，彗星袭月；聂政之刺韩傀也，白虹贯日；要离之刺庆忌也，仓鹰击于殿上。此三子者，皆布衣之士也，怀怒未发，休祲降于天，与臣而将四矣。若士必怒，伏尸二人，流血五步，天下缟素，今日是也。"挺剑而起。

秦王色挠，长跪而谢之曰："先生坐！何至于此！寡人谕矣：夫韩、魏灭亡，而安陵以五十里之地存者，徒以有先生也。"

《唐雎不辱使命》记叙了唐雎奉安陵君之命出使秦国，与秦王展开面对面的激烈谈判，终于折服秦王，保存国家，完成使命的经过；歌颂了唐雎不畏强暴、敢于斗争的爱国精神；揭露了秦王的骄横欺诈、外强中干的本质。同时，将唐雎不畏权势、英勇沉着的谈判能力描写得栩栩如生。

(资料来源：钟基，李先银，王身刚译注. 古文观止[M]. 北京：中华书局，2016.)

# 1.5 商务谈判的模式

## 1.5.1 商务谈判的价值评判标准

在商务谈判中,追求谈判的成功是每个谈判者的心愿和目的,但对谈判成功标准的认识却不一定正确。有的认为,在谈判中以自己获得利益的多少作为评判标准,获得利益越多则谈判越成功;有的则认为,在谈判中己方气势越强,对方气势越低,则谈判越成功……其实,这些观点与做法都是片面的,甚至是有害的。

对持以上观点的人来说,事实上他们在谈判中获得的那部分利益,可能远远小于本来可获得的最大利益;或者说他们只获得了谈判桌上看得见的眼前利益,而失去了双方真诚合作可能产生的潜在利益和长远利益。因此,仅仅从一场谈判的结果就简单得出已经获得谈判成功的结论,实在是不妥的,而且这种想法还有可能导致失去已经到手的利益,从而变得一无所获。

美国谈判学会会长、著名律师尼尔伦伯格就曾指出,谈判不是一场棋赛,不要求决出胜负;谈判也不是一场战争,要将对方消灭或置于死地。相反,谈判是一项互惠的合作事业。

从"谈判是一项互惠的合作事业"和"在谈判中应该实行合作的利己主义"的观点出发,可以把评价商务谈判是否成功的价值标准归纳为以下三个。

**1. 目标实现标准**

人们在谈判时总是把自己的需要转化成一定的谈判目标。谈判的最终结果有没有达到预期目标,在多大程度上实现了预期目标,这是人们评价一场商务谈判是否成功的首要标准。

需要指出的是,不要简单地把谈判目标理解为利益目标,这里所指的谈判目标是具有普遍意义的综合目标。不同类型的商务谈判、不同的谈判者,其谈判目标均有所不同。比如,对于采购谈判来讲,其谈判目标一般就是性价比高、服务优质的商品。对于租赁业务洽谈,其谈判目标则有可能是以较低租金租到功能较齐全的某种设备。因此,谈判目标只有到具体的谈判项目中才能具体化。

**2. 成本优化标准**

经济领域里的任何经济行为都是有成本的,是要讲效率的,即将付出与收益进行对比。商务谈判本身是经济活动的一部分,谈判同样要花费一定成本,通常一场谈判有三种成本。

一是谈判的基本成本,即为达成协议所做出的让步,也即预期谈判收益与实际谈判收益的差距;二是谈判的直接成本,即人们为谈判所耗费的各种资源,如投入的人力、物力、财力和时间等;三是谈判的机会成本,即因参加该项谈判而占用了资源,失去了其他获利机会,损失了有望获得的其他价值。

在三种成本中,人们往往较多地关注第一种成本,常常特别注重谈判桌上的得失,而忽视第二种成本,对第三种成本考虑得更少。这是需要予以注意的。要想准确考核谈判的效率,对谈判成本的准确计算就显得非常重要。如果谈判所费成本很低,而收益却较大,则可以说该次谈判是成功的、高效率的。反之,则是不经济的,甚至在某种程度上是失败的。

例如,我们进行了一场旷日持久的谈判,投入了大量的人力、物力、财力,最终圆满地实现了预定的目标,当人们在庆贺谈判胜利的时候,有没有想到你原本可以花更少的人力、物力、财力来获得同样的结果？有没有想到获得这项成功的同时失去了其他获利机会？如果意识到了这一点，那么人们就会在谈判中表现出更大的主动性和能动性。

#### 3. 人际关系标准

商务谈判是人们之间的一种交流活动，谈判的结果不只是体现在最终成交的价格高低、利润分配的多少及风险与收益的关系上，它还应体现在人际关系上，即还要看谈判是促进和加强了双方的友好合作关系还是削弱了双方的友好关系。

商务谈判实践告诉我们，一个能够使本企业业务不断扩大的精明谈判者，往往具有战略眼光，不过分计较或看重某一场谈判的得失、成本高低，而是着眼于长远和未来。因为他知道良好的信誉、融洽的关系是企业得以发展的重要因素，也是商务谈判成功的重要标志。因此，在谈判中除了争取实现自己的预定目标，降低谈判成本之外，还应重视建立和维护双方的友好合作关系。"生意不成友情在"在商务谈判中也是一条普遍适用的基本原则。

从上述三个评价标准看，一场成功的或理想的谈判应该是：通过谈判，双方的需求都得到了满足，谈判所获收益与所费成本之比最大，而且这种较为满意的结果是在高效率的节奏下完成的，同时双方的友好合作关系得以建立或进一步发展和加强。

正确地认识谈判的价值评价标准，不仅使我们知道什么是成功的谈判，而且还使我们知道应该怎样取得谈判的成功。

### 1.5.2 商务谈判的成功模式

商务谈判过程中存在竞争，主观上，所有的谈判者都希望战胜对方，从中取得更多的利益。客观上，由于多种原因，谈判的结果并不一定如期所望，那么如何能够顺利取得谈判的成功呢？有没有一个成功的模式可以参考呢？答案是肯定的。中西方学者通过大量的理论和实践的研究，找到了一条能够顺利到达成功彼岸的方法，即商务谈判的基本模式——PRAM模式。

PRAM谈判模式由4个部分构成：制订谈判的计划(plan)、建立信任关系(relationship)、达成使双方都能接受的协议(agreement)，以及协议的履行和关系的维持(maintenance)。

#### 1. PRAM 模式的实施前提

正确的谈判意识是PRAM模式实施的重要前提。一般来说，谈判者应具备下述几方面的意识。

第一，要将谈判看成各方之间的一种协商活动，而不是竞技体育项目的角逐。协商和竞技比赛的目标虽然都是要满足双方的利益需要，但协商要满足的利益需要是可以调和的，而竞技比赛要满足的利益需要是对立的。

第二，谈判各方之间的利益关系是一种互助合作的关系，而不是敌对关系。

第三，在谈判中，各方除了利益关系外还有人际关系，良好的人际关系是满足各方利益需要的基础和保障。

第四，谈判者不仅要着眼于本次交易协商，还要有战略眼光，将眼前利益和长远利益结合起来，抓住现在，放眼未来。

第五，谈判的结果各方都是胜利者。谈判的最后协议要符合各方的利益需求。

上述谈判意识会直接影响和决定我们在谈判中所采取的方针和策略，从而影响洽谈的结果。只有树立了这种正确的谈判意识，才能使我们缩短理想与现实之间的距离，提高洽谈成功的概率。

## 2. PRAM模式的构成

### 1) 制订谈判的计划

"凡事预则立",制订谈判计划是有效开展谈判、获得谈判成功的基本前提。在制订谈判计划时,首先,要明确己方的谈判目标;其次,要设法去理解和弄清对方的谈判目标,并把双方的目标进行比较,找出双方利益的共同点和不同点。对双方利益一致的地方,应该仔细地列出来,并准备在以后正式谈判中摆在桌面上,由双方加以确认,以便提高和保持双方对谈判的兴趣及争取成功的信心。同时,又为以后解决利益不一致的问题打下基础。对双方利益需求不一致的地方,要在制订谈判计划时进行周密思考,想好适当对策,并在谈判过程中通过双方"交锋",充分发挥各自的思维创造力和想象力,来谋求使双方都能满意的方案,从而实现谈判各方的目标。

### 2) 建立信任关系

在正式协商谈判之前,要建立起与谈判对方的良好关系。这种关系应该是一种有意识地形成的,能使谈判双方在协商过程中都感受到的舒畅、开放、融洽、愉快的和谐关系。之所以要建立这种信任关系,主要是因为在一般情况下,人们不愿意向自己不了解、不信任的人敞开心扉并与之订立合同。当双方相互了解,并且建立了相互信任的关系时,就会减少双方之间的戒备心理,从而降低谈判的难度,增加谈判成功的机会。

经验证明,要建立谈判双方之间的信任关系,增强彼此的信赖感,就应该注意以下三点。

第一,要努力使对方信任自己。对对方事业与个人的关心、良好的修养、周到的礼仪、工作的勤勉等都能促使对方信任自己。相反,一句不得体的话、一个不合礼仪的动作、一次考虑不周的安排都会影响对方对你的信任程度,在初次谈判时更要引起特别的重视。

第二,要尽量设法表现出自己的诚意。在与不熟悉自己的人进行谈判时,向对方表示自己的诚意是非常重要的。取得陌生人信任的有效方法有很多,首先应表现出自己落落大方的行为举止,言谈中要不断流露出自己的诚意,特别是表情要真诚、自然。还可以向对方列举一些在过去的交易中己方诚实待人的实例。

第三,要行动。行动是使他人相信自己的最好语言,在商务谈判时要做到有约必行,信守诺言。要时刻牢记,不论自己与对方的信赖感有多强,只要有一次失约,彼此的信任就会降低,再要重新修复十分困难。对于对方的询问要及时予以答复,无论是肯定或否定的答复,都必须及时回答对方。对我们目前做不到的,要诚心诚意地加以解释,以此来取得对方的谅解和认可。

通过以上论述不难看出,如果我们还没有与对方建立起足够好的信任关系,就不要匆忙进入实质性的谈判阶段,否则,勉强行事,很难达到预期的效果,有时还会将问题复杂化。

### 3) 达成双方都能接受的协议

在谈判双方建立了充分信任的关系之后,即可进入实质性的谈判阶段。在这时,第一步,应该核实对方的谈判目标;第二步,对彼此意见一致的问题加以确认,而对彼此意见不一致的问题则应通过充分地交换意见,寻求出一个有利于双方的利益需要、双方都能接受的方法来解决。

对谈判者来讲,应该清楚地认识到:达成满意的协议并不是谈判的终极目标,谈判的终极目标应该是协议的内容能得到圆满的贯彻执行。因为,不管协议多么完美,如果对方不认真履行,那么它也就没有了价值。尽管可以付诸诉讼,但却要付出沉重的代价。

### 4) 协议的履行与关系的维持

在谈判中,人们最容易犯的错误是,一旦达成一个令自己满意的协议就认为万事大吉,就会鼓掌欢呼谈判的结束,并认为对方会马上毫不动摇地履行他的义务和责任。其实,谈判到这时还没有结束。这是因为履行职责的不是协议书而是人。不管协议书规定得多么严格,它本身并不能保证得到实施。因此，签订协议书是重要的，但能否履行协议书的内容则更加重要。

为了促使对方履行协议，我们必须同时认真地做好两项工作。

第一，要求别人信守协议，首先自己要信守协议。有时人们埋怨对方不履行协议，而当你冷静地仔细分析时，却发现是自己工作的失误造成了协议不能完整地执行。当我们信守协议，并按规定履行我们的义务时，也要让对方知道，这样可同时为双方鼓劲。

第二，对对方遵守协议的行为给予适时的情感反应。当代行为科学的理论告诉我们，当某人努力工作并取得成功的时候，给予适时的鼓励能起到激励的作用。同样，当对方努力信守协议时，给予适时的肯定和感谢，其信守协议的做法就会保持下去。当然，情感反应可以通过写信、打电话、发传真等形式来表达，也可以通过亲自拜访表示感谢。

当双方均完成了自己的任务，整个协议得到了认真履行时，对于一项具体交易谈判来讲，可以画上一个圆满的句号，但对于一个具有长远战略眼光的谈判者来说，还有一项重要工作要做，就是使双方的关系和交易得以延续，避免关系的断裂，以免日后与对方交易时再花费力气重新开发与对方的关系。维持关系的方法有很多，例如，在谈判后继续保持与对方的接触；逢年过节加以祝福；听到对方取得成绩时表示关切和祝贺；在圣诞节和春节到来之前寄一张贺卡，等等。

# 本章小结

1. 谈判是参与各方为了满足各自的需要，在一定时空条件下，就所关心的问题进行磋商，就所争执的问题相互协调与让步，努力达成协议的过程和行为。谈判的目的就是协调利益冲突，实现共同利益。

2. 商务谈判是指在商务活动中为满足买卖双方各自的经济利益而进行的谈判。

3. 商务谈判是人类一种有意识的社会活动，具有以下几个特征：商务谈判以经济利益为目的；商务谈判以价格谈判为核心；谈判双方的排斥性和合作性；谈判对象的广泛性和不确定性；商务谈判具有约束性；谈判的公平性与不平等性。

4. 商务谈判的基本要素主要有谈判主体、谈判客体和谈判背景。

5. 商务谈判可以按照不同的要求划分为不同的类型，如国内商务谈判和国际商务谈判；商品贸易谈判和非商品贸易谈判；一对一谈判、小组谈判和大型谈判；主座谈判、客座谈判和主客座轮流谈判；软式谈判、硬式谈判和原则式谈判；传统式谈判和现代式谈判。商务谈判是商业事务的谈判，包括商品买卖、劳务合作、工程承包、咨询服务、中介服务、技术转让、合资合作等方面的谈判。商品贸易谈判的内容主要包括商品的品质、数量、包装、运输、保险、检验、价格、货款结算支付方式和索赔、仲裁、不可抗力等。

6. 商务谈判的原则，是指商务谈判中谈判各方应当遵循的指导思想和基本准则，具体包括以下几个原则：自愿原则；合法原则；客观标准原则；平等原则；人事分开的原则；互利原则；求同原则；合作原则。

7. 评价商务谈判是否成功的价值标准归纳为三个方面：目标实现标准、成本优化标准和人际关系标准。

8. PRAM谈判模式由制订谈判的计划(plan)、建立信任关系(relationship)、达成使双方都能接受的协议(agreement)及协议的履行和关系的维持(maintenance) 4个部分构成。

# 综合练习

## 一、判断题

1. 商务谈判只不过是一场双方施展各种手段、争个你死我活的过程。　　　　　(　　)
2. 价格几乎是所有商务谈判的核心内容。　　　　　　　　　　　　　　　　(　　)
3. 小组谈判往往是一种最困难的谈判类型。　　　　　　　　　　　　　　　(　　)
4. 在商务谈判中自己获得的利益越多，则谈判越成功。　　　　　　　　　　(　　)
5. 合同的签订并不意味着谈判活动的完结，谈判的真正目的不是签订合同，而是履行合同。
　　　　　　　　　　　　　　　　　　　　　　　　　　　　　　　　　　(　　)
6. 谈判是通过相互协商实现互利的。　　　　　　　　　　　　　　　　　　(　　)
7. 谈判的构成要素是谈判当事人、谈判议题、谈判背景。　　　　　　　　　(　　)

## 二、选择题

1. 你认为谈判的实质是(　　)。
   A. 协调双方利益　　　　　　　　　　　　B. 满足各自需要
   C. 维护己方利益　　　　　　　　　　　　D. 达到一方目的

2. 按照谈判地点可以将商务谈判划分为(　　)。
   A. 主场谈判　　　　　　　　　　　　　　B. 客场谈判
   C. 第三地谈判　　　　　　　　　　　　　D. 国外谈判

3. 网上谈判就是借助于互联网进行协商、对话的一种特殊的书面谈判。其主要优点包括(　　)。
   A. 加强了信息交流　　　　　　　　　　　B. 有利于慎重决策
   C. 商务信息公开化　　　　　　　　　　　D. 降低了成本

4. 买方谈判或卖方谈判依据(　　)决定。
   A. 谈判方的身份　　　　　　　　　　　　B. 谈判方的实力
   C. 谈判的内容　　　　　　　　　　　　　D. 谈判的所在地

5. 按谈判中双方所采取的态度可将商务谈判划分为(　　)。
   A. 软式谈判　　　　B. 硬式谈判　　　　C. 原则式谈判
   D. 多方谈判　　　　E. 纵向谈判

6. 商务谈判的合法原则主要体现在(　　)。
   A. 谈判主体合法　　　　　　　　　　　　B. 谈判地点合法
   C. 谈判议题合法　　　　　　　　　　　　D. 谈判手段合法

7. PRAM模式主要由(　　)构成。
   A. 制订谈判的计划　　　　　　　　　　　B. 建立信任关系
   C. 达成双方都能接受的协议　　　　　　　D. 签订商务合同
   E. 协议的履行与关系的维持

8. 下列关于谈判的论述正确的是(　　)。
   A. 谈判的目的是实现自身的经济利益
   B. 谈判产生的前提是谈判双方既相互联系又相互冲突

C. 谈判的基本手段是说服
D. 谈判双方地位平等、利益均等
9. 下列关于商务谈判的论述正确的是( )。
   A. 商务谈判的主体是相互独立的利益主体
   B. 商务谈判的主要评价指标是经济效益
   C. 商务谈判必须达成书面的谈判协议
   D. 商务谈判注重合同条款的严密性和准确性
10. 商品贸易谈判的核心内容是( )。
    A. 商品品质          B. 商品数量
    C. 商品价格          D. 商品检验

### 三、简答题

1. 什么是谈判？谈判概念包含哪些基本点？
2. 如何理解商务谈判的概念？
3. 简述商务谈判的基本原则。
4. 构成商务谈判的基本要素是什么？
5. 怎样正确理解商务谈判的成功？
6. 简述商务谈判的主要类型。

### 四、案例题

元旦前夕，小刘陪母亲到锦辉商厦买衣服。商厦里衣服的花色、款式都很多，但适合中老年妇女穿的却很少。经过精挑细选，小刘看中一件名牌上衣，标价868元，现价打9折。试穿后，还算满意，于是小刘问售货员："价格能否再优惠一点？"售货员说："这种品牌衣服平时是不打折的，现在赶上元旦打9折，很优惠了。"小刘说："680元可以吗？可以的话我们就买一件。"售货员道："这个价格还真没卖过，不过，我看你们很想买这款上衣，我去请示一下领导，你们等一会儿好吗？"片刻，售货员回来，说："最低720元，行的话，就卖给你们一件。"小刘和母亲表示同意，于是购买了这件上衣。

问题：
(1) 小刘与商厦售货员进行的是什么类型的谈判？
(2) 该案例中，谈判的构成要素有哪些？

## 实践练习

**实践题1：畅谈谈判经历。**

(1) 选择生活中的谈判事件(如购物、旅游、人际交往等)，以小组为单位，每位成员畅谈个人经历过的谈判事件。通过小组全体讨论，选择一个典型的谈判事件，就谈判内容、方式、策略等方面进行集中分析，判断其是否为一场成功的谈判，进而提出改进方案。

(2) 每个小组上台汇报，就本小组讨论的案例同其他小组进行交流，其他同学可以根据自己的理解提出个人观点。

(3) 教师点评，就讨论中所涉及的知识点和谈判策略技巧进行归纳总结。

**实践题2**：根据所给场景，选择你认为最合适的答案。

1. 应该同谁谈

你正在一家家具店选购沙发，结果看中了一个标价425元的双人沙发。你要求售货员打折，但得到的回答是"这是刚刚降价之后的价格，根据店里的政策，价格是没有多少商讨余地的。"在这种情况下，你应该怎么办？

(1) 要求见经理。
(2) 接受售货员的话。
(3) 再向售货员施加压力以求降价。

2. 盛情难却

你在百货大楼的家具商场看中了一套沙发，它的标价是2 250元。你自己算来算去觉得不合适，最多只能付2 000元。家具商场的经理介绍完这套沙发的优点之后，你表示对这套沙发很感兴趣，并指出只能付2 000元。业务部经理听后告诉你，他愿以优惠价2 000元卖给你。此时你的感受是什么？

(1) 无法拒绝他的建议。
(2) 这是个令人尴尬而又不利的场面。
(3) 这是一个让你满意的购买良机。

3. 应该拜访谁

假设你在一个推土机设备公司培训推销员。对一个有可能购买你们产品的公司，你会训练你的推销员们先拜访谁？

(1) 采购代理商。
(2) 公司总经理。
(3) 现有设备的司机。
(4) 接待员推荐的任何一个人。
(5) 商店的服务员。

# 第2章 商务谈判心理和思维

## 学习目标

通过本章学习，应该达到如下目标。

**【知识目标】** 要求学生掌握商务谈判心理的概念和禁忌；理解商务谈判思维的概念；了解商务谈判心理的特点；掌握商务谈判者应具备的素质要求。要求学生能够认真学习，理解基本概念，把握基础理论，学会理论联系实际。

**【技能目标】** 学习在商务谈判中运用正确的思维方法、心理战等技能。掌握一名优秀的商务谈判者应具备的良好素质，学会在实践中灵活运用谈判素质以取得良好的谈判效果。

**【能力目标】** 学习本章后，应当能够充分理解商务谈判心理、思维对整个谈判进程的重要性；掌握在商务谈判中运用辩证思维、策略变换，提高心理素质。

## 开篇案例

### 放心等于大心量

一个贫穷的年轻人经过几年的努力奋斗终于有了成就，但他的心中依然是一片黑暗。于是，他决定去寻找一位很有名的智者帮助自己拨开心中的迷雾。

经过长途跋涉，年轻人终于找到了智者，但他的双脚已经被荆棘割破，双手也开始流血，而且嗓子已经沙哑："大师，我在成功之前特别希望自己能够成功，但是我成功之后出现了新的问题，那就是我感到孤独、痛苦和寂寞。"

智者并没有急于回答，而是仔细打量着年轻人，发现年轻人背着一个大包裹，于是智者问道："你的大包裹里装的是什么？"年轻人说："里面装的是我每一次跌倒时的痛苦，每一次受伤后的哭泣，每一次孤寂时的烦恼……它们对我非常重要，也正是因为它们，我才坚持到今天，才走到您这儿来。"

于是，智者带着年轻人来到河边，他们坐船过了河。上岸后，智者说："你扛着船赶路吧！""什么？扛着船赶路？"青年很惊讶，"它那么重，我扛得动吗？""是的，你扛不动它。"智者微微一笑，说："过河时，船是有用的。但过河后，我们就要放下船赶路，否则它会变成我们的包袱。痛苦、孤独、寂寞、灾难、眼泪，这些对人生都是有用的，它能使生命得到升华。但须臾不忘，就成了人生的包袱。放下它们吧！孩

> 子，生命不能太负重。"
> 　　年轻人恍然大悟，放下包袱，继续赶路，他发觉自己的步子轻松而愉悦，而且比以前也快乐很多。
> 　　"放下等于大心量"，在智者的开导下，年轻人终于知道了生命是可以不必如此沉重的道理。每一个谈判高手往往都是具有大心量的谈判者。他们不仅懂得如何放下人生道路上遭遇的痛苦、孤独、寂寞、灾难等，让自己轻装前进，而且在精神上、思想上树立了具有鼓舞性、激励性、前瞻性的远大目标。因此，要使谈判获得成功，就必须研究谈判者的心理。学习与研究商务谈判心理，既有助于培养自身的心理素质，又有助于揣摩对手心理，实施心理策略，促成交易。
> 
> （资料来源：袁良. 赢合谈判——让成交在谈判开始前结束[M]. 北京：中国经济出版社，2010.）

　　党的二十大报告指出，"中国式现代化是物质文明和精神文明相协调的现代化。"其还提出，"我们不断厚植现代化的物质基础，不断夯实人民幸福生活的物质条件，同时大力发展社会主义先进文化，加强理想信念教育，传承中华文明，促进物的全面丰富和人的全面发展。"商务谈判是一种特定条件下人与人之间的交流行为，需要在物质文明和精神文明、谈判心理和谈判思维不断协调的过程中实现物的全面丰富和人的全面发展。在整个谈判过程的始末，从谈判对象选择、谈判计划制订、谈判策略和技巧的选择与谈判结果的认定，都伴随着谈判各方当事人各种各样的心理现象和心态反应。商务谈判的心理直接影响着商务谈判行为，对商务谈判的成功与否起着举足轻重的作用。有效地掌握谈判者的心理状况，准确地引导谈判，控制谈判节奏，把谈判者的心理活动控制在最佳状态，可以使谈判者在心理上处于优势地位，从而争取良好的谈判结果，实现预定的谈判目标。

## 2.1　商务谈判心理

### 2.1.1　商务谈判心理的概念

**1. 心理的含义**

　　人的心理看不见摸不到，给人一种深邃的感觉。当一个人面对祖国壮丽的河山、秀美的景色，便会产生喜爱愉悦的心理；而当看到被污染的环境、恶劣的天气，又会出现厌恶逃避的心理。这些就是人的心理活动、心理现象。心理学认为，心理是人脑对客观现实的主观能动反映。它既包括人们的各种心理活动，如认知、情感、意志等，也包括人们的心理特征，如动机、需要、气质、性格、能力等。人的心理是复杂多样的，人们在不同的专业活动中，会产生各种与不同活动相联系的心理。

**2. 商务谈判心理的含义**

　　商务谈判心理是指在商务谈判活动中谈判者的各种心理活动，它是商务谈判者在谈判活动中对各种情况、条件等客观现实的主观能动反映。譬如，当谈判者在商务谈判中第一次与谈判对手会晤时，对方彬彬有礼，态度诚恳，就会对对方有好印象，对谈判取得成功也会抱有信心和希望；反之，如果谈判对手态度狂妄、盛气凌人，势必留下不好的印象，从而对商务谈判的顺利开展存有忧虑。

通过对谈判者心理的研究，一方面，有利于谈判者了解己方谈判成员的心理活动和心理弱点，以便采取相应措施进行调整和控制，保证己方谈判者能以一个良好的心理状态投入谈判；另一方面，有利于摸清谈判对手的心理活动和心理特征，以便对不同的谈判对手，选择不同的战略战术。

## 2.1.2 商务谈判心理的特点

与其他的心理活动一样，商务谈判心理有其心理活动的特点和规律性。一般来说，商务谈判心理的具体特点归纳如下。

#### 1. 商务谈判心理的内隐性

商务谈判心理的内隐性指商务谈判心理是商务谈判者的内心活动，藏之于脑、存之于心，别人是无法直接观察到的。但人的心理和行为之间有密切的联系，人的心理会影响人的行为，人的行为是人的心理的外显表现，比如，高兴时手舞足蹈，悔恨时捶胸顿足，沉痛时低头不语等。因此，人的心理可以从其外显行为上加以推测，例如在商务谈判中，对方作为购买方对所购买的商品在价格、质量、运输等方面的谈判协议条件感到很满意，那么在双方接触过程中，谈判对方会表现出温和、友好、礼貌、赞赏等态度反应和行为举止；相反，如果很不满意，则会表现出冷漠、粗暴、不友好、怀疑甚至挑衅的态度反应和行为举止。由此可知，掌握其中的一定规律，就能较为充分地了解对方的心理状态，更好地洞悉对方的所思所想，从而在商务谈判中占据主动。

#### 2. 商务谈判心理的个体差异性

商务谈判心理的个体差异性指因谈判者个体的主客观情况不同，谈判者个体之间的心理状态存在着一定的差异。商务谈判心理的个体差异性，要求人们在研究商务谈判心理时，既要注重探索商务谈判心理的共同特点和规律，又要注意把握个体心理的独特之处，以便有效地为商务谈判的开展服务。

#### 3. 商务谈判心理的相对稳定性

商务谈判心理的相对稳定性指个体的某种商务谈判心理现象产生后往往具有一定的稳定性，在一段时间或一定时期内，不会发生大的变化。但这种稳定性不是绝对的，只能说是相对的，例如，商务谈判者的谈判能力会随着谈判者经验的增多而有所提高，在一段时间内是相对稳定的。

正是由于商务谈判心理具有相对稳定性，我们才可以通过对谈判对手的过去种种表现的观察，去了解谈判对手，进一步去认识谈判对手。此外，我们也可以运用一定的心理方法和手段去改变或影响我们的谈判心理，使其利于商务谈判的开展。

## 2.1.3 商务谈判需要

#### 1. 商务谈判需要概述

商务谈判者在商务谈判中存在着一定的商务谈判需要。商务谈判需要是一种较为特殊的需要，它对商务谈判的进行存在着重要的影响。因此，必须对它加以重视。

1）商务谈判需要的含义

需要是人类对客观事物的某种欲望，是人们最基本、最典型的心理现象。口渴的人需要喝水，饥饿的人渴望食物，疲惫的人盼望休息等，这些都是需要。可以说，人的需要是无穷无尽的，这正是推动人类不断进化的根源。所谓需要是人缺乏某种东西时产生的一种主观状态，是人对一定客观事物需求的反映，也是人的自然和社会的客观需求在人脑中的反映。需要是无限的，而满足需要的条件是有限的,这就必然会产生种种利益上的矛盾和冲突。争斗、械斗和战争是人类最容易选择的解决冲突和矛盾的手段,但是这种手段未必能彻底解决所有的问题,所以作为和平解决矛盾和冲突的手段,谈判就成为解决问题的手段之一。买卖双方的需要,促使他们一起坐到谈判桌上来进行讨价还价的商务谈判,以求最大限度地满足各自的需要。

有了以上的认识,就可以对商务谈判需要的含义做出概括。所谓商务谈判需要,就是商务谈判者的谈判客观需要在其头脑中的反映,也可以理解为商务谈判者通过谈判所希望达到的利益和需要。商务谈判需要分为两大类:物质性需要和精神性需要。物质性需要是指资金、资产、物资资料等方面的有形的需要;精神性的需要是指尊重、公正、成就感等方面的无形的需要。

2)马斯洛的需要层次理论

对人的需要,很多学者有过研究和大量论述,在众多的需求理论研究中,得到最广泛认可与应用的是美国著名社会心理学家亚伯拉罕·马斯洛(Abraham H.Maslow,1908—1970)在20世纪50年代发表的代表作《动机与个性》中提出的"需要层次"理论。

马斯洛把人的各种需要划分为5个层次,并按照其需要满足的先后顺序进行排列,得出的需要层次依次为:生理需要、安全需要、社交需要、尊重需要和自我实现的需要,如图2-1所示。5个层次的需要由低级向高级发展,自我实现的需要属于最高层次的需要,只有低层次的需要得以满足或基本满足才有助于高层次需要的出现。

(1)生理需要。生理需要是人类对维持和发展生命所必需的最原始、最基本的需要,如衣、食、住、行和婚育的需要。马斯洛认为,生理需要是第一位的、最优先的需

图2-1 马斯洛的需要层次理论

要,如果这一层次的需要不能得到较好的满足,那么其他的需要就没有什么意义了。一个人可能欠缺许多东西,比如爱、安全、自尊等,若同时又感到饥饿,在这种情境下,除非他的饥饿得到某些满足,不然他是不会在意其他需要的。同样,对于一个处于极端饥饿状态下的人来讲,食物需求将占据主导地位,除了食物,其他的兴趣都将退居其后。在这种极端的情况下,绘画吟诗的雅兴、对权力的欲望、对科学的兴趣等将统统被忘记、忽视,这个人想到的、梦到的、渴望的只是食物,充饥成为其首要目标。换句话说,他会全心全意、不顾一切地寻找食物,而忘了其他各种需要。

(2)安全需要。安全需要就是人类希望保护自身肉体和精神的安全与健康,或者在经济上、财产上不受威胁等的需要。这是人类的生理需要得到满足或基本满足后接踵而来的,它仍然属于较低层次的需要。在实际生活中,它表现为希望生命不受伤害、职业得到保障、健康得到保护、财产不受损失和免受不公正待遇等方面的需要。

(3)社交需要。社交需要是追求社会交往中人际关系的需要。这是人的中等层次的需要。它表现为两个方面的内容:其一是爱的需要,也就是希望得到和给予友谊、关怀、忠诚和爱护,希望得到爱并给予别人爱;其二是归属的需要,也就是人有一种要求归属于集体的愿望,希望成为集体中的一员,得到集体其他成员的关怀和照顾,从而增强力量感和信心。如果一个人不被他人或集体所接受,他将会产生孤独感、自卑感,精神压抑、心情郁闷。

(4)尊重需要。尊重需要属于人类较高层次的需要,马斯洛认为所有正常人都有自尊心和荣誉感,希望有一定的社会地位,博得别人的敬重,得到社会的尊重和认可,使自尊心得到满足。所以尊重需要包括受人尊重和自尊两个方面。受人尊重指希望有地位、有威望,得到别人的好评、尊敬和信赖;自尊指人希望在各种不同的情境中,有胜任自身角色的能力,有自信心。

## 案例2-1

### 尊重的重要性

在中美《上海公报》将要发表的前夕,美国的国务卿罗杰斯对已达成协议的公报草案不满,说要在上海闹一番。周恩来总理考虑再三,决定去拜访罗杰斯。当周总理来到罗杰斯居住的上海某饭店时发现,罗杰斯被安排住在13层,而西方人特别忌讳"13"。周总理面对满脸怒容的罗杰斯及他手下的专家们,说道:"几十年来,国务院做了不少工作。我尤其记得,当我们邀请贵国乒乓球队访华时,贵国英明地打开绿灯,你们的外交官很有见地。"罗杰斯转怒为笑,说:"周总理也很英明。我真佩服你们想出邀请乒乓球队的招儿,太漂亮了!"

"有件很抱歉的事,我们疏忽了,没有想到西方风俗'13'的避讳。"周总理转而风趣地说,"我们中国有个笑话,一个人怕鬼的时候,越想越可怕。等他心里不怕鬼了,到处上门找鬼,鬼也就不见了。西方的'13'就像中国的鬼。"众人哈哈大笑。

(资料来源:张国良. 商务谈判与沟通[M]. 北京:机械工业出版社,2015.)

(5) 自我实现的需要。自我实现的需要是指人充分发挥自己的潜能,实现个人理想抱负的需要。这是人类需求的最高层次。马斯洛认为,每个人在社会上都担任一定角色,担任什么角色就应该干什么事情。演员就应该演戏,画家就必须绘画,音乐家就离不开音符……只有这样,人们才能感到最大的快乐,取得最大的成就。

### 2. 需要层次理论与商务谈判

需要层次理论不仅揭示了需要对人类生存发展的必然性和必要性,同时也是人们在商务谈判中获胜的理论依据。

1) 商务谈判者的生理需要

在商务谈判中,谈判者的生理需要表现在衣、食、住、行4个方面。这是谈判者的基本需要,只有基本的生理需要获得满足后,商务谈判者才能顺利地、心情愉快地展开谈判。试想谈判者一边进行谈判一边还要考虑如何解决中午吃饭、晚上睡觉的问题,那么,这样的谈判结果是可想而知的,甚至根本无法进行下去。所以,在商务谈判中,谈判者必须吃得好、穿得整齐、住得舒服、外出行动方便。如果这些方面的需要得不到满足和保证,就会极大地影响谈判者的精力、情绪,影响谈判技巧的发挥,甚至举动失常,难以完成谈判任务。

2) 商务谈判者的安全需要

商务谈判者具有较强的安全需要,在这里,安全不仅包括谈判者的人身、财产安全,更重要的是谈判内容本身的风险情况。为此,凡是局势动荡或战乱等不能较好保证人身、财产安全的地区,商务谈判往往无法顺利进行,这主要是因为在谈判者的安全需要无法得到满足的情况下,对商务谈判的需要就不那么强烈了。对一般的商务谈判而言,除了要满足谈判者对人身和财产的安全外,更重要的是要在商务谈判的具体经济项目上给谈判当事人以安全、稳定、可靠的感觉。为此,谈判者因为熟悉与了解,通常乐意与老客户打交道,而在与新客户打交道时往往会心存戒备和疑虑,从而影响了谈判的进行。所以,在商务谈判中,要尽可能地为商务谈判者营造一个安全的氛围。

3) 商务谈判者的社交需要

商务谈判者并不是只讲物质利益的"经济人",而是一群有感情的人。他们一样追求友情,希望在友好的气氛中合作共事。就商务谈判活动本身而言,它也是满足人们社交需要的一种典型活动,是为了满足人与人之间的交往、友情和归属问题的需要。经验告诉我们,无论是在双方谈判者之间,还是在一方谈判小组内部,都要建立良好的人际关系,这就要求谈判者在谈判过程中应本着友好合作的态度,共同处理不可避免的分歧,为把冲突和对立转化为满意的结果打下良好的基础。例如,为对方举行家宴,邀请对方进行联欢,赠送礼品给对方等。一旦谈判双方产生了友情,让步与达成协议就不是需要花费很大力气才能办到的事情。

4) 商务谈判者的尊重需要

谈判者得不到应有的尊重往往是导致谈判破裂的原因。有着强烈尊重需要的人,当自尊心受到伤害而感觉到没面子时,很可能会表现出带有攻击性的敌意行为,或者是不愿意继续合作,会为谈判的顺利进行带来很大的障碍。优秀的谈判者应该知道,在商务谈判中,"面子"不值钱,但伤了"面子"是多少钱都难以弥补的。只要有可能,谈判者都应保全对方的面子。当然每个谈判者对自己面子的关心程度不一样,有的人在整个谈判过程中如坐针毡,担心自己的面子,而有的谈判者则并不那么在乎,所以,谈判者很有必要评估对方心里对面子的关切程度,以及自身的关切会给对手或谈判产生多大影响。另外,谈判者还要有自尊心,维护民族尊严和人格尊严,面对强大的谈判对手不奴颜婢膝,更不能出卖尊严换取交易的成功。

5) 商务谈判者的自我实现的需要

这是对于谈判者的最高要求,商务谈判者都希望自己的工作富有成果,能得到别人的认可,在不影响满足己方利益的同时,也应尽可能地使对方利益得到满足。从谈判角度看,要在商务谈判中满足对方的自我实现的需要是比较困难的,原因在于:对方是以其在谈判中取得的成就或成绩来体现和评价其自我实现的需要是否得到满足,以及得到多大程度的满足,而谈判中的成就实际上主要是通过谈判而能获取的利益。成就大意味着所获取的利益多,成就小意味着获取的利益少。在对方通过谈判可以取得较多的利益,或者实现了其既定的利益目标时,他的自我实现需要便得到了满足。而当其通过谈判没有达到既定的利益目标时,那么其自我实现的需要就只得到部分的满足。这实际上从另一个角度说明,对方的自我实现需要是与我方的利益相矛盾的。争取尽可能多的利益,是每一个谈判者所要追求的。而在一般情况下,除了策略上的需要以外,任何人都不会放弃自己的利益去满足对方自我实现的需要。

总之,在商务谈判的整个过程中,要注意到谈判者各个层次的需要,并尽可能地从低层次到高层次对这些需要给予满足,推动谈判顺利进行,为最终的胜利创造良好的环境和条件。

## 2.1.4 商务谈判的心理禁忌

谈判的禁忌是多方面的,下面将从两大方面分述商务谈判的心理禁忌。

**1. 一般谈判的心理禁忌**

1) 戒急

在商务谈判中,有的谈判者急于表明自己的最低要求,急于显示自己的实力,急于展示自己对市场、对技术、对产品的熟悉,急于显示自己的口才等。这些行为很容易暴露自己,易陷于被动地位。

## 案例2-2

### 三个小金人

古时，有个小国的使者不远千里来中国，带来了很多的贡品，其中最惹人瞩目的是三个小金人。那三个小金人一模一样，大小、重量乃至表情都分毫不差，金灿灿的，发出耀眼的光芒，在一旁观看的大臣都忍不住发出啧啧的赞叹声。皇帝也高兴得不得了，放在手上把玩，爱不释手。

"这三个金人虽然一模一样，但是其中一个最有价值。素闻贵国人才济济，想必这个问题不难解决，我们也希望这满朝文武大臣中能有人给我们一个完满的解释。"使者口气带着明显的挑衅。

皇帝被激将起来，应道："这个自然不在话下，待我的臣子们研究一番后，自然给你们答复。"

可是事情并不像想象的和说的那样简单。各个地方的珠宝匠来了又去，称重量、查做工，都没有看出一点差别。使者在一旁看了，阴阳怪气地说："你们泱泱大国，怎么连这么个小问题都解决不了呢？"

这时，一位素来沉默寡言的老臣站出来对皇帝说："老臣愿斗胆一试！"

只见老臣取来三根细铁丝，分别穿入三个金人的耳朵，结果，第一根铁丝穿过了一个金人的耳朵，然后从另一只耳朵穿了出来；第二根铁丝则从第二个金人的嘴巴里出来了；而第三根铁丝却被金人整个都吞进去了。

"禀告圣上，第三个金人最有价值！"老臣说。

使者叹服地点点头，称赞道："佩服！佩服！当初制作这些金人时，特意在耳朵和嘴巴相连处做了区别，意在说明要少说多听。这位大人高明，可见也是深谙此理的高人……"

(资料来源：张国良. 商务谈判与沟通[M]. 北京：机械工业出版社，2015.)

---

2) 戒轻

在商务谈判中，有的谈判者轻易暴露所卖产品的真实价格，轻信对方的强硬态度，没有得到对方切实的交换条件就轻易做出让步，遇到障碍轻易放弃谈判等。"轻"的弊病：一是"授人以柄"，二是"示人以弱"，三是"假人以痴"，都是自置窘境的心理弊病。

3) 戒俗

所谓俗就是小市民作风。在商务谈判中，有的谈判者因对方有求于他就态度傲慢，有的谈判者因有求于对方就卑躬屈膝。这些行为可能会使谈判者既失去谈判的利益，又失去谈判者的尊严。

4) 戒狭

心理狭隘的人不适合介入谈判，因为心理狭小则容不下这张谈判桌。在商务谈判中，有的谈判者把个人感情带入谈判中，或自己的喜怒哀乐易受人感染，或脾气急躁、一触即跳，或太在乎对方的言语、态度。这种谈判者一般都是"成事不足，败事有余"。

5) 戒弱

俗话说"未被打死先被吓死"就是弱。在商务谈判中，有的谈判者过高地估计对手的实力，不敢与对方的老手正面交锋、据理力争；有的谈判者则始终以低姿态面对对手，虚弱之态可掬，忠厚之状可欺。

### 2. 专业谈判的心理禁忌

#### 1) 禁忌缺乏信心

在激烈的商务谈判中,特别是同强者的谈判,如果缺乏求胜的信心,是很难取得谈判成功的。"高度重视——充分准备——方法得当——坚持到底",这是取得谈判胜利的普遍法则。在谈判中,谈判各方为了实现自己的目标,都试图调整自己的心理状态,从气势上压倒对手。所以,成功的信念是谈判者从事谈判活动必备的心理要素,谈判者要相信自己的实力和优势,相信集体的智慧和力量,相信谈判双方的合作意愿,具有说服对方的信心。自信心的获得是建立在充分调研的基础上,而不是盲目的自信,更不是固执地坚持自己错误的所谓自信。

#### 2) 禁忌热情过度

严格来讲,谈判是一件非常严肃的事情,它是企业实现经济利益的常见业务活动。在进行商务谈判时,适度的热心和关怀会使对方乐意和你交往,但过分热情,就会暴露出你的缺点和愿望,给人以有求于他的感觉。这样就削弱了己方的谈判力,提高了对手的地位,本来比较容易解决的问题可能就要付出更大的代价。因此,对谈判者而言,在商务谈判中对于热情的把握关键在于一个"度"的问题。如果己方实力较强,对于对方的提案,不要过于热心,只要表示稍感兴趣,就会增加谈判力量。相反,如果己方实力较弱,则应先缓和一下两者之间的冷漠感,同时表现出热情但不过度,感兴趣却不强求,不卑不亢,泰然处之,从而增加谈判力量。

#### 3) 禁忌举措失当

在商务谈判中,各种情形复杂多变,难以预料。当出现某些比较棘手的问题时,如果没有心理准备,不知所措,就会签订对己方不利的协议,或者处理不当,不利于谈判的顺利进行。谈判过程中可能会有为一点小事纠缠不清的,有故意寻衅找事的,当这些事情发生时,谈判当事人应保持清醒的头脑,沉着冷静,随机应变,分析其原因所在,找出问题的症结。如果是对方蛮不讲理,肆意制造事端,就毫不客气,以牙还牙,不让对方得逞,以免被对方的气势压倒。在不同的谈判场合会遇上各种对手,碰到不同的情况,不知所措,只会乱了自己,帮了对手。所以,谈判者一定要学会"临危而不乱,遇挫而不惊"。

#### 4) 禁忌失去耐心

耐心是在心理上战胜谈判对手的一种战术,它在商务谈判中表现为不急于求得谈判的结果,而是通过自己有意识的言论和行动,使对方知道合作的诚意与可能。谈判是一种耐力的竞赛和比拼,没有耐力素质的人不宜参与谈判。耐心是提高谈判效率、赢得谈判主动权的一种手段,让对方了解自己,又使自己详尽地了解对手。只有双方相互了解、彼此信任的谈判才能获得成功,所以,耐心是商务谈判过程中一个不可忽视的制胜因素。

#### 5) 禁忌掉以轻心

谈判永远不可以掉以轻心。谈判获胜前不能掉以轻心,获胜后更不能掉以轻心,否则,要么是功败垂成,要么是成而树敌。在商务谈判中,一方设置陷阱的情况经常发生,有些商家在提出条件时含而不露,故意掩盖事情的真相。如果谈判者不能及时地发现问题,很容易被迷惑,为合同的履行埋下祸根,一旦情况发生了变化,对方以各种理由不执行协议,将导致谈判前功尽弃。

#### 6) 禁忌假设自缚

有哲人指出:"主观臆断是一般人的通病。别让你的有限的经验成为永恒的事实。"作为谈判者就是要冒风险,挣脱过去经历的先例,对臆测提出疑问,从你现有的经验之中做些新的尝试。不要表现得仿佛你有限的经验代表了全球性的真理。尽量先去试验一下自己的猜测是否正确,迫使自己走到经验之外,不要固守着落伍的方式做事情。

## 2.1.5 商务谈判中的心理挫折

### 1. 心理挫折的含义

一个人在做任何事情时都不可能是一帆风顺的,总会遇到各种各样的问题和困难,这就是平时所说的挫折。而心理挫折不同于此,心理挫折是人们的一种主观感受,它的存在并不能说明在客观上就一定存在挫折或失败。反过来,客观挫折也不一定对每个人都会造成挫折感,因为每个人的心理素质、性格、知识结构、背景、成长环境等都不相同,因此他们对同一事物的反应也就各不相同。例如,在商务谈判中,当谈判双方就某一问题争执不下时,便形成了活动中的客观挫折,对此,人们的感受是不同的。有人遇到了困难,反而会激起他更大的决心,要全力以赴把这一问题处理好;有人则会感到沮丧、失望乃至丧失信心。

所谓心理挫折是人在追求实现目标的过程中遇到自感无法克服的障碍、干扰而产生的一种焦虑、紧张、愤懑或沮丧、失意的情绪性心理状态。在商务谈判中,心理挫折会造成人的情绪上的沮丧、愤怒,会引发与谈判对手的对立和对谈判对手的敌意,容易导致谈判的破裂。

### 2. 心理挫折对行为的影响

心理挫折虽然是人的内心活动,但它却对人的行为活动有着直接的、较大的影响,并且会通过具体的行为反应表现出来。对绝大多数人而言,在感到挫折时的行为反应主要有以下几种。

1) 攻击

在人们感到挫折时,生气和愤怒是最常见的心理状态,在行动上可能表现为攻击,如语言过火、情绪冲动、易发脾气、挑衅动作等。例如,一个人去一家不议价商店买东西,非让老板降价,老板不同意,她便挑出商品的瑕疵硬要老板降价,这时老板被激怒,可能会说出一些过激的话,"你买就买,不买就算了""我不卖了,你到别的地方买去",甚至做出一些过激的动作,如推搡等。攻击行为可能直接指向阻碍人们达到目标的人或物,也可能指向其他的替代物。

### 案例2-3

#### 两茎灯草

《儒林外史》中描写有这样一幕:严监生病重得一连三天不能说话。晚间挤了一屋的人,桌上点着一盏灯。严监生喉咙里痰响得一进一出,一声不倒一声的,总不得断气,还把手从被单里拿出来,伸着两个指头。

大侄子走上前来问道:"二叔,你莫不是还有两个亲人不曾见面?"严监生就把头摇了两三摇。

二侄子走上前来问道:"二叔,莫不是还有两笔银子在那里,不曾吩咐明白?"严监生把两眼睁的滴溜圆,把头又狠狠摇了几摇,越发指得紧了。

奶妈抱着哥子插口道:"老爷想是因两位舅爷不在跟前,故此记念。"严监生听了这话,把眼闭着摇头,那手只是指着不动。

赵氏慌忙揩揩眼泪,走近上前道:"爷,别人都说的不相干,只有我晓得你的意思!你是为那灯盏里点的两茎灯草,不放心,恐费了油。我如今挑掉一茎就是了。"说罢,赵氏忙走去挑掉一茎。

众人看严监生时,点了点头,把手垂下,登时就没了气。

(资料来源:节选自清代吴敬梓的《儒林外史》第五、第六回,有删节。)

2) 退化

退化是人在遭受挫折时所表现出来的与自己年龄不相称的幼稚行为。如像孩子一样哭闹、耍脾气，目的是威胁对方或唤起别人的同情。

3) 畏缩

畏缩是人受到挫折后失去自信、消极悲观、孤僻离群、易受暗示、盲目顺从的行为表现。在这时，人的敏感性、判断力都会下降，最终影响目标的实现。如一位刚毕业的律师与知名律师打官司时，这位刚毕业的律师便很容易产生心理挫折，缺乏应有的自信。在对簿法庭时，无论是他的谈判力，还是思辨能力，甚至语言表达能力都可能会受到影响，这实际上就为对手的胜利提供了条件。

4) 固执

固执是一个人明知从事某种行为不能取得预期的效果，但仍不断重复这种行为的行为表现。在人遭受挫折后，为了减轻心理上所承受的压力，或想证实自己行为的正确以逃避指责，在逆反心理的作用下，往往无视行为的结果不断地重复某种无效的行为。这种行为会直接影响谈判者对具体事物的判断、分析，最终导致谈判的失败。

### 3. 心理挫折对商务谈判的影响

在商务谈判中，无论是什么原因引起的谈判者的心理挫折，都会对谈判的圆满成功产生不利的影响。任何形式的心理挫折、情绪激动都必然分散谈判者的注意力，造成反应迟钝、判断能力下降，而这一切都会使谈判者不能充分发挥个人潜能，从而无法取得令人满意的谈判结果。

### 4. 商务谈判心理挫折的预警机制

在商务谈判中，不管是我方人员还是谈判对方人员产生心理挫折，都不利于谈判的顺利开展。因此，谈判者对商务谈判中的客观挫折要有心理准备，应做好对心理挫折的防范和预警，对己方所出现的心理挫折应有有效的办法及时加以化解，并对谈判对手出现心理挫折而影响谈判顺利进行的问题有较好的应对办法。

1) 加强自身修养

一个人在遭受客观挫折时能否有效摆脱挫折，与他自身的心理素质有很大关系。一般来说，心理素质好的人容易对抗、弱化或承受心理挫折，相反，心理素质差的人当遇到挫折时，则很容易受挫折的影响，产生心理的波动。因此，一个优秀的谈判者往往通过不断加强自身的修养，提高自身的应变能力。

2) 做好充分准备

挫折可以吓倒人，但也可以磨炼人。正确对待心理挫折的关键在于提高自己的思想认识。商务谈判开始之前，谈判者应做好各项准备工作，对商务谈判中可能出现的各种情况事先做到心中有数，这样就能及时有效地避免或克服客观挫折的产生，减少谈判者的心理挫折。

3) 勇于面对挫折

常言道："人生不如意事常八九。"对于商务谈判来说也是一样，商务谈判往往要经过曲折的谈判过程，通过艰苦的努力才能到达成功的彼岸。商务谈判者对于谈判中所遇到的困难，甚至失败要有充分的心理准备，提高对挫折打击的承受力，并能在挫折打击下从容应对不断变化的环境和情况，为做好下一步工作打下基础。

4) 摆脱挫折情境

相对于勇敢地面对挫折而言，这是一种被动地应对挫折的办法。遭受心理挫折后，当商务谈判者无法再面对挫折情境时，可通过脱离挫折的环境情境、人际情境或转移注意力等方式，让情绪得到修补，使之能以新的精神状态迎接新的挑战，如失意时回想自己过去的辉煌。

5) 适当情绪宣泄

情绪宣泄是用一种合适的途径、手段将挫折的消极情绪释放排解出去的办法。其目的是把因挫折引起的一系列生理变化产生的能量发泄出去，消除紧张状态。情绪宣泄有直接宣泄和间接宣泄两种，直接宣泄有大哭、大喊等形式；间接宣泄有活动释放、找朋友诉说等形式。情绪宣泄有助于维持人的身心健康，形成对挫折的积极适应，并获得应对挫折的适当办法和力量。

6) 学会换位思考

换位也叫移情，就是站在别人的立场上，设身处地地为别人着想，用别人的眼睛来看这个世界，用别人的心来感受这个世界。积极地参与他人的思想感情，意识到自己也会有这样的时候，这样才能实现与别人的情感交流。"己所不欲，勿施于人"是移情的最根本要求。

### 案例2-4

#### 王熙凤

《红楼梦》里的王熙凤在察言观色方面可以说是一个很好的例子。王熙凤就像一个高明的心理学家，非常善于察言观色，辨风测向，经常是对方话还没有说出口时，她便已经猜到了；或是对方刚说，她就已经办了，这样的例子数不胜数。在林黛玉刚进贾府时，王熙凤说她"况且这通身的气派，竟不像老祖宗的外孙女儿，竟是个嫡亲的孙女"。林黛玉远来是客，夸奖她是应该的，但是当时迎春姐妹都在场，如果只夸奖黛玉的话，恐怕她们会觉得不快，所以王熙凤一句"竟是个嫡亲的孙女"，在夸奖黛玉的同时，又肯定了迎春姐妹，使大家都很有面子。

(资料来源：察言观色——闻其声，辨其人，识其心(上). 百度文库.)

## 2.2 商务谈判思维

谈判被现代人誉为"软脑力体操"，是一项充满科学性和艺术性的复杂活动。商务谈判作为经济活动的重要手段，是现代生活中最普遍、最重要的谈判类型。人的思维活动贯穿其中，是整个谈判的灵魂。党的二十大报告指出，"我们要善于通过历史看现实、透过现象看本质，把握好全局和局部、当前和长远、宏观和微观、主要矛盾和次要矛盾、特殊和一般的关系，不断提高战略思维、历史思维、辩证思维、系统思维、创新思维、法治思维、底线思维能力，为前瞻性思考、全局性谋划、整体性推进党和国家各项事业提供科学思想方法。"谈判思维的正确与否，关系着商务谈判的成败，因此，谈判者必须理解、掌握并灵活运用一些基本的思维知识和技巧。

### 2.2.1 商务谈判思维的概念

人的思维过程，从思维形式来说，就是运用概念进行判断、推理、论证的过程。在这个过程中，概念是思维的出发点，并由它组成判断，由判断组成推理，再由推理组成论证。这4个逻辑范畴既是谈判思维过程的4个环节，也是谈判思维的4个基本要素。商务谈判思维是商务谈判前的准备阶段的思维活动与谈判过程中的临场思维活动的总称。成功的商务谈判对双方来说，亦是正确的、合理的思维结果。

1. 概念

概念是反映事物的本质和内部联系的思维形式。在谈判中，概念是抓住论题本质及其内部联系的基础。如果概念混淆则抓不住对方的实际弱点，还会使谈判失去方向。若在任一论题展开之前，先从概念入手，那么谈判双方则可在同一事物上寻找解决办法或方案。

2. 判断

判断是对客观事物的矛盾本性有所断定的思维形式，其主要作用在于它的认识功能。这种动态断定的思维有4个对立统一的方面：同一与差异、肯定与否定、个别与一般、现象与本质。在商务谈判中，这4个对立统一的思维判断无处不在。

## 案例2-5

### 伯夷和伊尹

《孟子·万章下》说，伯夷"思与乡人处，如以朝衣朝冠坐于涂炭也"。用今天的话说，伯夷这个人每想到与乡里人相处，就像穿着朝服戴着朝冠坐在烂泥滩上或污煤灰中，令其无法忍受。又说，伊尹"思天下之民匹夫匹妇有不与被尧舜之泽者，若己推而内之沟中"。用今天的话说，伊尹这个人只要见到老百姓中有没能享受到尧舜圣君恩泽的，就像是被他推到沟里一样，他会寝食不安，他一定要负完全责任。很显然，伯夷和伊尹代表了两种不同的思维定式，两种不同的对客体的假定，两种不同的行为倾向，两种不同的人生哲学，总之是两种不同的观念储存。如果把这两种人放到今天，我们不难推断出：伯夷大抵是个自命不凡、拒绝谈判论者；伊尹可能是个忧心天下、仁让谈判论者。

(资料来源：樊建廷，干勤等. 商务谈判[M]. 大连：东北财经大学出版社，2015.)

3. 推理

推理是在分析客观事物矛盾运动的基础上，从已有的知识中推出新知识的思维方式。推理的形式有类比、归纳和演绎。

推理的类比形式最典型的运用，是谈判准备工作中的"比价材料"的准备。出口商要研究国际市场同类商品的价位，进口商也要研究同类商品的市场价位，目的在类比，以便做出自己方案的判断。

推理的归纳形式，是谈判者在做某个议题或某个阶段的小结时最常用的手法。可以用它把谈判双方零散的观点廓清，以对双方立场予以判断，也可以用它把自己的论述予以理清，断定一下自己的结论。

推理的演绎形式，也可以说是谈判思维中的解析式思维方式。

4. 论证

论证是根据事物的内部联系，应用辩证的矛盾分析方法，以一些已被证实为真的判断来确定某个判断的真实性或虚假性的思维过程，是认识矛盾、解决矛盾的过程。在商务谈判中，每一场论战即为一场论证。优秀的谈判者在众多人参加时，通过论证，应显示出是一位出色的鼓动家；在人少时，则会像朋友在谈心。要达到这种效果，必须谙熟论证之道。

## 2.2.2 商务谈判中的思维类型

思维是人类的精神活动,是社会实践和文化濡染的产物。谈判实践中,思维的表现形式是异彩纷呈的,下面重点介绍几种商务谈判中的思维类型。

#### 1. 发散思维

发散思维是从多个角度对谈判议题进行全方位的理性确认的思维方式。它的具体方法是对有关信息进行筛选、过滤、加工、整理和鉴别,筛除与谈判内容无关的信息,留下与谈判密切相关的可靠信息。发散思维贵在多角度出击,消除思维死角,使论题各部位暴露在谈判桌上,以便各个击破,促进谈判的进行并大幅度提高谈判成功的概率。例如,一上谈判桌,对方单枪匹马对你好几个人,而且让你方门外等候多时。你该采取什么对策呢?从发散思维角度看,思路的启动可能考虑该人在公司中的地位、权力的大小,该公司是否还有其他谈判,谈判态度是否认真,议程是否完整,是否表达全部核心观点等问题。这种发散思维的目的在于从表面现象尽快掌握商务谈判可能的趋势,同时,也利于采取相应的对策,使谈判有尽可能大的进展。

优秀的谈判者在运用发散思维方式时善于转移思路,犹如快捷变频的雷达,随心所欲地更换频率使思路畅通。若做不到流畅地转移,思路就会呆滞,谈判桌上就会出现暂时的思维死角,从而让对手有喘息的机会,进而影响谈判效果。

### 案例2-6

#### 《滥竽充数》故事解析

《滥竽充数》这个故事,从南郭先生的角度讲,他不学无术,不懂装懂,最后落得个逃之夭夭的可悲下场,可以联系个人生活的实际,展开宣扬诚信的主题。也可以从齐宣王的角度出发,他好大喜功,给了南郭先生生存的条件,然后联系社会现实,指出问题的关键所在。还可以从齐湣王的角度去谈,齐湣王不因循守旧,大胆实行改革,从而利于发现人才。多角度地分析问题,形成对问题多样的看法,有利于培养发散思维。

(资料来源:张国良. 商务谈判与沟通[M]. 北京:机械工业出版社,2015.)

#### 2. 超常思维

超常思维是超越常规、打破思维定式,用不同于一般思维的方式进行思考的思维形式。在谈判实践中,人们常常有这样的感觉,困难不是来自对方实力的威胁,而是自己谈判思路的枯竭或是感觉到谈判对手咄咄逼人的思维攻势。在对手快捷的思维攻击下,你如果顺其应答就会发现自己十分被动,处处受制于人。而此时,超常思维便是进攻和防卫的最有效的谈判武器。运用超常思维,可以超出对手的想象力,能有效地控制谈判局势,甚至能使对方立刻接受你的方案。

超常思维具有不同于一般性或逻辑性思维的特点,它的主要特征是机智、灵活、富于创造性。与超常思维相对的思维方式是常规思维,可以通过一个例子来体会它们之间的区别。譬如两个人过河,眼前有一条河,常规思维会认为自然要有桥,无桥则无路,思考如何建桥,而超常思维一看建桥有难度,便会考虑其他办法,如乘船等。故常规思维可能会使思维如水过鸭背,点滴不进,从而使谈判陷入僵局,超常思维则会使思维相互摩擦而产生思维的火花,结出谈判的累累硕果。

### 3. 跳跃思维

跳跃思维指在谈判中把事物发展过程的某些内容跳跃过去,而迅速抓住自己想要说明的问题的思维方式。这种思维方式由于能在复杂的事物或大量的信息面前迅速抓住问题的本质,因而,被谈判者普遍采用。

跳跃思维的心理基础是找到要害,一举成功,无论在说明问题还是反击对方时,运用这种思维方式均能取得有利的效果。

### 4. 逆向思维

逆向思维指从与对手立场及议题结果对立的角度思考、判断、推理的思维方式。逆向思维是一种违反常规思维的思维方式,是一种强迫性的思维方式,主要手段是反问、否定与反证,既可用于进攻,又可用于防守。在商务谈判中运用逆向思维方式容易发现一些在正常思维条件下不易发现的问题,并可将其作为与对方讨价还价的条件或筹码。

### 5. 快速思维

快速思维指思维的速度快、结论快、反应快。商务谈判中的快速思维,主要指针对论题快速地应答或反击,其对象或为某一枝节,或为某一主体,其效力不在于说服对手,主要在震慑、动摇谈判对手的意志。与发散思维不同的是,快速思维可能体现在全方位,也可能仅在于某一点或某一线。快速思维的特点是无论捕捉什么论题,均使思维的羽翼快速启动,迅速有效地攻击对手的某一论点,决不等铺天盖地的信息都收到后再还击。

## 本 章 小 结

1. 商务谈判心理是指在商务谈判活动中谈判者的各种心理活动,它是商务谈判者在谈判活动中对各种情况、条件等客观现实的主观能动反映。

2. 商务谈判心理的特点主要有商务谈判心理的内隐性;商务谈判心理的个体差异性;商务谈判心理的相对稳定性。

3. 商务谈判需要,就是商务谈判者的谈判客观需要在其头脑中的反映。马斯洛把人的各种需要划分为5个层次,并按照其需要满足的先后顺序进行排列,得出的需要层次依次为:生理需要、安全需要、社交需要、尊重需要和自我实现的需要。

4. 商务谈判的心理禁忌包括一般谈判心理禁忌和专业谈判心理禁忌。一般谈判心理禁忌包括戒急、戒轻、戒俗、戒狭、戒弱;专业谈判心理禁忌包括禁忌缺乏信心,禁忌热情过度,禁忌举措失度,禁忌失去耐心,禁忌掉以轻心,禁忌假设自缚。

5. 心理挫折是人在追求实现目标的过程中遇到自感无法克服的障碍、干扰而产生的一种焦虑、紧张、愤懑或沮丧、失意的情绪性心理状态。心理挫折对行为的影响表现在以下4个方面:攻击、退化、畏缩和固执。应从以下6个角度建立起商务谈判心理挫折的预警机制:加强自身修养;做好充分准备;勇于面对挫折;摆脱挫折情境;适当情绪宣泄;学会换位思考。

6. 商务谈判思维是商务谈判前的准备阶段的思维活动与谈判过程中的临场思维活动的总称。

谈判思维的4个基本要素是概念、判断、推理和论证。商务谈判中的思维类型包括发散思维、超常思维、跳跃思维、逆向思维、快速思维5个方面。

# 综合练习

### 一、判断题
1. 在商务谈判中，人的心理素质比思维素质更重要。（  ）
2. 商务谈判需要，就是商务谈判者的谈判客观需要在其头脑中的反映。（  ）
3. 在商务谈判中，谈判者应不惜一切代价使己方利益达到最大化。（  ）
4. 所谓诚信就是在商务谈判中对谈判对方毫无保留。（  ）
5. 散射思维是多个角度对谈判议题进行全方位的理性确认的思维方式。（  ）

### 二、选择题
1. 同时对谈判对象和谈判内容的各方面进行全方位扫描的思维活动形式属于（  ）。
   A. 散射思维　　　　　　　　B. 逆向思维
   C. 快速思维　　　　　　　　D. 超常思维
2. 在谈判中能做到"堤外损失堤内补，这次损失下次补"，说明谈判者有很强的（  ）。
   A. 预测能力　　　　　　　　B. 观察能力
   C. 语言表达能力　　　　　　D. 应变能力
3. 在某个行为活动过程中，人们感觉自己遇到难以克服的障碍和干扰时，在心理上形成的一种挫折感，并由此而产生的焦虑、紧张、愤懑或沮丧、失意的情绪性心理状态是（  ）。
   A. 心理挫折　　　　　　　　B. 客观挫折
   C. 主观挫折　　　　　　　　D. 心理失衡
4. 马斯洛的需要层次理论中最高层次的需要是（  ）。
   A. 生理需要　　　　　　　　B. 社交需要
   C. 尊重需要　　　　　　　　D. 自我实现需要
5. 一般谈判心理禁忌主要体现在（  ）。
   A. 戒急　　　　　　　　　　B. 戒轻
   C. 戒俗　　　　　　　　　　D. 戒狭　　　　　　E. 戒弱
6. 心理挫折对行为会产生（  ）影响。
   A. 攻击　　　　　　　　　　B. 退化
   C. 畏缩　　　　　　　　　　D. 固执
7. 商务谈判思维的构成要素包括（  ）。
   A. 概念　　　　　　　　　　B. 判断
   C. 推理　　　　　　　　　　D. 论证

### 三、简答题
1. 什么是商务谈判心理？它具有哪些特点？
2. 马斯洛的需要层次理论在商务谈判中应如何运用？
3. 简述专业谈判的心理禁忌。

4. 简述商务谈判心理挫折的预警机制。
5. 怎样正确理解商务谈判的思维？

### 四、案例题

R国一家航空公司的三位代表，同M国一家企业的一大帮精明人进行谈判。谈判从上午8时开始，M国公司的谈判者首先介绍本公司的产品，他们利用了图表、图案、报表，并用3个幻灯放映机将其打在屏幕上，图文并茂，持之有据，以此来表示他们的开价合情合理，产品品质优良超群。这一推销性的介绍过程整整持续了两个半小时。在这两个半小时中，三位R国商人一直安静地坐在谈判桌旁，一言不发。

介绍结束了，M国方面的一位主管充满期待和自负地打开了房间里的电灯开关，转身望着那三位不为所动的R国人说："你们认为如何？"一位R国人礼貌地笑笑，回答说："我们不明白。"

那位主管的脸上顿时失去了血色，吃惊地问道："你们不明白？这是什么意思？你们不明白什么？"另一个R国人礼貌地笑笑，回答道："这一切。"那位主管的心脏几乎要停止跳动，他问："从什么时候开始？"第三个R国人也礼貌地笑笑，回答说："从电灯关了开始。"

那位主管倚墙而立，松开了昂贵的领带，气馁地呻吟道："那么……你们希望我们怎么办？"三个R国人一齐回答："你们可以重放一次吗？"

问题：
请分析R国商人所使用的心理战术。

# 实 践 练 习

**实践题2-1：谈判思维素质。**

**实践目的：** 学会在谈判中运用各种谈判思维。

一家电器公司推销员阿里森讲过这样一个经历。一次，他去拜访一家不久前才发展的新客户，企图推销一批新型的电机。一到那家公司，总工程师便劈头盖脸地说了他一顿，了解后才知道，原来公司认为刚刚从阿里森那里购买的电机发热超过正常标准。阿里森知道强辩没有任何好处，决定采取问答法和对方理论并说服对方。阿里森先故意说："好吧，斯宾斯先生！我的意见和你的相同，假如那电机发热过高，别说再买，就是买了的也要退货，是吗？""是的。"总工程师说道。"按标准，电机的温度可比室温高72度，是吗？""是的。"总工程师说，"但你们的产品却比这高得多，难道这不是事实吗？"阿里森也不与他争辩，反问说："你们车间的温度是多少？""大约75度。"阿里森兴奋起来，拍拍对方肩膀说："好极了！车间是75度，加上应有的72度，共是140度左右。如果你把手放进140度的热水里，是否会把手烫伤呢？"工程师虽然不情愿，但也不得不点头称是。阿里森接着说："那么，以后你就不要用手去摸电机了，放心！那完全是正常的。"

实践题目：
(1) 阿里森成功说服对方运用了什么思维方式？
(2) 假如你是这家公司的推销员，你会采取什么样的谈判方式来说服对方？以小组为单位讨论，并进行现场模拟演示。

**实践题2-2：谈判心理素质。**

**实践目的：** 掌握合格谈判者必备的心理素质。

| 谈判中常犯的错误 | 你以前的做法 | 将如何改进 |
| --- | --- | --- |
| 谈判前准备不充分 | | |
| 不信任自己 | | |
| 过分高估对手 | | |
| 易受对方数字、先例、规则的蒙蔽 | | |
| 易被对方的粗鲁或强硬态度吓倒 | | |
| 谈判中急躁,情绪失控 | | |
| 总想着自己要从谈判中得到什么,而忽视了对手的需求 | | |

# 第3章 国际商务谈判

## 学习目标

通过本章学习，应该达到如下目标。

**【知识目标】** 理解和掌握国际商务谈判的特点和基本要求，了解和熟悉世界主要国家的商人从事商务谈判的基本风格；能够区分中西方商人谈判过程中存在的主要差异，以便获得谈判的主动权，取得预期的谈判效果。

**【技能目标】** 学习世界主要国家和地区商人的谈判风格并掌握相应的谈判策略。

**【能力目标】** 学习本章后，能够了解谈判各方文化差异的影响，并在各个环节有所准备；掌握在国际商务谈判中运用语言表达、逻辑思维、组织协调、灵活应变等能力。

## 开篇案例

### 日本商人和美国商人的"Yes"与"No"

由于文化的差异，日本商人和美国商人在"No(不)"的用法上遇到了说不清、道不明的麻烦。日本商人觉得，在谈判时如果他的回答是断然否定，则会让美国人丢面子，因而从来不明确地表达。而美国商人不领会这一点，只要他认为还没有得到明确的答复，就会坚持继续谈下去。当某个美国人说"Yes(是的)"的时候，其通常的含义是"我接受这种看法"。但对日本人而言，"Yes(是的)"却有四种不同的意思：一是表示一方知道另一方正在同他说话，但他并不一定理解了谈话的内容；二是表示对方所说的话可以理解或说清楚了；三是表示他已经理解了对方的建议；四是表示完全同意。因此当与日本人进行交流时，"Yes(是的)"的实际含义需根据说话的情景来进行判断，必要时可请对方予以确认。

(资料来源：莫林虎. 商务交流[M]. 北京：中国人民大学出版社，2008.)

国际商务谈判是国内商务谈判的延伸和发展。党的二十大报告提出，"依托我国超大规模市场优势，以国内大循环吸引全球资源要素，增强国内国际两个市场两种资源联动效应，提升贸易投资合作质量和水平。稳步扩大规则、规制、管理、标准等制度型开放。推动货物贸易优化升级，创新服务贸易发展机制，发展数字贸易，加快建设贸易强国。"这需要我们不断提升国际商务谈判能力。

## 3.1 国际商务谈判概述

### 3.1.1 国际商务谈判的含义

国际商务谈判是国际商务活动的重要组成部分,在国际商务活动中占据相当大的比重。根据有关研究表明,在国际商务活动过程中,销售人员、企业的管理人员、律师及工程技术人员等有50%的工作时间处于各种各样的商务谈判之中,其中多数是与来自不同文化背景或不同国家的对手之间的谈判。

所谓国际商务谈判,是指在商务活动中,处于不同国家或不同地区的商务活动当事人为了达成某笔交易,彼此通过信息交流,就交易的各项要件进行协商的行为过程。

国际商务谈判与国内商务谈判有相同的一面,如商务谈判的主体、客体都必须合法;谈判各方都处于平等的地位;谈判的目标都是取得双方可以接受的协议等。但是,与国内商务谈判相比,国际商务谈判从准备工作到谈判中涉及的问题都要复杂得多。因为国际商务谈判是跨越国界的谈判,根本区别源于谈判者成长和生存的环境及谈判活动与谈判协议履行的环境差异。在国际商务谈判中,谈判双方来自不同的国家,拥有不同的文化背景,生活于不同的政治、法律、经济、文化和社会背景之下,这种差异不仅表现为谈判者的行为差异,而且会对未来谈判协议的履行产生十分重要的影响。

### 3.1.2 国际商务谈判的重要性

国际商务谈判是国际货物买卖过程中必不可少的重要环节,也是签订买卖合同的必经阶段。国际商务谈判的内容不仅包括商务与技术方面的问题,还包括法律与政策问题,它是一项政策性、策略性、技术性和专业性很强的工作。国际商务谈判的结果,决定着合同条款的具体内容,从而确定合同双方当事人的权利和义务,故买卖双方都很重视商务谈判这项重要的活动。

在国际货物买卖中,商务谈判是一项很复杂的工作,它比国内贸易中的洽谈交易复杂得多。因为,交易双方分属不同的国家或地区,彼此有着不同的社会制度、政治制度、法律体系、经济体制和贸易习惯,有着不同的文化背景、价值观念、信仰和民族习惯,而且还有语言和文字沟通方面的困难。

在谈判过程中,由于交易双方的立场及其追求的具体目标各不相同,往往充满尖锐复杂的利害冲突和反复讨价还价的情况。谈判者的任务是根据购销意图,针对交易对手的具体情况,施展各种行之有效的策略,正确处理和解决彼此间的冲突和矛盾,谋求一致,达成一项双方都能接受的公平合理的协议。由于交易双方达成的协议不仅直接关系着双方当事人的利害得失,而且具有法律上的约束力,不得轻易改变,所以对于是否拍板成交和达成协议,彼此都应持慎重态度。如果由于失误而导致磋商失败,就会失掉成交的机会。如果由于谈判者急于求成、疏忽大意或其他原因,做了不应有的让步,或接受了不合理的成交条件和有悖于法律规定的条款,致使交易磋商中出现一些错误和隐患,往往事后难以补救。这不仅会使一方在经济上蒙受不应有的损失,而且还可能给履约造成困难,进而影响双方关系,对外造成不良的政治影响。

综上所述,足见国际商务谈判是一个非常重要的环节,做好这个环节的工作,妥善处理国际商务谈判中出现的各种问题,在平等互利的基础上达成公平合理和切实可行的协议,具有十分重要的意义。

### 3.1.3 国际商务谈判的特点

国际商务谈判既具有一般商务谈判的特点,又具有国际经济活动的特殊性,表现在如下几个方面。

**1. 政治性强**

当前,世界百年未有之大变局加速演进,新一轮科技革命和产业变革深入发展,国际力量对比深刻调整,我国发展面临新的战略机遇。同时,世纪疫情影响深远,逆全球化思潮抬头,单边主义、保护主义明显上升,世界经济复苏乏力,局部冲突和动荡频发,全球性问题加剧,世界进入新的动荡变革期。国际商务谈判既是一种商务交易的谈判,也是一项国际交往活动,具有较强的政治性。由于谈判双方的商务关系是两国或两个地区之间整体经济关系的一部分,常常涉及两国之间的政治关系和外交关系,因此在谈判中两国或地区的政府常常会干预和影响商务谈判。因此,国际商务谈判必须贯彻执行国家的有关方针政策和外交政策,同时,还应注意国别政策,以及执行对外经济贸易的一系列法律和规章制度。

**2. 以国际商法为准则**

由于国际商务谈判的结果会导致资产的跨国转移,必然要涉及国际贸易、国际结算、国际保险、国际运输等一系列问题。因此,在国际商务谈判中要以国际商法为准则,并以国际惯例为基础。所以,谈判者要熟悉各种国际惯例,熟悉对方所在国的法律条款,熟悉国际经济组织的各种规定和国际法。这些问题是一般国内商务谈判所无法涉及的,要引起特别重视。

**3. 坚持平等互利的原则**

在国际商务谈判中,要坚持平等互利的原则,既不强加于人,也不接受不平等条件。作为发展中国家,平等互利是我国对外政策的一项重要原则。所谓平等互利,是指不分国家大小、不论贫富强弱,在相互关系中应当一律平等。在相互贸易中,应根据双方的需要和要求,按照公平合理的价格,互通有无,使双方都有利可得,以促进彼此的经济发展。在进行国际商务谈判时,不论国家贫富、客户大小,只要对方有诚意,就要一视同仁,既不可强人所难,也不能接受对方无理的要求。对某些外商利用垄断地位抬价和压价,必须不卑不亢,据理力争;对某些发展中国家或经济欠发达地区,我们也不能以势压人,应该坚持平等互利的原则。

**4. 谈判的难度大**

由于国际商务谈判的谈判者代表了不同国家和地区的利益,有着不同的社会文化和经济政治背景,人们的价值观、思维方式、行为方式、语言及风俗习惯各不相同,从而使影响谈判的因素更加复杂,谈判的难度更大。在实际谈判过程中,对手的情况千变万化,作风各异,有热情洋溢者,也有沉默寡言者;有果敢决断者,也有多疑多虑者;有善意合作者,也有故意寻衅者;有谦谦君子,也有傲慢自大、盛气凌人的自命不凡者。凡此种种表现,都与一定的社会文化、经济政治有关,不同表现反映了不同谈判者有不同的价值观和不同的思维方式。因此,谈判者必须有广博的知识和高超的谈判技巧,不仅能在谈判桌上因人而异,运用自如,而且要在谈判前注意资料的准备、信息的收集,使谈判按预定的方案顺利进行。

## 3.1.4 国际商务谈判的原则

党的二十大报告指出，中国坚持经济全球化正确方向，推动贸易和投资自由化便利化，推进双边、区域和多边合作，促进国际宏观经济政策协调，共同营造有利于发展的国际环境，共同培育全球发展新动能，反对保护主义，反对"筑墙设垒"、"脱钩断链"，反对单边制裁、极限施压。在进行国际商务谈判的过程中，我们应遵循以下基本原则。

**1. 平等性原则**

平等是国际商务谈判得以顺利进行和取得成功的重要前提。在国际经济往来中，企业间的洽谈协商活动不仅反映着企业与企业的关系，还体现了国家与国家的关系，相互间要求在尊重各自权利和国格的基础上，平等地进行贸易与经济合作事务。在国际商务谈判中，平等性原则要求包括以下几方面内容。

1) 谈判各方地位平等

国家不分大小贫富，企业不论实力强弱，个人不管权势高低，在经济贸易谈判中地位一律平等。不可颐指气使，盛气凌人，把自己的观点和意志强加给对方。谈判各方应尊重对方的主权和愿望，根据彼此的需要和可能，在自愿的基础上进行谈判。对于利益、意见分歧的问题，应通过友好协商加以妥善解决，而不可强人所难。切忌使用要挟、欺骗的手段来达到自己的交易目的，也不能接受对方带强迫性的意见和无理的要求。使用强硬、胁迫手段，只能导致谈判破裂。

2) 谈判各方权利与义务平等

各国之间在商务往来的谈判中权利与义务是平等的，既应平等地享受权利，也要平等地承担义务。谈判者的权利与义务，具体表现在谈判各方的一系列交易条件上，包括涉及各方贸易利益的价格、标准、资料、方案、关税、运输、保险等。如在世界贸易组织中，国与国之间的贸易和谈判，要按照有关规则公平合理地削减关税，尤其是限制或取消非关税壁垒。谈判的每一方，都是自己利益的占有者，都有权从谈判中得到自己所需要的，都有权要求达成等价有偿、互相受益、各有所得的公平交易。价格是商贸谈判交易条件的集中表现，谈判各方讨价还价是免不了的，但是要按照公平合理的价格进行协商。对进出口商品作价应以国际市场价格水平平等商议，做到随行就市，对双方都有利。为弥合在价格及其他交易条件上的分歧，顺利解决谈判中的争执，就需要以公平的标准来对不同意见进行判定，而公平的标准应当是谈判各方共同认定的标准。在谈判的信息资料方面，谈判者既有获取真实资料的权利，又有向对方提供真实资料的义务。谈判方案及其他条件的提出、选择和接受，都应符合权利与义务对等的原则。谈判者享受的权利越多，相应地需要承担的义务也就越多，反之亦然。

3) 谈判各方签约与践约平等

商务谈判的结果，是签订贸易及合作协议或合同。协议条款的拟订必须公平合理，有利于谈判各方目标的实现，使各方利益都能得到最大限度的满足。签约践约要使"每方都是胜者"，美国学者尼尔伦伯格的这句话充分体现了谈判的平等性要求，可以说是谈判成功的至理名言。谈判合同一经成立，谈判各方须"重合同，守信用""言必信，行必果"，认真遵守，严格执行。签订合同时不允许附加任何不合理的条件，履行合同时不能随意违约和单方面毁约，否则，就会以不平等的行为损害对方的利益。

**2. 互利性原则**

在国际商务谈判中，平等是互利的前提，互利是平等的目的。平等与互利是平等互利原则密切联系、有机统一的两个方面。国际商务谈判不能以胜负输赢而告终,要兼顾各方的利益。为此,应做到以下几点。

1) 投其所需

在国际商务活动中进行谈判,说到底就是为了说服对方,进而得到对方的帮助和配合,以实现自己的利益目标,或通过协商,从对方获取己方所需要的东西。

其一,应将自己置身于对方的立场上设身处地地为其着想。把对方的利益看成与自己的利益同样重要,对其愿望、需要与担忧表示理解和同情,富于人情味,建立起情感上的认同关系,从心理上开启对方接纳自己之门。要记住,谈判虽为论理之"战",然而谈判桌上为人所动的是"情",常常是"情"先于"理"。

其二,要了解对方在商务谈判中的利益要求是什么。谈判的立场往往是具体而明确的,利益却隐藏在立场的后面,出于戒心,对方不会轻易表白,即使显露,也是很有分寸、注意程度的。因而,想要了解对方的需求,应巧妙地暗探、策略地询问、敏锐地体会"话中之话"、机智地捕捉"弦外之音"。

2) 求同存异

如果谈判各方的利益要求完全一致,就无须谈判了,因而产生谈判的前提是各方利益、条件、意见等存在着分歧。国际商务谈判,实际上是通过协商弥合分歧,使各方利益目标趋于一致,最终达成协议的过程。如果因为争执升级、互不相让而使分歧扩大,则容易导致谈判破裂。如果想使一切分歧意见皆求得一致,在谈判上既不可能也无必要。因此,互利的一个重要要求就是求同存异,求大同,存小异。谈判各方应谋求共同利益,妥善解决和尽量忽略非实质性的差异。这是国际商务谈判成功的重要条件。

3) 妥协让步

在国际商务谈判中,互利不仅表现在"互取"上,还表现在"互让"上。互利的完整含义应包括促进谈判各方利益目标共同实现的"有所为"和"有所不为"两个方面。既要坚持、维护己方的利益,又要考虑、满足对方的利益,兼顾双方利益,谋求共同利益,是谓"有所为";对于难以协调的非基本利益分歧,面临不妥协不利于达成谈判协议的局面,做出必要的让步,此乃"有所不为"。谈判中得利与让利是辩证统一的。妥协能避免冲突,让步可防止僵局,妥协让步的实质是以退为进,促进谈判的顺利进行并达成协议。

## 3.1.5 国际商务谈判的基本要求

国际商务谈判与国内商务谈判之间并不存在本质的区别,但是,如果谈判者以对待国内谈判对手与国内商务活动同样的逻辑和思维去对待国际商务谈判的对手与遇到的问题,是难以取得谈判的预期效果的。因此,为了做好国际商务谈判工作,除了要掌握好商务谈判的基本原理和方法外,还必须注意以下几个基本要求。

**1. 树立正确的国际商务谈判意识**

国际商务谈判意识是促使谈判走向成功的灵魂。谈判者的谈判意识正确与否,将直接影响谈判方针的确定、谈判策略的选择,进而影响谈判中的行为准则。构建人类命运共同体是世界各国人民前途所在。万物并育而不相害,道并行而不相悖。只有各国行天下之大道,和睦相处、合作共赢,繁荣才能持久,安全才有保障。正确的国际商务谈判意识主要包括:谈判是协商,要争取双赢;谈判中既存在利益关系,又存在人际关系,要注意平衡二者之间的关系;国际商务谈判既要着眼于当前的交易谈判，又要放眼未来，考虑今后的交易往来。

### 2. 做好国际商务谈判的准备工作

国际商务谈判的复杂性和风险性要求谈判者在开展正式谈判之前，必须做好相关的调查和准备工作。要充分分析和了解潜在的谈判对手，明确对方企业和可能的谈判者的个人情况，分析政府介入的可能性，还要对谈判的各方面环境进行详尽的调查，并在此基础上合理制订谈判计划，选择合适的谈判策略，拟订各种防范风险的措施，反复分析论证，准备多种谈判方案应对突发情况。

### 3. 正确认识并对待文化差异

国际商务谈判的跨文化性要求谈判者必须正确认识和对待文化差异。不同的文化之间没有高低贵贱之分，尊重对方的文化是对国际商务谈判者最起码的要求。正所谓"入乡随俗，入国问禁"。国际商务谈判者应多从对方的角度去看待问题，善于理解对方看问题的思维方式和逻辑判断方式。切记不要在国际商务谈判中，以自己熟悉的文化的"优点"去评判对方文化的"缺点"，这是谈判的一大禁忌。

## 案例3-1

### 王先生的失败

王先生作为国内一家大型外贸公司的总经理，携秘书韩小姐就一批机械设备的出口事宜，赴伊朗进行最后的商务洽谈。王先生一行在抵达伊朗的当天下午就到交易方的公司进行拜访，正巧遇上他们的祷告时间。主人示意他们稍作等候再进行会谈，以办事效率高而闻名的王先生对这样的安排表示出不满。东道主为表示对王先生一行的欢迎，特意举行了欢迎晚会。秘书韩小姐希望以自己简洁、脱俗的服饰向众人展示女性的精明干练、美丽大方。她上穿白色无袖紧身上衣，下穿蓝色短裙，在众人略显异样的眼光中步入会场。为表示敬意，主人向每一位中国来宾递上饮料，当习惯使用左手的韩小姐很自然地伸出左手接饮料时，主人立即改变了神色，并很不礼貌地将饮料放在了餐桌上。令王先生一行不解的是，在接下来的会谈中，一向很有合作诚意的东道主没有再和他们进行任何实质性的接洽。

(资料来源：国际商务礼仪案例. 百度文库.)

通过案例我们看出王先生和他的秘书这次会谈是很不成功的，因为他们不了解伊朗的禁忌。伊朗信奉伊斯兰教，伊斯兰教教规要求每天做5次祷告，祷告时工作暂停，这时客人不可打断他们的祈祷或表示不耐烦。伊朗人的着装比较保守，特别是女性，一般情况下会用一大块黑布将自己包裹得严严实实，只将双眼露在外面，即便是外国女性，也不可以穿太暴露的服装。韩小姐的无袖紧身上衣和短裙，都是伊朗人所不能接受的。在伊朗，左手被视为不洁之手，一般用于洁身，用左手递接物品或行礼被公认为是一种蓄意侮辱别人的行为。了解各国的文化差异，出国前最好多查阅些有关被访问国的资料，了解其特殊的风俗习惯和礼节，否则会使被访问国的主人误以为对他们不尊重，以致整个商务活动宾主双方的不愉快，甚至彻底失败。

### 4. 熟悉国家政策、国际公约和国际惯例

国际商务谈判的政策性要求谈判者必须熟悉双方国家的有关政策，尤其是外交政策和对外经济

贸易政策；同时还应该了解有关国际公约和国际惯例，如《联合国国际货物销售合同公约》《2000年国际贸易术语解释通则》《跟单信用证统一惯例》等。

**5. 具备良好的外语技能**

语言是交流磋商必不可少的工具。良好的外语技能有利于谈判双方的交流效率，避免沟通过程中的障碍和误解，而且语言本身是文化的重要组成部分，学好外语也能更好地了解对方的文化，能够使谈判者在国际商务谈判中准确表达自己的观点和意见，完整地了解对方的观点和意见，不失时机地抓住机会，实现谈判目标。

## 3.2 商务谈判风格的国别比较

### 3.2.1 商务谈判风格的特点和作用

国际贸易具有多国性、多民族性和谈判对象多层次性等特点。不同国家、不同民族、不同地域的人，其价值观、人生态度、消费习俗、生活方式、文化背景、个人经历等差异极大，因而形成了各具特点的谈判风格。这些风格和特点既影响着谈判者的外在行为举止，也影响其内在的价值观念，甚至影响整个谈判活动的成败。

**1. 对谈判风格的理解**

"谈判风格"是一个使用频率很高的词。但是，对这个词至今还没有比较确切的定义。大多数对谈判风格的理解来源于文学作品中对"文学风格"的类推。谈判风格是一种看不见摸不着的东西，但它会在谈判中反复地表现出来，并成为谈判中起重要作用的因素。谈判风格是指谈判人员在谈判过程中通过言行举止表现出来的建立在其文化积淀基础上的与对方谈判者明显不同的关于谈判的思想、策略和行为方式等的特点。

这一概念包括4层含义：首先，谈判风格是在谈判场合与过程中表现出来的关于谈判的言行举止；其次，谈判风格是对谈判者文化积淀的折射和反映；再次，谈判风格有其自身的特点，与不同国家或地区的风格存在显著的差异；最后，谈判风格历经反复实践和总结，被某一国家或民族的商人所认同。

**2. 谈判风格的特点**

1) 对内的共同性

同一个民族的谈判者或者有着相同文化背景的谈判者，在商务谈判中会体现出大体相同的谈判风格。这就是谈判风格的共同性特点。例如，受儒家文化影响的中国人和日本人，通常"爱面子"，这一特征是由于文化对人的同化和影响形成的。从这个意义上讲，世界上才存在不同国家或地区商人的特点。

2) 对外的独特性

谈判风格的独特性是指特定群体及其个人在判断中体现出来的独特气质和风格。从社会学观点看，任何集团的人的集合都是一种群体。各群体都有自己的主文化和亚文化，会体现出群体之间的差异。在同一个群体内，个体之间也存在着差异。谈判风格的独特性决定了它的表现形式的多样化。所以，不同国家、不同民族，或同一个国家、同一个民族，由于文化背景、生活方式、风俗习惯等的影响，会表现出不同的特点和风格。

3) 成因的一致性

无论哪种谈判风格，其形成原因都大体一致，即主要受文化背景、人的性格及文化素养等的影响。任何一个民族都深深植根于自己文化的深厚土壤中。无论他是否意识到，是否承认，他都会受到本民族风俗习惯、价值观念和思维方式等的潜移默化的影响，形成自己的世界观，并由此指导自己的行为处事方式，表现该民族在特定的文化背景下形成的共同气度和作风。如果忽视这一点，很难对其表现出来的谈判风格做出合理而深刻的理解，也很难适应对方的谈判风格，当然也难以获得谈判的成功。

3. 谈判风格的作用

1) 营造良好的谈判气氛

良好的谈判气氛是保证谈判顺利进行的首要条件。如果我们对谈判对手的谈判风格十分熟悉的话，言行举止就会更加得体，能较快赢得对方的好感，使对方从感情和态度上接纳自己。在这样的氛围下展开谈判，深入探讨问题，自然会容易得多。

2) 为谈判策略提供依据

学习和研究谈判风格不仅仅是为了创造良好的谈判气氛，更重要的意义是为谈判策略的运用提供依据。如果我们不研究对方的谈判风格，不了解谈判风格的形成、表现形式及作用，那就会在制定谈判策略的时候无从下手，更谈不上主动根据对方的谈判风格设谋用略。谈判风格所涉及的知识领域非常广阔，如天文、地理、社会、宗教、民俗、文化、心理、行为、政治、经济等。这些知识本身就会为谈判设谋提供依据和帮助。

3) 有助于提高谈判水平

商务谈判往往是很理性化的行为，但理性化往往受到非理性或感性事物的引导和驱使。谈判风格在认识上有可能是理性的，但其表现形式多为感性的。我们研究和学习谈判风格的过程本身，就是一种学习和提高的过程。我们要吸收不同国家、不同民族和地区谈判风格中的优秀之处，拿来为我所用，汲取他们优秀的谈判经验与艺术，减少失误或避免损失，进而形成自己的谈判风格，或使自己的谈判风格更完善、更完美。

### 3.2.2 不同国家的谈判风格

谈判风格受谈判者个人气质、心理素质的影响，也会因每个人所处的国度、地区不同，受到不同的政治、经济、文化传统的影响而有所不同。以下将对世界主要国家和地区商人的谈判风格加以介绍。

需要注意的是，随着全球经济一体化的发展，谈判风格也变得不是那么绝对了，即非普遍适用了，已经不像之前那么呈现出明显的差异性了。

**1. 美国人的谈判风格**

美国以其雄厚的综合国力在世界经济舞台上占据着显赫地位，英语几乎是国际商务谈判的常用语言，世界贸易有50%以上用美元结算，这使得美国人对自己的国家深感自豪，对自己的民族具有强烈的自豪感和荣誉感。同时美国又是一个开放程度很高的年轻的移民国家，是世界文化的"大熔炉"，历史上大批拓荒者从欧洲来到北美，开拓出一片片土地。这些历史文化背景造就了我们今天所熟悉的美国人：自信果断、直率开朗、热情豪爽、善于交际、不拘礼节、追求物质生活，富有竞争、创新和进取精神。美国人在谈判中的谈判风格表现如下。

1) 自信心强，自我感觉良好

美国人的自信，表现在对本国产品的品质优越、技术先进性毫不掩饰的称赞上。他们认为，如果你有能力，就应该表现出来，千万不要遮掩、谦虚，否则很可能被看作是无能。如果你的产品质量过硬，性能优越，就要让购买你产品的人认识到这些优点，而那种让消费者在实践中检验的想法，美国人认为是不妥的。

美国人的自信也表现在坚持公平合理的原则上。他们认为进行交易，双方都要有利可图。在这一原则下，他们会提出一个"合理"的方案，并认为是十分公平的。他们喜欢在双方接触的初始就阐明自己的立场、观点，提出自己的方案，以争取主动。如果双方出现分歧，他们只会怀疑对方的分析、计算，而坚持自己的看法。

美国人的自信还表现在他们喜欢批评别人、指责别人。当谈判不能按照他们的意愿进行时，他们常常直率地批评或抱怨。"我是对的，你是错的"这是美国人的普遍心态。他们说话声音大、频率快，办事讲究效率，而且很少说"对不起"，同时也让人感到他们咄咄逼人、傲慢或自大。

2) 干脆利落，不兜圈子

美国商人坦诚直率、真挚热情、健谈，不断发表自己的意见和看法。在美国人看来，直截了当是尊重对方的表现。他们注重实际，对"是"与"非"有明确理性的定义。当他们无法接受对方提出的条件时，会明确地告诉对方自己不能接受，而且从不含糊其词，使对方心存希望。无论介绍还是提出建议，美国谈判者都乐于简明扼要，尽量提供准确数据。对于任何非直接、模棱两可的回答都会被美国谈判者视为缺乏能力与自信，不真诚甚至虚伪的表现。美国人十分欣赏能积极反应、立足事实、大方地讨价还价、为取得经济利益而精于施展策略的人。每当这时他们有种"棋逢对手"的兴奋；相反，过分谦虚、立场不鲜明，只会把事情弄糟。

谈判中直率也好，暗示也好，表面上看起来是谈判风格不同，实际上是文化差异问题。东方人认为直接地拒绝对方、表明自己的要求，会损害对方的面子并僵化彼此之间的关系，像美国人那样直言是缺乏修养的表现。同样，东方人所推崇的谦虚、有耐性、有涵养，可能被美国人认为是虚伪、客套、耍花招。

3) 时间观念强

美国人生活节奏比较快。美国有句谚语"不可盗窃时间"，在美国人看来，时间就是金钱，如果不慎占用了他们的时间，就等于偷了他们的美金。因此美国谈判者总是努力节约时间，不喜欢繁文缛节，希望省去礼节、闲聊，直接切入正题。他们喜欢谈判的节奏紧凑，强调尽可能有效率地进行，迅速决策不拖沓。对于整个谈判过程，他们总有个进度安排，精打细算地规划谈判时间的利用，希望每一阶段逐项进行，并完成阶段性的谈判任务。他们一件事接一件事，一个问题接一个问题地讨论，直至最后完成整个协定的逐项议价。

4) 重视利润，积极务实

美国人在谈判讨价还价中，一般不会漫天要价，也不喜欢别人这样做。在许多美国人看来，谈判做生意的唯一目的就是获取利润，而不是生意人之间的交情。一家公司要想长久生存，就必须有可观的收入源源而来。所以亚洲国家的人都有这种感觉：美国人谈生意就是直接谈生意，不注意在洽商中培养双方的友谊和感情，而且还力图把生意和友谊清楚地分开，这种观念使他们在谈判中的行为显得比较生硬，也与亚洲人的文化观念相去甚远。

5) 谈判风格幽默

美国人的幽默久负盛名，在商务谈判过程中，美国人也喜欢用轻松幽默的语言表达信息，沟通思想，给谈判营造一种轻松的氛围。

## 案例3-2

### 美国人的幽默

曾经有这样的故事流传：在餐厅盛满啤酒的杯中发现了苍蝇，英国人会以绅士风度吩咐侍者换一杯啤酒来；法国人会将杯中啤酒倾倒一空；西班牙人不去喝它，只留下钞票，不声不响地离开餐厅；日本人会令侍者把餐厅经理找来，训斥一番；沙特阿拉伯人会把侍者叫来，把啤酒杯递给他，说"我请你喝"；美国人则会对侍者说："以后请将啤酒和苍蝇分别放置，由喜欢苍蝇的客人自行将苍蝇放进啤酒，你觉得怎样？"

(资料来源：袁革. 商务谈判[M]. 北京：中国物资出版社，2007.)

### 2. 英国人的谈判风格

英国是世界上资本主义发展最早的国家，早在17世纪，它的贸易就遍及世界各地，曾一度在世界上建立起经济、政治和军事霸权。但自19世纪以来，英国的经济地位一步步削弱。虽然如此，英国人"曾经称霸世界"的大国意识仍很强烈，总是表现出一副悠然自得的样子。而且，英国人的民族性格表现为传统、内向、谨慎，尽管从事贸易的历史较早、范围广泛，但是其谈判风格却不同于其他欧洲国家。

1) 不轻易与对方建立个人关系

言行持重的英国人不轻易与对方建立个人关系。即使本国人，个人之间的交往也比较谨慎，很难一见如故。他们不轻易相信别人或依靠别人。这种保守、传统的个性在某种程度上反映了英国人的优越感。初与英国人交往，开始总感觉有一段距离，让人感到他们高傲、保守，但一旦你与英国人建立了友谊之后，他们会十分珍惜，长期信任你，在做生意时关系也会十分融洽。

2) 往往不能按期履行合同

英国商人的这一特点远近闻名。他们经常不遵守交货时间而造成延迟，这也使得他们在谈判中比较被动，外国谈判者会利用这点迫使他们接受一些苛刻的交易条件，为此英国商人也做了很大努力试图改正，但效果并不明显。至于什么原因，众说纷纭，较为信服的论据是，英国工业历史悠久，但英国人更追求生活的秩序与舒适，而勤奋与努力是第二位的。另外，英国的产品质量、性能优越，市场广泛，这又使英国人忽视了现代贸易应遵守的基本要求。

3) 注重礼仪、崇尚绅士风度

英国人以绅士风度闻名世界，他们谈吐不俗、举止高雅、遵守社会公德、颇有礼让精神。无论在谈判场所内外，英国谈判者都很注重个人修养，尊重谈判业务规律，不会没有分寸地追逼对方。同时，他们也很关注对方的修养和风度，如果你能在谈判中显示出良好的教养和风度，就会很快赢得他们的尊重，为谈判成功打下良好的基础。

4) 忌谈政治，宜谈天气

英国的全称是大不列颠及北爱尔兰联合王国，由英格兰、威尔士、苏格兰、北爱尔兰4部分，以及一系列附属岛屿共同组成。英国虽然是统一的君主制国家，但是这4个民族的人在处理事务上有许多微妙之处。我们提到"英格兰"时，一般是指整个联合王国，但是正式场合使用就显得不妥，因为这样会不自觉地漠视了其他三个民族。所以，在正式场合不宜把英国人叫作英格兰人。在和英国人交谈时可以以他们喜欢的文化遗产、喂养的宠物等作为谈论的话题，尽量避免讨论政治、宗教、王室是非等。初识英国人，最佳、最安全的话题当然是天气。

### 案例3-3

#### 与英国人忌谈政治

某进出口公司的李经理到英国与英国商人爱德华先生进行商务谈判。这是李经理初次跟英国人谈判，开局时，李经理为了创造和谐的谈判气氛，谈了一些来英国的见闻，紧接着谈了英国王室查尔斯王子和戴安娜、卡米拉等人的是是非非，并把它当作笑料。爱德华先生开始还听着，后来看见李经理越谈越起劲，便非常生气地结束了这次会谈。李经理误以为对方对这次贸易没有诚意，而不再约见对方。

此次商务谈判中，由于李经理不了解英国商人讨厌对方把王室的事作为谈资的谈判风格，而误以为对方没有合作诚意，造成谈判破裂，失去了一桩生意。

(资料来源：袁革. 商务谈判[M]. 北京：中国物资出版社，2007.)

#### 3. 德国人的谈判风格

德国是世界著名的工业大国。德国人作风严谨、纪律性强、说话简单明了、做事雷厉风行。德国谈判者身上所具有的这种性格特征在谈判桌上得到充分的展现。

1) 谈判准备工作充分周到

德国人严谨的特点使他们在谈判前往往准备得十分周到，他们会想方设法掌握大量谈判对手翔实的第一手资料，不仅要调查研究对方要购买或销售的产品，还要仔细研究对方的公司，以确定对方能否成为可靠的商业伙伴。所有这些事情完成以后，他们才会坐到谈判桌前，这样立足于坚实的基础之上，就能在谈判中处于十分有利的局势。

2) 谈判果断，不拖泥带水

德国人非常讲究效率，他们信奉的座右铭是"马上解决"，他们不喜欢谈判对方"研究研究""考虑考虑"等拖拖拉拉的谈判语言与行为。谈判桌上的德国人喜欢明确表示出希望做成的交易，准确地规定交易的方式，详细地列出谈判议题，并对谈判中的一些不利因素加以预测。在德国人看来，衡量一个国际商务谈判者是否有能力的标准，就是看他所经手的事情能否得到快速且有效的处理。

3) 自信且固执，坚持己见

德国人对本国产品极有信心，在谈判中常会以本国的产品为衡量标准。德国企业的技术标准相当严格，对于出售或购买的产品质量要求很高，因此要让他们相信贵公司的产品能够满足交易规定的高标准，他们才会与你做生意。德国人的自信与固执还表现在他们不太热衷于在谈判中采取让步方式。可能由于德国人的性格倔强、自负，缺乏灵活性和妥协性，因此在交易中他们很少让步，讨价还价的余地不大。他们总是强调自己方案的可行性，一丝不苟，千方百计迫使对方让步，常常会坚持到签订合同前的最后时刻还在争取。

4) 重合同、守信用

德国人素有"契约之民"的雅称，非常重视和尊重契约。在签订合同之前，他们会将每个细节都谈判到，明确双方的权利及义务后才签字。这种100%的谈判作风，使得德国商人的履约率在欧洲最高。一旦签约，他们就会一丝不苟地按照合同办事，不论发生什么情况都不会轻易毁约。同时，他们也严格要求对方，除非有特殊情况，绝不理会其贸易伙伴在交货和支付的方式及日期等方面提出的宽限请求或事后解释。

5) 时间观念强

无论公事还是私事,德国人非常守时。因此,在与他们的谈判和交往中最忌讳迟到。对迟到者,德国人会毫不掩饰他们的不信任和厌恶,哪怕仅仅是几分钟也不行。另外,去德国谈判,时间不宜定在晚上,除非特别重要。虽然他们工作起来废寝忘食,但他们认为晚上是和家人团聚、共享天伦之乐的时间,而且他们会认为你也有相同的想法。所以,冒昧地请德国人在晚上谈判会让他们觉得此人不知趣。

**4. 法国人的谈判风格**

在近代世界史上,法兰西民族在社会科学、文学、科学技术方面有着卓越成就。法国人具有浓厚的国家意识和强烈的民族、文化自豪感,天性乐观开朗,十分勤劳,待人和蔼可亲,对商品追求新颖、名贵和美观。

1) 谈判方式比较独特

法国人喜欢先为谈判协议勾画出一个大致的轮廓,然后再达成原则协议,最后再确定协议中的各项具体内容。所以,法国人不像德国人那样在签订协议之前认真、仔细地审核所有具体细节。他们的做法是:签署的是交易的大概内容,如果协议执行起来对他们有利,他们会若无其事;如果协议对他们不利,他们会毁约,并要求修改或重新签约。

2) 富有人情味,重视人际关系

法国人乐观、开朗、热情、幽默,注重生活情趣,富有浓郁的人情味和浪漫情怀,非常重视相互信任的朋友关系,并会因此影响生意。在商务交往上,法国人往往是凭借着信赖和人际关系去进行商务往来的,在未成为朋友之前,他们不会同你进行大宗交易,而且习惯于先用小生意试探,建立信誉和友谊之后,大生意便接踵而至。热情的法国人将家庭宴会作为最隆重的款待,但决不能将家庭宴会上的交往视为交易谈判的延伸。一旦将谈判桌上的话题带到餐桌上来,法国人会极为不满的。

3) 坚持用法语谈判

法国人为自己的语言而自豪,他们认为法语是世界上最优美、最高贵的语言,因此在进行商务谈判时,他们往往习惯于要求对方同意以法语作为谈判语言,即使他们的英语讲得很好也是如此,除非他们在国外或在贸易上对对方有所求。所以要与法国人长期做生意,最好学些法语,或在谈判时选择一名好的法语翻译。

4) 重视个人力量

法国人大多注重依靠自身力量达成交易,愿以自己的资金从事经营,因而他们办事不勉强。一般情况下,法国公司的组织结构单纯,自上而下的层次不多,比较重视个人力量,很少集体决策。从事谈判也大多由个人承担责任,决策迅速。法国商人大多专业性强,熟悉产品,知识面广。即使是专业性很强的商务谈判,他们也能一个人独当几面。

5) 时间观念往往不强

对别人要求严格,对自己比较随便是法国人时间观的一大特点。有的法国人在商业往来或社会交际中经常迟到或单方面改变时间,而且总会找出一大堆冠冕堂皇的理由。在法国社交场合,有个非正式的习惯,主客身份越高,来得越迟。所以,与法国人谈判,就需要学会忍耐。但是,法国人对于别人的迟到往往不予原谅,对于迟到者,他们会很冷淡地接待。

### 5. 俄罗斯人的谈判风格

苏联解体后，出现了许多独立的国家，但是与我国贸易比较频繁、地理位置比较接近的要数俄罗斯。我国东北地区已经把对俄贸易作为发展对外贸易的重要组成部分。因此，研究俄罗斯人的谈判风格具有较大的现实意义。

1) 固守传统，喜欢按计划办事

有的俄罗斯人带有明显的计划经济体制的烙印，习惯照章办事、上传下达。在进行正式谈判时，他们喜欢按计划办事。如果对方的让步与他们原定的具体目标相吻合，则往往容易达成协议；如果有差距，使他们让步则特别困难，甚至他们明知自己的要求不符合客观标准，也不妥协让步。

2) 善于讨价还价

俄罗斯人深深承袭了古老的商业交易之道，在谈判桌前显得非常精明。他们很看重价格，在讨价还价上堪称行家里手，不论你的报价是多么公平合理，怎样计算精确，他们也不会相信，而是千方百计地迫使对方降价，达到他们认为理想的结果。所以同俄罗斯人谈判，灵活的做法是，事先为他们准备好一份标准报价表，所有价格都有适当的溢价，为后面的洽谈减价留下后路，以此迎合俄罗斯人的心理。

## 案例3-4

### 俄罗斯商人善于讨价还价

1980年的奥运会在莫斯科举办，谁都知道出售奥运会电视转播权是一笔好买卖。美国哥伦比亚广播公司、美国国家广播公司、全国广播公司三家大型电视台都准备出大价钱购买独家电视转播权。于是，俄罗斯人把美国三家电视网的上层人物都请到他们的豪华客轮阿列克赛•普希金号上，他们提出要2.1亿美元现金，这个开价比1976年的2 200万美元几乎高出9倍。为了达到他们的目的，俄国人分别与美国的这三家电视台的决策人物接触，让他们相互之间你争我夺，用美国人自己的话说："我们像装在瓶里的三只蝎子那样互相乱咬，咬完之后，两只死了，获胜的一只也被咬得爬不起来了。"最后，几经反复，美国国家广播公司以8 700万美元购得奥运会转播权。后来才知道，俄国人预期的售价在6 000万美元～7 000万美元之间。

(资料来源：孙平. 当代商务谈判[M]. 武汉：武汉大学出版社，2007.)

3) 注重技术细节

俄罗斯人特别重视谈判项目中的技术内容和索赔条款，与俄罗斯人谈判时不要随便承诺做不到的事情，对合同中的索赔条款也要十分慎重。

俄罗斯人特别重视谈判项目中的技术内容，这是因为引进技术要具有先进性、实用性，由于技术引进项目通常都比较复杂，对方在报价中又可能会有较大的水分，为了尽可能以较低的价格购买最有用的技术，他们特别重视技术的具体细节，索要的东西也是包罗万象，如详细的车间设计图纸、设备装备图纸、原材料证明书、化学成分、维修指南、各种产品的技术说明等。所以，与俄罗斯人进行谈判要有充分的准备，为了能及时准确地对技术问题进行阐述，在谈判中一定要配备技术方面的专家。

4) 注重文化传统

俄罗斯人对于研究过俄罗斯文化艺术的外商有着特别的尊重，这会给商务谈判带来友善的气氛。传统上俄罗斯人有四大爱好：喝酒、吸烟、跳舞和运动。俄罗斯人不论男女，几乎没有不喝酒的，而且大多爱喝烈性酒，如伏特加之类。俄罗斯人吸烟也很普遍，而且爱抽烈性烟。跳舞是俄罗斯人的传统，一般每周末都有舞会。俄罗斯人还很重视体育运动，许多人都有一两项运动专长。

#### 6. 阿拉伯人的谈判风格

阿拉伯国家主要分布在西亚的阿拉伯半岛和北非地区。这些国家经济大都欠发达，但由于该地区有着丰富的石油、天然气等资源，使这些国家靠出售石油获取了巨额利润，人均国民收入名列世界前茅，拥有巨大的消费能力和投资实力。此外，阿拉伯人信奉伊斯兰教，想要与阿拉伯人打交道，就必须对伊斯兰教有所了解，这是明智的选择。比如，遇到斋月，阿拉伯人在太阳落山之前既不吃也不喝，你也要做到入乡随俗，尽量避免接触食物，要表示理解并尊重他们的习俗。

1) 谈判节奏较为缓慢

同阿拉伯人进行商务谈判，他们往往要花很长时间才能做出谈判的最终决策，与他们的一次谈判只是部分地同他们进行一次磋商。如果外商为寻求合作前往拜访阿拉伯人，第一次很可能得不到自己期望出现的结果，有时甚至第二次乃至第三次都接触不到实质性话题。遇到这种情况，你要显得耐心而镇静。

2) 中下级人员在谈判中起着重要的作用

在阿拉伯国家中，谈判决策由上层人员负责，但中下级谈判者向上司提供的意见或建议却能得到高度重视，他们在谈判中起着重要的作用。

3) 代理商作用不可小觑

在阿拉伯商界还有一个阶层，那就是代理商。几乎所有阿拉伯国家的政府都坚持，无论外商的生意伙伴是个人还是政府部门，其商务活动都必须通过阿拉伯代理商来进行。这种代理制度不仅为阿拉伯国民开辟了生财之道，提供了一个理想职业，而且对外国商人来说也是大有神益的。这些代理商有着广泛的社会关系网，与企业或政府部门有着直接或间接的联系。如果找到一个好的代理商，则会为外商提供很多便利。

4) 偏爱讨价还价

阿拉伯人极爱讨价还价，无论交易大小均可讨价还价。更有甚者，不还价即买走东西的人还不如讨价还价后什么也不买的人更受到卖主的尊重。他们的逻辑是：前者小看自己，后者尊重自己。在商务谈判中阿拉伯人对讨价还价更是十分看重，高明的讨价还价要找准理由，并把理由说得令人信服。

5) 惯用"IBM"

阿拉伯人不喜欢同人面对面地争吵，但他们却有自己的委婉拒绝别人的办法或撒手锏，这就是"IBM"。不要误以为这里说的"IBM"是美国的IBM公司。阿拉伯词语中的"I"是"因谢拉"，意为"神的意志"；"B"是"布克拉"，意为"明天"；"M"是"迈利西"，意为"不介意"。如果阿拉伯人想取消与你的合同，则推指"神的意志"，你也无可奈何；如果交易气氛对你有利，他要借口"明天"再谈；如果你为他的上述行为而感到不愉快，他会轻松地拍着你的肩膀说"不要介意"。

#### 7. 日本人的谈判风格

中国的古典文化对日本有着深刻的影响。7世纪，随着中国儒家文化的传入，日本接受了儒教中的等级观念、忠孝思想、宗法观念等，逐渐形成了具有大和民族色彩的文化，并在行为方式上处处体现出来。日本是个岛国，资源缺乏、人口密集，民众有危机感，国民经济对整个国际市场的依赖程度很深。

1) 等级观念根深蒂固

日本人的等级观念根深蒂固，他们非常重视尊卑秩序。日本企业都有尊老的倾向，一般能担任公司代表的人都是有15～20年工作经验的人。他们讲究资历，不愿与年轻的对手商谈，因为他们不相信对方年轻的代表会有真正的决策权。在日本谈判团内等级意识很重，一般都是谈判小组成员奋力争取，讨价还价，最后由"头面人物"出面稍做让步，达到谈判目的。利用日本人这种尊老敬长的心理，与日本人谈判时，派出场的人员最好是官阶、地位都比对方高一级，这样会有利于谈判的进行。

2) 团队意识强烈

日本人的团队意识在世界上是首屈一指的。单个日本人与其他民族的人相比，在思维、能力、创新精神或心理素质等方面可能不见得出类拔萃。但是，日本人一旦结为一个团体，这个团队的力量就会十分强大。日本企业的谈判代表团多是由曾经共过事的人员组成，彼此之间互相信赖，有着良好的协作关系，谈判团内角色分工明确，但每个人都有一定的发言决策权，实行谈判共同负责制。在商务谈判决策权问题上不同于欧美等国家那样由负责人说了算，日本谈判者对于较大问题往往不能马上做出决定，而需要通过公司内部反复磋商，有关人员层层上报批准，仔细斟酌得出一致的结论后方能给予答复，所以应给予时间让其商量研究。

## 案例3-5 ⓘ ⓘ

### 日本人注重团队精神

关于日本人的团队精神，有一则不知出自何处而在各国流传的笑话——泰坦尼克号就要沉了，老幼和妇女都上了救生船，剩下的青壮男人为了不被沉船引起的漩涡卷入海底，必须趁船沉之前赶紧跳下去。于是对英国人说："要保持你的绅士风度吗？跳！"英国人跳下去了；再对美国人说："你要当英雄吗？跳！"美国人跳下去了；对德国人说："你要守规矩的话，跳！"德国人也跳下去了；最后就剩下日本人了，于是对着日本人的耳朵小声说："大家都已经跳下去了，你还不跳？！"日本人这才毫不犹豫地跳了下去。

(资料来源：王志强. 惧怕与众不同——我眼中的日本人[J]. 东北之窗，2007(19).)

3) 注重礼仪，讲究面子

日本是一个注重礼仪的国家。日本人所做的一切，都要受严格礼仪的约束。他们在贸易活动中常有送礼的习惯，他们认为礼不在贵，但要有特色，有纪念意义，并对不同的人所送的礼物的档次要有所区别，以示尊卑有序。日本人会根据对象不同而行不同的鞠躬礼，同时双手递上自己的名片，然后以双手接过对方的名片，仔细看后微笑点头，再两眼平视对方，说上一句"见到你很高兴"之类的客套话。对此，外商也需要理解和遵循，否则会被日本人视为不懂规矩、没有礼貌。

日本人非常讲究面子，他们不愿对任何事情说"不"字。他们认为直接的拒绝会使对方难堪，甚至恼怒，是极大的无礼。因此，在谈判过程中，他们即使对对方的提议有所保留，也很少直接予以反驳，一般是以迂回的方式陈述自己的观点。在讨价还价时，日本人讲得最多的就是"はい"，尽管这个词在辞典中的解释是"是"，但实际上绝不是表示日本人同意，它是意味着"我在听着你说"。同样，在和日本人谈判时，语气要尽量平和委婉，如果你不得不否认某个建议，要尽量婉转地表达，或做出某种暗示，也可以陈述你不能接受的客观原因，绝对避免使用羞辱、威胁性的语言，切忌妄下最后通牒。

4) 执着、耐心，不易退让

日本人在谈判中的耐心闻名遐迩。日本人的耐心不仅仅是缓慢，而且是准备充分，考虑周全，谈判有条不紊，决策谨慎小心。许多场合下，日本谈判者显得婉转圆滑，即使同意对方观点，也不直截了当地表明，往往给人以模棱两可的印象。日本人在谈判中擅长"蘑菇战术"，在拖延中想方设法了解对方的底线，你若急于求成，他就抬价或压价，把对方磨得精疲力竭，焦躁不安。为了一笔理想交易，他们可以毫无怨言地等上两三个月，只要能达到预想的目标，时间对他们来讲不是第一位的。

5) 尽量避免诉诸法律

日本人不喜欢谈判中有律师参与。只要有可能，日本谈判团里就不包括律师。他们觉得每走一步都要同律师商量的人是不值得信赖的，甚至认为带律师参加谈判，一开始就在考虑日后纠纷的处理，是缺乏诚意的表现，是不友好的行为。当合同双方发生争执时，日本人通常不选择诉诸法律这一途径，因为日本在很长的历史中，不是靠法律而是求助权贵的仲裁来解决争端的。他们善于捕捉时机签订含糊其词的合同，以便将来形势变化时可以做出有利于他们的解释。

### 3.2.3 中西方商务谈判风格比较

全球的经理人通过研究各国谈判者的谈判风格差异来帮助其了解谈判进程中正在发生什么事情。表3-1列举了日本、北美地区和拉美地区不同的谈判风格。

表3-1 日本、北美地区和拉美地区谈判风格比较

| 比较类别 | 日本 | 北美地区 | 拉美地区 |
| --- | --- | --- | --- |
| 情绪敏感性 | 高度注重情绪的敏感性 | 不太注重情绪的敏感性 | 注重情绪的敏感性 |
| 处理问题的含蓄性 | 掩饰情绪 | 直接客观地处理 | 感情充沛 |
| 问题处理的方式 | 巧妙使用权力；调和 | 协调多于诉讼 | 强权；利用弱点 |
| 对雇主的态度 | 雇员忠诚于雇主，雇主体恤下属 | 对雇主缺少忠诚 | 忠于雇主 |
| 决策依据 | 顾全面子；决策常是为使某人脱离困境 | 决策基于利益考虑，保全面子并不重要 | 为维护尊严和荣誉而决策，面子极其重要 |
| 决策是否受特殊利益影响 | 决策者明显地受特殊利益的影响 | 决策者受特殊利益影响，但常被认为不道德 | 涉及特殊利益的决策在执行时受到宽容 |
| 是否喜欢争论 | 不争论；正确时保持安静 | 无论对与错均客观地争论 | 无论对与错均情绪化地争论 |
| 文件的精确性 | 精确、有效的文字表达 | 对作为论据的文件高度重视 | 厌烦被视为理解通用原则的障碍的文件 |
| 理性决策的程度 | 逐渐接近决策 | 有系统、有组织地进行决策 | 冲动自发地进行决策 |
| 根本利益 | 团队的利益是根本目标 | 获取营利或个体获利是根本目标 | 集体与个体利益密不可分 |

表3-2列举了北美地区、阿拉伯国家和俄罗斯不同的谈判风格，通过比较分析可以进一步发现各国的谈判风格各具特色，其中反映了北美地区、阿拉伯国家、俄罗斯不同的基本文化价值，诸如在是否与如何让步，以及对合作关系的性质与期限的态度等方面的差异。

表3-2 北美地区、阿拉伯国家和俄罗斯谈判风格比较

| 比较类别 | 北美地区 | 阿拉伯国家 | 俄罗斯 |
| --- | --- | --- | --- |
| 基本的谈判风格 | 实事求是 | 情绪化 | 理想化 |
| 双方发生争论时 | 依据客观事实 | 依据主观情感 | 坚持理想 |

续表

| 比较类别 | 北美地区 | 阿拉伯国家 | 俄罗斯 |
| --- | --- | --- | --- |
| 是否会做出让步 | 为建立合作关系，在早期先做出小的让步 | 视让步如同谈判中的组成部分 | 极少或很小的让步 |
| 就对方让步的反应 | 经常给予回报 | 基本上总是会给予回报 | 视对方的让步为软弱，几乎从不给予回报 |
| 合作关系 | 短期 | 长期 | 没有持续性的合作关系 |
| 初始姿态 | 一般 | 极高 | 极高 |
| 对时限的态度 | 非常重视 | 随意 | 忽视 |

当我们考察了世界上部分国家和地区的商务谈判风格之后，有了对商务谈判风格的感性认识和了解。下面从中西方文化的角度比较分析中西方商务谈判风格的不同之处。

### 1. 先谈原则还是先谈细节

按照中国文化的特点，在谈判时，一般注重先谈原则，后谈细节；而西方恰恰相反，他们比较注重先谈细节，避免讨论原则。这种差异常常导致中西方交流中出现障碍。中国人重视"先谈原则，后谈细节"的原因在于：第一，先谈原则可确立细节谈判的基调，使它成为控制谈判范围的框架；第二，可以利用先就一般原则交换意见的机会来估计和试探对方，看看对方有哪些弱点，创造出一些有利于自己的机会；第三，可以很快地把原则性协议转变成目标性协议；第四，通常原则问题的讨论可以在与对方的上层人物的谈判中确定下来，从而既避免了与实质性谈判中的下层人员可能的摩擦，又能在一定程度上控制他们的举动。而西方人认为细节是问题的本质，细节不清楚，问题实际上就没有得到解决，原则只不过是一些仪式性的声明而已。所以，西方人比较愿意在细节问题上多动脑筋，而对于原则性问题的讨论则显得比较松懈。

### 2. 重集体还是重个人

应当说，中西方在谈判过程中，都是既重集体又重个人的。但相比较而言，西方人比较侧重于强调集体的权力，强调个人的责任，即分权。而中国人则比较强调集体的责任，强调个人的权力，即集权。这种差异导致谈判场合中会出现这样两种现象：西方人表面看来是一两个人出场，但他们身后却往往有一个高效而灵活的智囊群体或决策机构；中方则是众人谈判，一人拍板。可以想象，如果拍板的人是行家里手倒也还好，但如果拍板者是外行，那么谈判的风险和结果就难以预料了。因此，我们在谈判中，应当科学而恰当地处理好集体与个人、集权与分权的关系，以在与西方人的谈判中始终处于较为主动的地位。

### 3. 重立场还是重利益

中国人比较重立场，而西方人比较重利益。中国人把"面子"看得较重，在谈判中对于立场特别敏感。立场争执往往会使谈判陷入僵局，导致彼此的尖锐对立。西方人对利益看得比立场更为重要。无论对任何人，评价其工作绩效的标准是看其谈判成果。一个在谈判中"勤恳稳重"有余而低效无利的谈判者，在西方人看来是绝对不能容忍的。因此，一个在谈判中过分坚持立场而不能获得利益或放弃了应得利益的人，在西方是不可能被重用提拔的。由于西方的谈判者重效果而轻动机，他们对立场问题往往表现出极大的灵活性，在谈判中只会努力追逐利益。他们对待事物的态度，取决于其是否能为自己带来好处，是否会损害自己的利益。

## 3.3 文化差异与国际商务谈判

在世界经济日趋全球化的今天，随着国际商务交往活动的频繁和密切，了解各国间的文化差异就显得格外的重要，不加以重视将会引起误会，甚至可能直接影响商务交往的实际效果。因此，在跨文化商务谈判中，谈判者应该接纳对方的文化，并努力使自己被对方接受；需要借助有效的沟通，在不损害双方利益的前提下做出正确的评价。

### 3.3.1 文化差异概述

#### 1. 文化的定义

关于文化的概念历来众说纷纭。文化是一个国家民族特定的观念和价值体系，这些观念构成人们生活、工作中的行为。世界各民族由于特定的历史和地域而逐渐形成了自己独有的文化传统和文化模式。由于中西方传统习惯、价值观念、宗教信仰、思维方式等的不同，使得中西方文化表现出诸多差异。

#### 2. 文化差异产生的原因

造成世界文化多元性的原因很多，归纳起来，文化差异的主要来源有以下几个方面。

1) 地域差异

地域差异指不同地理区域由于地理环境、经济发展水平和传统习惯等的差异，人们往往有着不同的语言、生活方式和爱好，而这些会影响他们的行为习惯。例如，西方特别是美洲的一些国家的人民把圣诞节看得很重，而长年都没有下雪的地区如赤道附近的非洲的一些国家的人民可能没有圣诞节这个概念，原因是圣诞节的最好装饰是雪，而长年都没有下雪的地区自然而然对过圣诞节的感觉没有北美洲国家那么浓厚。

2) 民族差异

民族差异是指不同的民族群体在长期的发展过程中，形成了各自的语言、风俗、爱好和习惯。他们在饮食、服饰、居住、节日、礼仪等物质和文化生活方面各有其特点。

3) 政治差异

政治差异是由于各国的政治制度及政策法规对人们的行为具有统一规范的作用，从而使得各国人民在政治观念方面存在着差异。

4) 经济差异

经济差异是由于经济因素造成的文化差异的一种体现。例如，发达国家的人们生活富裕，受教育水平高，人们更注重生活质量，安全意识也普遍较强，而经济欠发达国家的人们往往更加关心的是消除贫困问题。

5) 宗教差异

宗教是人类社会发展到一定阶段的历史现象。世界上有三大宗教：基督教、佛教和伊斯兰教。不同的宗教有着不同的文化倾向和戒律，从而影响人们认识事物的方式、行为准则和价值观念。

6) 观念差异

观念是指人们对客观事物的评价标准，包括时间观念、财富观念、对待生活的态度、对风险的态度等。同样的事物和问题，不同社会的人会得出不一样甚至截然相反的结论。

地域差异、民族差异、政治差异、经济差异、宗教差异和观念差异等对人们的影响渗透在饮食、服饰、居住、节日、礼仪等物质和文化生活的各个方面，从而造成人们在行为习惯、价值观念、宗教信仰和思维方式的诸多差异，最终形成了各国各地区的文化差异。

### 3.3.2 文化差异对国际商务谈判的影响

文化对谈判的影响是广泛而深刻的，不同的文化自然地将人们划分为不同的类群。一方面，这种地域的、所属群体上的差别有使不同文化的群体相互疏远的倾向；另一方面，不同的文化也是人们沟通与交往中的障碍。因此，要求谈判者要接纳彼此的文化，而且要透过文化的差异，无误地揭示、了解对方的目的与行为，并使自己被对方所接受，最终达成一致的协议。

总的来说，文化对国际商务谈判的影响主要体现在以下几个方面。

**1. 文化差异对谈判双方人员思维方式的影响**

在谈判过程中可以说人的思维始终在发挥作用。由于谈判双方文化的差异导致了谈判人员的思维方式不同，例如欧美文化偏重抽象思维，他们通常是根据事实进行归纳概括，从而得出相关的理论。而东方人比较重视形象思维和综合思维，习惯将形象的属性和联系结合起来进行思考，因此，由于这种思维方式的差异，使得谈判双方的决策方法和决策顺序都有所变化和不同。例如，当面对一项复杂而艰巨的谈判任务时，欧美人常将其分为一系列的小任务，各个击破、分次解决，最后的协议就是一系列小型协议的总和；而东方人注重通判决策的方法，很少存在明显的层次之分，直到谈判进行到最后才达成一揽子协议。

**2. 文化差异对谈判的群体观念的影响**

现代的谈判大多数都是以小组的形式存在的，因此，小组成员的群体意识和相互配合能力都是非常关键和重要的，文化差异在谈判中不同程度地影响着谈判人员的群体观念。例如，日本人的群体观念非常强，这是由其价值观念和精神取向所决定的，一般日本人在谈判决策中所用的时间最长，这就是他们注重集体主义的群体观念所致。而欧美人比较看重个人的力量，实行个人负责制，个人权力很大，因此他们的谈判效率极高，往往一个人可以独当一面。在谈判过程中如果发生大的争执，日本谈判小组的所有成员会全力支持首席代表一人的观点，表现出极强的整体性和凝聚力；而欧美各代表往往会竞相发言，较为松散。

**3. 文化差异对谈判结构的影响**

谈判结构的因素主要包括参与方数量、参与方之间的权力分配及谈判过程的透明程度。例如在中国的商务谈判中，外方代表往往是6人左右的代表团，而中方代表可能会高达15人以上；在权力分配方面中国代表方往往认为谈判中买方处于优势地位而提出有利于本方的提议，这对西方人来说是不可接受的，他们认为谈判双方是平等的，谈判的内容和方式也是公平的。

### 3.3.3 文化差异在国际商务谈判中影响的对策分析

谈判者对文化差异必须有足够的敏感性，要尊重对方的文化差异。西方社会有一句俗语，"身在罗马，就要做罗马人"，意同中国的"入乡随俗"。在跨文化商务谈判中，"把自己的脚放在别人的鞋子里"是行不通的，要承认和包容文化的差异，才能在谈判全过程中采取相应对策，包括谈判前了解可能出现的文化差异，谈判中正确处理文化差异，谈判后针对文化差异做好后续交流。

### 1. 谈判前要了解可能出现的文化差异

1) 正视文化的差异

任何一种文化都是人类文明的结晶，没有优劣之分，其反映的是不同民族、不同地域的斗争史和文明史。在国际商务谈判中，文化差异是客观存在的，我们应学着适应它、正视它，学会与不同文化、价值观和思维方式相互融合。求同存异，采取积极的、真挚的态度接受而不是蔑视和拒绝。

2) 谈判前应做好充分的准备工作

在谈判前充分地了解文化差异是至关重要的，其准备工作包括了解对方的背景、对环境的评估、准备议事日程及让步策略等。其中，场地布置方面最能体现文化的差异，如有不慎，可能造成消极的影响。房间的安排也是一个非常敏感的因素，在等级观念较重的文化里，若房间布置不当的话也会引起对方的误解和不安。另外，谈判的时限也很重要，美国人就比较重视时间的观念，他们视时间为金钱；而在中东和拉美文化里时间观念会较弱，他们认为时间是用来享受的。因此，在谈判中我们要在研究对方的文化方面多下功夫。

3) 尊重对手的文化和风俗习惯

风俗习惯是一个国家和民族在历史的长河里逐渐约定俗成的生活模式。世界上不同的国家有着不同的风俗习惯，而在国际商务谈判中我们要认真对待，不能掉以轻心，否则可能会抑制谈判的进程、影响谈判的效果，适时把握入乡随俗、客随主便的规律。

### 2. 在谈判中要正确处理文化差异

在谈判的过程中对语言的选择和使用上，西方人的交流简单明了、坦率直观，不会模棱两可、含混不清；而东方人重面子，讲话委婉间接，很少出现直接的拒绝和反驳，往往会通过迂回曲折的陈述来表达自己的观点和见解。

在谈判方式上，东方人通常以整体着眼，从整体到局部、由大到小的指导原则来解决问题制订方案；而西方人做事注重事物的内在逻辑关系，谈判开始就直切要点，重视具体的条款而轻视整体的思维模式。因此，在谈判的过程中要区分对待，因人而异。

### 3. 谈判后要针对文化差异做好后续交流

谈判后管理涉及合同管理及后续交流行为。就合同而言，在那些注重人与人之间关系的国家，如中国，其争端的解决往往不完全依赖法律体制，而常常依赖双方间的关系。在这些文化中，书面合同很短，主要用来描述商业伙伴各自的责任。而在西方国家，如美国，他们一般将合同签订仪式视作既浪费时间又浪费金钱的举动，所以合同常常是通过寄发邮件来签订的。就后续交流而言，美国文化强调把"人和事区分开来"，所以不太注意后续交流。而在东方文化国家，如日本，保持与大多数外国客户的后续交流被视作国际商务谈判的重要部分。他们在合同签订很久以后，仍然会进行信件、图片和互访等交流。

总之，通过上述对文化差异及其对国际商务谈判中的影响的分析，我们应该明确任何一位从事跨文化商务活动的人都应该高度重视文化差异，并共同努力创造一个能适应谈判双方的经济文化环境。

## 本章小结

1. 所谓国际商务谈判，是指在商务活动中，处于不同国家或不同地区的商务活动当事人为了达成某笔交易，彼此通过信息交流，就交易的各项要件进行协商的行为过程。

2. 国际商务谈判的特点有：政治性强；以国际商法为准则；要坚持平等互利的原则；谈判的难度大。

3. "没有规矩，不成方圆"，在进行国际商务谈判的过程中，应遵循的原则为平等性原则和互利性原则。

4. 国际商务谈判的基本要求包括：树立正确的国际商务谈判意识；做好国际商务谈判的准备工作；正确认识并对待文化差异；熟悉国家政策、国际公约和国际惯例；具备良好的外语技能。

5. 谈判风格是指谈判人员在谈判过程中通过言行举止表现出来的建立在其文化积淀基础上的与对方谈判者明显不同的关于谈判的思想、策略和行为方式等特点。谈判风格的特点表现为对内的共同性、对外的独特性和成因的一致性，并从三个方面展现了谈判风格的作用，即营造良好的谈判气氛；为谈判策略提供依据；有助于提高谈判水平。

6. 美国人在谈判中的谈判风格表现为：自信心强，自我感觉良好；干脆利落，不兜圈子；时间观念强；重视利润，积极务实；谈判风格幽默。

7. 英国人在谈判中的谈判风格表现为：不轻易与对方建立个人关系；不能按期履行合同；注重礼仪、崇尚绅士风度；忌谈政治，宜谈天气。

8. 德国人在谈判中的谈判风格表现为：谈判准备工作充分周到；谈判果断，不拖泥带水；自信且固执，坚持己见；重合同、守信用；时间观念强。

9. 法国人在谈判中的谈判风格表现为：谈判方式比较独特；富有人情味，重视人际关系；坚持用法语谈判；重视个人力量；时间观念不强。

10. 俄罗斯人在谈判中的谈判风格表现为：固守传统，喜欢按计划办事；善于讨价还价；注重技术细节；注重文化传统。

11. 阿拉伯人在谈判中的谈判风格表现为：谈判节奏较为缓慢；中下级人员在谈判中起着重要的作用；代理商作用不可小觑；偏爱讨价还价；惯用"IBM"。

12. 日本人在谈判中的谈判风格表现为：等级观念根深蒂固；团队意识强烈；注重礼仪，讲究面子；执着、耐心，不易退让；尽量避免诉诸法律。

13. 由中西方文化差异产生的商务谈判风格的不同之处有：先谈原则还是先谈细节；重集体还是重个人；重立场还是重利益。

14. 文化是一个国家民族特定的观念和价值体系，这些观念构成人们生活、工作中的行为。文化差异对国际商务谈判的影响表现在三个方面：对谈判双方人员思维方式的影响；对谈判的群体观念的影响；对谈判结构的影响。

15. 处理国际商务谈判文化差异的对策主要有：谈判前要了解可能出现的文化差异；在谈判中要正确处理文化差异；谈判后要针对文化差异做好后续交流。

## 综合练习

### 一、判断题

1. 一个国内谈判高手并不必然是一个成功的国际商务谈判专家。（    ）
2. 在商务谈判中，如果法国人的英语讲得很好，他会坚持用英语进行谈判。（    ）
3. 国际商务谈判的一大禁忌就是以自己熟悉的文化的"优点"去评判对方文化的"缺点"。（    ）
4. 国际商务谈判与国内商务谈判的根本区别源于谈判者成长和生存的环境及谈判活动与谈判协议履行的环境差异。（    ）
5. 谈判风格是谈判中始终起重要作用的因素。（    ）
6. 谈判者的谈判意识正确与否，将直接影响谈判方针的确定、谈判策略的选择。（    ）
7. 跨文化谈判的谈判主体之间存在一定的文化差异与文化冲突。（    ）
8. 相同文化背景的谈判者的谈判风格有着明显的趋同性。（    ）

### 二、选择题

1. 同英国商人进行谈判时，较安全的话题是(    )。
   A. 爱尔兰的前途　　　　　　　　B. 天气
   C. 大英帝国崩溃的原因　　　　　D. 英国的继承制度
2. 日本人在谈判中往往不断点头并说"はい"，这常常是告诉对方他们(    )。
   A. 在注意听　　B. 表示同意　　C. 表示不同意　　D. 表示高兴
3. 国际商务谈判应遵循的原则为(    )。
   A. 平等性原则　　　　　　　　　B. 求同性原则
   C. 存异性原则　　　　　　　　　D. 互利性原则
4. 中西方谈判风格的不同表现在(    )。
   A. 重集体还是重个人　　　　　　B. 先谈原则还是先谈细节
   C. 重立场还是重利益　　　　　　D. 重原因还是重结果
5. 美国人的谈判风格是(    )。
   A. 高傲矜持，坦率自信　　　　　B. 注重效率，珍惜时间
   C. 干脆利落，不兜圈子　　　　　D. 重视利润，积极务实
6. 下列关于各国商人谈判风格的描述正确的是(    )。
   A. 德国商人崇尚契约，严守信用　　B. 法国商人注重效率，时间观念强
   C. 俄罗斯商人作风拖拉，态度暧昧圆滑　D. 日本商人富有耐心，团队意识强烈

### 三、简答题

1. 与国内商务谈判相比，国际商务谈判具有哪些特点？
2. 为了做好国际商务谈判工作，必须注意的基本要求有哪些？
3. 谈判风格具有哪些特点和作用？
4. 美国人具有哪些谈判风格？
5. 英国人具有哪些谈判风格？

6. 德国人具有哪些谈判风格？
7. 法国人具有哪些谈判风格？
8. 俄罗斯人具有哪些谈判风格？
9. 阿拉伯人具有哪些谈判风格？
10. 日本人具有哪些谈判风格？
11. 文化对国际商务谈判的影响有哪些？
12. 试述处理国际商务谈判文化差异的对策。

### 四、案例题

江苏仪征化纤工业公司总经理任传俊在与日本某公司进行索赔谈判时，遇到了一些麻烦。中方提出索赔1100万美元，而对方只认可300万美元。在僵持不下时，中方提出休会，邀请对方游览扬州。在大明寺，任传俊总经理深情地说："这里纪念的是一位为了信仰六渡扶桑，双目失明的鉴真和尚，今天，中日两国人民都没有忘记他。你们不是常常奇怪日本对华投资为什么比较容易吗？其中很重要的原因就是日本人了解中国人，知道中国人重感情、重友谊。"日方代表深受感动，回到谈判桌前，愉快地达成协议。

问题：
(1) 中方为什么把日方带去参观大明寺？
(2) 此案例告诉我们一个什么道理？

## 实践练习

**实践题**：不同国家的谈判风格。

法国人安瑞是城市交通管制工程方面颇有名气的专家，一家沙特阿拉伯工程公司邀他到沙特工作。该公司负责营建部分政府工程。安瑞从来没在中东地区工作过，当他到达工程公司总经理的办公室时，他被请到地板上的一个坐垫上等候。总经理忙着招呼其他来访的人，当时他也清楚地看到了安瑞。安瑞在靠墙的坐垫上耐心地等待。这一批客人共有八位，安瑞是最后一位，半个小时过去了，安瑞忍不住问秘书什么时候才能轮到他，秘书也不清楚。这期间，有许多人进进出出，打断总经理接见的工作，安瑞开始感到不耐烦。很显然，总经理一点不在乎被他人打扰。一小时过去了，秘书才领着安瑞坐上总经理对面的那张椅子。他使用英文交谈，寒暄过后，总经理把安瑞介绍给公司里的一个工程师小组，其中包括了总经理的表弟——公司的副总经理，一位美国麻省理工学院的毕业生。引见之后，安瑞就热心地做简单报告，用的是英文，主题当然是道路规划问题。不久，安瑞发觉许多听众都表情茫然，这时他才想到，许多专有技术名词和概念必须经过翻译才能使听众听懂。这一组人当中，似乎只有总经理的表弟听懂了简报。

实践题目：
(1) 为什么法国人安瑞会有不耐烦的感觉？如果是你，你将如何应对这种情况？
(2) 分析沙特阿拉伯的工程师小组人员表情茫然的原因，并提出解决办法。

# 第二篇 基本程序篇

- ➤ 第4章 商务谈判准备
- ➤ 第5章 商务谈判过程

# 第4章 商务谈判准备

## 学习目标

通过本章学习,应该达到如下目标。

【知识目标】了解商务谈判准备的各主要环节的基本内容,包括信息准备、人员准备、物质条件准备、商务谈判计划方案的制订和模拟谈判。

【技能目标】学会商务谈判计划的制订。

【能力目标】通过不断学习,增强自身素质,提高商务谈判的综合能力。

## 开篇案例

### 汽车碰撞索赔

2021年3月4日中午,李总驾驶一辆广州本田雅阁轿车到天怡大酒店用餐,天怡大酒店由泊车员统一负责停放客人车辆。由于酒店泊车员驾驶不慎,李总的雅阁轿车撞上酒店石柱,车辆严重受损。

李总要求天怡大酒店赔偿40 000元车辆损失费,天怡大酒店请保险公司王先生鉴定车辆受损情况后提出赔偿25 000元车辆损失费。李总问:"为什么只赔偿25 000元?"保险公司王先生说:"汽车修理费4 000元,汽车零件费20 000元。"李总说:"我已经向朋友咨询过,车辆损失赔偿还应该包含车辆贬值损失费,为什么没有赔偿车辆贬值损失费?"。天怡大酒店和保险公司王先生以"根本没听说过赔偿车辆贬值损失费"为由不予赔偿。李总决定向法院起诉天怡大酒店。

法院受理了李总的诉讼并委托车辆认证中心对广州本田雅阁轿车贬值损失情况进行了鉴定,鉴定结果为车辆修复后部分功能受损,贬值15 000元,最终法院判决天怡大酒店赔偿李总约49 000元,包括汽车修理费4 000元,汽车零件费20 000元,车辆贬值损失费约25 000元。李总胜诉。

(资料来源:杨群祥. 商务谈判——理论、实务、案例、实训[M]. 大连:东北财经大学出版社,2012.)

通过本案例我们可以看出,在谈判中,李总方之所以会胜诉,关键在于李总在谈判前进行了咨询，掌握了谈判信息，从而在谈判中从容不迫，掌握了谈判的主动权。

俗话说得好，不打无准备之仗。商务谈判是一项综合性很强的活动，其准备工作也是内容庞杂、范围广泛。谈判前的准备工作做得如何，将决定着谈判能否顺利进行，以及能否达成有利于己方的协议。因此，谈判前的准备是整个谈判方案的重要组成部分。

## 4.1 商务谈判的信息准备

商务谈判是人们运用资料和信息获取所需利益的一种活动。信息准备是商务谈判准备环节的重要一环。掌握充分适用的有关信息资料，是取得谈判成功的重要保证。

### 4.1.1 商务谈判信息准备的主要内容

#### 1. 己方信息

己方信息收集的重点在于准确评估自己的实力，主要内容如下。

1) 经济实力的评价

经济实力包括当前形势及环境状况、产品状况、财务状况、销售状况、采购状况、经营场地及设备、广告策略、服务项目等。经济实力的评价可以从经济组织的计划、经营、财务、履约等方面进行，掌握己方经济实力评价的信息，在商务谈判中能有针对性地发挥己方拥有的优势，有备无患，当对方在谈判中提出有关问题时能做到心中有数，从容应对。

2) 谈判策略与目标

谈判策略与目标包括此项谈判己方的最大让步限度、最高的目标、实现目标的最佳方案和预备方案、商务谈判的策略和准备使用的战术措施等。

3) 谈判者的心理准备

商务谈判者必须做好充分的心理准备。一是要有遇到强硬对手的心理准备。二是要有进行"马拉松"式谈判的心理准备。在设计谈判方案时应尽量把困难考虑得多一些，把谈判过程考虑得复杂一些，把谈判时间考虑得长一些。三是做好谈判破裂的心理准备，以便应付各种突然的变化，事先准备好应对各种变化的预备方案。

4) 谈判的有关资料

本次谈判的资料要在谈判前进行充分的收集、整理和分析，同时必须携带谈判中可能需要的各种资料，包括产品的价格表、产品目录、产品样本等。

#### 2. 对方信息

对方信息是商务谈判中最有价值的信息，主要内容如下。

1) 经济实力和资信

经济实力和资信包括对方的财务状况、流动资金状况、盈亏状况及经营管理状况；产品的生产、销售、售后服务状况；合同的履约情况、收付款期限和方式；对方的市场目标和竞争方式等。掌握了对方的经济实力与资信信息，才能确定交易的可能规模，判定是否与对方建立长期的商务关系。

2) 真正的需求

真正的需求即此次谈判的真正目的，通过谈判想要达到的目的，可能接受的最高、最低交易条件等。当然，对方的需求可能有许多方面，所以还要分析对方需求的差异性。掌握对方真正需求的信息，才能有针对性地采取各种策略，有针对性围绕对方的需求和交易条件进行协商，促使交易成功。

3) 谈判者的权限

如果对方参加谈判的是主要决策人物，说明其很重视此次谈判。如果对方参加谈判的人员地位较低，己方应了解对方是否得到授权，以及在多大程度上能够独立做出决定等。在商务谈判中要切记，同没有任何决定权的人谈判等同于浪费时间，而且可能会泄露己方的商业信息。

4) 谈判的诚意

判断对方谈判的诚意需要了解对方是否将我方视为唯一的谈判对手，对方对我方的评价和信任程度等，掌握这些信息可以更好地设计商务谈判方案，争取主动。

5) 谈判的期限

谈判期限的压力常常迫使谈判者不得不采取快速行动，甚至立即做出决定。掌握这些信息，可以利用对方的压力促使对方接受有利于己方的条件，所以实战中应强调不能事前泄露谈判的期限。

6) 谈判的风格

谈判的风格是谈判者在多次商务谈判中反复表现出来的一贯风格，包括个人性格脾气、品德、价值取向、经验和情绪等。了解对手的谈判风格可以更好地采取相应的对策，争取有利地位。

### 3. 市场信息

商务谈判的市场信息是指与谈判有关的市场行情方面的信息，主要内容如下。

1) 市场分布情况

市场分布情况包括有关商品购销的市场分布、地理位置、运输条件、市场的配套设施和相关的政策法规等。

2) 市场需求情况

市场需求情况包括有关商品的市场容量、消费者的数量及构成、消费的需求特点、需求的波动情况、商品的需求趋势、用户的要求等。

3) 市场供给情况

市场供给情况包括商品的生产状况、可供市场销售的商品量、商品的库存情况、运输能力及变化、商品的进出口情况、替代产品的情况等。

4) 市场销售情况

市场销售情况包括有关商品的市场销售量、市场份额、销售价格、商品的寿命周期、经销途径、促销措施与效果等。

5) 市场竞争情况

市场竞争情况包括竞争对手的数量、竞争产品的质量和成本、竞争对手的市场占有率和营销策略、竞争对手的销货渠道和采购途径等。

### 4. 竞争者信息

竞争者是商务谈判中各方力量对比中的重要因素，有时竞争者会对商务谈判产生决定性的影响。竞争者信息的主要内容如下。

1) 现有竞争者情况

现有竞争者情况包括现有竞争者的产品情况，如产品的数量、品种、性能、包装等方面的优缺点；现有竞争者的价格情况，如价格策略、让价的措施、付款方式；现有竞争者的销售途径，如有关销售网点、储运能力；现有竞争者的信用情况，如企业的成长史、履约、资信等级；现有竞争者的促销措施，如人员推销、广告宣传、营业推广、公共关系等。对现有竞争者情况的分析，可以让己方清楚地知道双方的优势和劣势对比，并制定出相应的竞争策略。

2) 未来竞争者情况

未来竞争者情况是指未来可能出现的竞争情况，包括可能出现的竞争者、替代产品等，包括本行业的市场特点和将来的发展趋势。分析未来竞争者的情况，有利于明白将来面临的机遇和挑战；掌握这些信息，有利于正确认识己方在竞争中所处的地位，把握谈判的主动权。

5. 相关环境信息

商务谈判是在特定的环境中进行的，宏观环境的各种因素，如政治状况、宗教信仰、法律制度、社会习俗、商业惯例、财税金融、基础设施条件、气候条件、科技信息等都会直接或间接影响商务谈判。

1) 政治状况

主要是掌握和了解对商务谈判产生影响的国家和地区的有关方针、政策、法令等。具体包括对方国家和地区政府与经济组织的关系，如国有资本介入企业的程度、国家对企业的干预方式、谈判项目是否与政府有关等；对方国家和地区政局的稳定状况，如政府首脑机构的更替、政治体制的改变、社会动荡或战争爆发、政府经济政策的变化、国家关系的发展变化等。

2) 宗教信仰

主要是掌握和了解对方国家和地区占主导地位的宗教信仰，以及该宗教信仰是否对政治、经济、法律、社会交往、个人行为、节假日、工作时间等产生重大影响，这些对谈判都很重要。

3) 法律制度

主要是了解该国的法律制度是什么；在现实生活中，法律的执行程度如何；该国法院受理案件的时间长短；该国在执行国外的仲裁决议或法院的判决时需要走什么程序；该国是否有完全脱离谈判对手的可靠的律师等。

4) 社会习俗

谈判者必须了解和尊重对方国家和地区的社会风俗习惯，社会习俗会对人们的行为产生影响和约束力，己方必须利用这些社会习俗为自己服务；例如，该国家和地区人们在称呼和衣着方面的社会规范和标准是什么；是否只能在谈判桌上谈业务；社交场合娱乐活动的习惯有哪些；妇女的地位如何；赠送礼品有哪些习俗；对待名誉、批评的态度，等等。

5) 商业惯例

商业习惯的不同会使商务谈判在语言使用、礼仪、效率、报价、投票等方面存在极大的差异。要了解对方国家和地区经济组织的经营方式、谈判和签约的方式与习惯等。特别强调的是，在国内外市场竞争日趋激烈的情况下，有些国家和公司在商务谈判中可能采用间谍手段，谈判者应提高警惕，防止造成被动局面。

6) 财税金融

主要是了解我国和对方国家及地区的财税金融政策。包括外汇储备及获取外汇的主要产品、外债情况、货币的自由兑换程度、国际支付方面的信誉、外汇付款的环节、征免税收的条件、该国适用的税法、银行利率的调整等情况。

7) 基础设施

主要是了解当地的人力、物力和配套设施情况。包括是否有足够的必要的熟练工人和有经验的专业技术人员；能否保证水、电及能源的供应；公路、铁路、航空等运输能力如何；土地使用费是否便宜；有没有资金雄厚、实力相当的承包商；建筑材料、设备是否合乎要求，等等。

8) 气候因素

气候因素对谈判也会产生多方面影响。例如，该国家雨季的长短，冬季的冰雪霜冻情况，夏季的高温情况，以及台风、风沙、地势等情况，这些气候状况因素对商务谈判标的物的物流环节会产生巨大的影响。

9) 科技信息

主要指在谈判前收集谈判标的物在专利转让或应用方面，开发前景和开发费用方面，该产品与其他产品在性能、质地、标准、规格等方面的资料；收集有关对该产品的品质或性能进行鉴定的重要数据或指标及其各种鉴定方法和鉴定机构等信息。

## 4.1.2 谈判信息的收集途径

资料和信息的收集有多种手段和途径，包括信函、互联网、广播、电视、人员互访、参观考察、举办交流会议、信息咨询公司、查阅各种刊物和档案，以及通过外交途径等。这里重点介绍国际商务谈判资料和信息的收集途径。

### 1. 国内有关单位或部门

可能提供这方面资料和信息的国内有关单位包括商务部、中国国际贸易促进委员会及其他各地分支机构，中国银行的分支机构及其他有关咨询公司，与该谈判对手有过业务往来的国内企业和单位。

### 2. 驻外机构或当地单位

可能提供资料和信息的驻外机构或当地单位包括我国驻当地的大使馆、领事馆、商务代办处；中国银行及其他金融机构在当地的分支机构；本行业集团或本企业在当地开设的营业分支机构；当地的报纸、杂志(国外许多大银行，如汇丰银行、大通银行等都发行自己的期刊，这些期刊往往有最完善的报道，而且一旦获取就可得知许多信息)；本公司或单位在当地的代理人；当地的商会组织等。

### 3. 出版和未出版的资料

从公共机构提供的出版和未出版的资料中获取信息，这些公共机构可能是官方的，也可能是私营的。它们提供资料的目的，有的是作为政府的一项工作，有的则是为了盈利，也有的是自身的长远利益需要。因此，我们应该熟悉这些公共机构，甚至要熟悉这些机构里的工作人员，同时还要熟悉其提供资料的种类及发行途径。现列举几种主要的资料来源。

(1) 国家统计机关公布的统计资料，如工业普查资料、统计资料汇编、商业地图等。行业协会发布的行业资料，这些资料是同行企业资料的宝贵来源。

(2) 图书馆里保存的大量商情资料，如贸易统计数字、有关市场的基本经济资料、各种产品交易情况统计资料及各类买卖机构的翔实资料等。

(3) 出版社提供的书籍、文献、报刊等，如出版社出版的工商企业名录、商业评论、统计丛书、产业研究等。许多报刊为了吸引读者，也经常刊登一些市场行情及分析报道。

(4) 专业组织提供的调查报告。随着市场经济的发展，出现了许多专业性组织，如消费者组织、质量监督机构、股票交易所等专业组织，也会发表有关统计资料和分析报告。

## 案例4-1

### 日本为大庆油田设计设备方案

1964年7月,《中国画报》封面上登出了一张大庆石油工人艰苦创业的图片。画面上,工人们身穿大棉袄,正冒着鹅毛大雪奋力拼搏。日本人根据这张照片分析出,大庆油田可能是在东北三省北部的某个地点。接着,在《人民日报》上,日本人又看到了这样一篇报道,说王进喜到了马家窑,说了一句:"好大的油海啊!我们要把中国石油落后的帽子扔到太平洋里去。"于是,日本人找来伪满时期的旧地图,发现马家窑是位于黑龙江海伦市东南的一个村子,在兆安铁路上一个小站以东十余千米处。接着,日文版的《人民中国》杂志里又有报道说,中国工人阶级发扬了"一不怕苦,二不怕死"的精神,大庆石油设备不用马拉车推,完全靠肩扛人抬运到工地。日本人据此分析出,大庆的石油钻井离马家窑远不了,远了人工是扛不动的。当1964年王进喜出席第三届全国人民代表大会的消息见报时,日本人肯定地得出结论:大庆油田出油了,不出油王进喜当不了人民代表。他们进一步根据《人民日报》上的一幅大庆油田钻塔的照片,从钻台上手柄的样式等方面推算出油井的直径,再根据油井直径和政府工作报告,用当时的石油产量减去原来的石油产量,估算出平时大庆油田的石油产量。在此基础上,他们很快设计出适合大庆油田操作的石油设备。当大庆油田向全世界征求石油设备的设计方案时,其他国家都没有准备,唯独日本人胸有成竹,早已准备好了与大庆油田现有情况完全吻合的设备方案,在与大庆油田的谈判中一举中标。

(资料来源:高建军,卞纪兰. 商务谈判实务[M]. 北京:北京航空航天大学出版社,2007.)

这个案例告诉我们,大量的信息资料存在于公开的资料之中,了解和掌握信息并不像我们想象中的那么困难。只要我们有心,平时多加留意,认真分析信息可能出现的地方,从很多公开的相关资料中就能轻松地得到我们想要的信息,从而为我们的商务谈判打下牢固的信息基础。

**4. 对方国家或地区**

如果指派人员出国进行考察,在出国之前应尽量地收集对方的有关资料,在已有的资料中分析其真实性、完整性,以便带着明确的目的和问题出去考察。在日程安排上,应多留些时间供自己支配,切不可让对方牵着鼻子走,并且要善于捕捉和利用各种机会,扩大调查的深度和广度,以便更多地获取第一手资料和信息。

### 4.1.3 谈判资料的整理与分析

通过各种渠道收集到资料以后,必须对收集来的资料进行整理和分析。整理和分析谈判资料的意图有如下两点。

**1) 鉴别资料的真实性与可靠性**

在实际情况下,由于各种各样的原因,在所收集的资料中某些资料可能比较片面、不完整,甚至是虚假的、伪造的,因而必须进行整理和分析。比如,某些人可能自己另有所图,于是提供了大量有利于谈判的信息,而将不利于谈判的信息或是掩盖或是扭曲,以达到吸引对方的目的;有些人可能自己没有识别真伪的能力,而将道听途说的信息十分"真实"地提供出来。经过资料的整理和分析,才能做到去粗取精、去伪存真,为我方谈判所用。

2) 分析资料对谈判的重要性和影响程度

在资料具备真实性、可靠性的基础上，结合谈判项目的具体内容，分析各种因素与谈判项目的关系，并根据它们对谈判的重要性和影响程度进行排序。通过分析，制订出具体的谈判方案与对策。

## 4.2 商务谈判的人员准备

谈判的主体是人，因此，筹备谈判的第二项工作内容就是人员准备，也就是说组建谈判班子。谈判班子的素质及其内部协作与分工的协调对于谈判的成功是非常重要的。

### 4.2.1 谈判者应具备的素质

商务谈判是谈判者之间知识、智慧、心理、能力和经验较量的过程，是一种专业性极强的社会活动。人是谈判的行为主体，商务谈判者的素质是筹备和策划谈判谋略的决定性主观因素，它直接影响整个谈判过程的发展，影响谈判的成功与失败，最终影响谈判双方的利益分割。可以说，谈判者的素质是事关谈判成败的关键。

**1. 商务谈判者应具备的基本心理素质**

在商务谈判过程中会遇到各种阻力和对抗，也会发生突变，谈判者只有具备良好的心理素质，才能承受住各种压力和挑战，取得最后的成功。商务谈判者应具备的基本心理素质包括以下内容。

1) 崇高的责任心

崇高的责任心是指谈判者要以极大的热情和全部的精力投入谈判活动中，以对工作高度负责的态度抱定必胜的信念去进行谈判活动。只有这样，才会有勇有谋，百折不挠，达到目标；才能虚怀若谷，大智若愚，取得成功。一个根本不愿意进行谈判，对集体和国家都没有责任心的人，是不会全力以赴代表集体或国家去进行谈判的。在商务谈判中，有些谈判者不能抵御谈判对手变化多端的攻击，为了个人私欲损公肥私，通过向对手透露情报资料，甚至与对方合伙谋划等方式，使己方丧失有利的谈判地位，使国家、集体蒙受巨大的经济损失。因此，谈判者必须思想过硬，具有强烈的责任感，充分调动谈判者自身的智力因素和其他积极因素，才会以科学严谨、认真负责、求实创新的态度，本着对自己负责、对别人负责、对集体负责、对国家负责的原则，克服一切困难，顺利完成谈判任务。

2) 足够的耐心

耐心是在心理上战胜谈判对手的一种战术与谋略，也是成功谈判的心理基础。商务谈判不仅是一种智力、技能和实力的比拼，更是一场意志、耐心的较量。有一些重大、艰难的商务谈判，往往不是一轮、两轮就能完成的。在一场旷日持久的谈判较量中，对谈判者而言，如果缺乏应有的耐心和意志，就会失去在商务谈判中取胜的主动权。

在商务谈判中，耐心表现在不急于取得谈判的结果，能够很好地掌控自己的情绪，不被对手的情绪牵制和影响，使自己能始终理智地把握正确的谈判方向。此外，有了耐心可以使谈判者避免意气用事，融洽谈判气氛，缓和谈判僵局；可以使谈判者更多地倾听对方的诉说，获得更多的信息；可以使谈判者更好地克服自身的弱点，增强自控能力，更有效地控制谈判局面。

谈判者在商务谈判中，只有自始至终保持耐心，才能实现目标。需要指出的是，耐心不同于拖延。

3) 合作的诚心

谈判是两方以上的合作，而合作能否顺利进行，能否取得成功，还取决于双方合作的诚意。诚心，是一种负责的精神，合作的意向，是诚恳的态度，是谈判双方合作的基础，也是影响对手心理的策略武器。也就是说，谈判需要诚心，诚心应贯穿谈判的始终，受诚心支配的谈判心理是保证实现谈判目标的必要条件。要做到有诚心，在具体的活动中，对于对方提出的问题，要及时答复；对方的做法有问题，要适时恰当地提出；自己的做法不妥，要勇于承认和纠正；不轻易许诺，承诺后要认真践诺。

谈判作为一种交往活动，是人类自尊需要的满足，要得到别人的尊重，前提是要学会尊重别人。谦虚恭让的谈判风格、优雅得体的举止和豁达宽广的胸怀是一名优秀谈判者所必需的。在谈判过程中，以诚心感动对方，可以使谈判双方互相信任，建立良好的交往关系，有利于谈判的顺利进行。

### 案例4-2

#### 六尺巷

张文端公老家居宅旁有隙地，与吴氏邻，吴氏越用之。家人驰书于都，公批诗于后寄归，云："一纸书来只为墙，让他三尺又何妨。万里长城今犹在，不见当年秦始皇。"家人得书，遂撤让三尺，吴氏闻之，感其义，亦退让三尺，故"六尺巷"遂以为名焉。

(资料来源：姚永朴著，张仁寿校注. 旧闻随笔[M]. 合肥：黄山书社，2011)

4) 果断的决心

果断是一个优秀谈判者应具备的良好心理素质。在商务谈判中，具有果断决心的谈判者能够有效地调动各种内在和外在的力量，共同为谈判的成功服务。因此，外国的许多谈判专家把谈判中具备果断素质的人称为"具有十亿美元头脑的人"。另外，商务谈判是个较量的过程，双方都将面对各方面的压力，所以谈判者要有果断的决心承受这些压力，尤其是面对拖延、时间紧张、失败的时候更是如此。

5) 必胜的自信心

信心是谈判者从事谈判活动的必备心理要素。信心是人的精神支柱，它是人们信仰的具体体现，决定了人的行为活动方式。在商务谈判中，自信心就是谈判者相信自己企业的实力和优势，相信集体的智慧和力量，相信谈判双方的合作意愿，具有说服对方的信心。有了充足的信心，谈判者才能使自己的才能得到充分展示，自己的潜能得到充分发挥。面对艰辛曲折的商务谈判，只有具备必胜的信心，在谈判前要经常对自己说："我能行！"而不是"我能行吗？"，才能促使谈判者在艰难的条件下通过坚持不懈的努力走向胜利的彼岸，最终实现目标。所以，无论如何，在商务谈判中，谈判者一定不能表现出信心不足。

当然，在客观现实中，谈判者自信心的获得是建立在充分准备、充分占有信息和对谈判双方实力科学分析和调研的基础上，而不是靠什么灵丹妙药的赐予，更不是固执己见地盲目自信。

6) 强烈的自尊心

这是谈判者正确对待自己和正确对待谈判对手的良好心理。谈判者首先要有自尊心，维护民族尊严和人格尊严，面对强大的对手不奴颜婢膝，更不能靠出卖尊严换取交易的成功，同时谈判者还要尊重对方的意见、观点、习惯和文化观念。在商务谈判中，只有互相尊重，平等相待，才可能保证合作成功。

## 2. 商务谈判者应具备的业务素质

谈判是人与人之间利益关系的协调磋商过程，在这个过程中，合理的学识结构是讨价还价、赢得谈判的重要条件。出色的谈判者应具备丰富的知识，要求谈判者既具备广博的综合知识，又有很强的专业知识，以便在商务谈判中应变自如。商务谈判者应具备的业务素质包括以下内容。

1) 基础知识

优秀的谈判者必须具备完善的相关学科的基础知识，要把自然科学和社会科学统一起来，在具备贸易理论、市场营销等一些必备的专业知识的同时，还要对心理学、经济学、管理学、财务学、政治学、历史学、控制论、系统论等一些学科的知识进行广泛的摄取。在商务谈判中，谈判者的知识技能单一化已成为一个现实的问题，技术人员不懂商务、商务人员不懂技术的现象大量存在，这给谈判工作带来了很多困难，因此，谈判者必须具备多方面的知识，才能适应复杂的谈判活动的要求。

2) 专业知识

优秀的谈判者除了必须具备广博的知识面，还要有较深的专业知识。专业知识是谈判者在谈判活动中必须具备的知识，没有系统而精深的专业知识功底，就无法进行成功的谈判。因此，要求谈判者必须掌握一些谈判的基本程序、原则、方式，以及学会在谈判的不同阶段使用不同的策略技巧。

3) 法律知识

参与商务谈判的人员必须充分了解有关谈判事项的法律法规，否则很可能使谈判因为不合法而产生无法执行的问题。只有具备了充分的法律知识，才能在商务谈判中大大加强自己的地位，及时识破对方的诡计，用法律武器维护自己的利益。

这里要掌握的法律知识，除了当事人所在国的国内法及有关规定外，还包括国际公约和统一的惯例、有关国际交易的习惯和条约、统一的规则等。其种类因谈判事项的不同而不同，主要包括以下几个方面。

(1) 关于买卖，有民法、商法、合同法、联合国国际货物销售合同公约、国际贸易等方面的法规。

(2) 关于付款方式，有票据法、信用证统一条例、托收统一规则、契约保证统一规则等。

(3) 关于运输，有海商法、国际货物运输法、国际货物运输公约、联运单据统一规则等。

(4) 关于保险，有海上保险法、伦敦保险协会货物保险条款等。

(5) 关于检疫，有商品检疫法、动植物检疫法等。

(6) 关于报关，有税法、反倾销法等。

(7) 关于知识产权，有专利法、商标法、工业产权法、知识产权公约等。

(8) 关于经济合作，有投资合作条例、有关技术合作条例、公司法等。

(9) 关于消费者保护，有消费者权益保护法、包装标志条例、产品责任法、公平交易法等。

(10) 关于外汇及贸易管理，有外汇管理条例、贸易法等。

(11) 关于纠纷的处理，有民事诉讼法、商事仲裁法等。

4) 人文知识

随着经济全球化的不断发展，在商务谈判活动中，免不了要和来自不同国家、不同地区、不同民族的商务人员打交道。因此，在现代商务活动中，谈判者要了解、尊重和迎合谈判对方的各种不同的风俗习惯、礼仪礼节等，否则就会闹笑话。"百里不同风，千里不同俗"，如一位在中东做生意的美国人要在一份几百万美元的协议上签字，此时，主人请他吃当地一种美餐——羊头，若这位美国先生不能"欣然接受"，那么他将会失去这笔生意。只有提前了解并掌握这些不同的风俗习惯和礼仪礼节，才能够在商务谈判中灵活运用谈判技巧，做到因人而异、有的放矢，最终取得良好的谈判效果。

总之，知识的增长主要靠自己有心积累，要观察细一点，考虑多一点，平时多听、多学、多分析、多实践。同时，谈判者应该谦虚好学，善于从各个方面的专家那里汲取所需要的知识。这样日积月累，知识就会丰富起来，就能得心应手地驾驭谈判的过程。

### 3. 商务谈判者应具备的综合能力

党的二十大报告指出，"教育、科技、人才是全面建设社会主义现代化国家的基础性、战略性支撑。必须坚持科技是第一生产力、人才是第一资源、创新是第一动力，深入实施科教兴国战略、人才强国战略、创新驱动发展战略，开辟发展新领域新赛道，不断塑造发展新动能新优势。"商务谈判人才是商务活动的主体，其素质和能力对商务谈判的成败至关重要。谈判者除具备基本的知识结构外，还要能将知识转换成能力。商务谈判者的综合能力指谈判者驾驭商务谈判这个复杂多变的"竞技场"的能力，是谈判者在谈判桌上充分发挥作用所应具备的主观条件。商务谈判者应具备的综合能力包括以下内容。

1) 洞察能力

敏锐的洞察力是其他能力如分析力、判断力、想象力和预见力的基础。具有洞察力，才能敏感地观察谈判形势的细微变化，捕捉到有价值的大量的谈判信息；才能迅速掌握谈判对手的真实意图，根据掌握的信息和对方现场的言谈举止加以综合分析，做出合理判断；才能依据交易双方的经济实力，在双方交锋的谈判桌上灵活应变；才能根据谈判的内外环境和主客观条件正确判断谈判的发展趋势。

商务谈判的准备阶段和洽谈阶段充满了多种多样、始料未及的问题和假象，谈判者为了达到自己的目的，往往以各种手段掩饰真实意图，其传达的信息真真假假、虚虚实实，优秀的谈判者能够通过观察、思考、判断、分析和综合的过程，从对方的言谈和行动迹象中判断真伪，了解对方的真实意图，从而掌握谈判的主动权，取得谈判的成功。

2) 应变能力

任何细致的谈判准备都不可能预料到谈判中可能发生的所有情况，许多事情都无法按事先拟定的程序去完成，千变万化的谈判形势要求谈判者必须具备沉着、机智、灵活的应变能力，能够在主客观情况变化的瞬间，趋利避害，以控制谈判的局势。这正如一个高明的船长航行于急流险滩之中时，他不仅时刻铭记自己要达到的目标，而且能灵活地处理面临的各种航行难题。

应变能力内涵颇为丰富，如思维方法上的灵活性、决策选择上的灵活性、满足对方需要的灵活性等。中国古代有一则叫"盲人摸象"的寓言，充分说明了不同的观察角度对思维结果的决定性影响。谈判中一个根本性问题是"吃亏"或"占便宜"。一个高明的谈判者，总能看到吃亏中的便宜，也能够承担占便宜后的代价。尽管有时这种代价是昂贵的，因为他们深知"便宜没好货"。如某英国外商，自费派专家来华指导合营企业的生产，看来很大方，但要求合营企业的产品以本地价的1/3的低价由外商包销，来获取大部分利润，这显然是吃小亏占大便宜。

总之，作为一名出色的谈判者，应该做到：当陷入被动或困扰时，善于做自我调节，能够临危不乱，受挫不惊，从容应对，在整个谈判过程中始终保持清醒、冷静的头脑，保持灵敏的反应能力，使自己的作用得以充分发挥。

3) 社交能力

社交能力指人们在社会上与各类不熟悉的人进行交往、沟通的能力，是衡量一个现代人能否适应开放社会的标准之一。缺乏社交能力的人，往往会在自己与周围的人群之间形成一道无形的心理屏障，是不可能完成自己所担负的工作任务的。社交能力往往是一个人多方面能力的综合表现，如表达能力、组织能力、应变能力、逻辑能力及知识修养等。谈判实质上是人与人之间思想观念、意愿情感的交流过程，是重要的社交活动。谈判者应善于与不同的人打交道，也要善于应对各种社交场合，通晓和遵守各种社交场合的礼仪规范，这既是一种对自己和他人的尊重，也是一种知识和教养的体现，这就要求谈判者塑造良好的个人形象，掌握各种社交技巧，熟悉各种社交礼仪知识。

4) 决策能力

决策能力是谈判活动中比较重要的一种能力。谈判者必须十分熟悉谈判项目的有关情况，能依据谈判形势的变化，抓住时机，果断地做出正确决策。决策能力不单单是人的某一方面能力的表现，从某种程度上说，它是人的各项能力的综合体现。它是建立在人们观察、注意、分析的基础上，运用判断思考、逻辑推理而做出决断的能力。因此，培养和锻炼谈判者的决策能力，就必须注意各种能力的平衡发展。注意力、观察力强的人，不一定思维能力、判断能力也好，记忆力好的人也有可能创造力、适应力比较差。但是，要想提高决策能力，做出正确、果断的决定，就需要运用各方面的能力。所以，谈判者应有意识、有目的地培养和锻炼自己某一方面较差的能力，使各种能力的发展趋于平衡。

5) 语言表达能力

语言表达能力是指以语言、文字、动作等方式将自己的知识、观点、意见明确有效地传播给他人的能力。语言是传达信息、交流思想的交际工具。谈判中的语言包括口头语言和书面语言两类。无论是口头语言还是书面语言，都要求准确无误地表达自己的思想和情感，使对手能够正确领悟你的意思。书面表达准确严谨，口头表达清楚流利，语言精练，逻辑性强，讲究分寸，说服力强。一个优秀的谈判者，要像语言大师那样精通语言，讲究说话的艺术，通过语言的感染力强化谈判的艺术效果。如果说话含混不清，吐字不准，措辞不当，或者语无伦次，词不达意，没有逻辑性，就会影响谈判者之间的沟通和交流，这也是谈判者的大忌。

语言表达能力是综合性的技巧，它既需要简洁、清楚、清晰，更需要注入感情。不仅如此，谈判者还要注意语言的艺术化，注意谈判语言的运用技巧，使谈判语言生动、鲜明、形象、具体。同样一句话，从不同的角度去讲，就会产生不同的效果。如将"屡战屡败"说成"屡败屡战"，意境迥然不同。可见，语言艺术的确有点石成金的功效。谈判者一旦掌握了语言艺术，就会对谈判产生意想不到的好处。

6) 情绪控制能力

谈判者在谈判过程中经常会由于利益的冲突而形成紧张、争吵、对抗的局面，破坏谈判气氛，造成谈判破裂。生活中很多人重感情，而太重感情的人充任商务谈判代表有以下风险：一是要冒吃亏的风险，因为他们很容易被对方的"糖衣炮弹"击中，产生感恩戴德的心理，不自觉地把企业的利益拱手相让，且不觉得自己做得不对；二是要冒失掉大笔生意的风险，因为在谈判中用各种手段向对方施压是很平常的事，但太重感情的人会受不了稍微强烈一点的情绪刺激，会在激动、气愤、屈辱之余与对方闹僵。

然而，冷漠得宠辱不惊、喜怒不形于色的人也不太好，对方会觉得你老奸巨猾、难以接近，须认真提防，这显然对你也是不利的。提高自己对情绪的控制能力，会使你在商务谈判中时刻保持冷静清醒的头脑。

7) 开拓创新能力

党的二十大报告明确提出，"加快实施创新驱动发展战略。坚持面向世界科技前沿、面向经济主战场、面向国家重大需求、面向人民生命健康，加快实现高水平科技自立自强。"谈判者在商务谈判中要具备开拓创新能力。谈判桌上，谈判双方为了各自利益唇枪舌剑，而每一方的利益又都十分具体，随着双方力量的变化和谈判的进展，谈判过程可能出现较大的变化。这时，如果谈判者抱残守缺、墨守成规，那么谈判要么陷入僵局，要么导致破裂，致使谈判失败。所以，商务谈判者要具备丰富的想象力和不懈的创造力，勇于开拓创新，拓展商务谈判的新思路、新模式，创造性地提高谈判工作水平。

商务谈判是企业之间的业务沟通活动，谈判者的素质则直接关系到谈判的成败。所谓素质，是人的品质与技能的综合，它是指人们在先天因素的基础上，通过接受教育和客观实践锻炼形成的，经过有选择、有目标、有阶段的努力训练而产生的结果。谈判者是谈判行为的主体，因此谈判者的素质是谈判成功与否的决定因素。

## 4.2.2 谈判队伍的规模

组成谈判队伍，首先遇到的问题是应该选择多少人组成这一组织最为合适。根据谈判的规模，谈判可分为一对一的个体谈判和多人参加的集体谈判。从某种意义上说，谈判队伍的规模越小越好，最理想的规模是一个人，即个体谈判。

所谓个体谈判是指参加谈判的双方各派出一名谈判者完成谈判的过程。美国人常常采取此种方式进行谈判。他们喜欢单独或在谈判桌上只有极少数人的情况下谈判，并风趣地称为"孤独的守林人"。

个体谈判的好处在于：在谈判中，个体谈判者可以在授权范围内，随时根据谈判桌上的风云变幻及对手的反应及时做出自己的判断，不失时机地做出决策以捕获转瞬即逝的机遇，而不必像集体谈判时那样，对某一问题的处理首要在内部取得一致意见。而一致意见的取得，有时需要经过多次的讨论甚至争执而产生，然后才能做出相应的反应，因此常常会贻误战机。同时，个体谈判中谈判者也不必担心对方向自己一方谈判成员中较弱的一人发动攻势以求个别突破，或利用计谋在己方谈判者间制造意见分歧，从中渔利。一个人参加谈判独担责任，无所依赖和推诿，全力以赴，不会在协作和沟通上出现问题，可以使谈判完全控制在自己一个人手中，因此会产生较高的谈判效率。

谈判班子由一个人组成，也有其缺点：由于谈判者只有一个人，因此其往往担负多方面工作，对付多方面问题，可能影响其谈判工作效果。同时，由于个体谈判需要单独决策，面临决策压力较大，而且在谈判中，谈判者可能无法再维持良好的谈判形象的同时扮演多种角色，因而使谈判策略运用受限制。况且，在现代社会中，谈判往往是比较复杂的，涉及面很广。从涉及的知识领域来讲，包括商业、贸易、金融、运输、保险、海关、法律等多方面的知识，谈判中所要运用收集的资料也是非常之多，这些绝非个人的精力、知识、能力所能胜任的，何况还有"智者千虑，必有一失"之说。因此，个体谈判一般只能适用于谈判内容比较简单的情况。

在通常情况下，集体谈判的人数在一人以上。由多个人组成谈判班子，可以满足谈判多学科、多专业的知识需要，谈判者之间取得知识结构上的互补，发挥综合的整体优势。同时，谈判者分工合作、集思广益、群策群力，有利于形成集体的进取与抵抗的力量。常言说得好，"三个臭皮匠，赛过诸葛亮"。成功的谈判有赖于谈判者集体智慧的发挥。

谈判队伍的规模要符合精干、实用、高效的原则，根据谈判内容、谈判难度和谈判准备等情况确定成员数量。规模过大，不易果断决策；规模过小，谈判者过分忙碌，谈判材料难以备齐，难免遗漏。一般的商务谈判，成员数量以4个人左右为宜。当然，如果谈判涉及的内容较广泛、较复杂，需要由各方面的专家参加，则可以把谈判者分为两部分：一部分主要从事背景材料的准备，人数可适当多一些，即台下当事人；另一部分直接上谈判桌，即台上当事人，这部分人数与对方相当为宜。在谈判中应注意避免一方出场人数很少，而另一方人数很多的情况。

恰当的谈判队伍规模的基本标准如下。

1) 能够保证谈判小组的工作效率

要使谈判者发挥各自优势，提高谈判效率，谈判小组规模不宜过大。规模过大就会使有些成员无法发挥作用，造成资源浪费，同时容易带进群体决策的种种弊端。

2) 有利于谈判小组的有效控制

谈判小组领导人既要对整个谈判实行监控，又要协调谈判小组成员的工作，在变化莫测的谈判形势下，一个管理人员可以有效地领导指挥三四个人。

3) 有利于谈判计划的贯彻

通常而言，为了避免谈判的议题过大，一项谈判所需的专业知识不超过四项。对于大型设备或者基础设施建设等大项目谈判，一般采用分阶段、分内容的谈判，各方组成不同的谈判小组举行不同轮次的谈判。

4) 便于谈判小组人员的调换

在商务谈判的不同阶段，所需的专业人员有所不同。如在摸底阶段，生产和技术方面的专家作用相对较大；在订立合同阶段，法律方面的专家作用较大。因此，在商务谈判的不同阶段出席谈判的人员不必过多，可以根据不同需要随时调换。

### 4.2.3 谈判者的配备

谈判者个体不但要有良好的政治、心理、业务等方面的素质，而且要恰如其分地发挥各自的优势，互相配合，以整体的力量征服谈判对手。谈判者的配备直接关系着谈判的成功，是谈判谋略中技术性很强的学问。

在一般的商务谈判中，所需的知识大体上可以概括为以下几个方面。

(1) 有关技术方面的知识。

(2) 有关价格、交货、支付条件等商务方面的知识。

(3) 有关合同法律方面的知识。

(4) 语言翻译方面的知识。

根据谈判对知识方面的要求，谈判班子应配备相应的人员，包括：技术精湛的专业人员；业务熟练的经济人员；精通经济法的法律人员；熟悉业务的翻译人员。

从实际出发，谈判班子还应配备一名有身份、有地位的负责人组织协调整个谈判班子的工作，一般由单位副职领导兼任，称首席代表。另外还应配备一名记录人员。

这样，由不同类型和专业的人员就组成了一个分工协作、各负其责的谈判组织群体，其群体结构如图4-1所示。

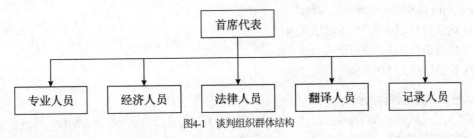

图4-1 谈判组织群体结构

在这个群体内部，每位成员都有自己分工明确的职责。

1. 首席代表

首席代表指那些对谈判负领导责任的高层次谈判者,他们在谈判中的主要任务是领导谈判组织的工作,这就决定了他们除应具备一般谈判者必要的素养外,还应阅历丰富、目光远大,具有审时度势、随机应变、当机立断的能力,具有善于控制与协调谈判小组成员的能力。因此,无论从什么角度来认识他们,都应该是富有经验的谈判高手。其主要职责如下:

(1) 监督谈判程序;
(2) 掌握谈判进程;
(3) 听取专业人员的建议、说明;
(4) 协调谈判班子成员的意见;
(5) 决定谈判过程中的重要事项;
(6) 代表单位签约;
(7) 汇报谈判工作。

2. 技术精湛的专业人员

专业人员是谈判组织的主要成员之一。其基本职责如下:

(1) 阐明己方参加谈判的愿望、条件;
(2) 弄清对方的意图、条件;
(3) 找出双方的分歧或差距;
(4) 同对方进行专业细节方面的磋商;
(5) 修改草拟谈判文书的有关条款;
(6) 向首席代表提出解决专业问题的建议;
(7) 为最后决策提供专业方面的论证。

3. 业务熟练的经济人员

经济人员又称商务人员,是谈判组织中的重要成员。其具体职责如下:

(1) 掌握该项谈判总的财务情况;
(2) 了解谈判对手在项目利益方面的预期指标;
(3) 分析、计算修改中的谈判方案所带来的收益变动;
(4) 为首席代表提供财务方面的意见、建议;
(5) 在正式签约前提供合同或协议的财务分析表。

4. 精通经济法的法律人员

法律人员是一项重要谈判项目的必然成员,如果谈判小组中有一位精通法律的专家,将会非常有利于谈判所涉及的法律问题的顺利解决。其主要职责如下:

(1) 确认谈判对方经济组织的法人地位;
(2) 监督谈判在法律许可范围内进行;
(3) 检查法律文件的准确性和完整性。

5. 熟悉业务的翻译人员

翻译人员在谈判中占有特殊的地位,他们常常是谈判双方进行沟通的桥梁。翻译的职责在于准确地传递谈判双方的意见、立场和态度。一个出色的翻译人员,不仅能起到语言沟通的作用,而且必须能够洞察对方的心理和发言的实质,既能改变谈判气氛,又能挽救谈判失误,增进谈判双方的了解、合作和友谊，因此，对翻译人员有很高的素质要求。

在谈判双方都具有运用对方语言进行交流能力的情况下，是否还需配备翻译人员呢？现实谈判中往往是配备的。因为利用翻译提供的重复机会，可争取更多的思考时间。谈判中使用翻译人员，可利用翻译复述谈判内容的时间，密切观察对方的反应，迅速捕捉信息，考虑回应对方的战术。

#### 6. 记录人员

记录人员在谈判中也是必不可少的，一份完整的谈判记录既是一份重要的资料，也是进一步谈判的依据。为了出色地完成谈判的记录工作，要求记录人员要有熟练的文字记录能力，并具有一定的专业基础知识。其具体职责是准确、完整、及时地记录谈判内容。

### 4.2.4 谈判班子成员的分工与合作

一场成功的谈判往往可以归结为谈判者所具有的良好个人素质，然而单凭个别人高超的谈判技巧并不能保证谈判获得预期的结果，还需谈判班子人员的功能互补与合作。就好像一场高水准的交响音乐会，之所以最终赢得观众雷鸣般的掌声离不开每位演奏家的精湛技艺与和谐配合。

谈判班子成员分工合理、配合默契，就要确定不同情况下的主谈人与辅谈人、他们的位置与职责，以及他们之间的配合关系。

在谈判的某一阶段或针对某一个或几个方面的议题，由谁为主进行发言，阐述己方的立场和观点，此人即为主谈人。这时其他人处于辅助的位置，称为辅谈人。一般来讲，谈判班子中应有一名技术主谈、一名商务主谈。

主谈人作为谈判班子的灵魂，应具有上下沟通的能力，有较强的判断、归纳和决断能力，必须能够把握谈判方向和进程，设计规避风险的方法，必须能领导下属齐心合作，群策群力，突破僵局，达到既定的目标。

确定主谈人和辅谈人，以及他们之间的配合是很重要的。主谈人一旦确定，那么，本方的意见、观点都由他来表达，一致口径对外，避免各吹各的调。在主谈人发言时，自始至终都应得到本方其他人员的支持。例如，口头上的附和"正确""没错""正是这样"等。有时在姿态上也可以做出赞同的姿势，如眼睛看着本方主谈人不住地点头等，辅谈人的这种附和对主谈人的发言是一个有力的支持，会大大加强他说话的力量和可信程度；辅谈人在己方主谈人讲话时，不能东张西望、心不在焉，或者坐立不安、交头接耳，这样就会削弱己方主谈人在对方心目中的分量，影响对方的理解。

总之，主谈人和辅谈人相互配合好，才能取得良好的效果。有配合就有分工，合理地分工也是很重要的。

#### 1. 洽谈技术条款时的分工

在洽谈合同技术条款时，专业技术人员处于主谈的地位，经济人员、法律人员处于辅谈人的地位。技术主谈人要对合同技术条款的完整性、准确性负责，在谈判时，对技术主谈人来讲，除了要把主要的注意力和精力放在有关技术方面的问题上，还必须放眼谈判的全局，从全局的角度来考虑技术问题，要尽可能地为后面的商务条款和法律条款的谈判创造条件。对经济人员和法律人员来讲，他们的主要任务是从商务和法律的角度向技术主谈人提供咨询意见，并适时地回答对方涉及商务和法律方面的问题，支持技术主谈人的意见和观点。

#### 2. 洽谈商务条款时的分工

很显然，在洽谈合同商务条款时，经济人员应处于主谈人的地位，技术人员与法律人员则处于辅谈人的地位。

合同的商务条款在许多方面是以技术条款为基础的，或者是与之紧密联系的。因此在谈判时，需要技术人员给予密切的配合，从技术角度给予经济人员以有力的支持。比如，在设备买卖谈判中，经济人员提出了某个报价，这个报价是否能够站得住脚，首先取决于该设备的技术水平。对卖方来讲，如果卖方的技术人员能以充分的证据证明该设备在技术上是先进的、一流水平的，即使报价比较高，也是顺理成章、理所应当的。而对买方来讲，如果买方的技术人员能提出该设备与其他厂商的设备相比在技术方面存在不足，就动摇了卖方报价的基础，而为本方谈判者的还价提供了依据。

**3. 洽谈合同法律条款时的分工**

事实上，合同中的任何一项条款都是具有法律意义的，不过在某些条款上法律的规定性更强一些。在涉及合同中某些专业性的法律条款的谈判时，法律人员应以主谈人的身份出现，法律人员对合同条款的合法性和完整性负主要责任。由于合同条款法律意义的普遍性，法律人员应参加谈判的全部过程。只有这样，才能对各项问题的发展过程了解得比较清楚，从而为谈判法律问题提供充分的依据。

应该指出，谈判小组成员之间的相互配合，不仅在谈判桌上需要，在其他场合也一样需要。这一点我国以往是不太注意的。例如，有位领导同志在与外商谈判前，把谈判组的成员介绍给对方时说："这是小王，刚上任的财务科长。大学毕业没几年，没什么谈判经验，这次带他来长长见识。"这样一来，对方在谈判中对小王的意见就不重视了。如果换一种讲法："这是王××先生，本厂的财务科长，负责本厂的资金调度，是一个精力充沛、聪明能干的小伙子。"效果就会大不相同。

## 4.3　商务谈判的物质条件准备

物质条件的准备工作包括三个方面：谈判场所的设施、谈判房间的布置、谈判者的食宿安排。从表面上看，这同谈判内容本身关系不大，但事实上，二者不仅联系密切，甚至可能关系整个谈判的发展前途。

### 4.3.1　谈判场所的设施

为了使谈判者能够很方便地进行沟通，谈判场所要具备良好的灯光、通风和隔音条件。最好在举行会谈的会谈室旁边，备有一两个小房间，以利谈判者协商机密事情。主要谈判场所也可以配备一些专门的设施，如电子白板、投影仪，为谈判者提供高速网络环境等。除双方都同意，否则不要配有录音设备。经验证明，录音设备有时对双方都会起到副作用，使人难以畅所欲言。

### 4.3.2　谈判房间的布置

谈判会场的布置也很重要，如选择什么形状的谈判桌、怎样安排谈判者的座位等。谈判会场的布置及座位的安排是否得当，是检验谈判者素质的标准之一。对于较大型的正规商务谈判，如果主人连谈判会场的布置及座位的安排都做不到符合国际惯例，就很难证明主方是谈判的行家。而且，在未与客方进行正式谈判之前，谈判会场的布置往往会给客方留下一个较深的印象，有些商人会根据谈判会场的布置状况判断主方对本次谈判的重视程度和诚意乃至谈判者的素质。所以，谈判会场的布置与座位的安排有时候还可能影响谈判的成败。比如，一次较大型的谈判，如果谈判会场布置得马马虎虎、杂乱无章，就有可能给客方留下主方对本次谈判缺乏诚意、不重视的印象，从而给其后的谈判蒙上一层阴影。如果主方连座位都不会安排，就会使客方对主方的谈判素质产生怀疑，由此可使客方占尽心理优势。这时，有些商人就有可能故意设立关卡，甚至玩弄伎俩，从而人为地给谈判设置障碍。严重时，还可能使主方被动，最终难免影响谈判的效益或成败。

一般来说，商务谈判时，双方应面对面而坐，各自的组员应坐在主谈者的两侧，以便互相交换意见，加强其团结的力量。商务谈判通常用长方形条桌，其座位安排通常如图4-2和图4-3所示。

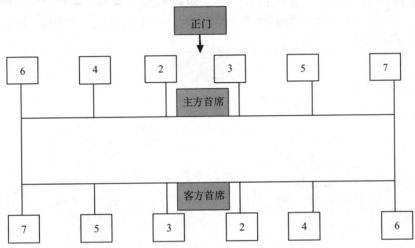

图4-2　长方形条桌谈判座位安排方式1

根据图4-2所示，若以正门为准，主方应坐背门一侧，客方则面向正门而坐，其中主谈人(即首席)居中。我国及多数国家习惯把翻译员安排在主谈人的右侧即第二个席位上，但也有少数国家让翻译员坐在后面或左侧，这也是可以的。

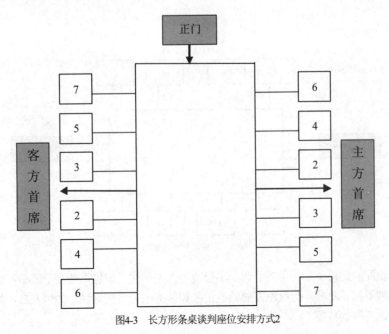

图4-3　长方形条桌谈判座位安排方式2

根据图4-3所示,若谈判长桌一端向着正门,则以进门的方向为准,右为客方,左为主方。其座位号的安排也是以主谈者(即首席)的右边为偶数,左边为奇数,即所谓"右边为大"。

若没有条桌,也可用圆桌或方桌,其座位安排分别如图4-4和图4-5所示。

一般来讲,比较大型、重要的谈判,谈判桌可选择长方形的,双方代表各居一面。但如果谈判规模较小,或双方人员比较熟悉,可以选择圆形谈判桌,双方团团坐定,会形成一个双方关系融洽、共同合作的印象,而且有利于彼此交谈。有时,出于需要还可以采用任意排位方法就座,它适合于小规模的、双方都比较熟悉的谈判,或是比较特殊的谈判。例如,以色列和中东国家的和平谈判,由于双方的立场极为对立,要有中间调节人,即第三方出席谈判,为此,专门发明了一种T形谈判桌。有些谈判,还可以不设谈判桌,但要事先确定一种有效的信号控制方法,以便随时根据情况发出指令,控制局面。

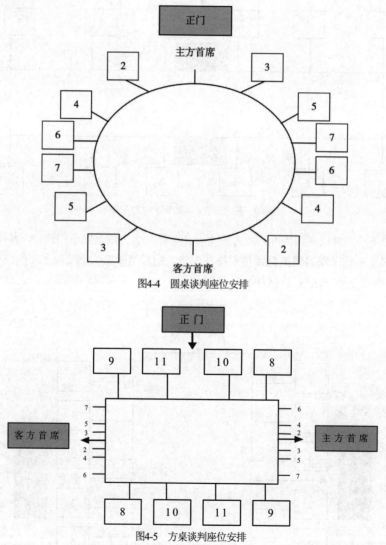

图4-4 圆桌谈判座位安排

图4-5 方桌谈判座位安排

与谈判桌相配的是椅子,椅子要舒适,不舒适使人坐不住,但也不能过于舒适,太舒适易使人产生睡意,精神不振。此外,会议所需的其他设备和服务也应安排周到,如烟灰缸、纸篓、笔、记事本、文件夹、各种饮料等。

### 4.3.3 谈判者的食宿安排

由于谈判是一项艰苦复杂，耗费体力、精力的交际活动，因此，用餐、住宿安排也是谈判应注意的内容。东道主一方对来访人员的食宿安排应周到细致、方便舒适，但不一定要豪华、阔气，按照国内或当地的标准条件招待即可。要根据谈判者的饮食习惯，尽量安排可口的饭菜。许多外国商人，特别是发达国家的客商，十分讲究时间、效率，不喜欢烦琐冗长的招待仪式，但适当组织客人参观游览，参加文体娱乐活动也是十分有益的。它不仅能很好地调节客人的旅行生活，也是增进双方私下接触、融洽双方关系的有利形式，有助于谈判的进行。

## 4.4 商务谈判方案的制订

方案是人们在行动前预先拟订的关于具体内容和行动步骤的框架，制订周密、细致的谈判方案是保证谈判顺利进行的必要条件。所以，制订谈判方案是谈判准备工作的核心。制订谈判方案应包括以下几方面内容。

### 4.4.1 选择谈判对手

由于谈判至少是两方发生的行为，因此要进行谈判，必须确定谈判对手。但谈判又是双方自愿的行为，所以还要考虑对方能否成为我方的贸易伙伴。双方在谈判中的实力和地位如何，对我们应在谈判中采用的风格和策略影响很大。如果谈判双方有可能存在经常性的贸易行为，就必须重视对对方企业乃至个人情况进行详细的调查研究，并估计谈判双方的实力，寻找那些可能增进双方友谊、促进双方感情交流的机会。如果没有可能或不必要与对方建立长期的贸易关系，其战略战术应有所变化，至少在谈判中不能给对方以过多的让步，不必花费过多的精力维系双方的友谊与交往。

此外，如果进行经常性的贸易，应注意与具有良好信誉的客户建立联系并大力维护双方关系。在选择谈判对手时，一般应确定在三四家以内。如果谈判内容广泛，交易比较复杂，可将对手确定在两家以内。否则，对手过多，会分散我方注意力，难于处理和控制复杂的谈判过程；谈判另一方也因竞争对手较多而失去谈判的信心，反而不利于谈判进行。

然而，如果只选择一家企业作为谈判对手，则无法进行比较和鉴别，对方也可能利用这一局面，向我方提出苛刻的要求，迫使我方做出较大让步。所以，应考虑两家以上的企业作为谈判对手。

对于一次性买卖，谈判对手的数目则不必受到限制。如果是大项目，企业可以采取招标的方式，在对方报价的基础上，确定谈判对手。

### 4.4.2 制定谈判目标

目标是人们行动预期达到的成果或结果，也是考核或检查人们行动效率的标准。

谈判目标是检验谈判效率和成果的依据和标准，也是谈判思想、方针、策略的具体化和数量化。目标制定得正确与否及能否达到目标，意味着谈判活动的成败与效率的高低，因而正确地制定与实现谈判目标,对于整个谈判具有决定性的意义。

由于谈判是一个持续发展的过程,因此,谈判目标也要有阶段性目标或分目标。从战略角度来讲,目标可以分为以下三个层次:企业总目标、谈判总目标、谈判的阶段目标。

**1. 企业总目标**

任何企业的生产经营活动都离不开目标体系,如企业发展的长期目标、中短期目标、企业总体目标、部门目标等。目标在企业的生产经营活动中具有重要意义,决定着企业在一定时期内的生产经营方向和奋斗目标。它是企业目的和任务的转化、分解。企业主要是根据各个不同的具体目标进行生产经营活动。

谈判内容是企业生产经营活动的一部分,必须服从和维护企业的总体目标,这就要求在制定谈判目标时以企业的总目标为标准。如为了保证企业在当年开工率达100%,就要确保得到总数为500万元的订单,这里,得到总数为500万元的订单并不是一次谈判所要达到的目标,但是,每次谈判都要考虑到这一总体目标,总体目标的实现依赖于每个部分目标的完成。500万元的订单,如果需要5次交易实现的话,那么,每次谈判平均要实现100万元的分目标,所以,总目标是制定分目标的依据和标准。总目标确定后,谈判者就可以明确在每次谈判中的目标和责任,明确自己所处的地位及谈判成功的意义,从而采取相应的谈判策略与技巧,以保证实现企业的总目标。

**2. 谈判总目标**

这是指每次谈判所要达到的目标。它是谈判活动的总目标,对企业生产经营活动来讲,它又是分目标、具体目标。分目标的实现对完成总目标有极其重要的意义,也是谈判成功的标志。

在实际谈判中,谈判的双方都会遇到这样的问题:我方应该首先报价吗?如果首先报价,开价多少?如果是对方首先报价,我方应还价多少?倘若双方就价格争执不下,那么,在什么条件下我方可接受对方的条件?在什么情况下,我方必须坚守最后防线?要更好地解决这些问题,就必须认真研究、制定谈判的最优期望目标、可接受目标和最低限度目标。

1) 最优期望目标

最优期望目标是指在谈判桌上,对谈判者最有利的一种理想目标,它在满足某方实际需求利益之外,还有一个"额外的增加值"。谈判实践中这一目标往往很难实现,因此,真正较为老练的谈判者在必要时可以放弃这一目标。但这并不是说这种最优期望目标在谈判桌上没有积极意义,它往往是谈判进程开始时的话题。

美国著名的谈判专家卡洛斯向两千多名谈判者进行的实际调查表明,一个良好的谈判者必须坚持"喊价要狠"的准则。这个"狠"的尺度往往接近喊价者的最优期望目标。在讨价还价的磋商过程中,倘若卖主喊价较高,则往往能以较高的价格成交;倘若买主出价较低,则往往也能以较低的价格成交。因此,在谈判桌上,卖方喊价高或买方还价低的时候,都会带来对自己较为有利的谈判结果。

2) 最低限度目标

最低限度目标是指在谈判中对某一方而言,毫无讨价还价余地,必须达到的目标。换言之,对某一方而言,宁愿离开谈判桌,放弃合作项目,也不愿接受比这更少的结果。最低限度的确定主要考虑以下几点因素。

(1) 价格水平。价格水平的高低是谈判双方最敏感的一个问题,是双方磋商的焦点。它直接关系到获利的多少或谈判的成败。影响价格的因素有主观与客观之分。主观因素包括营销的策略、谈判的技巧等可以由谈判方决定或受谈判方影响的因素,而影响价格的客观因素主要有以下几点。

第一，成本因素。这里的成本主要是指"市场成本"，一般是指产品从生产到交货的一切费用。具体来说，它包括生产该产品所需的原材料、劳动和管理费用，以及为购销该商品所耗费的调研、运输、广告费和关税、保险费、中间商的佣金等费用。

第二，需求因素。需求因素对价格水平的影响主要通过需求弹性加以体现。需求弹性与市场的供需状况、同类产品的市场价格等因素相关联，因而合理确定价格策略是必要的。

第三，竞争因素。决定价格下限的是商品成本，决定价格上限的则是顾客的需求程度。在上限与下限之间所订的价格的高低，则由竞争来决定。也就是说，价格的确定不以个别成本为依据，而是取决于既定需求条件下同类商品的竞争状态，取决于由竞争形成的社会平均成本和平均利润。一方面，要注意竞争者的多少。竞争者越多，说明竞争越激烈，价格的变化也就越大。另一方面，要注意竞争的激烈程度。不同市场下，竞争的激烈程度也有所不同，在谈判中要充分注意这一点。

第四，产品因素。针对不同性质和特征的产品，买方的购买习惯有所不同。一般来说，消费品价格的灵活性大，工业品的价格灵活性小。此外，人们对于不同产品的利润率存在不同的期望，导致谈判者的不同价格目标。

第五，环境因素。谈判需要天时、地利、人和，而环境是指三者的统一体，当环境对谈判某一方有利时，其希望通过价格得到的利益也就更大些，买方可能会进一步要求降价，而卖方则可能会要求提价。因此，我们应该善于把握住机会，使环境向有利于己方的方向发展。

(2) 支付方式。不同的支付方式通过价格对谈判的预期利润会造成较大影响。现款交易与赊款交易就会存在不同的风险性，如果直接付款可以在价格上进行适当的优惠，但如果赊款的话，就不能在价格上有所退让，力争将由于时间带来的资金损失降到最小，而且赊款带来的债务人不付款或扣款的现象也普遍存在。

特别是在进出口贸易中，卖方常常会遇到不利的支付条件。在国际贸易中的跟单托收支付方式、付款交单和承兑交单对出口方的影响大不相同，除了收汇风险不同之外还间接影响交易商品的单位价格。例如，同一售价为100万美元的商品，若采用付款交单方式，售价为100万美元；若采取承兑交单支付方式，售价为102万美元。即便如此，对卖方来说前者也是更为有利的货款支付方式。虽然从表面看，前者比后者少收2万美元，但由于后者付款时间靠后，卖方会承受利息损失，并且在买方承兑交单后卖方就须交单，卖方承担的风险更大，因此，实际上承兑交单这种付款方式对卖方是不利的。

(3) 交货期限及罚金。在货物买卖中，交货的期限对双方都有利害关系。在商务合同中，交货期限作为根本条款或是重要条款常常有明确的规定，一方若未按时交货就要赔偿对方的经济损失。一般情况下，卖方总是希望迟交货，而买方总是希望卖方能早交货。按照国际惯例，卖方报价中的交货期一般为签约后两个月。若买方提出要在签约后一个月交货，如果迟交，那么卖方就需缴纳迟交罚金。卖方就要根据买方提出的要求，对各方面因素进行综合考虑，可以提出交货条件方面的最低可接受限度，即如果不增加额外罚金的话，可以同意对方提出的提前交货要求。

(4) 保证期的长短。保证期是卖方将货物卖出后的担保期限。担保的范围主要包括货物的品质和适用性等。关于保证期限的长短，从来都是商务谈判中双方据理力争的焦点问题之一。卖方一般会尽力缩短保证期，因为保证期越长，卖方承担的风险越大，可能花费的成本也就越大；买方总是希望保证期越长越好，因为保证期越长，买方获得的保障程度越高。但是，由于保证期的长短事关卖方信誉及竞争能力，事关交易能否做成和怎样做成的问题，因此卖方在通常情况下是会仔细考虑保证期问题的。通常卖方根据出现的情况，可以确定关于保证期的最低可接受条件，如果自己能确认在保证期内风险不大，则可以答应对方延长保证期的要求。

3) 可接受目标

可接受目标是谈判者根据各种主要因素，通过考察种种情况，经过科学论证、预测和核算之后所确定的谈判目标。可接受目标是介于最优期望目标与最低限度目标之间的目标。在谈判桌上，一开始往往要价很高，提出自己的最优目标。实际上这是一种谈判策略，其目的是保护最低目标或可接受目标，这样做的实际效果往往超出了谈判者的最低限度要求，通过双方讨价还价，最终选择一个最低与最高之间的中间值，即可接受目标。

实际业务谈判中，往往双方最后成交值是某一方的可接受目标。可接受目标能够满足谈判一方的某部分需求，实现部分利益的目标。它往往是谈判者秘而不宣的内部机密，一般只在谈判过程的某个微妙阶段挑明，因而是谈判者死守的最后防线，如果达不到这一可接受目标，谈判就可能陷入僵局或暂时休会，以便重新酝酿对策。

可接受目标的实现，往往意味着谈判的胜利。在谈判桌上，为了达到各自的可接受目标，双方会各自施展技巧，运用各种策略。

### 3. 谈判的阶段目标

它是对谈判目标的分解，有些谈判，特别是交易复杂、规模较大的谈判，制定阶段目标十分必要，它可以使谈判者随时检查和调整谈判进程及谈判成果。

谈判的阶段目标的制定要相对灵活，可根据谈判内容、预计的谈判期限、谈判的规模而定。如谈判初始阶段的目标是了解对手报价，提出我方条件；第二阶段，就交易主要内容进行协商，进一步讨论产品规格、价格、质量、交货期限、运输等条款，确定双方存在争议的有关问题；收尾阶段，审议合同条款，复查协商的所有内容，商谈履行合同事宜。

综上所述，谈判目标是使谈判顺利、有效进行的保证。在划分目标的同时，一定要注意相互之间的衔接与连贯，企业总目标是制定谈判总目标的依据，而谈判的阶段目标又是实现谈判总目标的保证，三者缺一不可。

## 4.4.3 设定谈判的地点和时间

### 1. 谈判地点

谈判专家对于谈判地点的选择有这样一种意见：谈判地点不论设在哪一方都各有利弊。

如果谈判地点设在我方办公室或会议室，其优点如下。

(1) 避免由于环境生疏带来的心理上的障碍，而这些障碍很可能会影响谈判的结果。

(2) 获得额外的收获。我方可借"天时、地利、人和"的有利条件，向对方展开攻势，以求对方让步。

(3) 可以处理谈判以外的其他事情。

(4) 便于谈判者向上级请示、汇报及互相间的沟通联系。

(5) 节省旅途的时间和费用。

综合上述优势，谈判地点争取在己方的最有利之处在于己方自由发挥，就像体育比赛一样，在己方场地举行谈判洽商活动，获胜的可能性就会更大。一些谈判学家所做的研究也证明了这一点。美国专家泰勒尔的实验表明，多数人在自己家的客厅与人谈话，比在别人的客厅里更能说服对方。这是因为人们一种常见的心理状态，就是在自己的所属领域里，能更好地释放能量与本领，所以，行为成功的概率就高。这种情况也适用于谈判。

如果谈判地点设在对方办公室或会议室，也有其优越性。
(1) 可以排除多种干扰，全心全意地进行谈判。
(2) 在某些情况下，可以借口资料不在身边，拒绝提供不便泄露的情报。
(3) 可以越级与对方的上级洽谈，获得意外收获。
(4) 对方需要负担起准备场所和其他服务的责任。

正是由于上述原因，在多轮谈判中，谈判场所往往是交替更换，这已是不成文的惯例。当然，谈判地点在哪一方还取决于许多其他客观因素，如考察生产过程、施工基地、投资所在地的地理环境等。有时，中立地点也是谈判的合适地点。如果预料到谈判会紧张、激烈，分歧较大，或外界干扰太大，选择中立地点就是上策。

**2. 谈判时间**

谈判总是在一定的时间内进行的。这里所讲的谈判时间是指一场谈判从正式开始到签订合同时所花费的时间。在一场谈判中，时间有三个关键变数：开局时间、间隔时间和截止时间。

1) 开局时间

选择什么时候来进行谈判，有时会对谈判结果产生很大影响。例如，如果一个谈判小组在长途跋涉、喘息未定之时，马上便投入到紧张的谈判中去，就很容易因为舟车劳顿导致精神难以集中，记忆和思维能力下降而误入对方圈套。所以，应对选择开局时间给予足够的重视。

在选择开局时间时，要考虑以下几个方面的因素。

(1) 准备的充分程度。俗话说"不打无准备之仗"，在安排谈判开局时间时也要注意给谈判人员留有充分的准备时间，以免到时仓促上阵。

(2) 谈判者的身体和情绪状况。谈判是一项精神高度集中，体力和脑力消耗都比较大的工作。要尽量避免在身体不适、情绪不佳时进行谈判。

(3) 谈判的紧迫程度。尽量不要在自己急于买进或卖出某种商品时才进行谈判。如果避免不了，应采取适当的方法隐蔽这种紧迫性。

(4) 谈判对手的情况。不要把谈判安排在让对方明显不利的时间进行，因为这样会招致对方的反对，引起对方的反感。

2) 间隔时间

一场谈判极少是一次磋商就能完成的，大多数的谈判都要经历数次磋商洽谈才能达成协议。这样，在经过多次磋商没有结果，但双方又都不想终止谈判的时候，一般会安排一段暂停时间，让双方谈判者暂作休息，这就是谈判的间隔时间。

谈判间隔时间的安排，往往会对舒缓紧张气氛、打破僵局具有很明显的作用。常常有这样的情况：在谈判双方出现了互不相让、紧张对峙的时候，双方宣布暂停谈判两天，由东道主安排旅游和娱乐节目，在友好、轻松的气氛中，双方的态度和主张都会有所改变，结果，在重新开始谈判以后，就容易互相让步，达成协议了。

当然，也有这样的情况：谈判的某一方经过慎重地审时度势，利用对方要达成协议的迫切愿望，有意拖延间隔时间，迫使对方主动做出让步。可见，间隔时间是时间因素在谈判中又一个关键变数。

3) 截止时间

即一场谈判的最后限期。一般来说，每一场谈判总不可能没完没了地进行下去，总有一个结束谈判的具体时间。而谈判的结果往往是在结束谈判的前一点点时间里才能出现。所以，如何把握截止时间去获取谈判的成果，是谈判中一种绝妙的艺术。

截止时间是谈判的一个重要因素，它往往决定着谈判的战略。

谈判时间的长短，往往迫使谈判者决定选择克制性策略还是速决胜策略。同时，截止时间还构成对谈判者本身的压力。由于必须在一个规定的期限内做出决定，这将给谈判者本身带来一定的压力。谈判中处于劣势的一方，往往在限期到来之时，对达成协议承担着较大的压力。他必须在限期到来之前，在做出让步、达成协议、中止谈判或交易不成之间做出选择。一般说来，大多数的谈判者总是想达成协议的，为此，他们唯有做出让步了。

### 4.4.4 确定谈判的议程和进度

谈判的议程是指有关谈判事项的程序安排。它是对有关谈判的议题和工作计划的预先编制。谈判的进度是指对每一事项在谈判中应占用时间的把握，目的在于促使谈判在特定的时间内完成。这方面重点应解决以下几个问题。

(1) 议题。凡是与本次谈判有关的，需要双方展开讨论的问题，都可以成为谈判的议题。谈判开始前应将与本次谈判有关的问题罗列出来，然后再根据实际情况，确定应重点解决哪些问题。

(2) 顺序。安排谈判问题先后顺序的方法是多种多样的，应根据具体情况来选择采用哪一种程序：其一，可以先安排讨论一般原则问题，达成协议后，再具体讨论细节问题；其二，也可以不分重大原则问题和次要问题，先把双方可能达成协议的问题或条件提出来讨论，然后再讨论会有分歧的问题。

(3) 时间。至于每个问题安排多少时间来讨论才合适，应视问题的重要性、复杂程度和双方分歧的大小来确定。一般来说，对重要的问题、较复杂的问题、双方意见分歧较大的问题占用的时间应该多一些，以便让双方能有充分的时间对这些问题展开讨论。

在谈判的准备阶段，我方应率先拟定谈判议程，并争取对方同意。在谈判实践中，一般以东道主为先，经协商后确定，或双方共同商议。谈判者应尽量争取谈判议程的拟定，这样对己方来讲是很有利的。

谈判议程的拟定大有学问。其一，议程安排要根据己方的具体情况，在程序上能扬长避短，即在谈判的程序安排上，保证己方的优势能得到充分的发挥。其二，议程的安排和布局，要为自己出其不意地运用谈判手段埋下契机，对一个经验丰富的谈判者来讲，是绝不会放过利用拟定谈判议程的机会来运筹谋略的。其三，谈判议程的内容要能够体现己方谈判的总体方案，统筹兼顾，还要能够引导或控制谈判的速度及己方让步的限度和步骤等。

典型的谈判议程至少包括以下三项内容。

(1) 谈判应在何时举行，为期多久。若是一系列的谈判，则分几次谈判为好，每次所花时间大约多少，休会时间多久等。

(2) 谈判在何处举行。

(3) 哪些事项列入讨论，哪些不列入讨论。讨论的事项如何编排先后顺序，每一事项应占多少讨论时间等。

谈判议程的安排与谈判策略、谈判技巧的运用有着密切的联系，从某种意义上来讲，安排谈判议程本身就是一种谈判技巧。因此，双方要认真检查议程的安排是否公平合理，如果发现不当之处，就应该提出异议，要求修改。

### 4.4.5 制订谈判的对策

谈判桌上风云变幻，任何情形都会发生，而谈判又是有时间限制的，不容许无限期地拖延谈判日程。这就要求在谈判之前应对整个谈判过程中双方可能做出的一切行动进行正确的估计，并选择相应的对策。

谈判的对策是指谈判者为了达到和实现自己的谈判目标，在对各种主客观情况充分估量的基础上，拟采取的基本途径和方法。

谈判对策的确定应考虑下列影响因素：

(1) 双方实力的大小；
(2) 对方的谈判作用和主谈人员的性格特点；
(3) 双方以往的关系；
(4) 对方和己方的优势所在；
(5) 交易本身的重要性；
(6) 谈判的时间限制；
(7) 是否有建立持久、友好关系的必要性。

以上谈判方案的制订，有赖于对双方实力及其影响因素的正确估量和科学分析，否则，就没有什么意义。

## 4.5 模拟谈判

模拟谈判，也就是正式谈判前的"彩排"，是商务谈判准备工作中的最后一项内容。它是从己方人员中选出某些人扮演谈判对手的角色，提出各种假设和臆测，从对手的谈判立场、观点、风格等出发，和己方主谈人员进行谈判的想象练习和实际表演。

### 4.5.1 模拟谈判的必要性

在谈判准备工作的最后阶段，企业有必要为即将开始的谈判举行一次模拟谈判。以检验自己的谈判方案，而且也能使谈判者提早进入实战状态。模拟谈判的必要性表现在以下几个方面。

**1. 提高应对困难的能力**

模拟谈判可以使谈判者获得实际性的经验，提高应对各种困难的能力。很多成功谈判的实例和心理学研究成果都表明，正确的想象练习不仅能够提高谈判者的独立分析能力，而且在心理准备、心理承受、临场发挥等方面都是很有益处的。在模拟谈判中，谈判者可以一次又一次地扮演自己，甚至扮演对手，从而熟悉实际谈判中的各个环节。这对初次参加谈判的人来说尤为重要。

**2. 检验谈判方案是否周密可行**

谈判方案是在谈判小组负责人的主持下，由谈判小组成员具体制订的。它是对未来将要发生的正式谈判的预计，这本身就不可能完全反映出正式谈判中出现的一些意外事情。同时，谈判者受到知识、经验、思维方式、考虑问题的立场、角度等因素的局限，谈判方案的制订就难免会有不足之处和漏洞。事实上，谈判方案是否完善，只有在正式谈判中方能得到真正检验，但这毕竟是一种事后检验，往往发现问题时为时已晚。模拟谈判是对实际正式谈判的模拟，与正式谈判比较接近，因此，能够较为全面严格地检验谈判方案是否切实可行，检查谈判方案存在的问题和不足，及时修正和调整谈判方案。

### 3. 训练和提高谈判能力

模拟谈判的对手是自己的人员，对自己的情况十分了解，这时站在对手的立场上提问题，有利于发现谈判方案中的错误，并且能预测对方可能从哪些方面提出问题，以便事先拟订出相应的对策。对于谈判者来说，能有机会站在对方的立场上进行换位思考，是大有好处的。正如美国著名企业家维克多·金姆说的那样："任何成功的谈判，从一开始就必须站在对方的立场来看问题。"这样角色扮演的技术不但能使谈判者了解对方，也能使谈判者了解自己，因为它给谈判者提供了客观分析自我的机会，注意到一些容易忽视的失误。例如在与外国人谈判时使用过多的本国俚语、缺乏涵养的面部表情、争辩的观点含混不清等。

## 4.5.2 模拟谈判的过程

从给出谈判案例到点评，模拟谈判的完整过程包括5个步骤，按照先后顺序依次如下。

### 1. 给出谈判案例

谈判案例起着重要的导向作用，是模拟谈判的基础，一个好的案例必须明确如下内容：第一，当事人各方的基本情况。第二，谈判议题及内容。案例要明确在相关议题上谈判各方的谈判内容、需求、立场及分歧等。第三，谈判背景。主要包括环境背景和组织背景，以及围绕谈判，各方已经开展或即将开展的谈判和相关工作。第四，通过谈判要实现的目标。

### 2. 组建谈判小组

本着自由组合和教师分配相结合的原则，学生4~5人组成一个谈判小组，并结合每个人的性格、能力特点，根据谈判案例的要求进行分工，确定各自的职责。通过双向选择，每个谈判小组选择一个(或多个)谈判对象，就同一个案例进行谈判。

### 3. 进行谈判准备

教师和学生兵分两路进行准备工作，教师确定模拟谈判的规则，组织正式谈判前的模拟谈判并点评，还要进行物质条件的准备。学生要制订一份科学合理的谈判计划书，必须分工合作，查阅专业书籍，收集大量的资料，与谈判对象沟通，反复地讨论模拟，最终确定谈判目标体系、谈判议程、谈判内容、谈判策略和风险防范对策。

### 4. 正式谈判

按照商务谈判的程序，谈判各方进行开局、磋商和成交，并按照各阶段要求，与对方展开有理、有利、有节的磋商，不断调整各自的需要，缩小分歧，最终与对方达成一致。

### 5. 点评及总结

点评包括自评、互评和教师点评几种方式，通过回顾谈判过程，肯定成绩，发现不足，学生可进一步了解自己，不断提高自身的谈判水平和应对复杂多变谈判环境的能力。

## 4.5.3 模拟谈判的人员选择

参加模拟谈判的人员应该是具有专门知识、经验和较强角色扮演能力的人，而不是只有职务、地位或只会随声附和、举手赞成的"老好人"。一般而言，模拟谈判需要下列三种人员。

(1) 知识型人员。这种知识是指理论与实践相对完美结合的知识。这种人员能够运用所掌握的知识触类旁通、举一反三,把握模拟谈判的方方面面,使其具有理论依据的现实基础。同时,他们能从科学性的角度去研究谈判中的问题。

(2) 预见型人员。这种人员对于模拟谈判是很重要的。他们能够根据事物的变化发现规律,加上自己的业务经验,准确地推断出事物发展的方向,对谈判中出现的问题相当敏感,往往能对谈判的进程提出独到的见解。

(3) 求实型人员。这种人员有着强烈的脚踏实地的工作作风,考虑问题客观、周密,不凭主观印象,一切以事实为出发点,对模拟谈判中的各种假设条件都小心求证,力求准确。

### 4.5.4 模拟谈判的总结

模拟谈判结束后要及时进行总结。

模拟谈判的目的是总结经验,发现问题,弥补不足,完善方案。所以,在模拟谈判告一段落后,必须及时、认真地回顾在谈判中我方人员的表现,如对对手策略的反应机敏程度、自身班子协调配合程度等一系列问题,以便为真正的谈判奠定良好的基础。

模拟谈判的总结应包括以下内容:
(1) 对方的观点、风格、精神;
(2) 对方的反对意见及解决办法;
(3) 自己的有利条件及运用状况;
(4) 自己的不足及改进措施;
(5) 谈判所需情报资料是否完善;
(6) 双方各自的妥协条件及可共同接受的条件;
(7) 谈判破裂与否的界限等。

# 本章小结

1. 商务谈判信息是指反映与商务谈判相联系的各种情况及其特征的有关资料。商务谈判信息准备的主要内容包括己方信息、对方信息、市场信息、竞争者信息、相关环境信息。谈判信息的收集方法主要有:从国内有关单位或部门收集资料和信息、从国内在国外的机构及与本单位有联系的当地单位收集资料和信息、从公共机构提供的出版和未出版的资料中获取信息、本企业或单位指派人员到对方国家或地区进行考察,收集资料等。最后,要对谈判资料进行整理与分析。

2. 谈判的主体是人,因此,筹备谈判的第二项工作内容就是人员准备,也就是组建谈判班子。谈判班子的素质及其内部协作与分工的协调对于谈判的成功是非常重要的。谈判者应具备的素质包括心理素质、业务素质及综合能力。根据谈判对知识方面的要求,谈判班子应配备相应的人员有:技术精湛的专业人员;业务熟练的经济人员;精通经济法的法律人员;熟悉业务的翻译人员等。

3. 物质条件的准备工作包括谈判场所的设施、谈判房间的布置、谈判者的食宿安排。

4. 制订谈判方案是谈判准备工作的核心。制订谈判方案包括:选择谈判对手、制定谈判目标、设定谈判的地点和时间、确定谈判的议程和进度、制订谈判的对策等。

5. 模拟谈判,也就是正式谈判前的"彩排",是商务谈判准备工作中的最后一项内容。它是从己方人员中选出某些人扮演谈判对手的角色,提出各种假设和臆测,从对手的谈判立场、观点、风格等出发,和己方主谈人员进行谈判的想象练习和实际表演。模拟谈判的过程包括提出假设和集体模拟;最后要进行模拟谈判的总结。

## 综合练习

### 一、判断题
1. 在商务谈判中双方讨价还价就是在争取实现最高目标。（   ）
2. 谈判信息是商务谈判的决定性因素。（   ）
3. 谈判后台人员一般是地位较低的二线人员,他们在谈判中主要做些辅助工作。（   ）
4. 谈判桌子的布置一方面要注重商务礼仪,另一方面要符合国际惯例。（   ）
5. 在商务谈判中,东道主一定要妥善安排谈判者的食宿问题。（   ）
6. 在主谈判室里为了沟通方便,一般要设置固定电话。（   ）
7. 一般来讲,商务谈判小组的成员为7~8人。（   ）
8. 不管公司的性质如何,其承担的责任都是一样的。（   ）
9. 商务谈判前期不仅要重视己方信息,也要重视对方的信息。（   ）

### 二、选择题
1. 谈判小组构成的原则主要有(   )。
   A. 知识互补   B. 强调个性   C. 分工明确   D. 重视权威
2. 商务谈判对己方来讲最为有利的谈判地点是(   )。
   A. 主场谈判   B. 客场谈判   C. 第三地谈判   D. 场外谈判
3. (   )是商务谈判必须实现的目标,是谈判的最低要求。
   A. 最低目标   B. 可接受目标
   C. 最高目标   D. 实际需求目标
4. 在商务谈判中,(   )谈判桌通常使双方谈判者感到一种和谐一致的气氛,交谈起来比较方便和容易。
   A. 长方形   B. 圆形   C. 马蹄形   D. 无
5. 谈判小组由(   )构成。
   A. 商务人员   B. 技术人员   C. 财务人员   D. 法律人员
6. 较为正规的谈判场所可以有(   )。
   A. 主谈判室   B. 密谈室   C. 休息室   D. 会客室
7. 能直接或间接影响商务谈判的信息有(   )。
   A. 政治状况   B. 宗教信仰   C. 法律制度
   D. 社会习俗   E. 商业惯例   F. 气候条件

### 三、简答题
1. 商务谈判的准备工作包括哪些内容?
2. 你是如何认识模拟谈判的必要性的?
3. 模拟谈判要总结哪些内容?

4. 优秀的谈判者应具备什么样的素质？
5. 如何制订谈判方案？
6. 谈判的物质条件准备包括哪些内容？

### 四、案例题

中国某工程承包公司在加蓬承包了一项工程任务。当工程的主体建筑完工之后，中方由于不需要大量的劳动力，便将从当地雇用的大批临时工解雇了，谁知此举导致了被解雇工人持续40天的大罢工。中方不得不同当地工人举行了艰苦的谈判，被解雇的工人代表提出让中方按照当地的法律赔偿被解雇工人一大笔损失费，此时中方人员才意识到他们对加蓬的法律太无知了。根据加蓬的劳动法规定，一个临时工如果持续工作一周以上而未被解雇则自动转成长期工，作为一个长期工，他有权获得足够维持两个妻子和三个孩子生活的工资，此外，还有交通费和失业补贴等费用。一个非熟练工人如果连续工作一个月以上则自动转成熟练工，如果连续工作三个月以上则提升为技术工人。工人的工资也应随着技术的提升而提高。而我国公司的管理人员按照国内形成的对临时工、长期工、非熟练工、熟练工及技工的理解来处理加蓬的情况，结果为自己招来了如此大的麻烦。谈判结果可想而知，公司不得不向被解雇的工人支付了一大笔失业补贴，总数目相当于已向工人支付的工资数额，而且这笔费用属于意外支出，并未包含在工程的预算中，全部损失由公司自行支付。

问题：
从该案例的商务活动中，你认为应该汲取什么教训？

## 实 践 练 习

**实践题4-1：布置谈判场所。**
假如你是某公司的谈判者，领导要你布置谈判场地，你需要做哪些工作？

**实践题4-2：收集谈判信息。**
如果你是某公司的谈判者，国外M公司是第一次与你公司做交易，准备购买公司的产品，领导要求你收集有关的谈判信息，你需要收集哪些信息？通过哪些渠道收集？对这些信息应怎样进行分析、整理？请你为此制订一个方案。

**实践题4-3：拟订谈判计划书。**
若你校准备建设10个能容纳150人的多媒体教室，由你负责该项目的谈判工作。请你在调查的基础上，编写一个谈判计划。

**实践题4-4：模拟采购谈判。**
我校准备建立两个学生计算机机房，需要购置北大方正台式电脑100台，欲向大连飞扬科技电脑有限公司(以下简称"飞扬公司")购买。在谈判过程中，飞扬公司对我校的支付能力和资信有所怀疑；我校也对其技术、服务能力及资本实力不满意，双方存在隔膜；在与飞扬公司谈判的过程中，双方由于在产品价格和付款方式上发生争执，我方想让对方价格降低5%，并采用分期付款方式付款；而对方只愿意降低1%，且必须一次付清款项等。

实践题目：将学生分组，分别代表谈判的双方，通过协商处理双方在谈判中的问题并顺利地进行合作，就此进行模拟谈判。

# 第5章 商务谈判过程

## 学习目标

通过本章学习，应该达到如下目标。

**【知识目标】** 了解商务谈判开局阶段的主要任务；掌握开局阶段的基本策略；了解如何采用正确的方式进行谈判意图的陈述；如何摸清对手的基本情况，为谈判目标的实现打下扎实的基础；了解商务谈判各种结果的可能。

**【技能目标】** 能正确判断商务谈判过程中的终结；能对商务谈判进行简单的总结。

**【能力目标】** 具备营造商务谈判高调气氛、低调气氛和自然气氛的能力；具备基本的讨价还价能力。

## 开篇案例

### 中美入世谈判开局

中国加入世界贸易组织与美国代表团谈判的时候，吴仪任中国代表团团长。当中美两国代表在谈判桌前相对而坐的时候，美国代表团副代表梅西盯着面前的吴仪，一上来就凶相毕露！"我们是在与小偷谈判。"梅西冷不防地给吴仪来了这么一个下马威。这句冷冷地甩过来的开场白，是中国代表没有想到的。谈判厅里死一般的沉寂。中方一些代表还来不及做出反应，目光唰地一下集中在了吴仪身上，不由得为她捏了一把汗。美方代表也盯住了吴仪，猜测吴仪可能做出的回应。然而，这种沉寂极为短暂，只不过是一刹那。几乎就在梅西的话音还未完全落下来的时候，一个响亮而威严的声音掷地有声："我们是在与强盗谈判！"这是吴仪的反击。双方代表都被这一声怒吼震住了。"请看你们博物馆里的收藏，有多少是从中国搞过来的？据我所知，这些中国的珍宝，并没有谁主动奉送给你们，也没有长着翅膀，为什么却越过重洋到了你们手中？这不能不使人想到一页强盗的历史。……"吴仪一连串的反击真是义正词严，驳得梅西哑口无言，美方代表非常尴尬。谈判桌上的形势一下子扭转过来，建立起适合我方的谈判气氛。

(资料来源：毕思勇，赵帆. 商务谈判[M]. 北京：高等教育出版社，2021.)

商务谈判是一个两方合作或者多方合作的活动，为了使这种复杂活动的结果更加有利于己方，必须遵循一定的程序。谈判程序类似于生产运作的工艺流程，流程水平的高低直接决定着产品的好坏。也就是说，谈判程序的科学有序，直接关系谈判的结果。为了简洁、实用地勾画商务谈判的活动框架，本章将介绍商务谈判的"4个流程"，包括开局阶段、报价阶段、磋商阶段和结束阶段。

## 5.1 商务谈判的开局阶段

### 5.1.1 开局阶段的含义、作用

#### 1. 开局阶段的含义

谈判的开局阶段是指谈判双方见面后，在进入具体交易内容之前，相互介绍、寒暄，以及就谈判内容以外的话题进行交谈的那段时间和过程。

开局阶段中的谈判双方对谈判尚无实质性认识，各项工作千头万绪，无论准备工作做得如何充分，都免不了遇到新情况、新问题。由于在此阶段中，谈判各方的心理都比较紧张，态度比较谨慎，都在调动一切感觉功能去探测对方的虚实及心理状态。所以，在这个阶段一般不进行实质性谈判，而只是进行见面、介绍、寒暄，以及谈判一些不是很关键的问题。这些非实质性谈判从时间上看，只占整个谈判程序中一个很小的部分；从内容上看，似乎与整个谈判主题无关或关系不大，但它却很重要，因为它为整个谈判定下了一个基调。所以，在谈判开局阶段，应做好充分的准备工作，确保谈判的顺利进行。

#### 2. 开局阶段的作用

开局阶段并不触及谈判的实质性内容，但是，开局阶段对整个谈判过程具有相当重要的作用。

1) 树立良好的第一印象

在人与人第一次交往中留给对方的印象，会在对方的头脑中成型并占据主导地位，这种印象在心理学上被称为第一印象，而该效应也被称为第一印象效应。在商务谈判中，同样存在着第一印象效应，而且往往是由谈判者带给对方的。在商务谈判的开局阶段，在对方心目中树立起良好的第一印象，对于顺利地开展谈判具有相当重要的作用。

2) 营造适当的谈判气氛

所有的谈判都是在一定的谈判气氛下展开的，良好适当的谈判气氛可以对谈判的进程起到一定的推动作用，有助于提高谈判的有效性和效率；反之，如果谈判气氛不佳或不恰当，往往会阻碍谈判的顺利进行，并影响最后谈判结果的达成。所以，在商务谈判开局阶段营造适当的谈判气氛，对于谈判的成功具有相当重要的作用。

3) 树立对日后谈判产生重要影响的开局地位

由于谈判双方的实力、背景、目的和了解对手程度不同，一般在商务谈判的开局阶段会呈现出相对差异的谈判状态，我们称之为谈判双方的开局地位。开局地位的不同，对谈判进程会产生很微妙的影响，而且往往会影响谈判策略和手段的使用。一般来说，商务谈判的相对开局地位有以下几种。

(1) 主和客。主客地位的产生主要来源于谈判双方对谈判地点的选择，一般位于谈判举行地的

一方或者谈判活动的主要组织一方被称为谈判的主方，另一方则是客方。

谈判的主方是谈判的主要组织者，决定谈判的举行时间、地点及主要议程，同时也承担为客方安排交通、食宿等任务。所以，作为谈判的主方，可以选择更有利于自己的谈判时间和地点，同时可以通过一些特殊的安排对客方施加压力。所以，在谈判开始前，通常应力求成为谈判的主方，以获得谈判的主动权。

谈判的客方，"客随主便"，不得不接受主方的一些不利于己方的安排。但是，这也不意味着客方就一定处于消极被动的地位。如果不得不做客方的话，首先，应该做好充分的准备，尽量减少由此带来的不利影响；其次，不应该完全听任主方的安排，对于不利于己方的安排，可以提出异议，要求重新安排，并且尽量多地参与到谈判的组织工作中。

此外，如果谈判双方对于谁主谁客有分歧，或者谈判地点对谈判进行影响不大的时候，也可以将谈判安排在第三地进行，从而避免由于主客地位不同而带来的不公平。

(2) 明和暗。由于信息的不对称，谈判参与方在谈判开始前所掌握的对方信息总会或多或少地有所差异，这就产生了开局阶段双方的"明""暗"地位。如果自己的信息相对较多地被对方获得，而掌握对方的信息相对较少，那就可以说是处在"明处"；反之，则可以说处在"暗处"。

商务谈判在很大程度上来说是一场信息战，掌握信息多，特别是掌握对方信息多的一方，往往会在谈判中握有一定的主动权。而己方信息过多地被对方掌握，会暴露己方更多的弱点甚至可能的谈判计划。具体来说，在谈判中会有"彼明我暗"和"彼暗我明"两种状态，而这两种状态，对于谈判的进程和谈判策略的使用有着截然不同的影响。

第一，"彼明我暗"。一般来说，这是谈判双方都比较期望出现的一种状态。在这种情况下，己方掌握较多关于对方的信息，而对方掌握己方的信息相对比较少。这样有利于更好地制订有针对性的谈判计划，且对对方会产生较大的迷惑性。

第二，"彼暗我明"。这种情况一般对己方不大有利，对方掌握较多己方的信息，而己方掌握对方信息又相对较少。因此，谈判的进程很可能更多地为对方所控制，在这种情况下，一方面要求谈判者尽快收集更多对方的信息，另一方面要求谈判者避免暴露更多己方的信息。

(3) 强和弱。开局气势的强弱很大部分的原因在于谈判双方企业实力的对比。一般实力强大的企业自然处于强势的地位，而实力弱小的企业则处于弱势的地位。

## 5.1.2 开局阶段的主要任务

开局阶段的目标主要是为进入实质性谈判创造良好条件，在谈判人员相互介绍和交流中，力争营造有利的谈判气氛，尽量探测对方的基本态度，并对谈判程序、共同遵守的原则等基础问题进行沟通并达成一致。开局阶段主要有以下4项基本任务。

### 1. 营造良好的谈判气氛

由于谈判双方的立场不同，所追求的具体目标也各异，因此谈判过程中充满了复杂的利害冲突和矛盾。不过谈判的目的是协调利害冲突，谋求妥协，实现共同利益，达到双赢的结果。这就要求谈判双方应当共同努力，在谈判开始前建立一种合作的气氛，有个顺利的开端，为双方融洽的工作奠定良好的基础。谈判开局气氛对整个谈判过程起着相当重要的影响和制约作用。可以说，哪一方如果控制了谈判开局气氛，那么，在某种程度上就等于控制住了谈判对手。

## 案例5-1

### 真诚开局　气氛融洽

有一天，一位旅居美国的学者正在家里看报。忽听有人敲门，开门一看，原来是一个八九岁的女孩和一个五六岁的女孩。大孩子非常沉着地说："你们家需要保姆吗？我是来求职的。"学者好奇地问："你年纪这么小，会做些什么呢？"大孩子解释道："我已经9岁了，而且已有14个月的工作史，请看我的工作记录单。我可以照看您的孩子、帮助他完成作业、和他一起做游戏……"大孩子观察出学者没有聘用她的意思，又进一步说："您可以试用我一个月，不收工钱，只需要您在我的工作记录上签个字，它有助于我将来找工作。"学者指着那个五六岁的孩子说："她是谁？你还要照顾她吗？"他听到了更令人惊奇的回答："她是我的妹妹，她也是来找工作的，她可以用手推车推您的孩子去散步，她的工作是免费的。"

虽然小女孩求职时直接迅速地切入主题，但如此赏心悦目的开局充满了真诚和友好，营造出温馨的洽谈气氛，很容易在谈判双方间建立趋同的愿望，从而搭建达成一致的桥梁，进入下一阶段的实质磋商几近无碍。

(资料来源：汤秀莲. 国际商务谈判[M]. 北京：清华大学出版社，2009.)

#### 2. 交换意见

在开局阶段，谈判者切忌过分闲聊，离题太远，尽量将话题集中于谈判的目标、计划、进度和人员4个方面，就这4个方面充分交换意见，达成一致，以确定行动和讨论问题的适当速度和节奏。

1) 谈判目标

谈判目标即双方需要达成的共识、原则、总体目的或阶段性目的。谈判目标因各方的出发点不同而有不同的类型。常见的有以下几种类型：意在了解对方动机的探望型、旨在发掘互利互惠合作机会的创造型、旨在说明某些问题的论证型、达成原则的协定型、达成具体的协定型、批准草签的协定型、回顾与展望型、处理纷争型等。目标既可以是上述的一种，也可以是其中几种的混合型。

2) 谈判计划

谈判计划是指谈判的议程安排。其内容包括需要双方磋商的议题、原则、规程及时间安排。通常应解决以下问题：双方谈判讨论的中心问题，尤其是第一阶段谈判的安排；列入谈判范围的有哪些事项，哪些问题不讨论，问题讨论的顺序是什么；讨论中心问题及细节问题的人员安排；总体及各阶段谈判的时间安排。

3) 谈判进度

谈判进度是指会谈的速度或是会谈前预计的洽谈速度。谈判双方可以设定会谈结束的时间，对于每项议程进行的时间最好也有个大致范围的估计，这样可以合理地安排讨论，使讨论所花的时间不超过既定范围，确保谈判的效率和质量。如果发现在时间安排上存在偏差，那么一定要大胆提出修改，不要碍于情面而轻易接受对方提出来的议程，否则负担不起由于忽视议程而导致的后果。

4) 谈判人员

谈判人员即谈判者，指每个小组的成员情况，包括姓名、职务及在谈判中的地位与作用。

上述问题也许在谈判前就已经讨论过了，但在谈判开始时，仍有必要再就这些问题协商一次。最为理想的方式是以轻松、愉快的语气先谈双方容易达成一致意见的话题。例如，"咱们先确定一下今天的议题，如何？""先商量一下今天的大致安排，怎么样？"这些话，从表面上看好像无足轻重，分量不大，但这些要求往往最容易引起对方肯定的答复，因此比较容易创造一种一致的节奏。如果对方急于求成，一开局就喋喋不休地大谈实质性问题，己方应巧妙地避开对方肯定的答复，把对方引到谈判目的、议程上来。如，对方一开始就说："来，咱们雷厉风行，先谈价格条款。"己方可以接口应道："好，马上来，不过咱们先把会谈的程序和进度统一下来，这样谈起来效率更高。"从而使双方合拍。这也是防止谈判因彼此追求的目标、对策相去甚远而在开局之初就陷入僵局的有效策略。

### 3. 开场陈述

商务谈判开局阶段的另外一个重要任务，就是谈判双方要在此时分别做开场陈述。开场陈述是指谈判的参与方分别把己方的基本立场、观点和利益向对方阐述，让谈判对手了解己方的谈判期望、谈判风格和表达方式的过程。

开场陈述在谈判开局阶段有着非常重要的作用，通过开场陈述可以向对方表明己方的谈判意图，消除对方的一些不切实际的谈判期望，同时可以在对方的开场陈述中观察谈判对手，获取一些谈判对手的信息。

1) 开场陈述的表达方式

开场陈述应慎重、字斟句酌，要根据实际场合、氛围，采取不同的方式表达。

(1) 从表达方式所产生的效果上，可分为明示和暗示两种。明示是指我方以明确的方式表明己方在贸易谈判中的立场、观点、原则和利益要求等。此种方式清楚明了，将谈判的目标、范围阐述明白，为接下来的谈判指明方向。

暗示是指我方采取较为含蓄、间接的方式来表明我方在商务谈判中有关问题的立场、观点及利益要求等。此方式主要针对谈判对手在某些问题上态度不明朗时，为了给双方更大的空间而采取的方式。例如，"关于我方价格的优惠问题，就要看贵方订购的数量和支付方式了"。

(2) 从表达形式上，可分为书面表达、书面表达与口头表达相结合、口头表达三种形式。书面表达即通过书面文字完整地表明本方意图。此形式通常说明本方的意图是明确的、终局的、不容讨价还价的，对方除了接受或拒绝之外没有回旋余地。这种表达方式主要是由于国家宏观政策、法律、法规等因素的约束而必须遵守的结果。例如，国家公共设施的工程招标文件，有关工程的质量、材料、结构、完工期限等都不容磋商。

书面表达与口头表达相结合有利于己方对文字表述中一些重要的问题做更详细的说明，也有利于帮助对方对条文中一些难懂的问题做更清楚的解释。由于这种表明己方意图的方式仍然侧重于书面，因此它比较适用于双方争夺的利益不大的情况。

口头表达是指在开局阶段，没有任何书面文件，只在口头上表明己方谈判意图，以便双方进一步磋商、接触，逐步摸清对方意图，再做出相应允诺。此方式给谈判双方提供了更大的协商空间，谈判者可以利用语气、语调中的情感因素来影响对方。需要注意的是，采用此方式要尽量避免在表情、动作、神态等方面暴露己方的机密，同时也要避免语言、语气使用不当而引起误会。

2) 开场陈述的基本内容

开场陈述的基本内容如下。

(1) 己方对谈判问题的基本立场和理解。

(2) 己方的利益，即己方希望通过谈判取得的利益，特别是根本的利益和首要的利益。

(3) 己方对于谈判的期望，以及对于对方的期望。

(4) 己方的谈判诚意,即己方愿意为达成谈判结果而付出的努力。
(5) 需要在谈判开局向对方说明的其他问题。

## 案例5-2

### 开场陈述示例

我国某出口公司的一位经理在同东南亚某国商人洽谈大米出口交易时开场陈述是这样表达的:"诸位先生,首先让我向几位介绍一下我方对这笔大米交易的看法。我们对这笔出口买卖很感兴趣,我们希望贵方能够现汇支付。不瞒贵方说,我方已收到了某国其他几位买方的递盘。因此,现在的问题只是时间,我们希望贵方能认真考虑我方的要求,尽快决定这笔买卖的取舍。当然我们双方是老朋友了,彼此有着很愉快的合作经历,希望这次洽谈会进一步加深双方的友谊。这就是我方的基本想法。"

(资料来源:汤秀莲. 国际商务谈判[M]. 北京:清华大学出版社,2009.)

上述案例中,中方经理将己方的立场、观点、双方的利益所在、面临的问题、合作的前景都阐述得一清二楚,层次分明,使对方能够很快明确此次谈判的意图。

**4. 进一步了解谈判对手**

在商务谈判开始之前,谈判双方就已经开始了了解对方的工作,但是,由于尚未当面接触,所以,这种了解都是片面的、不直观的。对于谈判对手真正的了解,则要到谈判正式开始之后,即在谈判的开局阶段,所以,谈判的开局阶段也是谈判双方相互认识、相互了解的阶段。通过适当的途径和方法来了解谈判对手,是谈判开局阶段另一个非常重要的任务。在这一阶段中,谈判双方应抓住有限的机会,尽可能地了解对方,获得更多关于对方的信息。

在商务谈判的开局阶段,除了仔细倾听并分析对方的开场陈述,还可以通过多种其他途径来了解对手,主要包括以下内容。

1) 摸清对方情况

谈判者要设法全面了解谈判对手的情况,虽然在大多数谈判场合,过于细致入微的了解显得似乎有些小题大做,但只有尽可能地把握对方各方面的情况,才能顺藤摸瓜,去探察对方的需要,由此掌握谈判中的主动,使谈判成为同时满足双方利益的媒介。

摸清对手的情况最好是与熟悉对手的人交谈,全方位了解对手的强项和弱项,并有针对性地做好相应的准备工作。在当今这个通信和计算机很发达的社会里,我们很多的业务和个人履历都像一本打开的书。诸如抵押、留置权、法律判决、设备改进、合同授予、税收和追踪记录这些公开记录,任何人都可以利用,通过信用调查、股东报告可以得到财务数据,公司的组织指南、电话号码簿和内部报纸也很容易得到。谈判者要注意收集各种资料,以便对对手做出准确的判断。

2) 评估对手的实力

既然谈判是一个逐步从分歧走向一致或妥协的过程,就需要评估对手的出发点和实力。例如,他们有关键的实证材料吗?这些材料符合逻辑吗?道德上可以接受吗?谈判者由哪些人员组成?各自的身份、地位、性格、爱好、谈判经验如何?他们是否有一个具有良好谈判技巧的高水平首席代表?其能力、权限、以往成败的经历、特长和弱点,以及对谈判的态度、倾向意见如何等。

一旦对对手的优势有所了解便可预测一下，当开始谈判时他们会朝哪个方向走，他们有多少可以谈判的余地。

一般情况下，需要掌握的对手实力的信息包括公司的历史，社会影响，资本积累与投资状况，技术装备水平，产品的品种、质量、数量等。

3) 明确对手的目标

就像明确自己的目标一样确定对手的目标。将假定的对手目标列一个清单，确定优先等级并按优先等级分类。最高优先级：你认为哪些是对手志在必得的目标？中间优先级：你认为哪些是对手想要争取的目标？最低优先级：你认为哪些是对手会当作额外收益的目标？对手的需求与诚意如何？对方同己方合作的意图是什么？合作愿望是否真诚？他们对实现这种合作的迫切程度如何？但要记住，这些只是猜测的，只能随着谈判进行，通过观察来检验自己的判断是否正确。

4) 分析对手的弱点

就像必须了解对手的优势一样，也必须清楚他们的弱点，无论是他们的论点依据，还是他们的个人能力。如果谈判对手是一个小组，分析是否有机会分而治之，如提出一个取悦一些人而惹怒另一些人的方案；也可以事先研究他们论据中的弱点，充分发掘他们在陈述中有悖于道德和有政治问题的地方。例如，电器批发部的销售主任以高折扣销售一些损坏了的电器，将会导致各种职业道德和法律问题。

5) 利用正规渠道的情报

仔细检查所有关于对手的文章，如分析行业杂志及相关出版物上有关对手情况的详细报道。这些文章可能会有极宝贵的关于对手现状、历史、目前战略目标的背景资料。也可以查看由政府机构公开出版的有关对手法律上和财政上状况的文件。大多数资料都能以很低的费用获取，只要你肯留心去收集。如果可能，尽量多地向以前的谈判代表请教。

6) 研究历史资料

谈判常常会因为供货商要重新协商新的年度供货合同、雇员要求变更工作期限等诸如此类的事情而发生变化。如果与一个已经熟悉的团体谈判，则应当分析以往谈判中他们所采取的方式，向曾经参与谈判的同事请教，适当地调整自己的战术。但要记住在越来越熟悉对手的同时，对手同样也越来越熟悉你，他们会根据对你方策略的了解来明确地表达他们的目标。在这种情况下要注意几点：以往谈判中力量的对比未必与现在一样；对手可能有更具权威、更具影响力的新职位；对手的新职位可能会使其暴露出新的弱点和长处；双方面临的时间压力可能是不同的；在谈判的每个回合中双方所做的准备工作是不同的。

7) 多边谈判

如果谈判对手由多个团体组成，除了评估每个团体和个人，还应该估计各团体之间是否有冲突，对此冲突己方能否加以利用，并对每个团体和个人的风格、特点都要做详细的了解和把握。此外，要明确谁有权力代表其他几方做重要决定，必要时对其进行重点突破。

8) 利用非正式渠道的情报

为了精于收集情报，必须把自己训练得像侦探一样善于思考。日复一日地利用非正式的社交场合、商务网络、不经意的偶遇，或者与有关人员适时地通电话，来查明对手是如何工作的。也可以派人到他们的办公室去看他们是如何对待下属和顾客，或者邀请他们的老顾客共进午餐并审慎地问些问题。事实证明，对手那些心怀不满的前雇员是一个信息宝库，但也要警惕他们会不知不觉地向你传递一些捕风捉影的错误信息。

## 5.2 商务谈判的报价阶段

报价阶段即谈判开局结束后的阶段，也就是指双方各自提出自己交易条件的阶段。这里所指的"价"是就广义而言的，并非单指价格，而是指包括价格在内的诸如交货条件、支付手段、违约金或押金、品质与检验、运输与保险、索赔与诉讼等一系列内容。谈判双方往往是经过各自互探对方的底细，在明确了交易的具体内容、范围并讨论磋商后，提出各自的交易条件，表明自己的立场和利益需求。

### 5.2.1 报价的方式

商务谈判报价的方式是指以何种方式提交己方的报价，主要有两种分类，在运用中应根据不同的实际情况来选择合适的报价方式。

#### 1. 根据报价方式划分

根据报价方式划分，有书面报价和口头报价两种。

1) 书面报价

通常是一方事先提供详尽的文字材料、数据和图表，将本公司愿意承担的义务和权利，以书面形式表达清楚，使对方有时间针对报价做充分的准备。

2) 口头报价

通常是一方以口头形式提出自己的要求和愿意承担的义务。在口头报价方面，要善于利用口头报价的灵活性特点，可以根据谈判的进程，随时调整和变更自己的谈判战术，先磋商，后承担义务，没有约束感。可充分利用个人沟通技巧，利用情感因素，促成交易达成。

实际谈判中，谈判人员一般采用书面报价为主、口头报价为辅的报价方式。

#### 2. 根据报价战术划分

根据报价战术划分，有欧式报价和日式报价两种。

1) 欧式报价

欧式报价是从高往低走，其一般的模式是先提出留有较大余地的价格，然后根据买卖双方的实力对比和该笔交易的外部竞争状况，通过给予各种优惠，如数量折扣、报价折扣、佣金和支付条件上的优惠(如延长支付期限、提供优惠信贷等)逐步软化和接近买方的市场和条件，最终达成成交的目的。实践证明，这种报价方法只要能够稳住买方，往往会有一个不错的结果。

2) 日式报价

日式报价是从低往高走，其一般的做法是将最低价格列在价格表上，以求首先引起买主的兴趣。由于这种低价格一般以对卖方最有利的结算条件为前提，并且在这种低价格交易条件下，各个方面都很难全部满足买方的需求，如果买方要求改变有关条件，则卖主就会相应提高价格。因此，买卖双方最后成交的价格，往往高于价格表中的价格。

日式报价在面临众多外部对手时，是一种比较艺术的报价方式。一方面可以排斥竞争对手而将买方吸引过来，取得与其他卖主竞争中的优势和胜利；另一方面，当其他卖主败下阵来纷纷走掉时，原来一个买主对多个卖主的买方市场的优势不复存在，只能坐下来细细地谈，买主要想达到一定的要求，只好任卖主一点一点把价格抬高才能实现。

### 5.2.2 报价的次序

虽然商务谈判中的报价泛指对于各种交易条件的要求，但是，其中对于价格的要求仍然是核心内容。提出价格要求时，谁先报价是一个非常重要而又微妙的问题。先报价和后报价各有利弊，需要根据谈判当时的具体情况进行决策。

**1. 先报价的利弊**

先报价的有利之处在于，可以为价格谈判划定一个大致的框架，使得对方进行讨价还价时也不得不以此为依据，保证最后成交价格尽量落在己方可控制的范围之内；此外，提出一个出乎对方意料的报价，可以打乱对方的原有部署，甚至动摇对方的谈判信心，为己方争取到谈判的主动权。

先报价的不利之处在于，一方面增加对方对己方的了解，对方可以根据己方报价调整自己的报价，很有可能获得意想不到的好处；另一方面，报价属于一种探测，先报价带有一定的盲目性，容易使己方落入被动的局面，受到对方在价格上的不断攻击。

**2. 后报价的利弊**

后报价的有利之处在于，可以先获得对方对价格的要求，特别是当对价格的市场动态不了解时，后报价将有利于己方调整价格期望，提出更有效的报价，提高报价的成功率。

---

**案例5-3**

#### 爱迪生的专利价格

美国著名发明家爱迪生在某公司当电气技师时，他的一项发明获得了专利。公司经理向他表示愿意购买这项专利，并问他要多少钱。当时，爱迪生想的是只要能卖到5 000美元就很不错了，但他没有说出来，只是督促经理说："您一定知道我的这项发明专利权对公司的价值了，所以，价钱还是请您自己说一说吧！"经理报价道："40万美元，怎么样？"还能怎么样呢？谈判当然是没费周折就顺利结束了。

爱迪生因此而获得了意想不到的巨款，为日后的发明创造提供了资金。

(资料来源：仰书钢. 商务谈判理论与实务[M]. 北京：北京师范大学出版社，2007.)

---

后报价的不利之处在于，失去了报价的主动地位，价格谈判的范围被对方基本限定，最后的成交价格往往达不到己方的期望。

### 5.2.3 报价的原则

报价并非简单地提出己方的交易条件，这一过程实际上非常复杂，稍有不慎就有可能陷自己于不利的境地。谈判实践告诉我们，在报价时要遵循下面几项原则。

**1. 开盘报价必须是最高价**

对于卖方来讲，开盘价必须是"最高的"(相应地，对买方来讲，开盘价必须是"最低的")，这是报价的首要原则。

首先,若本方为卖方,开盘价为本方的要价确定了一个最高限度。一般来讲,除特殊情况外,开盘价一经报出,就不能再提高或更改了。最终双方成交的价格肯定是在此开盘价格以下。若本方为买方,开盘价为本方的要价确定了一个最低限度。没有特殊情况,开盘价也是不能再降低的,最终双方成交的价格肯定在此开盘价格之上。

其次,从人们的观念上来看,"一分钱一分货"是多数人信奉的观点。因此,开盘价较高,会影响对方对本方提供的商品或劳务的印象和评价。

再次,开盘价较高,能够为以后的讨价还价留下充分的回旋余地,使本方在谈判中更富有弹性,便于掌握成交时机。

最后,开盘价的高低往往对最终成交水平具有实质性的影响,即开盘价高,最终成交价的水平也就比较高;开盘价低,最终成交价的水平也相应地比较低。

### 2. 开盘价必须合情合理

开盘价要报得高一些,但绝不是指要漫天要价、毫无控制,恰恰相反,高的同时必须合乎情理,必须能够讲得通。可以想象,如果报价过高,又讲不出道理,对方必然会认为你缺少谈判的诚意,或者被逼无奈而中止谈判扬长而去;或者以其人之道,还治其人之身,相对地来个"漫天砍价";抑或一一提出疑问,而本方又无法解释,其结果只好是被迫无条件地让步。在这种情况下,有时即使本方已将交易条件降低到较公平合理的水平上,对方仍会认为尚有"水分"可挤,因而还是穷追不舍。可见,开盘价脱离现实,便会自找麻烦。

### 案例5—4

#### "天价虾"

2015年10月,南京的朱先生和四川的肖先生,在某地一家名为"××烧烤"的餐厅用餐时,各自都点了一份虾,点餐时菜单上标价38元,结账时,店老板却按每只虾38元的价格收费,经过多方协商后,最后两人分别给了烧烤店老板2 000元和800元的餐费后离开。

"××烧烤"的价目单显示,"海捕大虾38元",旁边没有标明计价方式是按"一个"还是"一份",但在价目单最下方,有"以上海鲜单个计价"的说明。

就在朱先生和肖先生跟店老板理论的过程中,店老板还抛出了更狠的话,"他要了两盘蛤蜊、两盘扇贝,蛤蜊、扇贝全都给他按个算,再吵吵全论个卖,蛤蜊也论个,一盘蛤蜊38个,380元,两盘蛤蜊760元,两盘扇贝,一盘扇贝12个,120元,两盘240元,全算上!"

(资料来源:天价虾. 百度百科.)

上述案例中,烧烧店老板漫天要价、毫无控制,且无法就商品价格给出合理解释,导致谈判脱离现实,最终自找麻烦,陷入僵局。

### 3. 报价应该坚定、明确、完整

开盘价的报出要坚定、果断,不保留任何语尾。这样做能够给对方留下本方是认真而诚实的好印象。要记住,任何欲言又止、吞吞吐吐的行为,必然会导致对方的不良感受,甚至会产生不信任感。

开盘报价要明确、清晰而完整,以便对方能够准确地了解本方的期望。实践证明,报价时含混不清最容易使对方产生误解,从而扰乱本方原定步骤,对己不利。

### 4. 不对报价做主动的解释和说明

报价时不要对本方所报价格做过多的解释、说明和辩解，因为对方不管我方报价的水分多少都会质疑的。如果在对方还没有提出问题之前，我方便主动加以说明，会提醒对方意识到我方最关心的问题，而这种问题有可能是对方尚未考虑过的问题。因此，有时过多地说明和解释，会使对方从中找出破绽或突破口，向我方猛烈地反击，有时甚至会使我方十分难堪，无法收场。

报价在遵循上述原则的同时，必须考虑当时的谈判环境和与对方的关系状况。如果对方为了自己的利益而向我方施加压力，则我方就必须以高价向对方施加压力，以保护本方的利益；如果双方关系比较友好，特别是有过较长的合作关系，那么报价就应当稳妥一点，出价过高会有损于双方的关系；如果本方有很多竞争对手，那就必须把要价压低到至少能受到邀请而继续谈判的程度，否则会连继续谈判的机会都没有。

党的二十大报告提出，"坚持和发展马克思主义，必须同中国具体实际相结合。我们坚持以马克思主义为指导，是要运用其科学的世界观和方法论解决中国的问题，而不是要背诵和重复其具体结论和词句，更不能把马克思主义当成一成不变的教条。"在商务谈判中，除了掌握一般报价的原则和策略外，还需要结合不同的情景和实践加以灵活运用，不能犯教条主义的错误。

## 案例5-5

### "虚假喊价"的运用

有一年，A国某进出口公司在和B国商人戴维斯洽谈生意时，一位工作人员无意中透露了A国当年黄狼皮生产情况很好的信息。过了两天，戴维斯就向A国某进出口公司发函表示愿意与对方进行购买黄狼皮的谈判意愿。在戴维斯的信中，不仅表示购买的数量很大，而且报价比一般市价高出3%。当时，A国公司业务人员做出了错误的判断：以为戴维斯是想用"喊高价"来挤掉其他上家，以达到自己垄断国外市场的目的。因为谁都乐意高价出售自己的货品，A国某进出口公司此后便回绝了其他几家外商的求购要求。没想到，时隔不久，从伦敦传来消息，某商家在国际市场上以平价抛售黄狼皮。这时，A国某进出口公司的工作人员才明白上了戴维斯的当。戴维斯用"喊高价"的手法，稳住A国公司。然后，他在国际市场上抛售自己库存的黄狼皮。此时，A国某进出口公司该商品的价位比国际市场高出3%，而且由于有了戴维斯的订单不肯降低价格。没有A国某进出口公司优质平价的竞争，戴维斯顺利地抛售了自己全部黄狼皮的库存，而A国某进出口公司的货则全部砸在自己手中。

（资料来源：李爽. 商务谈判[M]. 北京：清华大学出版社，2011.）

### 5.2.4 进行报价解释时应注意的问题

通常情况下，一方报价完毕之后，另一方会要求报价方进行价格解释。那么在进行价格解释时，必须注意以下几个问题。

#### 1. 不问不答

即买方不主动问及的问题不要回答。买方未问到的一切问题，都不要进行解释或答复，以免造成言多语失的后果。

### 2. 有问必答

即对对方提出的所有有关问题，都要一一做出回答，并且要很流畅、很痛快地予以回答。经验告诉人们，既然要回答问题，就不能吞吞吐吐、欲言又止，这样极易引起对方的怀疑，甚至会提醒对方注意，从而穷追不舍。

### 3. 避虚就实

即对本方报价中比较实质的部分应多讲一些，对于比较虚的部分，或者说水分含量较大的部分，应该少讲一些，甚至不讲。

### 4. 能言不书

即能用口头表达和解释的，就不要用文字来书写，因为当自己表达有误时，口述和笔写的东西对自己的影响是截然不同的。有些国家的商人，只承认笔上的信息，而不重视口头信息，因此要格外慎重。

## 5.3 商务谈判的磋商阶段

在谈判双方做出明示并报价之后，商务谈判就进入了对于实质性内容谈判的阶段，也就是商务谈判的磋商阶段。磋商阶段是商务谈判的中心环节，也是在整个过程中占时间比重最大的阶段。商务谈判的实质性磋商主要还是围绕价格展开的，也就是一个讨价还价的过程。在此期间，将会出现的问题有谈判双方的价格争论、冲突甚至僵局，也包括双方为了最后达成交易而各自做出的让步。

### 5.3.1 讨价

讨价，是在一方报价之后，另一方认为其报价离己方的期望目标太远，而要求报价一方重新报价或改善报价的行为。讨价可以是实质性的，也可以是策略性的。

#### 1. 讨价的程序

1) 全面讨价

全面讨价是讨价者根据交易条件全面入手，要求报价者从整体上改变价格，重新报价。

2) 针对性讨价

针对性讨价是讨价者有针对性地从交易条款中选择某些条款，要求报价者重新报价。

3) 总体讨价

总体讨价是讨价者从总体出发综合分析交易条件，运用策略，改变报价者的理想目标，降低期望值，考虑重新报价。

讨价的这三个阶段是可以不断重复、连续进行的过程。讨价次数的多少，应根据心中保留价格与对方价格改善的情况而定。每一次讨价，争取都能得到对方的一些让步。

## 案例5—6

### "灵魂砍价" 凸显民生关怀

"4.4元的话，这样吧，4太多，中国人觉得难听，再降4分钱，4.36元，行不行？"这是国家医疗保障局专家与药企代表谈判中的一段话。2019年以来，通过国家集采，112个药品平均药价直降54%，被老百姓形象地称为"灵魂砍价"。

"灵魂砍价"背后凸显的正是民生关怀。此次药品谈判中，国家医疗保障局专家分毫必争、锱铢必较，一分一分往下谈，让部分"贵族药"开出了"平民价"。一分钱，对全国来说，可能就是几十万元甚至几百万元。对于长期需要"救命药"的老百姓来说，国家医疗保障局专家每砍下一分钱，都会减轻一份沉重的负担。此次药品采购谈判是民之所望，政之所向，更好地传递党和国家的正能量。

(资料来源：毕思勇，赵帆. 商务谈判[M]. 北京：高等教育出版社，2021.)

**2. 讨价的态度**

谈判双方在报价时，往往是卖方喊价高，买方出价低，这是谈判心理或策略要求留有讨价还价的余地。对于对方的重新报价或改善报价，应保持平和信赖的态度，要仔细倾听，诱导发言，试探虚实，发现纰漏，认真分析，正确理解报价。这些都取决于谈判者的素质和经验。

1) 仔细倾听

认真仔细地倾听对方的报价，是尊重对方的一种表现；可以从健谈的报价者那里得到有用的资料，捕捉还价的理由；也能从内向的报价者那里引出其心中的秘密，掌握对方的期望值；要倾听谈判对方的副手或经验不足的新手发言，倾听会使这些人自我感觉其"地位上升"，自我感觉良好，继续刺激增强其兴奋度，甚至还会因为满足了其虚荣心，导致这部分人畅所欲言，而从中获取更重要的信息。

2) 试探虚实

试探虚实是指在不打断对方说话时，顺着对方话题发问，提出种种假设条件，要求对方回答，并捕捉对方回答中对己方有利的信息，以便抓住机会，收集还价的资料。试探虚实，既能表达合作的诚意，进一步鼓励、诱导对方打开话匣，保持平和信赖的气氛，又有利于掌握对方意图，更好地伺机还价。

## 5.3.2 还价

还价是买方讨价之后，卖方向买方要求给出具体价格意见，而买方对此要求做出回应方案的行为。一般谈判者均认为进入该阶段后，买方的第一次还价最扣人心弦，无论是买方还是卖方，在激战了一段时间后，尤其是卖方被讨价之后，会十分关注这个时候出现的结果，也会直接决定谈判命运。还价阶段是卖方反击阶段，也是买方应战的阶段。

**1. 还价时机的选择**

这里仍然以买方为例。买方何时回应卖方的还价邀请，结束讨价开始还价，时机的选择是一个比较重要也比较微妙的问题。还价的时机选择得好，一方面可以保证谈判顺利地进行；另一方面也可以减少还价的次数，提高还价的效率，有利于谈判目标的最终实现。

还价是以讨价为基础的，所以，还价的时机也主要确定于讨价的结果。一般来说，卖方在回应买方讨价要求，对报价做出改善之后，会向买方发出还价的邀请。此时，如果卖方只是对报价进行微小的调整，或者改善的幅度不大，买方应继续讨价，而不是急于还价。当卖方已经做出较大的或者实质性的让步时，买方便应该考虑开始还价，因为如果还是一味地坚持讨价，拖着不还价的话，会给卖方造成己方无谈判诚意的印象，影响谈判的顺利进行。

#### 2. 还价方式的选择

采取何种还价方式首先要看是基于什么依据来进行还价。在商务谈判中，还价的依据主要有两种类型：一种是按价格评论还价，另一种是按项目还价。

1) 按价格评论还价

根据价格评论的不同，又可以分为按分析比还价和按分析成本还价两种方式。

按分析比还价是指买方按同类商品的价格或者竞争者商品的价格作为参考进行还价。这种还价方式的关键在于选作参考的商品是否具有可比性，而能够使对方信服。

按分析成本还价是指买方根据自己计算出的商品成本，再加上一定百分比的利润作为还价的依据进行还价。这种还价方式的关键在于买方所计算的成本是否准确，并能够使对方信服。

2) 按项目还价

根据每次还价项目的多少，又可以分为单项还价、分组还价和总体还价三种方式。

单项还价是以商品报价的最小项目单位进行还价。如果是独立商品，可以按照计量单位进行还价；如果是成套设备，可以按主机、辅机、备件等不同部分进行还价；如果是服务费用，则可以按照不同的费用项目进行还价。

分组还价是把谈判对象分成若干项目，并按每个项目报价中所含水分的多少分成几个档次，然后逐一还价。对于水分含量较大的项目，就多还一些；水分含量少的项目，就少还一些。

总体还价又叫一揽子还价，是将整个报价按照一定的百分比进行还价，而不考虑报价中各部分所含水分的差异。

在商务谈判中，具体按照以上哪一种还价方式来进行，首先取决于谈判标的商品的特征。例如，商品的规格、数量、市场供求状况以及替代品现状等。此外，还取决于谈判当时的一些其他具体情况。例如，谈判双方的实力对比、己方所掌握信息量的多少、己方的谈判经验等。总之，在确定还价方式时，要本着哪一种方式更有说服力，更容易被对方所接受的原则来选择。

#### 3. 还价起点的确定

在还价时，另一个需要决定的重要因素是还价的起点，也就是买方第一次提出的希望成交的条件。还价起点的确定，从原则上讲要低，但是又不能太低，要接近谈判的成交目标。因为讨价还价的基本原则之一便是还价要尽可能低，如果还价高了，会使得己方必须在还价之上成交，从而损害了己方的利益；如果还价过低了，又会引起对方的不满，认为己方无谈判诚意，从而影响谈判的顺利进行。所以，还价的起点不宜过高也不宜过低，要接近己方所期望的成交目标。通常从以下几方面来确定还价起点。

(1) 根据对方报价中含水量来确定。含水量高的部分，还价的起点应低一点；含水量低的部分，还价的起点可以相对高一些。

(2) 根据对方报价与己方期望的成交目标之间的差距来确定。如果差距较大，还价的起点应低一点；如果差距较小，还价的起点可以高一点。

(3) 根据己方准备还价的次数来确定。在每次还价的幅度约定俗成或基本确定的情况下，如果准备还价的次数较多，还价起点可以低一点；如果准备还价的次数较少，还价起点则应高一点。

### 5.3.3 讨价还价中的让步

谈判中讨价还价的过程就是让步的过程。怎么让步、分几次让步、每次让步的幅度为多少，这些都大有学问。经验丰富的谈判人员能以很小的让步换取对方较大的让步，并且还让对方感到心满意足，愉快地接受。相反，也有即使做出大幅度的让步，对方还不甚满意的情况。

让步实际上是一种侦查手段，是一步步弄清楚对方期望值的过程。让步的方式灵活多样，无论是以价格的增减换取原则条款的保留、以放弃某些次要条款或要求换取价格的效益，还是以次要条款或要求的取舍换取主要条款或要求的取舍，都要掌握好尺度和时机。如何把握好尺度和时机，并没有固定的公式和程序可以遵循，只能凭借谈判人员的经验、直觉和机智来处理。但这并不是说谈判中的让步是随心所欲做出的，无法从科学的角度去认识、把握、计划和运筹，恰恰相反，有经验的行家无不在谈判之前就已胸有成竹，只不过在进入实际让步阶段后，再凭借自己的经验、直觉和机智来临阵发挥，变换和发展自己已有的让步方案罢了。

### 1. 对方的反应

在做出让步的决策时，谈判人员事先要考虑对方会有什么样的反应。总的来讲，己方的让步给对方造成的影响和反应有以下几种。

(1) 对方很看重己方所做出的让步，并感到心满意足，甚至会在其他方面做些松动和让步作为回报，这是己方最希望的结果。

(2) 对方对己方所做出的让步不很在乎，因而在态度或其他方面没有任何改变或是松动的表示。

(3) 己方的让步使对方认为，己方的报价中有很大的水分，甚至认为只要他们再加以努力，己方还会做出新的让步。也就是说，己方的让步不但没能使对方心满意足，反而鼓励对方向己方争取更多的利益。显然，后两种反应及结果都是己方不愿意看到的。

### 2. 让步的原则

谈判中的让步不仅仅取决于让步的绝对值的大小，还取决于彼此的让步策略，即怎样做出让步，以及对方怎样争取到让步。具体讨价还价的过程中，我们要注意以下几方面的基本原则。

1) 不要轻易做出让步

不经过持久的讨价还价，轻易地做出让步的决定，常常可以给对方以可乘之机。对方并不会对我们已做出的让步感到满足，而是会更加得寸进尺，要求我们做出更大的让步。谈判人员要切记，即使我们想做出一些让步，也应该让对方做出艰苦的努力。只有这样，对方才会重视这来之不易的让步。

2) 让步不能损害己方的根本利益

让步是以不损害己方的基本立场、基本利益为前提，以局部利益来换取整体利益。因此，让步前要清楚什么可以让、什么不可能让、什么是自己的根本利益、让步的最大限度是什么。在谈判的关键问题上坚决不能轻易地让步，在己方认为重要的问题上要力求对方先让步，而在较为次要的问题上，根据情况的需要己方可以考虑先做让步。整体利益不能因为局部利益的让步而造成重大损失。

3) 选好让步时间

让步时机要恰当，才能使让步的作用发挥到最大。当对方没有表示任何退让的可能的时候，让步也不会给己方带来利益。如果让对方首先做出让步，然后自己再做让步，对谈判人员来说将会更加主动。

4) 明确让步条件

作为一个谈判者，一定要清楚让步的目的，不做无谓的让步。要以"让"作"进"，寻求其他方面的利益。因为每一次让步都包含着己方的利益损失，所以在谈判中的每次让步都要换取对方在其他方面的相应让步。例如，谈判中可以指出，我方同意降价，但是对方必须付现款。因此，要结合谈判的目标，向对方表明自己的要求和附带条件。

5) 选择合适的让步方式

掌握恰当的让步幅度和节奏对让步效果也至关重要。因为一次让步幅度过大，会使对方的期望值进一步提高，从而提出更高的让步要求。如果让步节奏过快，那么己方的让步不会引起对方的珍惜。因此，让步要分次进行，要坚持步步为营的策略，一点一点地让步，切不可一下子让得太干脆。

6) 让对方感到我方做出的是一次重大让步

在谈判中你所做的每一次让步必须是对方所能明确感受到的，当对方能够明确感觉到你所做出的让步时，才能激发他的反应。并且，要强调让步对己方利益的影响，要让对方认识到我方的退让是为了争取双方的携手合作，否则对方会感到不满足。

同时，让步阶段还要注意以下几个问题。

第一，要正确地理解对手发出的信息，对于可竞争的利益部分提出自己的划分方法，发挥各自的创造力和想象力，对分歧和冲突提出尽可能多的解决方案。

第二，不承诺与对方做出同等幅度的让步，因为即使双方让步幅度相当，但不一定得到同等的利益。

第三，在不损害己方根本利益的前提下，恰到好处地运用让步战术，摆脱使谈判止步不前和陷入僵局的局面，使谈判顺利进行。

## 案例5-7

### 原则底线决不让步

2019年5月10日起，美方启动对2 000亿美元中国输美商品加征25%关税。当天在华盛顿结束的第十一轮中美经贸高级别磋商传递出中方一贯而坚定的立场：加征关税解决不了问题，合作是中美唯一正确选择，但合作是有原则的，在重大原则问题上中方决不让步。

"此次美方提出的要求涉及中方核心利益和重大关切，这是底线，决不能让步。"中国国际经济交流中心副理事长魏建国说。一个成功的协议必须确保双方都能大部分满意，彼此都要做些妥协让步。但让步不是没有原则和规则的，谈判前应设置己方的谈判底线。如果仅仅一方满意，而另一方的关切未被尊重或照顾，这样的协议即便达成，执行起来也不会长久甚至会被推翻。

面对美方加税威胁，中方坚守底线，捍卫国家尊严，维护人民利益，展现出大国风范。加征关税不得人心，违背时代潮流，中国有决心、有底气、有信心应对一切挑战。

(资料来源：毕思勇，赵帆. 商务谈判[M]. 北京：高等教育出版社，2021.)

## 5.4 商务谈判的结束阶段

### 5.4.1 商务谈判终结的判断

商务谈判何时终结？是否已到终结的时机？这是商务谈判结束阶段极为重要的问题。谈判者必须正确判定终结的时机，才能运用好结束阶段的策略。错误的判定可能会使谈判变成一锅夹生饭，已付出的大量劳动付之东流。错误的判定也可能毫无意义地拖延谈判成交，丧失成交机遇。谈判终结可以从以下4个方面判定。

### 1. 从谈判涉及的交易条件来判定

这个方法是指从谈判所涉及的交易条件解决状况来分析判定整个谈判是否进入终结。谈判的中心任务是交易条件的洽谈，在磋商阶段双方进行多轮的讨价还价，临近终结阶段要考察交易条件经过多轮谈判之后是否达到以下三条标准，如果已经达到，那么就可判定谈判终结。

1) 考察交易条件中的分歧数

从数量上看，如果双方已达成一致的交易条件占据绝大多数，所剩的分歧数量仅占极小部分，就可以判定谈判已经进入终结阶段。因为量变会导致质变，当达成共识的问题数量已经大大超过分歧数量时，谈判性质已经从磋商阶段转变为终结阶段，或者说成交阶段。从质量上看，如果交易条件中最关键、最重要的问题都已经达成一致，仅余留一些非实质性的无关大局的分歧点，就可以判定谈判已经进入终结阶段。谈判中关键性问题常常会起决定性作用，也往往需要耗费大量的时间和精力。谈判是否即将成功，主要看关键问题是否达成共识，如果仅仅在一些次要问题上形成共识，而关键性问题还存在很大差距，是不能判定谈判进入终结阶段的。

2) 考察谈判对手交易条件是否进入己方成交线

成交线是指己方可以接受的最低交易条件，是达成协议的下限。如果对方认同的交易条件已经进入己方成交线范围之内，谈判自然进入终结阶段。因为双方已经出现在最低限度达成交易的可能性，只有紧紧抓住这个时机，继续努力维护或改善这种状态，才能实现谈判的成功。当然己方还想争取到更好一些的交易条件，但是己方已经看到可以接受的成果，这无疑是值得珍惜的宝贵成果，是不能轻易放弃的。如果能争取到更优惠的条件当然更好，但是考虑到各方面因素，此时不可强求最佳成果而形成双方对立的局面，导致有利的时机错失。因此，谈判交易条件已经进入己方成交线时，就意味着终结阶段的开始。

3) 考察双方在交易条件上的一致性

谈判双方若在交易条件上全部或基本达成一致，而且个别问题如何做技术处理也达成共识，则可以判定终结的到来。其一，双方在交易条件上达成一致，不仅指价格，而且包括对其他相关问题所持的观点、态度、做法、原则都有了共识。其二，个别问题的技术处理也应使双方认可。因为个别问题的技术处理如果不恰当、不严密，有缺陷、有分歧，就会使谈判者在协议达成后提出异议，使谈判重燃战火，甚至使已达成的协议被推翻，使前面的劳动成果付之东流。因此，在交易条件基本达成一致的基础上，个别问题的技术处理也达成一致意见，才能判定终结的到来。

### 2. 从谈判时间来判定

谈判的过程必须在一定时间内终结，当谈判时间即将结束，自然就进入终结阶段。受时间的影响，谈判者调整各自的战术方针，抓紧最后的时间做出有效的成果。谈判时间判定有以下三种标准。

1) 双方约定的谈判时间

在谈判之初，双方会一起确定整个谈判所需要的时间，谈判进程完全按约定的时间安排，当谈判已接近规定的时间时，自然进入谈判终结阶段。双方约定多长时间要看谈判规模大小、谈判内容多少、谈判所处的环境形势，以及双方政治、经济、市场的需要和本企业利益。如果双方实力不是差距很大，有较好的合作意愿，紧密配合，利益差异不是很悬殊，就容易在约定时间内达成协议，否则就比较困难。按约定时间终结谈判对双方都有时间的紧迫感，能够促使双方提高工作效率，避免长时间地纠缠一些问题而争辩不休。如果在约定时间内不能达成协议，一般也应该遵守约定的时间将谈判告一段落，或者另约时间继续谈判，或者宣布谈判破裂，双方再重新寻找新的合作伙伴。

### 2) 单方限定的谈判时间

由谈判一方限定谈判时间，随着时间的终结，谈判随之终结。在谈判中占有优势的一方，或是出于对己方利益的考虑需要在一定时间内结束谈判，或是还有其他可选择的合作者，因此请求或通告对方在己方希望的时限内终结谈判。单方限定谈判时间无疑对被限定方施加某种压力，被限定方可以随从，也可以不随从，关键要看交易条件是否符合己方谈判目标，如果认为条件合适，又不希望失去这次交易机会，可以随从，但要防止对方以时间限定向己方提出不合理要求。另外，也可利用对方对时间限定的重视性，向对方争取更优惠的条件，以对方优惠条件来争取己方在时间限定上的配合。如果以限定谈判时间为手段向对方施加不合理要求，会引起对方的抵触情绪，破坏平等合作的谈判气氛，从而造成谈判破裂。

### 3) 形势突变的谈判时间

本来双方已经约定好谈判时间，但是在谈判进行过程中形势发生突然变化，如市场行情突变、外汇行情大起或大落、公司内部发生重大事件等，谈判者会临时改变原有计划，比如要求提前终结谈判。这是由于谈判的外部环境是在不断发展变化，谈判进程不可能不受这些变化的影响。

## 3. 从谈判策略来判定

谈判过程中有多种多样的策略，如果谈判策略实施后决定谈判必然进入终结，这种策略就叫终结策略。终结策略对谈判终结有特殊的导向作用和影响力，它表现出一种最终的冲击力量，具有终结的信号作用。常见的终结策略有以下几种。

### 1) 最后立场策略

谈判者经过多次磋商之后仍无结果，己方阐明己方最后的立场，讲清只能让步到某种条件，如果对方不接受，谈判即宣布破裂；如果对方接受该条件，那么谈判成交。这种最后立场策略可以作为谈判终结的判定。己方阐明自己的最后立场，成败在此一举，如果对方不想使谈判破裂，只能让步接受该条件。如果双方并没有经过充分的磋商，还不具备进入终结阶段的条件，己方提出最后立场就含恐吓的意味，让对方俯首听从，这样并不能达到预期目标，反而会过早地暴露己方最低限度条件，使己方陷入被动局面，这是不可取的。

### 2) 折中态度策略

折中态度策略是指将双方条件差距之和取中间条件作为双方共同前进或妥协的策略。例如，谈判双方经过多次磋商互有进步，但还存在残余问题，而谈判时间已消耗很多，为了尽快达成一致实现合作，己方提出一个比较简单易行的方案，即双方都以同样的幅度妥协退让，如果对方接受此建议，即可判定谈判终结。

### 3) 一揽子策略

一揽子策略是指谈判一方向对方提出交易条件中不同条款做好坏搭配、捆绑式交易的策略。在一揽子交易的交易条件中，必定有些部分是己方愿意接受甚至超出己方期望的，但是同样有一部分是己方不愿意接受的，对于对方也是如此。所以，一揽子策略是比较能平衡双方利益的一项达成交易的策略。在谈判的磋商中，当对方抛出一揽子交易的建议时，往往说明他们希望以此来结束谈判。此时，如果对方提出的交易条件总体对己方有利，或者在部分条款上获得的超额利益大于在其他条款上的损失的时候，可以考虑接受对方的提议，将谈判带入最后的阶段。

## 4. 以谈判者发出的信号来判定

收尾在很大程度上是一种掌握火候的艺术。我们发现很多时候，一场谈判旷日持久却进展甚微，然后由于某种原因，大量的问题会神速地得到解决，双方互做一些让步，而最后的细节在几分钟内即拍板。一项交易将要明确时，双方会处于一种即将完成的激活状态，这种激活状态的出现，往往由于己方发出成交信号所致。

各个谈判者使用的成交信号是不尽相同的，但常见的有以下几种。

(1) 谈判者用最少的言辞阐明自己的立场，谈话中表达出一定的承诺意愿，但不包含讹诈的成分。例如，"好，这是我最好的主张，现在就看你的了"。

(2) 谈判者所提的建议是完整的、绝对的，没有不明确之处。这时，如果他们的建议未被接受，除非终止谈判，否则没有出路。

(3) 谈判者在阐述自己的立场时，完全是一种最后决定的语调。坐直身体，双臂交叉，文件放在一边，两眼紧盯对方，不卑不亢，没有任何紧张的表示。

(4) 回答对方的任何问题尽可能简单，常常只回答一个"是"或"否"。使用短语，很少谈论据，表明确实没有折中的余地。

(5) 一再向对方保证，现在结束谈判对他有利，并告诉他一些好的理由。

发出这些信号，目的是使对方行动起来，脱离勉勉强强或优柔寡断的状态，促使谈判达成一致协议。这时应注意不要过分地使用高压政策，否则有些谈判对手就会退却；不要过分地表示出你希望成交的热情，否则对方就会寸步不让，反而向你进攻。

### 5.4.2 商务谈判结束的方式

在实际的商务活动中，并不是所有的商务谈判都是以签约或者成交作为结束的，很多谈判会由于双方无法取得一致而暂时中止，甚至最终破裂。成交、中止和破裂是谈判结束的三种主要方式。

#### 1. 成交

成交即谈判双方达成协议，交易得到实现。成交的前提是双方对交易条件经过多次磋商达成共识，对全部或绝大部分问题没有实质上的分歧。谈判双方通过签订具有高度约束力和可操作性的协议书，为双方的商务交易活动提供操作原则和方式。

虽然谈判双方就交易的主要条款达成一致便可视为谈判成交，但是为了明确这种一致并明确谈判后双方各自的权利和义务，谈判的结果还应形成书面文件，即商务合同或协议。签订商务合同或协议的过程就是商务谈判的签约阶段，一般把签约作为商务谈判成交的标志，同时签约也标志着商务谈判的正式结束。

由于合同具有法律效力，合同一旦经双方签字并批准生效，就成了约束双方的法律文件。双方必须履行合同中规定的各自应尽的义务，不然就要承担法律责任。所以，商务谈判的签约应该是一个非常严肃、非常谨慎的过程。在签约的时候，通常要注意以下一些问题。

(1) 争取由己方来起草合同文本。最后的商务合同文本一般是由一方来起草的，并经过另一方的检查确认无误后双方签字。一般合同文本由哪一方来起草，哪一方就相对掌握了主动。所以，在签约前应尽量争取由己方来起草合同文本。即使做不到这一点，也要尽量争取与对方一起起草合同文本。

(2) 保证合同的主客体及签订过程合法。由于合同具有法律效力，所以签订合同的主体、合同涉及的客体及合同的签订过程都应该合法。否则，所签订的合同就无效。

(3) 保证合同条款严密、详细。为了便于商务合同的履行，在合同中必须对交易过程中所涉及的所有会影响到合同履行方式和效果的条款做出明确而详细的规定，如价格、数量、质量、交货时间、交货地点、交货方式、交货期限及违约责任等做出详细的规定，否则可能会因为对方钻了合同的空子，而给己方带来损失。

(4) 争取在己方所在地签约。对于比较重要的商务谈判特别是国际商务谈判，应该尽量争取在己方所在地签约。因为，如果今后发生了有关合同的纠纷，按照国际惯例，法院和仲裁机构一般会根据合同缔结地所在国家的法律来做出判决或仲裁。所以，在己方所在地签约，可以规避合同纠纷带来的法律风险。

### 2. 中止

谈判的中止是指由于谈判外部或者内部的原因，造成谈判短期内无法继续，双方协议暂时停止谈判进程的行为。因为是中止，所以在一段时间后，谈判还是有继续进行的可能，而且双方此前为谈判所做的努力及谈判中止前所获得的成果还是基本能够得到保留的，这也就为谈判今后的恢复提供了可能。

1) 谈判中止的原因

导致谈判中止的原因主要有以下几方面。

(1) 谈判环境的变化。如果在谈判过程中，谈判的经济、政治或者法律环境发生变化，导致谈判的一些必要条件无法得到保证或者双方的谈判目标无法达成，那么谈判的进程一般会受到阻碍。如果这些变化对于谈判的影响足够大，谈判往往不得不中止，等待环境向有利于谈判的方向发展时再恢复。

(2) 谈判主体内部的变化。如果在谈判过程中，谈判的一方或双方企业内部发生了所有权或者高层人事变动，那么谈判往往会暂时中止，以考虑是否有更换谈判主体或者主要谈判者的必要，并且等待这种变化的效应不再影响谈判进程时恢复。

(3) 谈判双方的冲突或者僵局短期内无法解决。如果在谈判过程中谈判双方发生了比较激烈的冲突，短期内双方很难平静或者冲突带来的负面效应短期内很难消除时，一般建议先中止谈判，等到冲突的后果不再影响谈判进程时再恢复谈判。此外，如果谈判过程中产生的僵局长期无法打破，或在短期内不会有打破的迹象，那么也应该暂时中止谈判，重新思考双方的利益分歧，寻求弥合的可能，并等待合适的机会恢复谈判。

除此以外，一些其他的原因也可能导致谈判的中止。例如，谈判者的变更等会导致谈判的中止。无论是哪一种原因导致的谈判中止，都只是谈判的暂时结束而不是永久结束，谈判还有恢复的可能。所以，谈判双方在谈判中止的时间内，不应该消极等待，而是理性分析谈判中止的原因，时刻观察环境的变化，并且寻求有效途径，使得谈判早日恢复。

2) 谈判中止的形式

通常谈判中止的时候，谈判双方会就谈判中止的期限做出一定的声明，包括有约期中止和无约期中止。

(1) 有约期中止。有约期中止谈判是指双方在中止谈判时对恢复谈判的时间予以约定的中止方式。如果双方认为成交价格超过了原规定计划或让步幅度超过了预定的权限，或者尚需等上级部门的批准，使谈判难以达成协议，而双方均有成交的意愿和可能，于是经过协商，一致同意中止谈判。这种中止是一种积极姿态的中止，它的目的是促使双方创造条件最后达成协议。

(2) 无约期中止。无约期中止谈判是指双方在中止谈判时对恢复谈判的时间无具体约定的中止方式。无约期中止的典型是冷冻政策。在谈判中，或者由于交易条件差距太大，或者由于特殊困难存在，而双方又有成交的需要而不愿使谈判破裂，于是采用冷冻政策暂时中止谈判。此外，如果双方对造成谈判中止的原因无法控制时,也会采取无约期中止的做法。例如,涉及国家政策突然变化,经济形势发生重大变化等超越谈判者意图之外的重大事件时,谈判双方难以约定具体的恢复谈判的时间,只能表述为"一旦形势许可""一旦政策允许",然后择机恢复谈判。这种中止双方均出于无奈,对谈判最终达成协议造成一定的干扰和拖延,是被动式中止方式。

### 3. 破裂

破裂是指双方经过最后的努力仍然不能达成共识和签订协议,交易不成,或友好而别,或愤然而去,从而结束谈判。谈判破裂的前提是双方经过多次努力之后,没有任何磋商的余地,至少在谈判范围内的交易已无任何希望,谈判再进行下去已无任何意义。谈判破裂依据双方的态度可分为友好破裂结束谈判和对立破裂结束谈判。

#### 1) 友好破裂结束谈判

友好破裂结束谈判是指双方互相体谅对方面临的困难,讲明难以逾越的实际障碍而友好地结束谈判的做法。在友好谈判方式中,双方没有过分的敌意态度,只是各自坚持自己的交易条件和利益,在多次努力之后最终仍然达不成协议。双方态度始终是友好的,能充分理解对方的立场和原则,能理智地承认双方在客观利益上的分歧,对谈判破裂抱着遗憾的态度。谈判破裂并没有使双方关系破裂,反而通过充分的了解和沟通,产生了进一步合作的愿望,为今后双方再度合作留下可能的机会。

#### 2) 对立破裂结束谈判

对立破裂结束谈判是指双方或单方在对立的情绪中愤然结束未达成任何协议的谈判。造成对立破裂的原因有很多,如对对方的态度强烈不满,情绪激愤;在对待对方时不注意交易利益实质性内容,较多责怪对方的语言、态度和行为;一方以高压方式强迫对手接受己方条件,一旦对方拒绝,便不容商量断然破裂;双方条件差距很大,互相指责对方没有诚意,难以沟通和理解,造成破裂。不论何种原因,造成双方在对立情绪中使谈判破裂毕竟不是好事,这种破裂不仅没有达成任何协议,而且使双方关系恶化,今后很难再次合作。所以,在破裂不可避免的情况下,先要尽力使双方情绪冷静下来,不要使用过激的语言,尽量使双方能以友好态度结束谈判,至少不要使双方关系恶化;然后,要摆事实讲道理,不要攻击对方,要以理服人,以情感人,以礼待人,这样才能体现出谈判者良好的修养和风度。

## 5.4.3 商务谈判结束后的谈判总结

谈判的签约虽然意味着整个商务谈判过程的终结,但是,谈判者的工作并不是就到此为止了。谈判结束后,无论谈判成功与否,都应该对谈判工作进行全面的、系统的总结,以对将来的谈判进行指导。商务谈判的总结主要涉及以下几部分内容。

### 1. 商务谈判结果的具体表现

通常,人们将是否签约作为评判商务谈判结果的唯一标准,其实这是不全面的。事实上,商务谈判结果的表现不仅仅在于是否签约,谈判后双方彼此的关系也是其重要的表现之一。

#### 1) 签约和彼此的关系

一般来说,商务谈判签订了己方理想的协议,即视为达成了目标,获得了积极的结果。但是,签约后双方会形成不同的关系:友好的、普通的和对立的。如果能够在签约后与对方形成友好的关系,就可以视为最理想的一种结果,不仅在此次谈判中达成了一致,还为今后继续友好地合作奠定了基础;如果在签约后与对方关系一般,也不失为一种理想的结果;如果签约换来的是与对方关系对立,则这样的谈判结果是不完美的,甚至可以说是一种失败。

2) 没有成交和彼此的关系

谈判最终破裂,未能与对方成交,就本次谈判来说应该是失败的,但是,如果结合谈判后与对手的关系变化来看,则可以有新的评判标准。如果谈判后与对手建立了良好的关系,就等于为下一次谈判提供了可能,从公共关系的角度来看,这次谈判还是成功的;但如果谈判后与对方关系并没有改变或者变差了,这场谈判则是彻头彻尾地失败了。

**2. 谈判过程的经验总结**

谈判过程的经验总结同样是商务谈判总结的重要内容之一,它主要包括两部分内容:成绩与教训的总结及对谈判对手的评价。

在整个谈判过程中,应有专门的人员对谈判过程进行记录,并在每一场谈判后及时整理。这一方面可以对谈判的继续开展进行指导,另一方面也为最后的谈判总结提供材料。在对谈判进行总结之后,应该将谈判总结的内容,结合对于谈判的总体评价和对今后谈判的建议,写成书面总结报告,作为谈判的成果之一,为今后的谈判工作做出指导。

1) 成绩与教训的总结

谈判的总结从很大意义上就是对于谈判得失的总结,这种得失不单单指谈判结果的得失,也包括谈判全过程中的各种经验和教训。对于商务谈判过程的总结包括从谈判准备阶段开始到谈判结束阶段的整个过程,分析其中的成功经验和失误教训。

总结谈判的成绩和教训,目的在于为今后的商务谈判积累经验、提供参考,从而为今后谈判的成功增加砝码。

2) 对谈判对手的评价

对谈判对手的评价也是商务谈判总结中一个重要的方面,这涉及以后双方的长期合作,以及与类似客户打交道时需要注意的问题。对谈判对手的评价指标包括对谈判对手的整体印象、对方的工作效率及风格、对方的好恶,以及对方的优劣势。对于谈判对手的客观合理的评价也有利于己方取长补短。

# 本章小结

1. 一般来说,一场正式而完整的商务谈判的过程由4个连续的阶段衔接而成,即"4个流程",包括开局阶段、报价阶段、磋商阶段和结束阶段。

2. 商务谈判的开局阶段对于整个谈判具有非常重要的作用,包括树立良好的第一印象,营造适当的谈判气氛,以及形成对日后谈判产生重要影响的开局地位等。商务谈判的开局阶段还有其特定的任务,为了获得理想的开局地位,应适当使用合理的开局策略。

3. 商务谈判的报价根据谈判内容的不同,有各自不同的含义,但是报价的原则是一致的。在报价时,选择恰当的报价方式和报价次序是非常重要的。

4. 商务谈判磋商的主要内容,包括对商品的价格、数量、质量、支付条件、包装、责任条款等各方面的交易条件的全面磋商。在磋商的过程中,应不断对谈判局势进行评估,主要通过当时的交易条件能否被谈判双方接受来判断。

5. 在商务谈判磋商过程中,谈判双方之间难免会出现冲突。如何避免冲突的发生、合理地化解冲突,以及正确处理冲突后产生的僵局,是商务谈判的重要课题之一。

6. 商务谈判的结束阶段,谈判双方可能会以成交、中止或者破裂的方式来结束谈判。在此之前,应当正确判断谈判是否已经进入终结阶段。在谈判结束后,还应及时对谈判进行总结。

## 综合练习

### 一、名词解释
1. 开局阶段
2. 报价阶段
3. 磋商阶段
4. 成交阶段

### 二、选择题
1. 经常发生谈判破裂的阶段是谈判的( )。
   A. 准备期　　　B. 初期　　　C. 中期　　　D. 后期
2. 当谈判对方报价结束后,另一方接着应做的是( )。
   A. 马上还价　　　　　　　　B. 请求对所报价格做出解释
   C. 拒不接受　　　　　　　　D. 请求重新报价
3. 商务谈判理想的报价方式是( )。
   A. 书面报价　　　　　　　　B. 口头报价
   C. 书面报价或口头报价　　　D. 书面报价为主,口头报价为辅
4. 开局阶段谈判者的主要任务有( )。
   A. 创造谈判气氛　　B. 讨价　　C. 开场陈述
   D. 报价　　　　　　E. 交换意见
5. 谈判终结的方式有( )。
   A. 成交、中止、破裂　　　　B. 中止、破裂
   C. 统一、破裂、成交　　　　D. 破裂、成交

### 三、简答题
1. 简述如何营造良好的谈判气氛。
2. 简述如何对商务谈判进行总结。
3. 简述如何对商务谈判终结进行判断。
4. 报价先后对于谈判有何影响?

## 实践练习

**实践题:营造一个良好的开局气氛。**

甲公司到乙公司采购一套大型设备。甲方谈判小组人员因交通堵塞耽误了时间,当他们赶到谈判会场时,比预定时间晚了近半个小时。乙方代表对此大为不满,花了很长时间来指责甲方代表的这一错误,甲方代表感到很难为情,频频向乙方代表道歉。谈判开始以后,乙方代表似乎还对甲方

代表的错误耿耿于怀,一时间弄得甲方代表手足无措,无心与乙方讨价还价。等到合同签订以后,甲方代表才发现自己吃了一个大亏。

(1) 在甲乙双方的谈判中,乙方代表运用了何种方法来营造有利于他们的谈判气氛?

(2) 假如你是甲方的谈判代表,在乙方代表指责你方时将如何应对呢?

实训步骤:分成两个小组,模拟案例里的谈判情景,要求根据具体情况,尝试运用营造气氛的各种技巧。

# 第三篇 实务篇

- 第6章 商务谈判策略
- 第7章 商务谈判技巧
- 第8章 商务谈判僵局的破解
- 第9章 商务谈判的礼仪与礼节

# 第6章 商务谈判策略

## 学习目标

通过本章学习,应该达到如下目标。

【知识目标】掌握商务谈判策略的含义;掌握商务谈判各阶段策略的含义;了解攻心战、擒将战、意志战。

【技能目标】能灵活地根据各种情况正确使用不同的策略。

【能力目标】在灵活掌握谈判策略的基础上,能采取有针对性的措施破解相应的策略。

## 开篇案例

### 格林恩机智谈判,获生产商大力支持

盘锦格林恩生物资源开发有限公司是一家专业从事植物提取物生产的现代化企业,自2001年成立起,在四五年的时间里就取得了快速发展,于是格林恩有了走出国门的想法。可是想要走出国门,首先产品的价格就要有竞争优势,因此格林恩必须降低原材料的购买成本。

根据多年的经验,格林恩发现当地有几家很大的水飞蓟素生产厂家,质量好,可是价格偏高。为了走出国门,格林恩决定与这几个厂家进行一次谈判。

第一个问题出现了:谈判地点的确定。原材料厂家希望到格林恩去谈,正好考察一下厂子的环境,而格林恩希望到原材料生产基地去谈,可以更好地考察原材料的品质。最后,格林恩以大宗购买、长期合作的承诺换得了对方的认可,最终谈判的地点选择在生产基地。

双方初次面谈开始还很顺利,但在价格的谈判上出现了僵局,挑战来自多方面。其一,双方初次合作缺乏信任,交易金额大,交货分批进行,合同履行时间长达两年。其二,合同的定价涉及未来两年该产品市场价格的波动等问题。面对价格的不确定性可能带来的风险,原材料生产商自然不愿承担,因为其流动资金有限,实在承受不起这种经济压力。

对格林恩而言,这种加工后的抗生素多半是销往国外的,如果国际上价格波动

大，格林恩很可能在这两年中出现严重亏损。双方都互不相让，一度让谈判陷入了僵局。

沉默了几分钟，格林恩的谈判代表说话了："市场价格未来一两年的波动，我们谁都不知道，我们请教一下这方面的专家再议，我们静候专家的意见如何？"……就这样，谈判双方结束了第一次谈判。

再次回到谈判桌上，格林恩的代表并没有直接谈及价格的话题，而是开始与对方处理采购数量、运输等其他方面的小问题。在这些分问题上，双方很快达成了一致意见。在此之后，格林恩才开始谈及价格，并且对近三年来的市场波动情况进行了数字说明，然后在此基础上做出这样的提议：两年内，格林恩必须购进不低于×××吨的原材料，价格为×××(原价的80%)，付款方式为季度付款，购买少于×××吨的，按照原价进购，而且最终的运输费用由格林恩负担一半……这种提议使双方都承担了部分风险，但是有风险就有回报，无论对谁都是相对公平的。在这种情况下，双方在两次谈判后顺利签下了合同。

(资料来源：孙科炎. 业务谈判[M]. 北京：机械工业出版社，2013.)

在商务谈判过程中，为了使谈判顺利进行，谈判者必须根据谈判的具体情况，抓住有利时机，审时度势地制定并运用相应的策略。"兵无常势，水无常形"，正如党的二十大报告所说，"我们从事的是前无古人的伟大事业，守正才能不迷失方向、不犯颠覆性错误，创新才能把握时代、引领时代。"高明的谈判者应因时、因地制宜地运用谈判策略，大胆地开动脑筋，突破常规的限制，使用创造性方案，从每个谈判的实际出发，寻求适当的解决之道，正所谓谈判之道"运用之妙，存乎一心"。因此，在商务谈判中能否熟练掌握和运用各种切合实际的策略，是衡量谈判者能力高低的重要标准。

# 6.1 商务谈判策略概述

## 6.1.1 商务谈判策略的含义

谈判策略是指在谈判过程中实现谈判任务与目标的方法和手段。商务谈判策略，是指在商务谈判活动中，谈判者为了达到某个预定的近期或远期目标所采取的计策和谋略。它依据谈判双方的实力，纵观谈判全局的各个方面、各个阶段之间的关系，规划整个谈判力量的准备和运用，指导谈判的全过程。

## 6.1.2 商务谈判策略的特征

商务谈判策略不仅有其质的规定性，而且还有其独有的特征。这些特征是在长期的商务谈判实践经验和教训的基础上总结、概括出来的。其特征主要有以下几点。

**1. 针对性**

商务谈判是一种针对性很强的活动。谈判双方或多方为了满足某种需要才会坐到一起进行磋商。在商务谈判中,任何策略的出台都有其明显的针对性,它必然是针对谈判桌上的具体情形而采取的谋略和一系列举措。

在商务谈判中,谈判者一般主要针对商务谈判的内容、目标、手段、人员风格及对方可能采取的策略等来制定己方的策略。有效的商务谈判策略必须对症下药、有的放矢。在商务谈判中,卖方为了卖个好价钱,一般会采取"筑高台"的策略,实施"喊价要高"的战术。针对这种情况,买方往往采取"吹毛求疵"的策略,实施"还价要低"的战术予以应对。策略与反策略的运用,是商务谈判策略针对性最明显的体现。

2. 预谋性

商务谈判策略集中体现了谈判者的智慧和谋略。从一定意义上讲,商务谈判策略是谈判者集体智慧的体现。在谈判中,策略的运用绝不是盲目的。无论遇到什么情况,出现何种复杂的局面,选择和使用什么样的应对策略,谈判者事先均已进行了商讨与筹划。策略的产生过程就是策略的预谋过程。

3. 时效性

几乎所有的商务谈判策略都有时效性的特点。一定的策略只能在一定的时间内产生效用或效用最大化,超过这一特定的时间,商务谈判策略的针对性就会发生变化。

商务谈判策略的时效性表现在以下几方面。

(1) 某种策略适合在商务谈判过程中的某个阶段使用。通常,疲劳战术比较适合对远距离出差的谈判者使用,或大多在谈判进程的初期或签约阶段使用。

(2) 在特定的时间或时刻之前使用。如,最后通牒策略规定了具体的日期和时刻。在商务谈判中,对报盘之类的时间规定,也属于这种情况。

(3) 在特定的环境中使用才有预期的效果。这与商务谈判策略的针对性是一致的。

4. 随机性

在商务谈判中,无论考虑得多么周密,方案计划得多么详细,都会因时因地导致一些事先谋划的策略达不到预期的效果。在这种情况下,商务谈判者必须根据谈判的实际情况、过去的经验和现时的变化,随机应变,采取适当的策略来解决实际问题。在这里,策略的随机性是从应用的角度来说的。

随机性是指根据谈判过程的具体情况,改变策略表达的做法。它绝不表示要彻底改变商务谈判事先确定的谈判目标。谈判策略必须服从于谈判目标,策略是实现目标的手段,谈判者应牢记"敌变我变,以不变应万变"。

5. 隐匿性

在具体的商务谈判实践中,谈判策略一般只为己方知晓,而且要尽可能有意识地保密,这就是商务谈判策略使用的隐匿性特征。

隐匿己方策略的目的在于预防对方运用反策略。在商务谈判中,如果对方对我方的策略或谈判套路了如指掌,就会在谈判中运用反策略,应对自如,处于主动的地位,使谈判对我方不利。

6. 艺术性

艺术性特征是从隐匿性特征演化而来的。商务谈判策略的运用及其效果必须具有艺术性。一方面,策略的运用要为自己服务,为实现己方的最终目标服务;另一方面,为了使签订的协议能保证被履行,还必须保持良好的人际关系。

尽管许多商务谈判策略有相对稳定的要点，但是，艺术地运用这些策略确实能体现出谈判者水平的高低、技巧的熟练程度等。

#### 7. 综合性

党的二十大报告提出，"万事万物是相互联系、相互依存的。只有用普遍联系的、全面系统的、发展变化的观点观察事物，才能把握事物发展规律。"商务谈判策略亦是如此，前面已经论述过商务谈判策略是一种集合和混合的概念，它包括了在谈判过程中对谈判方式、战术、手段、措施、技巧等的综合运用。因为商务谈判是一种复杂的心理过程，是一种纷繁的经济现象和社会交往现象，需要从客观实际出发，从不同的角度去思考和运用策略。

### 6.1.3 商务谈判策略的作用

谈判策略在整个商务谈判中起着非常重要的作用。现代社会竞争不仅是力量的竞争，更是智慧的较量，谈判正是这种智慧较量的集中体现。任何一个谈判高手，都是策略运筹的高手，策略是实现谈判目标的跳板，只要谈判者能在谈判中正确有效地运筹策略，就等于为实现谈判的目标奠定了坚实的基础。

#### 1. 得当的商务谈判策略是实现谈判目标的桥梁

谈判双方或多方都有明显的需求，彼此都很乐意坐在同一张谈判桌上。但是，他们之间的利益要求是有差别的。如何来弥补这种差别、缩短实现目标的距离呢？这就需要谈判策略来起桥梁作用。在商务谈判中，不运用策略的情况是没有的，也是不可想象的。策略本身可以促进或阻碍谈判的进程，即运用得当的策略可以促进交易的尽快达成；运用不当的策略，在很大程度上起副作用，延缓或阻碍目标的实现。

#### 2. 商务谈判策略是实现谈判目标的有力工具

把商务谈判策略看作一种"工具"，是为了让谈判者认识它、磨炼它、灵活地运用它。工具各式各样，各有不同的用途。俗语说"手艺妙须家什好"。在商务谈判中，如果谈判者拥有的策略仅有几招，就容易被竞争对手识破，也就难以顺利实现自己的目标。一般来说，谈判高手能够在众多的谈判策略中选用适合的策略来实现己方的目标。因此，商务谈判者掌握的策略应该是韩信点兵，多多益善。

谈判各方的关系并不是敌对关系，彼此之间的冲突多为经济冲突和利益冲突，卖方和买方都会竭尽全力来维护自己的利益。因此，了解并正确选择适当的谈判策略，借助这种有力的工具，可以维护自己的权益，这是光明的"取胜之道"。

#### 3. 商务谈判策略是谈判中的"筹码"

在商务谈判中，参与谈判的各方都希望增强己方的谈判实力，强化己方在谈判中的地位，突出己方的优势。要增强自己的谈判实力，必须有谈判的"筹码"。而要拥有谈判的"筹码"，必须既做好己方的充分准备工作，又对对方有足够的了解，做到知己知彼。掌握了较多的"筹码"后，就会成竹在胸，灵活自如地运用各种策略。

#### 4. 商务谈判策略具有调节和稳舵的作用

在商务谈判过程中，为了缓和紧张的气氛，增进彼此的了解，有经验的谈判者会选用一些策略来充当"润滑剂"。比如，在谈判开局阶段通过彼此的问候，谈论一些中性的话题来调节气氛；在大家比较累的时候，采取场外娱乐性策略来增进了解；当谈判出现僵局的时候，运用化解僵局的策略来促使谈判继续进行；当谈判偏离主题的时候，会借用适当的策略来回到主题，避免局部问题偏离大的方向。在商务谈判中，如果方向掌握不好，误入歧途，谈判将达不到目的，既耽误时间又浪费精力。因此，商务谈判策略能起"稳舵"的作用。

**5. 商务谈判策略具有引导功能**

尼尔伦伯格认为，谈判不是一场比赛，不要求决出胜负；也不是一场战争，要将对方消灭。相反，谈判是一项互惠的合作事业。因此，在谈判中为了协调不同利益，以合作为前提，避免冲突。高明老练的谈判者在商务谈判过程中会经常借助各种策略，提醒对方"现实一点，顾大局，识大体"，大家同是"一条船上的人"。彼此应该在各自坚持己方目标利益的前提下，共同努力，把船划向成功的彼岸。所以，商务谈判策略被理解为引导谈判顺利发展的航标。

## 6.1.4 商务谈判策略的分类

**1. 商务谈判的总体策略**

根据不同的划分标准，可以将商务谈判的总体策略划分为不同的类型。

1) 软式谈判策略、硬式谈判策略与原则谈判策略

根据谈判的基本方针，可以将商务谈判的总体策略划分为软式谈判策略、硬式谈判策略和原则谈判策略三类。这三种谈判策略的比较如表6-1所示。

表6-1 三种谈判策略的比较

| 项目 | 软式谈判策略 | 硬式谈判策略 | 原则谈判策略 |
| --- | --- | --- | --- |
| 对人 | 对人温和、以和为本，视对方为朋友，信任对方，友好协商，避免冲突，为培养关系而让步 | 对人强硬、以战为本、不信任对方、向对方施加压力，以对方让步来保持关系 | 对人温和、对事强硬、视对方为合作伙伴、尊重对方的意见、人与事分开处理 |
| 对事 | 对事谦让、易改变立场、目标是达成协议、尽量满足对方的需要、避免意志的抗衡、寻找对方可接受的方案 | 固执己见、坚持立场、目标是己方利益最大化、尽量满足自己的需要、在意志抗衡中取胜、寻找己方可接受的方案 | 目标是公平合作、尽量满足双方需要、受意志的支配、寻找多种方案择优而用 |
| 适用 | 实力弱者 | 实力强者 | 实力强弱均适用 |

以上三种策略各有其优缺点，不能说哪一种策略就一定比其他策略好；同时，每一种策略都不是绝对的，都有一个"度"的问题。但是，原则谈判策略更符合现代谈判的理念，因此，也为大多数谈判学者所推崇。

2) 积极策略与消极策略

根据谈判的基本姿态，可以将商务谈判的总体策略划分为积极策略和消极策略。

(1) 积极策略。它是指创造良好的谈判气氛以推动双方积极合作的一种谈判策略，其基本方式是行为的正强化，即鼓励对方做出有利于己方的行为，同时己方也将给予对方相应的报偿，实现互利互惠。积极策略的要义在于通过一种积极的、高调的姿态，创造一种有利于双方互谅互让、精诚合作的氛围和行动。

(2) 消极策略。它是指以维护己方利益为主、迫使对方主动让步的一种谈判策略，其基本方式是行为的负强化，即阻止对方采取于己方不利的行为，否则就要给予相应的报复或惩罚。消极策略

的要义在于通过一种消极的、低调的姿态，给对方施加压力，促使对方降低对谈判的期望或主动做出让步。

积极策略和消极策略各有其优缺点。一般来说，积极策略更适合于谈判实力较弱的一方，以及谈判双方比较了解或关系比较友好的情况；而消极策略更适合于谈判实力较强的一方，以及谈判双方不太了解或关系比较紧张的情况。

3) 攻势策略与防御策略

根据谈判的基本方式，可以将商务谈判的总体策略划分为攻势策略和防御策略。

(1) 攻势策略。攻势策略是指以进攻为主，主动向对方施加压力的一种谈判策略。攻势策略强调的是先发制人，先入为主，攻其不备，出其不意，在主动中去掌握主动权。但其缺点是容易暴露己方的意图和实力，一旦为对方所利用，反而会失去主动。例如，谈判中先提出条件的一方，往往容易被动。

(2) 防御策略。防御策略是指以防御为主、伺机发动反攻的一种谈判策略。防御策略强调的是坚固防守，后发制人，消耗对方的力量，摸清对方的虚实，一旦对方弱点暴露就反守为攻。纯粹的防御策略是不可取的，因为这会让对方不断地将攻势由一个点转移到另一个点，以搜寻防御中的漏洞，而己方只能疲于应付，最终难以招架。

攻势策略与防御策略是辩证的，不可能纯粹地"攻"，也不可能纯粹地"守"，攻有攻的优点，守有守的优点，该攻则攻，该守则守。一般来说，攻势策略适用于对对方的情况比较了解的场合，或己方的实力强于对方；相反，则适宜采取防御策略。

**2. 谈判主动权的谋取策略**

### 案例6-1

#### 汽车推销员的谈判术

一位真正老练的汽车推销员总会胜过一个个人顾客，因为他平均每周要卖掉两辆汽车，而顾客要几年才买一次车。推销员之所以更厉害，是因为他更有经验。

在卖汽车的交易中，最大的难题是对待那些"随便逛逛"的顾客，他们在寻找最合适的便宜货。有这样一位推销员，当他认识到某位顾客"只不过随便逛逛"的时候，就拒绝告诉对方价格，他只是掏出自己的名片，写上顾客的姓名，再加上一个不可对顾客暴露的数字。然后他把这个名片贴在办公室的墙上，对顾客说："这就是你可能找到的最合适的价钱了。"他劝告顾客可以去和别的经销商谈谈，谈完以后再回来看看，他写在名片上的价钱到底是多少。

实际上每个顾客都会回来的，他们对此存有好奇心。当然，写在名片上的数字不一定是最合适的价钱，但是推销员并不吃惊。"先生，人家和您谈的买卖条件如何？"他会问返回来的顾客，而顾客也几乎总是告诉他。随后，推销员就明白了自己所占的地位如何。他已有一位认真考虑买东西的"候补顾客"了，而且相当准确地了解到了竞争者的价格。现在，他就可以选择做还是不做这笔生意了，这要视具体情况而定。这位推销员每年所卖掉的汽车都要比别人多得多。

(资料来源：丁建忠. 商务谈判[M]. 北京：中国人民大学出版社, 2003.)

上述汽车推销员通过信息的保密与获取(售价保密与获悉竞争者的价格)、谈判姿态的正确把握

(故作神秘)、耐心(让对方先去找别的经销商)、谈判地位的转换(让顾客主动来找自己,决定权在己方)等方法,使自己取得了谈判的主动权,从而获得了理想的效果。因此,要取得谈判的成功,掌握谈判的主动权,争取己方在谈判中的优势地位是十分重要的。

下面从影响谈判主动权的4个主要因素入手,来分析其谋取策略。

1) 谈判者策略

谈判者的素质、能力、风格、经验、关系等,是影响谈判实力和结果的主要因素。选择合适的谈判者、进行良好的谈判者的组织和管理,是获取谈判优势的重要来源。谈判者策略的表现方式多种多样,主要包括以下几个方面。

(1) 专家策略。派出某一方面的专家或权威人员参与谈判,因专家有较高的威信和影响力,易取信于人,其观点也易被对方接受,因此谈判效果较好。

(2) 对等策略。谈判中讲究等级资格和地位的对等,派出等级、职务对等的谈判者往往可以进行充分的沟通和协商,取得较好的谈判效果。

(3) 升格策略。当等级较低的谈判者之间不能取得较好的谈判效果时,谈判双方或一方派出等级更高的谈判者是取得谈判突破的一个良好策略。

(4) 影子策略。为了摸清对方的虚实和底细,先派出"影子人员"(非真正的谈判者)与对方接触和周旋,待情况清楚后,再派出真正的谈判者开始谈判。

(5) 幕后策略。谈判的真正决策人物不出场,躲在幕后操控,其好处是给己方留出足够的回旋空间,一旦谈判出现什么情况,幕后人物可出来斡旋或圆场。

(6) 车轮战策略。即派出不同的谈判者轮番上阵与对手辩论,形成一种人数、气势、论理的优势,同时形成不同态度造成的心理压力,使对手疲于应付,做出退让。

(7) 预备队策略。在谈判中,充分利用台上、台下人员的分工,在台上人员与对手交锋时,让台下人员充分准备,并不失时机地让台下人员来到台上参与谈判。

(8) 中间人策略。当谈判双方陷入紧张的矛盾而不能自拔时,从外界寻求有影响力的第三者来缓解双方的关系、立场,并谋求各方接受的新方案,从而推进谈判。

(9) 调整关系策略。通过调整双方谈判者之间的亲疏、远近关系,以谋求有利的谈判地位。一般来说,谈判实力弱于对方,应尽量搞好与对方的个人关系,拉近双方的距离,做好关系"润滑";相反,若谈判实力强于对方,则不宜与对方个人的关系搞得太近,以免受制于人。

2) 谈判时间策略

任何形式的谈判都有时间限制,随着时间的推移,对谈判各方的心理影响是不同的,双方的实力对比和地位也会发生相应的变化。运用时间已成为谈判策略的重要组成部分,是谋取谈判主动权的重要途径。主要包括以下几个方面。

(1) 时机策略。时机策略的主要含义是谈判者要选择适当的时机采取行动、在适当的时机开始谈判、在适当的时机提出谈判方案、在适当的时机报价与讨价还价、在适当的时机做出必要的让步、在适当的时机退出谈判、在适当的时机达成交易,等等。时机选择不当,如过早容易导致准备不充分或显示己方的急切心态,失掉主动权;如过迟则容易失去谈判或进攻的最佳机会,事倍功半。时机策略的精髓在于懂得选择于己有利,尤其是己方的谈判实力强于对手的时候,果断出击。

(2) 拖延策略。一般来说,在谈判中谁越能经得起时间的考验、越有耐心,谁就越能取得有利的结果。拖延是削弱对方实力、由被动转为主动的有效手段,也是谈判中最常用的战术之一。拖延的手段可以是暂时中止谈判、暂不回答对方、有意回避问题、有意延缓时间、耐心等待、让对方先表态等。当然,不是什么时候都可以拖延,也不是越拖延越好,当时机变化对己方越来越不利时应果断行动。

(3) 僵局策略。僵局策略是指谈判有意通过较苛刻的条件或拒不让步来制造僵局，随着时间的推移，对方面临的压力将越来越大，最终不得不做出某种选择。僵局策略是一种假性败局，一定要掌握好"时"和"度"，否则就会弄假成真，成了真的败局。

(4) 休会策略。休会策略是指在谈判过程中，当遇到某种障碍或出现某种突发事件时，谈判一方或双方提出暂时中止谈判，另约时间重新谈判的策略。休会，可以缓冲双方的矛盾或紧张关系，转换谈判的气氛，可以让谈判者得到修整，重新思考谈判的方法与策略，可以在己方不利的时候退出谈判来改变不利的局面，从而谋求有利的谈判地位和利益。

(5) 截止期策略。截止期策略又称"最后期限"策略，是指通过向对方提出谈判的最后期限(截止期)，给对方施加压力或打乱对方的部署，给己方争取谈判主动权的一种策略。运用该策略的前提是使对方相信这个"最后期限"是真实的，否则就会失效。因"最后期限"具有一定的威胁性，使用时应把握好它的"度"，考虑好口吻与语气；同时，应给己方留出一定的余地，一旦对方不予理会，己方仍有继续谈判的可能。

(6) 控制议程策略。谈判议程分配了不同谈判议题的顺序和时间，以己方为主控制谈判议程是争取谈判主动权的一项重要措施。通过议程安排，可以使谈判紧凑进行，紧扣谈判主题；也可以使谈判变得冗长乏味，偏离主题而陷入枝节的纠缠。谈判议程不同，对谈判者的精力、心理、意志的影响也不同，争取于己有利的谈判议程就可以取得有利的谈判结果。

3) 谈判信息策略

商务谈判是一场心理战，也可以说是一场信息战。信息掌握的多少与真伪，在很大程度上制约着谈判的局面；信息运用得当与否，则影响着对方的行为反应与谈判的成效。因此，信息策略是谋取谈判主动权的重要策略。

(1) 信息优势策略。信息优势策略是指通过掌握比对方更多、更确切的信息，取得信息优势的策略。简单地说，就是要了解对方多一点，而让对方了解己方少一点；或己方掌握相关信息多，对方掌握相关信息少。己方知道对方的东西越多，或对方知道己方的东西越少，谈判策略运用的空间就越大，谈判的主动权就越强。制造信息优势的基本策略是：在自己的公开中藏匿自己，在对方的藏匿中公开对方。也就是在自己公开的资料和信息中，要将己方真正的利益、需要、意图和计划等隐藏起来，让对方难以捉摸、无从进攻；同时，要尽量收集对方的真实情报和实力，掌握对方隐藏的真正意图，有的放矢，避实就虚。正如一位谈判学家所说：马商永远不会让卖方知道哪一匹马是他们真正要买的，否则，这匹马的价格必然要上涨；而卖方极力想弄清马商到底想买哪一匹马，以便将这匹马以高价出卖。

(2) 信息传递策略。同样的信息内容，由于信息传递的方式、时机、场合、渠道等的不同，谈判者对信息的接受程度、信任程度亦不同，信息对对方的影响作用也就大不一样。因此，信息传递策略，就是要选择对方接受程度和信任程度高的传递方式，以增强信息对对方的影响力，获得有利的谈判地位和结果。例如，从信息传递的媒介来看，越是正式的媒介(如报刊)，其传递效果就越好；从信息传递的方法来看，暗示就比明示具有更大的回旋性；从信息传递的渠道来看，统一传递就比分散传递的效果要好，第三者传递就比自己传递的效果要好；从信息传递的时间来看，信息传递越及时，对对方的影响力就越大；从信息传递的场合来看，一些信息适合于公开传递，一些信息则适合于私下传递。

(3) 信息诱导策略。在谈判过程中，谈判者是根据其所掌握的信息来采取行动的，信息诱导就是要通过有意识的信息发布和传递，来达到调动和诱导对方行为的目的。信息诱导策略强调的是造势夺声，虚实结合。势，就是要通过信息传递营造于己有利的形势；声，就是要通过信息传递制造于己有利的言论或舆论；虚，讲究的是迷惑对方，使对方难以正确判断；实，强调的是以理服人，事实胜于雄辩。例如，在谈判某个条件之前，通过某种方式的"放风"，就可使对方事先产生某种心理适应或定式，一旦在谈判桌上正式提出条件时，对方就不那么抗拒了，而变得容易接受得多了。

4) 谈判权力策略

权力是一种影响力和决定力，谈判权力是谈判主动权的重要来源。谈判权力策略就是如何增强谈判权力的策略，它往往与谈判者策略、谈判信息策略等结合起来运用。

(1) 正式权力策略。正式权力策略是指运用正式的权力来增强谈判主动权的策略，一般包括三个方面。

① 权力更大策略：通过赋予谈判者更高的职务、荣誉或更大的谈判权限，或者派出地位更高的谈判者，来增强己方在谈判中的影响力。例如，给谈判者封一个更有利于谈判表态的职务，就可以更好地促进谈判。当然，谈判者表现出来的权力与实际拥有的权力是两码事，一般来说，授予谈判者部分权力比授予全权要更有利。

② 权力有限策略：当谈判者发现他正在被迫做出他不能接受的条件时，就可声明己方没有被授予相应的权力，以达成拒绝对方要求的目的。"权力有限"可以是真的，也可以是假的，它常常是谈判者抵抗到最后的一张王牌，对合理合情地抗拒对方的要求十分有效。

③ 主持权力策略：它是指利用谈判主持人或主场人的权力的策略。例如，谈判主持人可以在谈判的时间、地点、议程的安排、谈判开局等方面发挥主导作用。

(2) 合法权力策略。合法权力策略是指利用法律政策的规定、商业惯例、文化习俗、交易先例等方面赋予的"合法"权力，为己方谋得有利地位的一种谈判策略。合法权力往往具有较强的约束力和说服力，因此易于被接受。例如，利用宗教习俗可以更改谈判的时间，利用商业惯例让对方先报价，利用"没有先例"来拒绝对方的要求，等等。

(3) 竞争权力策略。竞争权力是指来源于己方给对方制造的竞争压力所带来的权力。在谈判中，己方给对方制造的竞争对手越多，竞争压力越强，己方的谈判权力就越大，谈判的主动权也就越强。无论是买方还是卖方，都可以给对方制造竞争压力。作为买方，可以"货比三家"；作为卖方，可以展示己方的交易记录，表现己方的独特性，显示货源的紧张等。

(4) 专长权力策略。它是指利用谈判者某一方面被公认的专长或利用专家的权威来取得对谈判的影响力的一种策略。专长，是一种影响力，因而也是一种权力。利用专长带来的权力，往往能取得较好的谈判效果。例如，己方是某一行业或领域的领先者，己方的技术专家是某一方面的知名权威，己方的谈判者有高学历、高职称或获得过相关荣誉，等等。

(5) 魅力权力策略。人格魅力是一种影响力，因此也是一种权力。魅力权力策略就是通过展现谈判者的人格魅力来取得对方的信任，从而获得影响力的一种策略。谈判者的魅力主要来源于谈判者的气质、魄力、胸怀、见识、修养、形象、幽默感等方面，是谈判者所拥有的最主要的权力之一。提高谈判者的个人魅力，是获取谈判主动权的基本途径。

(6) 筹码权力策略。筹码是指谈判中对己方有利的交易条件。筹码越多、越强、保留的时间越长，与对方讨价还价的条件就越有利，谈判的主动权就越强。筹码权力策略就是通过设置和保留谈判的筹码来获取谈判权力的一种策略。筹码主要来源于设计交易的保留条件，在需要时才把它拿出来与对方讨价还价，此时它就成了"筹码"，如果一次或过快地把所有的条件或优惠端给对方，就失去了筹码。例如，如果己方愿给对方10，那么就先给8，此时剩下的2就成了筹码；如果己方愿给甲乙丙，就先给甲乙，丙就成了筹码。

## 6.2 商务谈判各阶段的策略

### 6.2.1 商务谈判开局阶段的策略

作为商务谈判开始的第一个阶段,开局阶段的成败对整个商务谈判过程的进展甚至对谈判结果的达成都具有举足轻重的作用。在开局阶段合理运用有效的策略,有利于己方在后面的谈判中掌握更多的主动权,从而更有效地达成己方的谈判目标。

**1. 谈判开局气氛策略**

谈判气氛是由参与谈判的所有谈判者的情绪、态度与行为共同制造的,任何谈判个体的情绪、态度与行为都可以影响或改变谈判开局气氛;与此同时,任何谈判个体的情绪、思维都受到谈判气氛的影响,呈现出不同的状态。因此,根据不同的谈判内容、不同的谈判处境,形成一种有利的谈判开局气氛,从而控制谈判开局,控制谈判对手,对于谈判者来说就显得非常重要。

1) 营造高调气氛

高调气氛是指谈判双方情绪积极、态度主动,愉快因素成为谈判情势主导因素的谈判开局气氛。当一方在谈判中占较大优势,如价格等主要条款对自己极为有利,本方希望尽早达成协议与对方签订合同时,该谈判方应努力营造高调的谈判开局气氛。因为在高调气氛中,谈判对手往往只注意到对他自己的有利方面,而且对谈判前景的看法也倾向于乐观,因此,可以促进协议的达成。营造高调气氛通常有以下几种方法。

(1) 感情渲染法。感情渲染法是指通过某一特殊事件来引发普遍存在于人们心中的感情因素,并使这种感情迸发出来,从而使谈判的氛围愉悦、热烈。

**案例6-2**

### 引进彩电生产线

中国一家彩电生产企业准备从日本引进一条生产线,于是与日本一家公司进行了接触。双方分别派出了一个谈判小组就此问题进行谈判。谈判那天,双方谈判代表刚刚就座,中方的首席代表(副总经理)就站了起来,他对大家说:"在谈判开始之前,我有一个好消息要与大家分享。我的太太在昨天夜里为我生了一个大胖儿子!"

此话一出,中方职员纷纷站起来向他道贺,于是日方代表也纷纷站起来向他道贺。整个谈判会场的气氛顿时高涨起来,谈判进行得非常顺利。中方企业以合理的价格顺利地引进了一条生产线。这位副总经理为什么要在谈判桌上提自己太太生孩子的事呢?原来,这位副总经理在与日本企业的以往接触中发现,日本人很愿意板起面孔谈判,造成一种冰冷的谈判气氛,给对方造成一种心理压力,从而控制整个谈判,趁机抬高价码或提高条件。于是,他便想出了用自己的喜事来打破日本人冰冷的谈判气氛,营造一种有利于己方的高调气氛。

(资料来源:刘文广. 商务谈判[M]. 北京:高等教育出版社,2009.)

(2) 称赞法。称赞法是指通过称赞对方来削弱对方的戒备防范心理,从而唤醒对方的谈判热情,调动对方的情绪。采用称赞法时应该注意以下几点:选择恰当的称赞目标,选择称赞目标的基本原则是投其所好,即选择那些对方最引以为豪的,并希望己方注意的目标;选择恰当的称赞时机,如果时机选择得不好,称赞法往往适得其反;选择恰当的称赞方式,称赞方式一定要自然,不要让对方认为你是在刻意奉承他,否则会引起其反感。

### 案例6-3

#### 恰当称赞

广东某玻璃厂厂长率团与美国欧文斯公司就引进先进的玻璃生产线一事进行谈判。我方的部分引进方案美方无法接受。

"全世界都知道,欧文斯公司的技术是一流的,设备是一流的,产品是一流的。"我方代表在微笑中开始谈天说地,先来了个"第一流"诚恳而又切实地称赞,使欧文斯公司代表情绪大好。"希望欧文斯公司能帮助我们玻璃厂实现中国第一流。我们现在确实资金困难,不能全部引进,这点务必请贵方理解和原谅,而且希望在我们困难的时候,你们能伸出友谊之手,为我们将来的合作奠定一个良好的基础。"由于这席话,消除了对方心理上的对抗,问题迎刃而解,协议迅速签订,为国家节约了大量外汇。

(资料来源:刘文广. 商务谈判[M]. 北京:高等教育出版社,2009.)

(3) 幽默法。幽默法就是用幽默的方式来消除谈判对手的戒备心理,使其积极参与到谈判中来,从而使谈判气氛轻松,使谈判者受到欢迎。采用幽默法时要注意选择适当的场合和方式,要做到收发有度。

### 案例6-4

#### 幽默的力量

卡普尔任美国电报电话公司负责人的初期,在一次董事会议上,众人对他的领导方式提出许多批评和责问,会场上充满了紧张的气氛,人们似乎都已无法控制自己激动的情绪。

有位女董事质问道:"过去一年中,公司用于福利方面的钱有多少?"她认为应该多花些钱,因此,对卡普尔不断地抱怨。当她听完卡普尔说可能只有几百万美元之后,她说:"我真要昏倒了!"

听了这话,卡普尔轻松地回答了一句:"我看那样倒好。"

会场上爆发出一阵难得的笑声,那位女董事也笑了,紧张的气氛随之缓和下来。卡普尔用恰当的口吻把近似敌对的讽刺转化为幽默的力量,解除了众人激动的情绪,换来大家的理解和信任。

(资料来源:刘文广. 商务谈判[M]. 北京:高等教育出版社,2009.)

(4) 诱导法。诱导法是指投其所好,利用对方感兴趣或值得骄傲的一些话题,来调动对方的谈话情绪与欲望,从而使己方处于较主动的地位。

2) 营造低调气氛

低调气氛是指谈判气氛十分严肃、低落，谈判的一方情绪消极、态度冷淡，不愉快因素构成谈判情势的主导因素。己方有讨价还价的价码，但不占绝对优势，若己方利用一些技巧，向对方施加压力，制造较低调的气氛，对方可能会在某些问题上做出让步。低调气氛会给双方都带来较大的心理压力，若对方的心理承受能力较弱，在己方营造低调氛围后，对方便会很容易处于被动地位。而己方在营造低调氛围时应要做好充分的心理准备并具有较强的心理承受力。

营造低调气氛通常有以下几种方法。

(1) 感情攻击法。感情攻击法是指利用某一特殊事件，诱发对方产生消极情感，致使一种低沉、严肃的气氛笼罩在谈判的开始阶段。

(2) 沉默法。沉默法是以沉默的方式来使谈判气氛降温，从而达到向对方施加心理压力的目的。注意这里所讲的沉默并非一言不发，而是指本方尽量避免对谈判的实质问题发表议论。采用沉默法首先要有恰当的沉默理由，同时要沉默有度，适时进行反击，迫使对方让步。

(3) 疲劳战术。疲劳战术是指使对方对某一个问题或某几个问题反复进行陈述，从生理和心理上使对手疲劳，降低对手的热情，从而达到控制对手并迫使其让步的目的。因为人在疲惫的状态下，思维的敏捷程度下降，容易出现错误，热情降低，工作情绪不高，比较容易屈从于别人的看法。而采用疲劳战术要注意事先多准备一些问题，而且问题要合理，每个问题都能起到疲劳对手的作用。另外要认真倾听对手的每一句话，抓住错误并记录下来，作为迫使对方让步的砝码。

(4) 指责法。指责法是指对对手的某项错误或礼仪失误严加指责，使其感到内疚，从而达到营造低调气氛，迫使谈判对手让步的目的。

3) 营造自然气氛

自然气氛是指谈判双方情绪平稳，谈判气氛既不热烈，也不消沉。自然气氛无须刻意地去营造，许多谈判都是在这种气氛中开始的。这种谈判开局气氛便于对对手进行摸底，因为，谈判双方在自然气氛中传达的信息往往要比在高调气氛和低调气氛中传送的信息准确、真实。当谈判一方对谈判对手的情况了解甚少，对手的谈判态度不甚明朗时，谋求在平缓的气氛中开始对话是比较有利的。

营造自然气氛要做到以下几个方面。

(1) 注意自己的行为、礼仪；

(2) 要多听、多记，不要与谈判对手就某一问题过早发生争议；

(3) 要多准备几个问题，询问方式要自然；

(4) 对对方的提问，能做正面回答的一定要正面回答。不能回答的，要采用恰当方式进行回避。

谈判气氛并非一成不变。在谈判中，谈判人员可以根据需要来营造适于自己的谈判气氛。但是，谈判气氛的形成并非完全是人为因素的结果，客观条件也会对谈判气氛有重要的影响，如节假日、天气情况、突发事件等。因此，在营造谈判气氛时，一定要注意外界客观因素的影响。

## 2. 谈判开局策略

谈判开局策略是指谈判者谋求谈判开局有利的形势、地位和实现对谈判开局的控制而采取的行动方式或手段。良好的开局气氛及恰当的开局策略对于真正的实质问题的探讨有着重要的作用，因此，在塑造良好的谈判气氛时，运用正确的开局策略是非常重要的。常见的开局策略有以下几种。

1) 一致式开局策略

一致式开局策略又叫协商式开局策略，是指在谈判开始时，为了使对方对自己产生好感，以协商、肯定的方式，创造或建立起谈判的"一致"感觉，从而使谈判双方在友好愉快的气氛中不断将谈判引向深入的一种开局策略。

### 案例6-5

#### 尼克松访华

1972年2月，美国总统尼克松访华，中美双方将要展开一场具有重大历史意义的国际谈判。为了营造一种融洽和谐的谈判环境和气氛，中国方面在周恩来总理的亲自领导下，对谈判过程中的各种环境都做了精心、周密的准备和安排，甚至对宴会上要演奏的中美两国民间乐曲都进行了精心挑选。在欢迎尼克松一行的国宴上，军乐队熟练地演奏起由周总理亲自选定的尼克松平生最喜爱的并且指定在他的就职典礼上演奏的家乡乐曲——《美丽的亚美利加》，尼克松也被这种融洽而热烈的气氛感染了，同时将宴会推向了高潮。美国第三任总统托马斯·杰斐逊曾经针对谈判环境说过这样一句意味深长的话："在不舒适的环境下，人们可能会违背本意，言不由衷。"《美丽的亚美利加》乐曲，是人们针对特定的谈判对手，为了更好地实现谈判的目标而进行的一致式开局策略的运用。

(资料来源：马克态. 商务谈判理论与实务[M]. 北京：中国国际广播出版社，2004.)

2) 保留式开局策略

保留式开局策略是指在谈判开局时，对谈判对手提出的关键性问题不做彻底的、确切的回答，而是有所保留，从而给对手造成神秘感，以吸引对手步入谈判。注意在采取保留式开局策略时不要违反商务谈判的道德原则，即以诚信为本，向对方传递的信息可以是模糊信息，但不能是虚假信息；否则，会将自己陷入非常难堪的局面之中。

### 案例6-6

#### 雕刻厂的保留开局

江西省某工艺雕刻厂被誉为"天下第一雕刻"。有一年，日本三家株式会社的老板同一天到该厂订货。其中一家资本雄厚的大商社，要求原价包销该厂的佛坛产品，这应该说是好消息。但该厂想，这几家原来都是经销韩国、中国台湾地区产品的商社，为什么争先恐后、不约而同到本厂订货？他们查阅了日本市场的资料，得出的结论是本厂的木材质量上乘、制作工艺高超是吸引外商订货的主要原因。于是该厂采用了"待价而沽""欲擒故纵"的谈判策略。先不回应那家大商社，而是积极抓住两家小商社求货心切的心理，把佛坛的梁、榴、柱分别与其他国家的产品做比较。在此基础上，该厂将产品当金条一样争价钱、论成色，使其价格达到理想的高度。先与小商社拍板成交，使那家大客商产生失去货源的危机感。这样那家大客商不但更急于订货，而且想垄断货源，于是大批订货，以致订货数量超过该厂现有生产能力的好几倍。

该厂谋略成功的关键在于其策略不是盲目的、消极的。一方面，该厂产品确实好，而几家客商求货心切，在货比货后让客商折服。另一方面，其巧于审视布阵。先与小客商商谈，并非疏远大客商，而是牵制大客商，促其产生失去货源的危机感，这样订货数量和价格才可能大幅增加。

(资料来源：聂元昆. 商务谈判学[M]. 北京：高等教育出版社，2016.)

3) 坦诚式开局策略

坦诚式开局策略是指以开诚布公的方式向谈判对手陈述自己的观点或想法,从而为谈判打开局面。坦诚式开局策略比较适合于有长期合作关系的双方,以往的合作双方都比较满意,双方彼此比较了解,不用太多的客套,减少了很多外交辞令,节省时间,直接坦率地提出自己的观点、要求,反而更能使对方对己方产生信任感。采用这种策略时,要综合考虑多种因素,例如,自己的身份、与对方的关系,当时的谈判形势等。

### 案例6-7

#### 坦诚式开局打消对方顾虑

北京市门头沟区有一位乡党委书记在同外商谈判时,发现对方总是对自己的身份表示怀疑并持有强烈的警戒心,这种状态甚至妨碍了谈判的深入发展。这位党委书记当机立断,向对方表示:"我是党委书记,但也懂得经济、搞经济,并且还拥有决策权。我们摊子小,实力不大,但人实在,愿意真诚地与贵方合作。咱们谈得成好,谈不成也罢,至少您这个外来的'洋'先生可以交一个我这样的中国'土'朋友。"寥寥几句肺腑之言,打消了对方的疑惑,使谈判得以顺利地发展。

(资料来源:卞桂英,刘金波. 国际商务谈判[M]. 北京:北京大学出版社,2008.)

4) 进攻式开局策略

进攻式开局策略是指通过语言或行为来表示己方强硬的态度,从而获得谈判对手必要的尊重,并借以制造心理优势,使得谈判顺利地进行下去。

使用进攻式开局策略一定要谨慎,因为这往往会使得谈判气氛变得紧张,而且过于直接地展示己方实力也会让对方认为是一种炫耀,从而产生抵触感甚至是敌对感。所以,通常谈判专家建议只是在一些特殊的情况下才使用进攻式的开局策略。例如,当发现谈判对手居高临下,对己方表现出不尊重,如果任由其发展下去,会对己方极为不利时可采取进攻式开局策略;或者出于变被动为主动的目的,己方不得不采取进攻式的开局策略,以攻为守,与对方针锋相对,争取使双方回到平等的谈判地位上。又如,发现谈判对手在刻意制造某种低调的谈判气氛,企图迫使己方提供更多的让步,从而损害己方的利益,此时,应该高调进攻,对对方实行压迫式战术,力求打破低调的气氛,扭转不利的局面。

进攻式开局策略使用得好,可以使得己方占据有利的谈判地位,但一旦使用不好,会使谈判在刚开始时便陷入僵局。所以,使用进攻式开局策略时,一定要坚持有理、有利、有节的原则。要切中问题要害,对事不对人,既表现出己方的自尊、自信和认真的态度,又不能过于咄咄逼人,使谈判气氛过于紧张。一旦问题表达清楚,对方也有所改观,就应及时调节气氛,使双方重新建立起一种友好、轻松的谈判气氛。

### 案例6-8

#### 化被动为主动的丰田代表

日本丰田汽车公司最初进入美国时,由于不了解市场状况,很想找一家美国代理商帮助推销自己的产品。当日方谈判代表前往一家美国汽车经销商约定的谈判地点时,突遇路上堵车,结果迟到了,美方代表对此大发雷霆,想以此为手段获得更高比例的代理佣金及其他优惠条件。日方代表被逼得无路可退,于是站起身来(进攻的姿态)冷冷地说:"很抱歉因为我们的迟到耽误了您的时间。不过,这绝非我们有意这样做的。我们本以为美国的交通条件要比日本好得多,没想到今天所遇到的状况超乎我们的想象(贬低对方),所以才导致这个不愉快的结果发生。我希望我们不会再因为这个问题而耽误宝贵的时间了。如果您因为这件事而对我方的合作诚意表示怀疑的话,那么,我们只好结束这次谈判(发起攻势),不过,按我方所给出的优惠条件,是不难在美国找到其他合作伙伴的(威胁对方)。"

日方代表的一席话顿时让美方代表傻了眼。其实,这家美国经销商并不想失去这个赚钱机会,只是想借机吓唬吓唬日方,没想到人家不吃这一套。于是,赶紧收敛了怒气,心平气和地与日方开始了谈判。

(资料来源:卞桂英,刘金波. 国际商务谈判[M]. 北京:北京大学出版社,2008.)

5) 挑剔式开局策略

挑剔式开局策略是指开局时,对对手的某项错误或礼仪失误严加指责,使其感到内疚,从而达到营造低调气氛,迫使对方让步的目的。

## 6.2.2 商务谈判报价阶段的策略

如果报价的分寸把握得当,就会把对方的期望值限制在一个特定的范围,并有效控制交易双方的利益分割,从而在之后的价格磋商中占据主动地位。反之,报价不当,就会助长对方的期望值,甚至使对方有机可乘,从而陷入被动境地。可见,报价策略的运用,直接影响价格谈判的开局、走势和结果。

### 案例6-9

#### 现代神话,大酒店价值1美元

美国芝加哥的大都会酒店,是一座12层多达300个房间的建筑,地处市南,位置极佳。在19世纪20年代因被意大利籍黑手党头目卡邦租用其中的两层50个房间作为总部而闻名遐迩。但是好景不长,1947年卡邦死后,黑手党开始没落,大都会酒店也空置下来。1991年曾有传说酒店内藏有珠宝,可经过挖掘搜寻后,只找到一堆尸骨,这更使大都会酒店罩上了一层神秘的色彩。

此后,芝加哥市政府先后采取了一系列措施:查封该楼,不准入内;列为古迹,不准拆除。而且,最为令人吃惊的,则是于1992年宣布出售大都会酒店,售价1美元,至今尚无人问津。

1美元可买下一家大酒店,这绝非天方夜谭式的大笑话。因为像这样廉价的房屋在全美各州均有买卖,房屋的外表大都破败不堪,房主因无法出售或抵押而由政府收回统一处理。但是根据美国有关法律,购买这类旧房不准拆除,必须由买主在购入后一年内将其翻新,且至少使用5年后方可转手。

一位失业的男子就曾花1美元在维珍尼亚州的一个小镇买了一所两室的住房,后在室内拣到73美分,所以,他实际上只花了27美分便得到了这所住房。但是,他的整个翻修工程却花了3000美元。

大都会酒店同样如此，它虽年久失修但不准拆除，只许翻新，以求重现该楼及附近当年的繁荣旧貌。据预算，它的修理翻新需要耗资近1亿美元！

问题就在这里！1美元买下大酒店固然令人神往，要再用1亿美元在购入1年内对酒店进行翻修就让人望而却步。

(资料来源：卞桂英，刘金波. 国际商务谈判[M]. 北京：北京大学出版社，2008.)

### 1. 报价起点策略

报价起点策略，也称"开价要高，出价要低"的策略。即卖方报价起点要高，开最高的价；买方报价起点要低，出最低的价。这一做法已成为商务谈判中的惯例。从心理学的角度来看，人们都有一种希望得到比他们预期更多的心理倾向。

买方采取出价要低策略的原因主要有以下几点。第一，买方的报价向对方表明自己的要求标准。虽然谈判各方知道报价水平将会随谈判进程有所调整，但报价低会给他方一定的心理压力。第二，买方报价低为此后谈判中的价格调整与让步留出较大的余地。第三，报价的高低在一定程度上反映了买方的期望水平、自信与实力。

卖方采取开价要高策略的原因主要有以下几点。第一，报价起点，即开盘价给卖方的要价确定了一个最高的限度，也为谈判最后的结果确定了一个终极上限，在谈判中，除特殊情况外，要尽量避免报价之后再重新报价的情况，况且对方也不会接受卖方报价之后的提价。第二，卖方采取开价高的策略，为其在以后的谈判中的让步留有较大的空间，有利于其在必要的情况下做出妥协，打破僵局。第三，报价的高低影响谈判对方对己方的潜力的评价。

### 2. 报价差别策略

差别报价是指在商务谈判中针对客户性质、购买数量、交易时间、支付方式等方面的不同，采取不同的报价策略。这种价格差别，体现了商品交易中的市场需求导向，在报价策略中应重视运用。例如，对老客户或大批量需求的客户，为巩固良好的客户关系或建立起稳定的交易联系，可适当实行价格折扣；对新客户，有时为开拓新市场，也可给予适当让价；对某些需求弹性较小的商品，可适当实行高价策略；对"等米下锅"的客户，价格则不宜下降。

### 3. 报价对比策略

价格谈判中，使用对比策略，往往可以增强报价的可信度和说服力，一般有很好的效果。报价对比可以从多方面进行。例如：将本商品的价格与另一可比商品的价格进行对比，以突出相同使用价值的不同价格；将本商品及其附加各种利益后的价格与可比商品不附加各种利益的价格进行对比，以突出不同使用价值的不同价格；将本商品的价格与竞争者同一商品的价格进行对比，以突出相同商品的不同价格等。

### 4. 加法报价策略

加法报价策略是指在商务谈判中，有时怕报高价会吓跑客户，就把价格分解成若干层次渐进提出，使若干次的报价，最后加起来仍等于当初想一次性报出的高价。例如，文具商向画家推销一套笔墨纸砚。如果他一次报高价，画家可能根本不会买。但文具商可以先报笔价，要价很低；成交之后再谈墨价，要价也不高；待笔、墨卖出之后，接着谈纸价，再谈砚价，抬高价格。画家已经买了笔和墨，自然想"配套"，不忍放弃纸和砚，在谈判中便很难在价格方面做出让步了。

采用加法报价策略，卖方多半是靠所出售的商品具有系列组合性和配套性。买方一旦买了组件

1,就无法割舍组件2和组件3了。针对这一情况,作为买方,在谈判前就要考虑商品的系列化特点,谈判中及时发现卖方"加法报价"的企图,挫败这种"诱招"。

#### 5. 报价分割策略

报价分割策略是一种心理策略,主要是为了迎合对方的求廉心理,制造买方心理上的价格便宜感。价格分割包括以下两种形式。

1) 用较小的单位报价

即将商品的计量单位细分化,然后按照最小的计量单位报价。这是报价分割策略中最常用的形式。用小单位报价比用大单位报价会使人产生便宜的感觉,更容易使人接受。如,巴黎地铁公司的广告:"每天只需付30法郎,就有200万旅客看到你的广告。"

2) 用较小单位的商品的价格进行比较

如,"每天少抽一支烟,就可订一份报纸""使用这种电冰箱平均每天0.5元电费,0.5元只能够吃1根最便宜的冰棍",用小商品的价格去类比大商品的价格会给人以亲近感,拉近与消费者之间的距离。

#### 6. 报价方式策略

在国际商务谈判活动中,有两种比较典型的报价策略,即欧式报价和日式报价。

这两种策略已在本书第5章进行了详细的阐述,故此处不再赘述。

### 6.2.3 商务谈判磋商阶段的策略

磋商阶段在商务谈判中通常叫作讨价还价阶段,双方争论最激烈、谈判实力最能得到充分发挥就在此阶段。每一次讨价还价都将意味着一定的物质损益在谈判各方之间发生。磋商阶段贯穿着你来我往的拉锯战,充满着错综复杂的斗智场面,而策略的运用在本阶段也得到了充分的体现。在谈判的磋商阶段,人们根据经验总结出了很多谈判策略。

#### 1. 还价策略

1) 投石问路策略

投石问路策略是指谈判者在不知对方虚实的情况下,在谈判中利用一些对对方具有吸引力或突发性的话题同对方交谈,或者通过谣言、密讯等手段,捉摸和探测对方的态度和反应,了解对方情况的战术。这种策略可以尽可能多地了解对方的打算和意图。例如,一方想试探对方在价格方面有无回旋余地时,提议:"如果我们订购一万件,贵方的价格是多少?"通常,任何一块"石头"都能使一方更进一步了解对方的商业动机。但有时买方的投石问路反倒会为卖方创造极好的机会。针对买方想知道更多信息的心理,卖方可以提出许多建议,促使双方达成更好的交易。

#### 案例6-10

#### 扭亏为盈

美国谈判专家尼尔伦伯格曾与他人合伙购买了地处纽约州布法罗市的一家旅馆。由于他对旅馆经营的业务一无所知,所以他事先就讲好了对该项业务的经营不承担任何责任。谁知事不凑巧,协议刚签署几天,那位合伙人就因患了重病不能经营旅馆了。怎么办?尼尔伦伯格没有其他的选择,只好亲自去经营。当时，该旅馆的生意很不景气，月亏损高达1500美元。

3天之后，谈判专家尼尔伦伯格将要作为纽约市旅馆管理"专家"去布法罗市走马上任，并亲自指挥500名员工的工作。这位谈判专家焦急万分，找来了哈佛商学院有关管理的书籍、资料潜心钻研，结果收效甚微。他坐在办公室里冥思苦想，突然一个念头闪过：500名员工绝对不会想到一个外行人会冒着风险来经营一家亏损严重的旅馆的，他们会认为我是这方面的专家，那么我就去扮演一个经营旅馆的专家吧。

尼尔伦伯格到了旅馆后，便从早到晚每15分钟接见一个人。他广泛地接触管理人员、厨师和勤杂人员，在和他们的谈话中了解了不少情况。他和员工的谈话是这样进行的：当每一个人走过尼尔伦伯格的办公室时，他都是皱着眉头对员工说，他们不适合继续留在旅馆里工作。人们一个个都感到愕然。接着，他说："我怎么能留如此无用的人呢？表面上看还像个能干的人，但我不能容忍这样荒唐的事情再继续下去了。"这时，凡谈话的每位员工都竭力为自己过去的行为巧言辩解，并表示愿意接受批评，好好工作。于是，尼尔伦伯格继续说："要是你能向我表明，你至少还懂得怎样去做，并使我相信，你已经知道事情错在哪里，那么我们或许还能一起干下去。"

就这样，尼尔伦伯格从员工们那里了解到旅馆亏损的原因所在，以及许多改进旅馆经营管理的新建议、新措施和新方法。他将这些方法一一付诸实现。结果，第一个月亏损降到1000美元，第二个月就盈利3000多美元，从而使旅馆的亏损局面得到了彻底扭转。

(资料来源：李颖，李炎. 谈判其实很容易[M]. 北京：中国纺织出版社，2002.)

2) 吹毛求疵策略

吹毛求疵策略就是故意挑毛病，在商务谈判中广泛被使用。买方通常会利用吹毛求疵的战术来和卖方讨价还价。买方会一再挑剔，提出一大堆问题和要求，这些问题有些是真实的，有些只是虚张声势。他们之所以这么做，无非是想让卖方将价格降低，为自己争取更多讨价还价的余地。实践证明，此方法行之有效。

欲破解对方使用吹毛求疵策略，要注意以下几点：谈判人员一定要有耐心，对于那些虚张声势的问题会随着谈判的深入而渐渐露出马脚，失去影响；对于某些问题和要求，谈判者要学会避重就轻或视若无睹地一笔带过；当对方故意拖延时间、做无谓的挑剔和无理的要求时，要及时给予对方提醒；同时，己方可以提出一些虚张声势的问题来加强自己的议价力量。

## 案例6—11 ⊕ ⊕

### 吹毛求疵　达成协议

某百货商场的采购员到一家服装厂采购一批冬季服装。采购员看中一款夹克，问服装厂经理："多少钱一件？"服装厂经理回答："500元一件。""400元行不行？""不行，我们这是最低售价了，再也不能少了。"采购员又说："咱们商量商量，总不能要什么价就什么价，一点也不能降吧？"服装厂经理感到冬季马上到来，正是皮夹克的销售旺季，不能轻易让步。所以，很干脆地说："不能让价，没什么好商量的。"采购员见话已说到这个地步，没什么希望了，扭头就走了。过两天，另一家百货商场的采购员也来了。他问经理："多少钱一件？"回答依然是500元。采购员又说："我们会多要你的，采购一批，最低可多少钱一件？""我们只批发，不零卖。今年全市批发价都是500元一件。"这时，采购员不好还价，而是不慌不忙地检查产品。过一会儿，采购员讲："你们的厂子是个大厂，信誉好，所以我到你们厂来采购。不过，你们的这批皮夹克样式有些过时了，去年这个样式还可以，今年已经不行了，而且颜色也单调。你们只有黑色的，而今年皮夹克的流行色是棕色和天蓝色。"他边说边看其他的产品，突然看到有一件的口袋有缝，马上对经理说："你看，你们的做工也不如其他厂子精细。"他又边说边检查，发现有件衣服后背的皮子也不好，便说："你看，你们这衣服的皮子质量也不好。现在顾客对皮子的质量要求特别讲究。这样的皮子和质量怎么能卖这么高的价钱呢？"这时，经理沉不住气了，自己也对产品的质量产生了怀疑。于是，用商量的口气说："你要真想买，而且要得多的话，价钱可以商量，你给个价吧！""这样吧，我们也不能让你们吃亏，我们购50件，400元一件，怎么样？"采购员立马出了个价。"价钱太低，而且你们买得也不多。""那好吧，我们再多买点，100件，每件再多30元，行了吧？""好，我看你也是个痛快人，就依你的意思办！"服装厂经理终于同意了，于是，双方在微笑中达成了协议。

(资料来源：汤秀莲. 国际商务谈判[M]. 北京：清华大学出版社，2009.)

3) 不开先例策略

当需方所提的要求使供方感到为难，供方可以运用这一策略来对付。不开先例策略的内容是，供方主谈人向需方解释，如果答应了你的要求，对我来说就等于开了一个先例，这样就会迫使我今后对其他客户也提供同样的优惠，这是我方所负担不起的。谈判的实践表明，这种不开先例的策略，对于供方来说，是一个可用来搪塞和应付需方所提的不可接受要求的简便办法。

4) 积少成多策略

这种策略是指在向对方索取东西时一次取一点，最后聚沙成塔。这一策略抓住了人们对"一点"不在乎的心理，所以在还价中很奏效。利用这一策略时，不要引起对方的注意。此外，运用这一策略的主谈人应具有小利也是利的思想。纵使是对方小的让步，也值得去争取。

**2. 让步策略**

在商务谈判中，为了达成协议，让步是必要的。但是，让步不是轻率的行动，必须慎重采用。成功的让步策略可以起到以牺牲局部小利益来换取整体利益的作用，甚至在有些时候可以达到"四两拨千斤"的效果。

1) 于己无损策略

所谓于己无损策略是指己方所做出的让步不能给己方造成任何损失，同时还能满足对方一些要求而形成一种心理影响，产生诱导力。当谈判对手就某一个交易条件要求我方做出让步时，在己方看来其要求确实有一定的道理，但是己方又不愿意在这个问题上做出实质性的让步，可以采用一些无损让步方式。

假如你是一个卖主，又不愿意在价格上做出让步，你可以在以下几方面做出无损让步。

(1) 向对方表明本公司将提供质量可靠的一级产品；
(2) 今后可以向对方提供比给予别家公司更加周到的售后服务；
(3) 向对方保证给其的待遇将是所有客户中最优惠的；
(4) 交货时间上充分满足对方要求。

这种无损让步的目的是在保证己方实际利益不受损害的前提下使对方得到一种心理平衡和情感愉悦，避免对方纠缠某个问题迫使我方做出有损实际利益的让步。

2) 以攻对攻策略

以攻对攻策略是指己方让步之前向对方提出某些让其让步的要求，将让步作为进攻手段，变被动为主动。当对方就某一个问题逼迫己方让步时,己方可以将这个问题与其他问题联系在一起加以考虑,在相关问题上要求对方做出让步,作为己方让步的条件,从而达到以攻对攻的效果。例如,在货物买卖谈判中,当买方向卖方提出再一次降低价格的要求时,卖方可以要求买方增加购买数量,或是承担部分运输费用,或是改变支付方式,或是延长交货期限等。这样一来,如果买方接受卖方条件,卖方的让步也会得到相应补偿,如果买方不接受卖方提出的相应条件,卖方也可以有理由不做让步,使买方不好再逼迫卖方让步。

3) 强硬式让步策略

强硬式让步策略是指一开始就态度强硬,坚持寸步不让的态度,到最后时刻才一次让步到位,促成交易。这种策略的优点是起始阶段坚持不让步,向对方传递己方坚定立场,如果谈判对手缺乏毅力和耐心,就可能被征服,使己方在谈判中获得较大的利益。在坚持一段时间后,一次让出己方的全部可让利益,对方会有"来之不易"的获胜感,会特别珍惜这种收获,不失时机地握手成交。其缺点是由于在开始阶段一再坚持"寸步不让"的策略,则可能失去合作伙伴,具有较大的风险性,也会给对方造成没有诚意的印象。因此,这种策略适用于在谈判中占有优势的一方。

4) 坦率式让步策略

坦率式让步策略是指以诚恳、务实、坦率的态度,在谈判进入让步阶段后一开始就亮出底牌,让出全部可让利益,以达到以诚制胜的目的。这种策略的优点是由于谈判者一开始就向对方亮出底牌,让出自己的全部可让利益,率先做出让步榜样,给对方一种信任感,比较容易打动对方。同时,这种率先让步还具有强大的说服力,促使对方尽快采取相应让步行动,提高谈判效率,争取时间,争取主动。这种策略的缺点是由于让步比较坦率,可能给对方传递一种尚有利可图的信息,从而提高其期望值,继续讨价还价,由于一次性大幅度让价,可能会失去本来能够全力争取到的利益。这种策略适用于在谈判中处于劣势的一方或是谈判双方之间的关系比较友好,以一开始做出较大让步的方法感染对方,促使对方以同样友好坦率的态度做出让步。使用这一策略要根据实际情况,充分把握信息和机遇,保证主动让步之后己方能得到关系全局的重大利益。

5) 稳健式让步策略

稳健式让步策略是指以稳健的姿态和缓慢的让步速度,根据谈判进展情况分阶段做出让步,争取获得较为理想的结果。谈判者既不能坚持强硬的态度而寸利不让,也不能过于坦率一下子让出全部可让利益,谈判者应该既要有坚定的立场,又要给对方一定的希望。在谈判中使用稳健式让步策略时每次都需要做一定程度的让步,但是让步的幅度要根据对方的态度和形势的发展灵活掌握,有可能每次让步幅度是一样的,有可能让步的幅度越来越小,也有可能幅度起伏变化,甚至最后关头又反弹回去。这种让步策略的优点是稳扎稳打,不会冒太大的风险,也不会一下子使谈判陷入僵局,可以灵活机动地根据谈判形势调整自己的让步幅度。这种策略具有较强的技术性和灵活性,需要随时观察对方的反应来调整己方的让步策略。这种策略的缺点是需要耗费大量的时间和精力才能达到最后成交的目标,而且由于过于讲究技巧,而容易缺乏坦率的精神和效率的意识。当然,多数商务谈判者习惯运用这种策略。

### 6.2.4 商务谈判成交阶段的策略

经过开局、报价、讨价还价,当双方的意见达成一致的时候,就进入了整个谈判的最后阶段——成交阶段。按照商务谈判的惯例,只要大家形成一致,能够达成双方商业上的接受,最终就可以形成一纸合同。这就相当于万里长征走到了最后一步,最后一步走好了,双方和气收场,各自得到自己的利益;要是走不好呢,就有可能使前期谈判的所有努力付诸东流。所以,在谈判的最后阶段,还是要注意谈判策略技巧的使用,从而保证谈判的成功。

### 1. 最后通牒策略

商务谈判中,谈判者总是处于不满足的精神状态,总是企图再拿走一部分利益。因此,在一定的时候要使用"最后通牒"策略,打消对手对未来的任何奢望,促使谈判尽快达成协议。在战争中,强势国家经常采用最后通牒策略,比如美国入侵伊拉克的战争。谈判中,最后通牒策略不会像战争那么残酷,但是对于商人来说,利益的重要性显然也是不言而喻的。

## 案例6-12

### 克莱斯勒公司的复活

美国汽车巨子艾柯卡在接手陷入困境的克莱斯勒公司后,觉得必须降低工人的工资。他首先降低高级职员工资的10%,自己的年薪也从36万美元减为10万美元。随后他对工会领导人讲:"17元钱一个钟头的活有的是,20元钱的一件也没有。现在好比我是在用手枪指着你的脑袋,还是放明白点。"工会并未妥协答应,双方僵持了一年后,形势逼迫艾柯卡发出了最后通牒。在一个冬天的晚上10点钟,艾柯卡找到工会谈判委员会,对他们说:"明天早晨以前你们必须做出决定,如果你们不帮我的忙,那我叫你们也好受不了,明天上午我就可以宣布公司破产。你们还可以考虑8个钟头,要么降薪,要么失业,怎么选择随你们便!"

最终,工会妥协同意降薪,同时这不仅挽救了艾柯卡,也挽救了克莱斯勒公司。后来艾柯卡在其自传中写道:"这绝不是谈判的好方法,但是有时候必须这么做。"最后通牒,正是这种特定环境下的一种策略。通过使用这种策略,克莱斯勒公司成功地摆脱了困境,在世界汽车市场上重新占据了一席之地。

(资料来源:孙玉太. 商务谈判概论[M]. 大连:东北财经大学出版社,2000.)

---

使用最后通牒策略,最坏的结果就是中断谈判。一般来说,没有人愿意让谈判中断,特别是商务谈判中,谈判者明白自己一旦退出谈判,无数个守候在旁的竞争者就会马上取代他的位置。而且,"最后通牒"策略通常被视为一种威胁,使对手失去尊严和选择的自由,从而就可能引起对手的不满和反抗。所以,谈判高手总是会十分慎用"最后通牒"。一般来说,在以下情况下可以使用"最后通牒"策略。一是谈判者知道自己处于一个强有力的地位,其他的竞争对手都不具备这种条件,如果谈判对手要完成交易,就必须找他;二是谈判者使用所有的谈判策略都无法推动谈判的顺利进行,"最后通牒"策略是唯一的可以使对手改变的方法了;三是谈判对手所持的谈判立场确已超过自己的最低要求;四是确信给出的条件对方可以接受,对方之所以耽搁是因为太贪婪所致;最后是谈判已经持续了很长时间,双方在谈判上已经耗费了相当大的成本,对方可能无法再承受一次这种成本的支出。

最后通牒的关键是你要使对手相信它是最后的、真实的,而不纯粹是一种策略。若对手不相信"最后通牒"会实施,则这种策略也就失去了意义。

### 2. 决胜策略

商务谈判进行到一定的时候,必然要进行最后决断,以决定成交与否。从原则上来讲,商务谈判最好的结果是双赢。但是那只是一种理想结果，谈判在很多情况下，会出现胜负之分，或者谈判破裂，双方都失败了。没有哪一方真的希望谈判破裂，在可能的情况下都希望谈判成交，签订一份合同。决胜策略不考虑以前谈判中的得失，只是侧重于更顺利地使谈判成交。

1) 抹"润滑油"

"润滑油"是指在商务谈判中，为了解决双方最后的分歧，做出一些对自己来讲不影响全局利益的但是对对方有利的让步，以此促使对方也做出相应的让步，从而促成谈判最后成交的策略。

"润滑油"是一些有价值但分量不太大的数字和文字条件，这些一般在谈判前就要做好准备，设计好哪些可以妥协、哪些可以让步。哪些是可以做"润滑油"的项目应清楚地列出来，如付款条件、货币使用、价格性质、运输方式、技术考核时间等。

应该注意的是，一些没有经验的谈判者可能在谈判开始，或者每当谈判遇到障碍的时候就会将"润滑油"拿出来使用，这一点是非常忌讳的。这会导致谈判对手得寸进尺，不停地希望你让步，这就无法达到"润滑油"的效果了。使用"润滑油"的最佳时机就是决定是否成交的最后时刻，时机得当就能发挥出最好的效应。

2) 折中调和

此计也只适合在谈判进行到最后阶段使用。在谈判前期、中期，千万不要主动提出折中。对方提出折中后，可以根据形势同意对方折中，可以诱导谈判对手不止折中一次，也可以是两次三次，这样不仅能在谈判中得到利益，而且可以使对方赢得成就感。

到了谈判最后阶段，双方分别做出了让步，以缩小双方间的分歧，但是如果此时依然不能成交，可以提出折中办法。并不仅仅是价格上的折中，各种意义相当的条件都可以折中，比如说价格和货物、货物和技术等。也可以将双方的分歧点打分，这样汇总到最后，再提出各让几分。当己方提出折中时，最好进行一次折中，如果幸运的话，对方提出折中，则可以进行两次或多次的折中，从而获得更多的利益。最后，不要轻易说是"最后的折中"，以保留再折中的可能性。折中时应该给自己留下余地。

3) "三明治"计划

"三明治"是用来比喻谈判中的"一揽子"计划，将各种不同水平的条件搭配好，一次性推出，对方要接受就接受全部，要拒绝就拒绝所有，一次达成一个通盘协议。这种策略中，谈判双方可以将所有需要谈判的条目列成清单，然后双方各自针对一些条件做出让步。由于在谈判中总有一些谈判方特别关注的问题，只要在这些问题上达成让步，谈判方就愿意在其他条目上做出让步，从而达成"一揽子"谈判计划。

4) 钓鱼计

所谓"将欲取之，必先予之"，就是对钓鱼计的最好诠释。以某个有利于对方的条件做诱饵吸引对方，使对手不得不与你谈判到底，抛出小利作为诱饵，争取得到大利，就是"放长线，钓大鱼"的意思。与抹"润滑油"和折中调和不同的是，这种策略可以在谈判中随时使用。

例如，买方向卖方引进技术设备，谈到技术费时，买方经过多次讨价还价，终于做出让步，由低价位到较高价位，使对方感到满意。但在接下来谈设备价时，买方的攻击力明显加强，最终达成了自己较为满意的价格，卖方说，如果不是一开始已定下技术费，设备费就不会这样谈了，当然也就不能达到现在的效果。可见"鱼饵"产生的作用之大，这就是以小博大、四两拨千斤的谈判策略。

## 6.3 商务谈判中针对谈判对手的策略

在商务谈判中,所有的谈判策略都是由人制定的,所以,在谈判中必须牢牢把握谈判对手的心态、思维、行动方式、性格特征等,并依据这些特征有针对性地制定商务谈判策略。

### 6.3.1 攻心战

兵法上说:"用兵之道,攻心为上,攻城为下,心战为上,兵站为下。"而蜀中名联曰:"能攻心则反侧自消,从古知兵非好战",可见古人早已深谙"攻心之道"。同理,在现代的商务谈判中,攻心战也是一种重要的手段。

攻心战是指谈判一方从心理和情感的角度入手,使对方心理上不舒服或感情上软化,从而促使对方接受己方的条件达成协议。攻心战的具体策略有建立满意感、小圈子会谈、鸿门宴、恻隐术、故扮疯相等。

**1. 建立满意感**

满意感是一种使谈判对手精神上获得满足的策略。首先要尊重对方,俗话说"投桃报李""你敬我一尺,我敬你一丈",这些话的意思是要尊重谈判对手,尤其要尊重对方的人格。为此要做到礼貌文雅,同时关注谈判对手提出的各种问题,并尽力给予解答。解答内容以有利于对方理解自己的条件为准,哪怕他重复提问,也应该耐心重复同样的解答,并争取做些证明,使你的解答更令人信服。此外,还要接待周到,使他有被尊重的感觉。必要时,可以请高层领导出面接见,以给其"面子",满足其"虚荣心"。当然,谈话时最好是叙述双方的友谊,增进双方了解,分析对方做成这笔生意的意义,也可以客观评述双方立场的困难程度,最后表示愿意给予帮助的态度。

另外,为了能够同对方顺利达成谈判,获得对己方更为有利的条件,最好在谈判之外能够尽力给对方谈判者以帮助,不管是生活上的还是其他方面,在个人私事上我方也可以慷慨地给予帮助,力求建立其满意感,努力与其谈判成员建立起一种特殊的信任关系,最好可以使这种关系能够凌驾于公司利益之上。英国著名文学家莎士比亚曾经说过:"人们满意时,就会付出高价。"一旦建立了这种关系,就可以在谈判中获得意想不到的好处。

实际上,建立满意感的最有效方式就是"投其所好"。投其所好就是指在谈判中故意去迎合对方的喜好,使其在心理上或感情上得到满足,在双方建立了一定的感情基础后,再进一步提出自己的要求和条件,使对方易于接受,进而使自己的谈判目的得以实现。心理学研究表明,如果你能关心别人关心的人或事,在别人关心的人或事上成为他的伙伴或支持者,那么双方的感情就很容易沟通,从而成为互敬互让的朋友,在生意场上就可能成为一对很好的合作伙伴。

投其所好策略的具体形式有很多,可以为对方提供舒适良好的住宿和伙食,使其有种宾至如归的感觉;也可以让对方参观投资环境或名胜古迹,使其产生兴趣;还可以恰如其分地施以小恩小惠,以上这些都可以产生事半功倍的效果,关键在于弄清楚对方的兴趣所在。

**2. 小圈子会谈**

这是一种在正式谈判之外,双方采取小圈子会谈以解决棘手问题的做法,也叫作场外谈判或非正式谈判。其形式可以是由双方主谈加一名助手或翻译进行小圈子会谈，地方可以在会议室，也可以在休息厅或其他地方。"家宴"或"游玩"也可以成为小圈子会谈的方式。这种策略有着很强的心理效果，突出了问题的敏感性，突出了人物的重要性和责任感。此外，小范围易于创造双方信任的气氛，谈话更自由，便于各种可能方案的探讨，态度也更加随意灵活。

这种非正式谈判在时间上也很灵活，可以随时举行，如外交上，全体会议以前，先举行首脑会议。商务谈判中也常常这样，即使是在谈判之中，也可以提出暂时休会，举行这种小圈子会谈。这时候可以将一些不成熟或者是有待完善的条件提出来讨论，既能够起到双方沟通的作用，也不会产生泄密而导致局面混乱的情况。

许多重大的决策，往往是提出于正式谈判以前，形成于这种"小圈子会谈"的洽谈之中，大会仅仅是作为公布这种决策或协议的场所而已。这种情况在政治外交中体现得最为明显。例如，越南和美国代表团在巴黎召开每周一次的会谈时，气氛都是非常的紧张。但是当会议桌上的代表正吵得不可开交时，坐在不远处的美国和越南的高级官员却在一边喝茶、一边聊天。事实上，最后起决定作用的当然是这些喝茶聊天的高级官员，他们会在不经意中就达成一致。

在正式谈判遭遇僵局时，非正式谈判就会起到很重要的作用。在谈判中难以开口的事情，可以在精神愉悦或酒足饭饱时很轻松地表达出来，只要几句话就能把愿意妥协的态度全部表现出来，而且不会伤及面子。也许这就提示了谈判者，为什么一起打场高尔夫或者一起共进晚宴，会比旷日持久地坐在谈判桌前更为有效了。

任何一位谈判高手，都深深地懂得场内谈判和场外谈判的力量。但是事情都是一分为二的，任何事情都有其积极的一面，也有其消极的一面。场外谈判固然在谈判过程中占有极其重要的地位，借着这座桥梁，双方得以沟通意见，了解彼此的要求，并且研究出可行的解决办法。但是场外谈判同样有其弊端，而且有时候引起的后果会相当严重，需要谈判者随时提防。例如，在轻松友好的气氛中，对方可能会给你提供一些假信息，你也可能在这时候会表现得异常慷慨、大方；在酒兴发作时，可能就会滔滔不绝，这就难免会泄露机密。因此，作为谈判者，一方面必须重视这种"小圈子会谈"，并利用它促进谈判的顺利进行；另一方面，也必须对这种会谈中得到的消息等进行甄别，而且要防止别人利用这种形式对付你。

### 3. 鸿门宴

在商务谈判中，"鸿门宴"喻指做某件事表面是一回事，而本质却另有所图的各种活动。有句俗语"宴无好宴"，在如今的商务谈判中，这句话同样适用。鸿门宴之策，其形可用，其意则更具有参考价值，鸿门宴意也不在"杀"人，而在促使谈判前进，以求尽快达成协议。很多时候，谈判双方坐在一起举行宴会，显然其目的并不在宴会本身，而在于通过宴会缓解气氛，在宴会上让谈判的一些难点、敏感点消逝于无形之中。例如，在某公司的钢化玻璃生产线出售谈判中，卖方设宴款待买方领导，并且在举杯共饮的时候谈及生意，这时买方毫无心理准备，但是迫于心理上的压力，宴会气氛相当友好、活跃，其不忍心拒绝对方请求，仓促地答应了对方，使卖方占了便宜。显然，卖方的"鸿门宴"成功了。还有一种鸿门宴设在谈判达成协议之后、签约以前，这时候可能是买方设宴钱行，这时候买方可能在宴会上将卖方大大恭维一番，并且表示感谢，希望以后长远合作等，可能这时候卖方就会被感动了，为了表示自己也有诚意，可能会主动将价格降低。这时候，买方的"鸿门宴"也就奏效了。

现在的经济环境下的商务交往中，宴请几乎是必不可少的礼仪。作为商务谈判者，在宴请对方时，要有足够的诚意，当然也要有明确的目的，争取在宴请中能够有一定的收获；同时在被对方宴请时，要提高警觉，时刻保持清醒的头脑，切忌感情用事，不要在被感情冲昏了头脑的同时也冲走了利益。

#### 4. 恻隐术

恻隐术是一种装可怜相，利用对手的同情心，以求取得商务谈判利益的做法。俗话说：恻隐之心，人皆有之。人天生有一种同情弱者的良知，人是感情动物，每个人都有恻隐之心，人最不愿意做的事情就是落井下石。但是，有时恰恰是这些优点会被谈判对手利用。所以，这些优点在一些谈判中就变成了弱点，如果这些弱点被谈判对手充分利用，就会使谈判向另外的方向发展。

谈判者要扮好可怜相，应该从语言、身体和道具三个方面着手。利用丰富生动的语言来传递可怜的意思，同时还要配合适当的面部表情、身体语言和道具。可以说这样的可怜话："如果我真的答应了你的条件，我们公司就会亏损，回去我可能会被炒鱿鱼了。但是我上有老、下有小，一家人都靠我呢！求求你高抬贵手，把条件再放宽些。""我已经退到悬崖边了，不能够再退了，求你放我一马。"也可以装可怜相：有些谈判者在谈判进行中就一把鼻涕一把泪地，更有甚者在谈判桌上作揖磕头。还有一些谈判者为了催动对方的恻隐之心，精心准备了一些道具。例如，在一次商务谈判中，卖方邀请买方到自己的旅馆去谈判。等买方到了旅馆会发现，卖方主谈者头裹毛巾，腰间缠着毛毯，一副可怜的样子，好像是得了重病。当买方问怎么回事时，其就趁机发挥，说："头痛、腰痛，谈判迟迟得不到进展，自己心里着急上火"等。这一招很有感染力，特别是对一些谈判经验不足的谈判者，很容易被对方感动，从而向对方做出让步。

在国际商务谈判中，中国人一般会强调自尊自强，不卑不亢，所以少有用到恻隐术的策略。但是，每个企业都有困难的时候，找机会将它暴露出来，有时也能感动没有经验的谈判对手。在商务谈判中，遇到这种谈判策略时，千万要保持冷静，告诉自己"这是商场，不要轻信别人的眼泪"。只谈事实，不涉及个人感受，不能情绪化地处理一些重要的事情。要坚持不卑不亢、不为所动，在必要的时候提出休会，以待对方策略失效后再行谈判。

#### 5. 故扮疯相

"故扮疯相"策略是指在谈判中，依照对手的言语或者谈判的情形发展，故意表现出相对应的着急、愤怒、发狂和暴躁的姿态，吓唬对手，给对手施加强大的心理压力，从而动摇其谈判的决心，迫使其让步的谈判策略。该策略具有相当的难度，要掌握好施压的强度，而且要自然地流露，让对手认为你是真的愤怒了，不能让别人看出破绽，否则谈判效果就会大大减弱。

"故扮疯相"有很多种做法，要根据实际谈判情况决定到底采用哪种做法，争取达到最佳效果。以下简单介绍几种具体做法。

(1) 拍桌子。在谈判的时候，一边论述己方观点，一边敲击桌面，为自己所论述的内容加强说服力，也借此表明自己的信心。也可以突然猛拍桌子，拍案而起，表达自己极度愤怒，将自己声音放大，震起桌面上的其他物品，同时大声驳斥对方观点，表示己方不可能接受。

(2) 摔纸笔或者文件。在听对手论述谈判条件时，或者是讨价还价时，突然将手中的纸、笔、文件等一扔，表示己方已经不耐烦了。更强烈的是将物品掷于桌面上或者地上，伴之己方否定对方观点的发言，此时态度一定要坚定，脸色严肃、口气强烈，这样才能达到很好的效果。

(3) 撕文件或者是一些废资料。一般可以撕自己的记录纸或者某些废资料，表示自己的不满，也可以是将对方的某些文件撕掉，比如对方提交的报价单、还价资料等。这时候可以是脸色阴沉地等待对方再做决定，也可以质问对方是否有合作诚意。

(4) 大声吼叫。在谈判中，突然提高嗓门并驳斥对方讲话，同时配之以面红耳赤和凶悍的眼神,另外再加以手势动作,从而压制对手的火力,结束对手的纠缠。但是要注意吼叫内容并不是辱骂对方,而是批评和驳斥对方的理由。

(5) 离开谈判桌。在谈判中,故意借着一定的话题,越说越生气,然后原地站起,合上自己的谈判资料,离开谈判桌,摔门而走。这一招对于那些谈判经验不够丰富的人和一心想要成交的人将是一个极大的打击,可以起到很好的施压效果。

"故扮疯相"策略的使用一定要慎重,一定要把握好运用的"度",而且在对方主谈是个相当有经验的谈判手时,最好不要使用,因为此策略对其产生不了震慑的效果,反而会让其认为你没有修养,更可能由此产生的是谈判僵局的出现。

## 6.3.2 擒将战

擒贼擒王,语出唐代诗人杜甫《前出塞》:"挽弓当挽强,用箭当用长。射人先射马,擒贼先擒王。"民间有"打蛇要打七寸"的说法,也是这个意思。此计用于军事,是指打垮敌军主力、擒拿敌军首领,使敌军彻底瓦解的谋略。擒贼擒王,就是通过捕杀敌军首领或者摧毁敌人的首脑机关,使敌方陷于混乱,便于彻底击溃之。指挥员不能满足于小的胜利,要通观全局,扩大战果,以得全胜。如果错过时机,放走了敌军主力和敌方首领,就好比放虎归山,后患无穷。而在现代商务谈判中,是指针对对方主谈者的策略,如果能够成功地说服对方的主谈者,谈判就基本上取得了成功。

### 1. 感将法

感将法是以温和礼貌的语言、勤勉守信的行动使对方感到实在不好意思坚持原来立场而置你的态度于不顾,从而达到预期谈判效果的做法。即要想方设法提出哀而动人的口号,使谈判对手感动,让他觉得如果不按照你的意思做就对不起你。这和上述的恻隐法有些相似,但是却比那个方法光明正大。在谈判中,尽力表现得谦恭一些,表示自己懂得还不够,要向对手学习;只要对手回答了问题就表示感谢,对方说得有理就照办。认真地听取对方的提问,努力回答所有的问题,让对方感到自己非常诚恳。另外,在谈判中或谈判之外,尽量给予对方主谈以各种帮助,使其感动,使其感觉欠了人情。知恩图报是人的本性,对方就自然会找机会回报,那感将法也就运用成功了。

谈判是利益的竞争,归根结底是以促成双方的合作为目的的,当然,这种商业上的合作必须在双方认可的情况下才能实现。在这方面,可以用以下方法帮助合作的达成。

(1) 坦诚认错,取得谅解。此法适用于在谈判中由于疏忽而犯了错误之后。"智者千虑,必有一失",特别是在谈判这种高度紧张和复杂的环境下就更难做到万无一失。如果不小心犯了错误,不妨主动向对方承认错误。

(2) 直诉困难,要求关照。此法适用于在双方合作关系较好,而自己又有实际困难的情况下使用。以双方合作关系良好为基础,对手会对你的短期困难做出善意的谅解并提供帮助。

### 案例6—13

#### 感将法的实战策略

"感将法"策略重在感动对手,功在精诚所至。故在谈判中,可从以下三个方面表现精诚。

(1) 定学生之位。定学生之位是指为了感动对手,把自己放在谈判中向对手学习的地位,即学生的位置上。凡有问,一定会以"了解某问题""理解贵方某意思""请教某问题""恳请赐教"等礼貌、谦恭的话语表述。凡有答，一定会表示感谢、赞扬及佩服。学生之位的内涵是一个敬字。把对手敬起来，使对手体现出被敬的价值，无形压力会使对手朝着同样积极的方向努力。

(2) 表实在之心。表实在之心是指在谈判中，认真讨教，坦率交流，让对手感到朴实、真诚，该表现反映一种谈判态度，体现出谈判的诚意，也是打动对手的关键之一，它主要表现在两个方面，即对所学的态度、对所问的态度。

(3) 塑勤勉之风。塑勤勉之风是指在谈判中要充分表现出工作效率与不辞劳苦的精神，也是谈判手自己的行为表现。它主要反映在谈判中：准备周到，即所需资料及器具均能随谈判需要而保障；尽快兑现己方承诺，即答应对方的事尽快办，哪怕加班加点也一定办好；尽快回复对方要求，不论对方要求性质如何，答复要快，或同意、或否定、或需研究、或需等待，应连同理由尽早答复。

(资料来源：感将法策略. MBA智库百科.)

现在，我国有很多的企业效益比较差，经常会由企业的领导人出马，找到一些相关大企业的领导，要求他们一定要使用自己的产品，说你们一使用我们的产品就救活了多少工人，帮助了多少家庭而且维护了社会稳定；如果不用呢，则会出现各种问题。因此，这些时候很多人一方面是由于受感动，另一方面则是不好意思拒绝对方，很可能就答应了对方的要求，那么对方的目的也就达到了。

在谈判中主动采取低姿态，往往能得到别人的同情和好感。当对方对你产生了好感时，谈判就会相对容易些。采取低姿态必须有度，过犹不及。其实作为一个谈判者，谦逊、诚恳本来就是应该具备的品质，只不过在谈判中有时为了加强效果，更加突出这些罢了。

### 2. 激将法

每个人都有自尊心、荣誉感，注意维护自己的形象，当一个人的自尊心、自身形象受到伤害时，往往就会冲动起来，严重时会失去理智，做出一些异常举措。在商务谈判中，主谈人作为谈判的主要角色一般都会很注意自己的形象。因此，在谈判中以话语激对方的主谈或其主要助手，使之感到坚持自己的观点和立场会直接损害自己的形象和自尊心、荣誉，从而动摇或改变其本来所持的态度，促使谈判成功。这种做法就叫作激将法。

能力与权力的大小、地位的高低、信誉的好坏等，所有与形象、自尊相关的话，都是激将的武器。最直接的方法是对对方主谈者的资格表示轻视，对他的权力表示怀疑，以刺激对方。例如，"我希望与能解决问题的人谈判。""既然你有决定权，为什么不直接解决问题，还要回去请示呢？"等等。此话贬低了对方主谈人的权力，反过来激起对方(尤其是年轻资历浅的谈判者)急于表现自己的决定权或去争取决定权，使己方更加容易谈判。当然有些时候也可以先对主谈者的重要助手施展激将法，助手被说动了，然后再激主将，这时候主谈人就无从躲避了。

在商务谈判中使用激将法的目的是要最终达成协议，需要强调的是，激将法使用的是逆向说服对方的方法，需要较高的技巧，运用时需要注意以下几个方面。

(1) 激将的对象一定要有所选择。一般来说，商务谈判中可以对其采用激将法的对象有两种：第一种是不够成熟、缺乏谈判经验的谈判对手。这样的对手往往有比较强烈的自我实现愿望，总想在众人面前证明自己，容易为言语所动，这些恰恰是使用激将法的理想突破口。第二种是个性特征非常鲜明的谈判对手。对自尊心强、虚荣心强、好面子、爱拿主意的谈判对手都可以使用激将法，谈判对手拥有鲜明的个性就是施展激将法的好对象。

(2) 使用激将法应在尊重对手人格尊严的前提下，切忌以隐私、生理缺陷等为内容贬低谈判对手。商务谈判中选择"能力大小""权力高低""信誉好坏"等去刺激对手，可以取得比较好的效果。

(3) 使用激将法要掌握一个度，没有一个适当的度，激将法就收不到应有的效果，超过限度，不仅不能使谈判朝预期的方向发展，还可能产生消极后果，使谈判双方产生隔阂和误会。

(4) 激而无形、不露声色往往能使对方不知不觉地朝自己预期的方向发展。如果激将法使用得太露骨，就会被谈判对手识破，不仅达不到预期的效果，使我方处于被动地位，而且可能被高明的谈判对手所利用，反中他人圈套。

(5) 激将是用语言，而不是用态度。用语要切合对方特点，切合追求目标，态度要和气友善，态度蛮横不能达到激将的目的，只能激怒对方。当然，作为一个优秀的谈判者，不但要善于使用激将技巧，而且要善于识破激将法，在商务谈判中沉着应付，不要为对手所激。

### 3. 宠将法

心理学研究表明，无论是什么人，都喜欢听赞美的话。同样在商务谈判中，要尽量多说赞美对方的话语。宠将法就是用好言好语去赞美对方，也可以送一些礼物给对方主谈者，使其产生一种亲密友善的好感，从而放松思想警戒，软化谈判立场，以实现自己预期目标的做法。

在谈判中，要抓住对方主谈的特征奉送好话。例如，对方年纪大，就是"久经沙场""老当益壮"；对方年轻，就是"年轻有为""前途无量""反应敏捷"；对方是中年人，则是"年富力强""精明强干"；对方是女士，可以说"巾帼不让须眉"等。总之，好话人人爱听，听了好话，心情舒畅，谈判态度自然有所转变，进攻势头可能放缓，就能为谈判赢来有利局势。为了达到宠将的目的，还可以在谈判场外制造一些个人活动。例如，邀请对方主谈参加家宴、品茶、喝咖啡等，抛开谈判，聊聊家常，谈谈个人兴趣爱好，把紧张的谈判气氛软化，化对手为朋友，以创造有利于达成协议的条件。在必要时，也可以送礼，但要送得艺术，送得有度。礼品不宜太贵重，以免有贿赂之嫌。礼品不重，但是要有品位、有意义、合情合理，恰到好处地传递出你对对手的亲和之意。

从上面案例中，大家可以看到恭维话的力量了，虽然略带夸张，却也很深刻地体现了实际生活。当然，如果在谈判中，你是"受宠者"，一定要保持冷静的头脑，不要被别人捧了两句，就飘飘然了，将自己的利益拱手让出；一定要提高警惕，设一道"防腐线"，保持坦荡的工作作风；不贪私利，不单独活动，不被虚荣所击败，应该切实追求谈判的实际结果。

### 4. 告将法

这是一种利用对方的上级向谈判对手施压的策略，目标是借此机会将对方主谈者换掉，或者使对方主谈者心存忌惮，从而向我方让步，实现谈判的顺利进行。当对方的主谈非常难缠，使你感觉难以应付时，可以向对方主谈的上司或者向对方上级部门反映情况，报告对手在谈判中的某些做法或错误，向对手施加压力。也可以当谈判对手在谈判中态度强硬、不合作时，警告对手如果不有所收敛，谈判无法进行，要求更换主谈者，从而动摇对方主谈意志。

具体做法：通过宴请或单独拜会对方上司，借机回顾谈判，分析症结，找准时机对对方主谈者的态度进行抨击。例如，某国使馆商务参赞会见买方主谈上司时说："贵方主谈太死板，态度过于强硬，尽职过了头。"要求其上司"予以干预"。又例如，买方对卖方讲："你在现场罢工一天，按合同规定除扣发工资外，要向你的上级报告，由你们负全部责任。"

使用告将法，要注意"状"要准确，要尊重事实。不管对方主谈者是否在场，均要以"事实"告状，不到万不得已，不应该提出更换主谈者的要求，这样一是会伤害对手，二是一旦对方不同意，反而会使谈判陷入被动。而且更换主谈者同样会给我方带来很多损失，因为更换谈判者可能导致否认前面的谈判成果，对以前谈好的一切都可能推倒重来，我方需要对对方主谈重新熟悉，这些都会造成很大的时间和金钱浪费。最后在谈判完成之时，应做好善后工作，在适当的时机，赞扬谈判对手，为他挽回面子，以消除可能产生的后遗症。

在谈判中，任何一方都可能使用各种策略，在你准备用这种策略对付别人的时候，别人可能也正在用这种策略对付你。当对方使用告将法时，一是要求领导人员用人不疑，疑人不用，给主谈者充分自由，对对方的"告状"置之不理，或者敷衍一下；二是要求我方主谈能够持之有据地驳斥对方换将要求，对自己的行为做出合理解释。

### 5. 惩将法

在当前商业环境下，谈判双方之间还没有形成良好的双赢关系。有些主谈者始终不愿意坦诚地信任别人，宁愿相信自己通过各种渠道得来的信息。所以针对这种主谈者，就需要利用自己创造和对方给出的各种机会，向对手灌输自己的观点和做法，从而使对手相信和接受，最终达成协议。给对方提供大量真实的、不太真实的或者有真有假的信息，让对方感到根据这些资料得出结论的自然性，从而减少对手的抵抗，也利用这种机会惩罚对手。常用的方法有以下几种。

(1) 故意遗失备忘录或其他所谓的"内部资料、文件"让对方发现。

(2) 通过己方谈判组成员之间的密谈或在组员翻看所谓的"内部资料、文件"时，故意让对方发现或看清其内容。

(3) 谈判组成员故意鬼鬼祟祟地交谈所谓"内部秘密"，引起对方的注意直至听清。

(4) 故意让己方组员打岔或让一连串的电话或其他事情干扰谈判的正常进行。

(5) 遇到实质性问题，突然变换话题谈论一些含混不清而又不太重要的问题；或提起一些爆炸性新闻，去引开对方的思路，达到回避回答实质性问题的目的。

(6) 故意当场训斥其组员或做其他要挟性的言行。

(7) 通过新闻媒介或有关关系向对方施加压力。

(8) 更换负责人或组员、更换场地、更换谈判内容等。

在谈判中，有些人滥用这种谈判策略，所以我们也应该掌握这种策略的破解方法。其一，不要轻信毫不费力所得到的资料和信息，越是容易得到的资料，越要注意分析，找出对方的目的所在。其二，将易于辨别真假的资料、信息，适时适度地反馈给对方，揭露其目的，迫使其让步。

上述各种擒将战的策略中，感将法属于积极的策略；激将法、宠将法属于中性的策略；而告将法和惩将法则属于消极的策略。当然，这种性质的甄别并非绝对的。例如，一般情况下，我们不赞成使用告将法和惩将法，但是当遇上对方主谈者态度恶劣、多疑成性，那么使用这种策略亦无不可，甚至是很必要的。所以，在商务谈判中，要根据对手主将弱点有针对性地使用擒将策略。为了破解种种擒将策略，从根本上要求主谈者不断提高自己的素质，这才是解决问题的根本之道。

## 6.3.3 意志战

商务谈判不仅仅是双方实力的较量，也是谈判双方意志力的较量。商务谈判尤其是大型商务谈判对谈判者的体力、精力是个非常严峻的考验，当谈判陷入僵局时，谈判双方可能都会感觉到很痛苦，有时可能会因为忍受不了谈判中的气氛，而使谈判走向崩裂。所以，谈判者要有坚韧不拔的意志，不到最后一刻决不放弃，要做好和谈判对手周旋到底的准备。

### 1. 疲劳战

当谈判的甲方应邀到乙方处谈判时，常常会遇到这样的情形：一下飞机就被乙方接去赴宴，而后，乙方大大小小的负责人纷纷亮相与之会面，表现得相当热情，仿佛是多年未谋面的老朋友一样。晚上乙方又为甲方安排了舞会及茶点，直至深夜。第二天还没睡醒，乙方就来敲门，可能安排游览当地名胜或拜会更高一级的领导。晚上又是上级部门或相关部门领导宴请，希望建立长期合作关系，乙方人员轮流与之为友谊干杯，为合作干杯。就这样不断地使你处于高度紧张与兴奋状态之中，根本得不到好好休息。当你感到疲劳之时，谈判才真正开始。研究已清楚地表明，被剥夺睡觉、吃饭和喝水机会的人，其工作效率很差。疲倦的人易受影响，易犯愚蠢的错误。作为一个谈判者，其反应的机敏性往往在疲劳中丧失。平时对很多问题都可以看得很透彻，对方的任何策略可能都被很容易地识破，但是在疲劳的时候，可能连一个最简单的阴谋诡计都识不破。即使很精明的人在疲劳的时候都会显现得很迟钝，这是人的一个很普遍的特征。

有许多谈判是白天安排很长的会议，接着是整夜的会谈或者用几夜的时间去重新计划和重新估算。通宵达旦谈判的人知道，在凌晨3点钟时，几乎任何一笔交易看上去都很好。有些谈判方会故意这样安排，使对方谈判者变得失去理性、抑郁和易出错误。讨价还价不仅是策略智力的较量，也是个体力消耗过程，它需要足够的能量储蓄。人们承受压力的能力是不同的，乘坐飞机长途旅行、紧张的日程安排和新的环境带来的过度劳累都会对判断力产生可怕的损伤。所以这就要求安排谈判行程的人员要尽量使本方谈判者拥有充足的体力来应付谈判。

中东地区的企业家们最常采用的交易战术，就是白天天气酷热的时候邀请欧洲的代表观光，晚上则招待他们观赏歌舞表演。到了深夜，白天不见踪影的中东代表团的领队出现了，想必已有充分的休息，神采奕奕地和欧洲代表展开谈判。欧洲代表经过一天的奔波，早已疲惫不堪，只想早点休息，那么谈判的结果可想而知，欧洲代表必须做出让步。在实际谈判中，确实也有很多人以富有耐心或善于运用疲劳战术著称。一位美国石油商曾这样描述沙特阿拉伯石油大亨亚马尼的谈判战术："他最厉害的一招是心平气和地把一个问题重复一遍又一遍，最后搞得你精疲力竭，最后不得不把自己祖奶奶都拱手让出去。"如果你确信对手比你还要急于达成协议，那么运用疲劳战术会很奏效。

疲劳战可以从以下几个方面应用。
(1) 连续紧张地举行长时间的无效谈判，拖延谈判和达成协议的时间。
(2) 在谈判中使问题复杂化，并不断地提出新问题进行纠缠。
(3) 谈判中制造矛盾，采取强硬立场，或将已谈好的问题推倒重来，反复讨论。
(4) 在谈判间隙，举行投对方所好的活动，使对方保持浓厚的兴趣，直至疲劳。
(5) 热情、主动地利用一切机会与对方攀谈，甚至在休息时间拜访对方，使对方缺少必要的休息。

在疲劳战的应用中，要求我方事先有足够的思想准备和人力准备。在谈判刚刚开始时，对于对方所提出的种种盛气凌人的要求采取回避、周旋的方法，暗中摸索对方的实际情况，寻找其弱点，采取柔中有刚的态度。有时即使我方在驾驭谈判局面时呈有利态势，占了上风，也不能盛气凌人、不可一世。采取这一技巧最忌讳的就是以硬碰硬，应防止激起对方的对立情绪，导致谈判夭折。运用疲劳战时，须征得对方同意你欲采用的日程表，不能强迫加班，强加于人，否则亦无效果。另外，运用此策略也是一种"拼命"行为，己方人员，尤其是主谈人身体条件应能适应。这种策略运用之后，必须有复核的工作，绝不能图省事。

**2. 固守策略**

所谓固守策略是指在谈判进行到一定阶段、让步达到一定程度时，顽强地坚持自己的谈判要求,不再退让,甚至表示出不惜谈判破裂的样子来。在谈判进行到相持阶段时,往往是谈判者最难熬的时候,也是考验谈判者的意志和心理素质的时候。成功的谈判者往往是那些认定自己的谈判目标,并为之坚持不懈的人。

在商务谈判中,固守策略有时也需要借助于一种装傻的姿态。对于自己不同意的条件,就和对方装傻充愣,无论对方怎么游说,都死守着自己的条件不放,只有当对方同意自己的条件时或者是大幅度改变态度、建议时,才会同意。这种策略需要有极大的毅力,耐心地等待对方让步或者犯错误,最终取得谈判的成功。

任何一个人都不愿意和一个愚笨无知的人打交道,因为你根本无法了解他究竟是什么想法,就像是一个没有感情的动物,那么无论在他身上施展什么策略都是无效的,他根本就不愿意去了解你的想法。培根在400多年前发表的一篇论文《商谈论》中就提到,和一个荒谬的人谈生意是不会有任何结果的。当你真正和这类人或者是和假装这类人做生意时,你就会知道那会是一件多么艰难的事情。他们会磨得你无法忍受,最后你不得不做决定:要么成交,要么就见鬼去吧!只有这样才能解除你的烦恼。

当然,并不是所有的情况都适合使用这种策略。当你的产品处于垄断地位或者对方产品供过于求时,比较适合使用。也就是说,当你处于一个优势谈判地位时,适合使用这种策略,因为对方有求于你,他不能拂袖而去,他必须坐下来耐心地和你谈判,当你把他的耐性磨尽时,让他感觉到原来自己正在和一个"冷血人物"谈判,他就不得不对你做出让步。

### 3. 车轮战

"车轮战"是军事术语,指在战争中把己方的兵力分散开来,轮流与敌人作战,或者采取迂回战略,在体力和智力上使敌人疲劳,然后一举歼灭。"车轮战"用在谈判中,是指谈判一方轮流与对方主谈者辩论商谈,借以在精力上拖垮对方,迫使对方妥协让步。

"车轮战"的使用有一定的条件和原则。往往是在谈判中期或接近尾声时,由形势不利的一方施行。在谈判过程中,如果形势对己方不利,或己方在某一点上由于考虑不周已做了允诺而事后又必须反悔时,或者双方在谈判过程中发生了激烈的争吵而即将形成僵局时,或双方成交心切、急不可待时,一些谈判者便可能采用这种策略,即制造、利用或借口各种"客观"原因召回负责人或某个重要成员,让另一个身份相当的替代,这时的替代者处于以下相对有利的位置上。

(1) 如果需要出尔反尔,替补者完全有机会、有借口抹杀前任所做出的让步或允诺,使一切重新开始。

(2) 如果是在因为争吵激烈而即将形成僵局的场合,替补者同样掌握主动权。他既可以更换议题,不介入前任争吵的旋涡之中;也可以继承前任有利的因素,整合自己的策略,更强硬地痛击对方,使对方在压力面前让步;还可以吸取前任的经验教训,以调和者的身份通过有说服力的资料、例证,强调双方共同的利益,采用客观标准,使大事化小、小事化了,以赢得对方的好感,从而为以后的谈判奠定基础。

(3) 经过前任谈判者与对方交往以后,对方各成员的性格、嗜好、优势、劣势已暴露无遗,而对方对己方替补者的情况一无所知。这时,只要替补者能够抓住时间,迎合对方的嗜好,避开对方的优势,就一定能在谈判中取胜。

"车轮战"还可以运用于一方成交心切或一方有求于另一方的场合。常见的情况有:当卖主货物积压或资金拮据时,或因国家政策、公司条文的改变等因素所致,急于将货物脱手,而买主寥寥无几时,有些买主就会采用车轮战以达到目的。这时的卖主由于成交心切,一般是不会触怒买主的,从而给予买方可乘之机。反过来,如果货物非常适销,竞买者纷来沓至时,卖主也可以采用车轮战以达到获取高利的目的。

在应对对方采取的车轮战时，可以采用以下的策略。

(1) 即使你的货物急于脱手或者急于求购某种货物，也应尽可能不表露出来。尽管事实被明摆在那里，也应在谈判中抱着无所谓的态度。这样，才能使对方的强硬态度失去根基。

(2) 整个谈判期间须高度冷静，发觉对方故意设置关卡或故意刁难时，可以耐心说服，或保持沉默而不予理会，千万别被假象所迷惑而轻易让步，特别是不应急于与其签约，以免事后后悔。再则，在谈判期间，如果对方故意找碴儿同你争执，这时最好的办法是听之任之，不要中其圈套。

(3) 如果对方替补者一口否认过去的协定，己方也可以借此理由否认过去所做过的所有承诺；或者找个借口暂停谈判，直到对方的原班人马特别是重要人员到齐时再行谈判。

(4) 如果对方马上换上新的谈判者，己方又无理由拒绝与之谈判，或己方也愿意与对方替补者谈判的情况下，应像对待新手一样，首先让其尽量表现，从中发现其性格、特点、优势、劣势，然后对症下药，有的放矢。

(5) 商务交易是互利合作的行为，只要一方应用客观标准或有说服力的材料去处理实质性问题，或者利用公平的标准去化解双方的利益冲突，相信诚实信用的态度会让对方接受，否则宁可中止谈判，另寻合作伙伴。

### 4. 沉默战

沉默战又是一个考察双方谈判者毅力的策略。很难想象一个急躁的人可以在谈判这种利益攸关的活动中保持缄默，也很难想象有人可以忍受谈判对手在谈判中始终一言不发。这是谈判中处于劣势一方非常有效的防御策略之一。在谈判中先不开口，让对方尽情表演，或多向对方提问并促使对方继续沿着正题谈论下去，以此暴露其真实的动机和最低的谈判目标，然后根据对方的动机和目标并结合己方的意图采取有针对性地回答。

这种谈判策略之所以有效，其原理在于：谈判中表露得越多，就越有可能暴露自己的底线，也就越有可能处于被动境地。同时，沉默可以使谈判对手感到受到冷遇，尤其是没有经验的谈判对手，造成心理恐慌，不知所措，甚至乱了方寸，从而达到削弱谈判对手力量的目的。细心地聆听对方吐出的每一个字，注意对方谈判者的措辞、表达方式、语气和语调，都可以为己方提供有效的信息。

使用沉默策略的时候，要注意以下问题。

1) 事先准备

一是要明确这种策略的运用时机，比较恰当的时机是报价阶段。在报价阶段，对方的态度咄咄逼人，双方的要求差距很大，适时运用沉默寡言策略可以缩小差距。二是要约束己方的反应。在沉默中，行为语言是唯一的反应信号，是对方十分关注的内容，所以事先要准备好使用哪些行为语言，同时还要统一谈判者的行为语言口径。

2) 耐心等待

只有耐心等待才可能使对方失去冷静，形成心理上的压力。忍耐等待的过程中可以做些记录，记录在这里可以起到一箭双雕的作用。其一，它纯属做戏；其二，记录可以帮助己方掌握对方没讲什么，对方为什么不讲这些而讲那些。全神贯注地聆听，加上冷静思考会准确无误地了解对方的看法，听出对方的弦外之音，感受对方的情绪，洞悉对方的实意。

3) 利用行为语言，搅乱对手的谈判思维

沉默寡言的本意在于捕捉对方的信息，探索对方的动机，因而可从需要出发，有目的地巧用行为语言，搅乱对方的谈判思维，最终牵着对方的鼻子乃至控制谈判的局面。

在商务谈判中，其目的是通过合作达成双赢，而不是制造种种谈判陷阱，依靠阴谋诡计去击倒对手。因此，我们不赞成在谈判中针对谈判对手使用疲劳战和车轮战。但是我们还是要了解这些策略，以便不陷入对方的陷阱中。以下简要地叙述几点针对对手使用意志战时的破解策略。

(1) 按照自己的行程计划进行谈判，不要被对方牵着鼻子走。在谈判中，当己方人员身体或者精神不适合谈判时，要果断委婉地拒绝对方继续谈判的要求，提出休会，保障己方人员精力的恢复。

(2) 主观上要对谈判的艰难性有充足的心理准备，不论谈判中出现什么情况，都要不骄不躁，避免由于急躁引起的失误，让对手得到机会。

(3) 当谈判陷入僵局时，不要为了一时利益而让步，这样会让对手变本加厉。要冷静地分析谈判陷入僵局的原因，与对手共同努力去让谈判顺利进行，而不是依靠单方面的让步。

(4) 要耐得住寂寞。不要遇到对方沉默就不知所措了，要指出对方的企图，或者"以其人之道还治其人之身"。

在本节中，论及了攻心战的5个具体策略。这些具体策略里面有积极的策略也有中性的策略，还有消极的策略。积极的策略有建立满意感；中性的策略包括小圈子会谈、鸿门宴；而消极的策略则有恻隐术和故扮疯相。在商务谈判中我们提倡使用积极的策略，争取通过这种策略使双方在坦诚协作、公平双赢的基础上达成谈判，也可以促进商业关系。对于中性的策略，谈判双方也都会经常地用到，可以以此为手段来促进谈判的达成。而对于消极的策略，我们应该避免在商务谈判中使用，因为这种策略暗含欺骗性质，而且不顾自己的尊严，这种谈判即使是一时获得了一些利益，对双方的合作也没有什么好处，所以要杜绝使用。在自己避免使用的同时，还要防止他人运用，要学会对付别人运用时的破解策略。

# 本章小结

1. 商务谈判策略，是指在商务谈判活动中，谈判者为了达到某个预定的近期或远期目标所采取的计策和谋略。它依据谈判双方的实力，纵观谈判全局的各个方面、各个阶段之间的关系，规划整个谈判力量的准备和运用，指导谈判的全过程。

2. 商务谈判策略的特征主要有：针对性、预谋性、时效性、随机性、隐匿性、艺术性、综合性。

3. 谈判策略在整个商务谈判中起着非常重要的作用：得当的商务谈判策略是实现谈判目标的桥梁；商务谈判策略是实现谈判目标的有力工具；商务谈判策略是谈判中的"筹码"；商务谈判策略具有调节和稳舵的作用；商务谈判策略具有引导功能。

4. 根据不同的划分标准，可以将商务谈判的总体策略划分为不同的类型。根据谈判的基本方针，可以将商务谈判的总体策略划分为软式谈判策略、硬式谈判策略和原则谈判策略三类；根据谈判的基本姿态，可分为积极策略、消极策略；根据谈判的基本方式，可分为攻势策略、防御策略。

5. 从影响谈判主动权的四个主要因素入手，商务谈判主动权的谋取策略分为谈判者策略、谈判时间策略、谈判信息策略、谈判权力策略。

6. 商务谈判开局阶段的策略包括谈判开局气氛策略、谈判开局策略。

7. 商务谈判报价阶段的策略包括报价起点策略、报价差别策略、报价对比策略、加法报价策略。

8. 商务谈判磋商阶段的策略包括还价策略、让步策略。
9. 商务谈判成交阶段的策略包括最后通牒策略、决胜策略。
10. 攻心战是指谈判一方从心理和情感的角度入手，使对方心理上不舒服或感情上软化，从而促使对方接受己方的条件达成协议。具体策略包括建立满意感、小圈子会谈、鸿门宴、恻隐术和故扮疯相等。
11. 擒将战是针对谈判对手主谈者的策略。在谈判中，主谈者往往可以左右谈判的格局，一旦能够在商务谈判中控制住对方的主谈者，使其按照己方的策略方向发展，就能够取得谈判的成功。具体手段有感将法、激将法、宠将法、告将法和惩将法。
12. 意志战是指在商务谈判中和对手比拼意志，看谁更有毅力，更能坚持。因为在很多谈判中，会消耗极大的体力和精力，如果没有充分的思想准备，就可能被谈判对手拖垮。具体手段包括疲劳战、固守策略、车轮战、沉默战。

# 综合练习

## 一、名词解释
1. 商务谈判策略
2. 开局策略
3. 报价策略
4. 攻心战
5. 擒将战
6. 意志战

## 二、选择题
1. 商务谈判策略的特征主要有(    )。
   A. 综合性　　　B. 艺术性　　　C. 隐匿性
   D. 随机性　　　E. 时效性
2. 最后通牒策略是谈判(    )采用的策略。
   A. 开局阶段　　B. 报价阶段　　C. 磋商阶段　　D. 结束阶段
3. 根据谈判的基本方式划分，可分为攻势策略和(    )。
   A. 防御策略　　B. 集体谈判策略　C. 横向谈判策略　D. 纵向谈判策略
4. 根据谈判的基本姿态划分，可分为积极策略和(    )。
   A. 防御策略　　B. 消极策略　　C. 横向谈判策略　D. 纵向谈判策略

## 三、简答题
1. 试述策略、商务谈判策略的含义。
2. 简述商务谈判策略的分类。
3. 谈判报价阶段的策略有哪些？
4. 如何在谈判中给谈判对手施加压力？
5. 谈判成交阶段应该注意哪些问题？

6. 感将法和告将法有什么不同？
7. 简述车轮战原理及运用时的注意事项。
8. 沉默战适合在什么情况下使用？

# 实践练习

**实践题6-1：商务谈判策略。**

假设你是某种零件的供应商。某日下午你接到了某家大客户的紧急电话，要你立即赶到现场跟他商谈有关向你大量采购的事宜。他在电话中言明，有急事需要去深圳。你认为这是难得的机会，因此在他登机前30分钟赶到了机场。他向你表明，如果你能以最低价格供应零件，他愿意与你签订一年的购货合同。

实践题目：在这种情况下，你该怎么办？

**实践题6-2：从他人的立场看问题。**

同样的一件事情在不同的人心中往往有不同的看法。这就要求谈判者必须有这样的一种素养，即能够遇事站在他人的角度去看问题。只有这样，谈判者才能真正地知己知彼。下面是一位房客与他的房东在交涉过程中，房客对8个问题的感受或见解。你能否推断出房东对于这8个问题将产生怎样的感受或见解？

(1) 房租本来已经很高了！
(2) 现在什么都涨价，我付不起更多的房租。
(3) 这房子早就该粉刷或修补。
(4) 有些朋友也租了同样的房子，但他们付的租金比我少。
(5) 这房子周围的环境差，所以租金也该相应降低。
(6) 我是一位不讨人厌的好房客。
(7) 只要房东一开口，我立即交租，这种房客哪里找？
(8) 搬进来这么久了，房东却从来没有来看过，真是不通人情！

# 第7章 商务谈判技巧

## 学习目标

通过本章学习,应该达到如下目标。

【知识目标】使学生认识到语言沟通在商务谈判中的重要性,掌握有声语言和行为语言的基本技巧和运用,学会在不同形势下运用商务谈判技巧。

【技能目标】能够依据所学到和掌握的常用商务谈判有声语言技巧、行为语言技巧的基本方法、不同形势下的商务谈判技巧等,合乎规范地进行商务谈判。

【能力目标】通过对谈判各种技巧的分析,初步掌握在商务谈判中熟练运用有声语言和行为语言沟通的基本技巧与方法的能力;具备在不同形势下使用不同商务谈判技巧的能力。

## 开篇案例

### 一席话胜过雄兵百万

《新序·杂事篇》中有这样一个故事:秦国和魏国结成军事同盟,当齐楚联军侵犯魏国的时候,魏王深感寡不敌众,屡次向秦王求救。可是,秦王总是按兵不动,魏王急得像热锅上的蚂蚁。魏国官兵束手待毙的危急关头,魏国有一位年过九旬、须发银白、名叫唐雎的老人,自告奋勇地对魏王说:"老朽请求前去说服秦王,让他在我回国之前就出兵。"魏王喜出望外,立即派车马送他出使秦国。

唐雎拜见秦王,秦王说:"老人家竟然糊涂到了这种地步!何苦白跑一趟呢?魏王多次请求救兵,我已经知道贵国危在旦夕!"

唐雎说:"大王既然知道魏国有燃眉之急,却不肯出兵相救,这不是秦王的过错,而是您手下谋臣的失策!"

秦王不禁为之一震,忙问:"万全之策,何错之有?"唐雎说:"在实力上,魏国拥有万辆战车;在地理上,魏国是秦国的天然屏障;在军事上,魏国跟秦国结成军事同盟;在礼仪上,两国定期互访,魏国和秦国已经情同手足了。现在齐楚联军兵临城下,大王的援兵却没有到,魏王急不可耐了,只好割地求和,跟齐楚订立城下之盟。到那时,秦国即使想救魏国,也来不及了。这样秦国就失去了万辆战车的盟友,而增强了齐楚劲敌的实力。这难道不是大王您的谋臣们的失策吗?"

秦王听了恍然大悟，立刻发兵救魏，齐楚联军得到情报后，撤兵而去。

唐雎的一席话，收到了一箭三雕的功效：一是奠定了秦国出兵救魏的基础，二是吓退了齐楚联军的进犯，三是解除了魏国兵临城下的危难。短短一席话，字字珠玑，层层递进，真是"三寸不烂之舌，胜过雄师百万"。

(资料来源：张国良. 商务谈判与沟通[M]. 北京：机械工业出版社，2015.)

开篇案例中，魏国的唐雎站在秦国立场上，以"利益共同化""同理心"等为基础，采用攻心计，获得了谈判的成功。在商务谈判中，为了使谈判向本方倾斜，除了依赖于本方的实力外，谈判技巧也是至关重要的因素，但一切谈判技巧运用的核心莫过于"利益共同化"。党的二十大报告指出，"世界之变、时代之变、历史之变正以前所未有的方式展开。"中国坚持对外开放的基本国策，坚定奉行互利共赢的开放战略，不断以中国新发展为世界提供新机遇，推动建设开放型世界经济，更好惠及各国人民。商务谈判实际上就是一种对话，在这种对话中，双方说明自己的情况，陈述自己的观点，倾听对方的提案、发盘并做出反提案、还盘，换位思考，互相让步，最后达成协议，实现互利共赢的"利益共同化"。掌握商务谈判技巧就能在对话中掌握主动，获得满意的结果。成功的谈判者在谈判时把大部分时间用来边听、边想、边分析，并不断向对方提出问题，以确保自己完全正确地理解对方，获得大量宝贵信息，增加谈判的筹码。

所谓商务谈判技巧是指在商务谈判中，为了实现谈判目标，配合谈判方针、策略的展开所使用的技术窍门。商务谈判工作像其他一切经济工作一样，要越做越细，只有通过不断地总结经验和教训，在谈判过程中灵活运用各种谈判技巧，才能有所发现，有所提高，这将会有助于控制整个谈判，使谈判朝着有利于己方的方向发展，从而取得最佳的经济效益。这里的技巧一方面是谈判者语言方面的技巧，另一方面还有很多在实际谈判过程中需要大家不断体会和掌握的优势、劣势和均势技巧。商务谈判技巧模式不是绝对的，也不是一成不变的，只有按照具体的谈判条件选择谈判技巧，以求能因时、因地、因人采取不同的方法，才能获得最大的成功。

# 7.1 商务谈判语言技巧概述

人类创造了语言，就是为了交流和沟通。商务谈判的过程实质上就是谈判者之间的语言交流过程，而在谈判中如何把思维的结果用语言准确地再现出来，则反映了一个谈判者的语言能力。语言在商务谈判中的作用犹如桥梁，占有重要的地位，谈判双方通过语言表达自己的立场、观点，来与对方讨价还价，从而协调双方的目标和利益，保证商务谈判的成功。

## 7.1.1 商务谈判语言的分类

人类的语言是丰富的，各民族都有自己的语言，各行各业也有自己的专业术语。商务谈判的语言也是多种多样的，从不同的角度或依照不同的标准，可以把它分成不同的类型。同时，每种类型的语言都有各自运用的条件，在商务谈判中必须根据具体情况而定。

**1. 有声语言和无声语言**

根据语言的表达方式不同，商务谈判语言可以分为有声语言和无声语言。

1) 有声语言

有声语言是通过人的发音器官来表达的语言，一般理解为口头语言。这种语言借助于人的听觉交流思想、传递信息。有声语言是最直接、最灵活、运用最普遍的谈判语言。无论是正式谈判还是非正式谈判，以及其他任何类型的谈判均可以运用有声语言进行。

2) 无声语言

无声语言又称为行为语言或体态语言，是指通过人的形体、姿态等非发音器官来表达的语言，一般理解为肢体语言。这种语言借助于人的视觉交流思想、表示态度、传递信息。

在商务谈判中巧妙地运用这两种语言，可以产生珠联璧合、相辅相成的效果。

**2. 专业语言、法律语言、外交语言、文学语言和军事语言**

根据语言表达特征的不同，商务谈判语言可以分为专业语言、法律语言、外交语言、文学语言和军事语言等。

1) 专业语言

专业语言是指商务谈判过程中使用的与业务内容有关的一些专用或专门术语。谈判业务不同，专业语言有别。例如，在国际商务谈判中，有到岸价、离岸价等专业用语；在产品购销谈判中有供求市场价格、品质、包装、装运、保险等专业用语；在工程建筑谈判中有造价、工期、开工、竣工、交付使用等专业用语。这些专业用语的特征是简练、明确、专一。

2) 法律语言

法律语言是指商务谈判业务所涉及的有关法律规定的用语，泛指与交易有关的专业技术、价格条件、运输、保险、税收、产权、企业法人与自然人、商检、经济和法律制裁等行业习惯用语和条例法规的提法。法律语言具有法律的强制性、通用性和刻板性等特点。每种法律语言及其术语都有特定的内涵，不能随意解释和使用。通过法律语言的运用，可以明确谈判双方各自的权利与义务、权限与责任等。同时，由于法律语言是商务谈判中使用较多的语言，能否掌握和灵活运用法律语言，是衡量谈判者素质高低的重要标志之一。

3) 外交语言

外交语言是国与国之间的交往过程中，为处理各种外交关系所使用的一种具有模糊性、缓冲性和圆滑性特征的弹性语言。在商务谈判中使用外交语言既可满足对方自尊的需要，又可以避免己方失礼；既可以说明问题，又能为谈判决策进退留有余地。该语言的功能主要是缓和与消除谈判双方的陌生和戒备敌对的心理，联络双方的感情，创造轻松、自然、和谐的氛围。例如，在商务谈判中常说"互利互惠""可以考虑""深表遗憾""有待研究""双赢"等语言，都属于外交语言。外交语言要运用得当，如果过分使用外交语言，容易让对方感到没有合作诚意。

4) 文学语言

文学语言是具有明显文学特征的语言。这种语言的特征是生动、活泼、优雅、诙谐、富于想象和感染力、有情调、范围广等。适当地使用文学语言，能缓解沉闷的谈判气氛，使谈判双方都有轻松感，有利于谈判的顺利进行。文学语言在商务谈判过程中的运用，具体表现为：用优美动人的语言，采用夸张、比喻等修辞手法来制造一种良好的谈判气氛，化解双方的矛盾，增强语言的感染力和说服力。

5) 军事语言

军事语言是指在商务谈判中运用的军事术语及一切简明但态度坚定的语言或表达方式。这种语言的特征是干脆、利落、简洁、坚定、自信、铿锵有力，排斥优柔寡断、模棱两可，给商务谈判创造了决战气氛，加速了谈判的进程。在商务谈判中，谈判双方为了实现各自的利益，唇枪舌剑，

"短兵相接"地正面交锋,甚至形成激烈的对峙局面,这些是在所难免的。此时此刻,如果谈判者遇到的对手是"吃硬不吃软"的人,那么从谈判的效果出发,运用军事语言比较有效。同时,在商务谈判中,适时运用军事语言可以起到提高信心、稳定情绪、稳住阵脚、加速谈判进程的作用。

**3. 留有余地的语言、幽默诙谐的语言和威胁强硬的语言**

根据说话者的态度不同,商务谈判语言可以分为留有余地的语言、幽默诙谐的语言和威胁强硬的语言。

1) 留有余地的语言

辩证法告诉我们,世界上没有绝对不变的事物。在商务谈判中,常因谈话的余地留得不够或弹性不足而过早地露了底,因此,谈判中运用留有余地的弹性语言能使谈判者进退有余地,并且可以避免过早地暴露己方的意愿和实力,使我们避开直接的压力而给我们的谈判带来动力。例如,"最近几天给您答复""十点左右""适当时候"等,这些用词都具有灵活性,可使自己避免盲目做出反应,陷入被动局面。

2) 幽默诙谐的语言

幽默是人类智慧的最高境界。幽默诙谐的语言是用一种愉悦的方式让谈判双方获得精神上的愉悦,从而使人际关系更加和谐,祛除双方忧虑和紧张心理的一种语言表达方式。在商务谈判中,当双方正激烈争论,相持不下,充满火药味时,一句幽默的话会使双方相视而笑,避免尴尬,增加辩论的力量,避开对方的锋芒,气氛顷刻松缓下来。心理学家凯瑟琳说过:"如果你能使一个人对你有好感,那么也就可能使他周围的每一个人甚至全世界的人都对你有好感。只要你不只是到处与人握手,而是以你的友善、机智、幽默去传播你的信息,那么时空距离就会消灭。"因此,有人称幽默语言是谈判中的高级艺术。

3) 威胁强硬的语言

商务谈判始终是围绕着利益上的得与失进行的。谈判的某一方如果失去了其内在平衡,就容易产生急躁情绪,甚至表现出粗暴的行为,这样就促使威胁强硬的语言进入谈判领域。威胁强硬的语言是非常粗暴和好战的,缺乏商量的语气,很不客气,最易伤人感情。例如,"非如此不能签约!""最迟必须在××××年××月××日前签约,否则我方将退出谈判。"这种语言主要是起强化态度,从心理上打击对方,也用于振奋本方谈判参与者的工作精神和意志。但这种语言如果使用不当的话,会使对方产生敌对心理,致使谈判破裂。从另一个角度而言,即使使用成功,对双方的关系建立而言也没有好处,因此在商务谈判中一般不使用该类语言。

总之,商务谈判是语言的复合体,是若干应用性语言构成的一个语言系统。系统的整体功能是传播谈判信息,完成谈判参与者之间的信息交流,但是,组成系统的各个要素在实现系统功能的方式或途径上是有差异的,即不同性质的谈判语言所表达的信息是有差异的,在谈判沟通中所具有的作用是各异的,从而在商务谈判沟通中,各种谈判语言交汇在一起,相互作用,构成一个有机的整体。

## 7.1.2 商务谈判语言技巧运用的重要性

成功的商务谈判都是谈判各方出色运用语言艺术的结果。无论是有声语言还是无声语言,在商务谈判沟通中都起着十分重要的作用。党的二十大报告指出,"坚守中华文化立场,提炼展示中华文明的精神标识和文化精髓,加快构建中国话语和中国叙事体系,讲好中国故事、传播好中国声音,展现可信、可爱、可敬的中国形象。"我们在商务谈判尤其是国际商务谈判中,应合理运用商务谈判语言技巧,向世界展现最好的中国形象。

### 1. 语言艺术是通向谈判成功的桥梁

在商务谈判中，同样一个要表达的问题或一段话，恰当地运用语言艺术，可以使对方听起来饶有兴趣，并且乐于听下去；否则，对方会觉得是陈词滥调，产生反感，进而抵触。许多谈判的实战经验还告诉我们，面对冷漠的或者不合作的谈判对手，通过恰当的语言艺术，可以使对手变得热心起来。

---

**案例7—1** ⓓ ⓓ

## 触龙说服赵太后

战国时期，为了让齐国出兵，赵国必须以长安君做人质，但是赵太后不答应，大臣们极力劝谏都无济于事。于是，左师触龙前去劝说太后。

触龙缓慢地小步跑到太后面前，向太后道歉说："我的脚有毛病，连快跑都不能，很久没来看您了。私下里自己原谅自己，又总担心太后的贵体有什么不舒适，所以想来看望您。"太后说："我全靠坐车走动。"触龙问："您每天的饮食该不会减少吧？"太后说："吃点稀粥罢了。"触龙说："我现在特别不想吃东西，自己勉强走走，每天走上三四里，就慢慢地稍微增加点食欲，身上也比较舒适了。"太后说："我做不到。"这时太后的怒色稍微消减了些。

触龙说："我的儿子舒祺，年龄最小，不成才，而我又老了，私下疼爱他，希望能让他替补上黑衣卫士的空缺，来保卫王宫。我冒着死罪禀告太后。"太后说："可以。年龄多大了？"触龙说："十五岁了。虽然还小，但是希望趁我还没入土就托付给您。"太后说："你们男人也疼爱小儿子吗？"触龙说："比妇女还厉害。"太后笑着说："妇女更厉害。"触龙回答说："我私下认为，您疼爱燕后就超过了疼爱长安君。"太后说："你错了！我疼爱燕后不像疼爱长安君那样厉害。"触龙说："父母疼爱子女，就得为他们考虑长远的利益。您送燕后出嫁的时候，拉着她的脚后跟为她哭泣，这是惦念并伤心她嫁到远方，也够可怜的了。她出嫁以后，您也并不是不想念她，可您祭祀时，一定为她祝告：'千万不要被赶回来啊。'难道这不是为她做长远打算，希望她生育子孙，一代一代地做国君吗？"太后说："是这样。"

触龙说："从这一辈往上推到三代以前，甚至到赵国建立的时候，赵国君主的子孙被封侯的，他们的子孙还有能继承爵位的吗？"赵太后说："没有。"触龙说："不光是赵国，其他诸侯国君的被封侯的子孙的后继人有还在的吗？"赵太后说："我没听说过。"触龙说："他们当中祸患来得早的就会降临到自己头上，祸患来得晚的就降临到子孙头上。难道国君的子孙就一定不好吗？这是因为他们地位尊贵而没有功勋，俸禄丰厚而没有功劳，占有的象征国家权力的珍宝太多了啊！现在您把长安君的地位提得很高，又封给他肥沃的土地，给他很多珍宝，而不趁现在这个时机让他为国立功，一旦您去世之后，长安君凭什么在赵国站住脚呢？我觉得您为长安君打算得太短了，因此我认为您疼爱他比不上疼爱燕后。"太后说："好吧，任凭你指派他吧。"

因此，赵国替长安君准备了一百辆车子，送他到齐国去做人质，齐国的救兵才出动。

(资料来源：汇智书源. 学点实用谈判技巧[M]. 北京：中国铁道出版社，2015.)

---

### 2. 语言艺术是谈判中表达己方观点的有效工具

在整个商务谈判过程中，谈判者要把自己的判断、推理、论证的思维成果准确地表达出来，必须出色地运用语言艺术工具。同样的观点，经过不同的语言表达，其达到的效果可能就不一样。比如在谈判中，如果通过行为语言表现出己方急躁，对达成协议表现得很急迫，那么，对方就可能利用我们的弱点。如果在谈判场上表现得不急不躁，根据价格的高低并比较各方面的条件来决策，那么，我方在谈判中就会处于比较主动的地位，达成有利于己方的协议。

**3. 语言艺术是谈判中说服对方的重要武器**

在商务谈判中，谈判双方常常为各自的利益争执不下，这时，如果能说服对方接受自己的观点，谈判就获得了成功。许多实践经验表明，强调双方处境相同、愿望一致，要比强调双方的差异分歧更容易使人理解和接受。当你认为某一问题十分重要，必须取得对方的谅解与合作时，可以试着从多个角度去阐述，正面不行，侧面进攻；直接不行，迂回进攻，争取使对方在不知不觉中接受你的观点。

**4. 语言艺术是实施谈判策略的主要途径**

谈判策略的实施，必须讲求语言艺术。在商务谈判过程中，很多策略比如软硬兼施、红脸白脸等，都需要比较高超的语言技巧与艺术。扮演"白脸"的谈判者，既要态度强硬、寸步不让，又要以理服人；扮演"红脸"的谈判者，既要"凶狠"，又要言出有状，保持良好的形象。在谈判中，态度强硬不等于蛮横无理；平和的语气、稳重的语调、得体的无声语言，往往比蛮横无理更具有力量。

**5. 语言艺术是处理谈判中人际关系的关键**

在商务谈判中，除了争取实现自己的预定目标，努力降低谈判成本，还应该重视建立和维护双方的友好合作关系。形成和谐融洽的谈判气氛，往往需要谈判双方付出艰苦努力，而要破坏它，可能仅仅只需要一两句话。当用语言表达的意愿和要求与双方的实际努力相一致时，就可以使双方维持并发展某种良好的关系，反之，可能导致冲突或矛盾，严重时可能导致双方关系破裂，进而使谈判出现败局。较高水平的语言艺术，即使是反驳、说服、否决对方的话，也可以使对方听得入耳。如果语言运用不当，即使是赞同、认可、肯定、支持对方的话，也可能使对方反感。因此，既表达清楚自己的意见，又较好地保持双方的良好人际关系，取决于语言艺术。

## 7.1.3 商务谈判语言技巧的运用原则

尽管在不同的商务谈判中及商务谈判的不同阶段，谈判语言是千变万化的，但这并不意味着它无原则可循。从以往的谈判经验来看，至少有以下几点是商务谈判中运用语言技巧时所必须遵循的原则。

**1. 客观性原则**

客观性原则是指在商务谈判中运用语言艺术表达思想、传递信息时，必须以客观事实为依据，并且运用恰当的语言为对方提供令其信服的证据。谈判中离开了客观性原则，无论一个人有多高水平的语言艺术，他所讲的也只能是谎言，谈判也就没有存在和进行的必要。

以产品购销谈判为例。坚持客观性原则，从卖方来讲，主要表现在：介绍本企业情况要真实；介绍产品性能、质量要恰如其分，如可附带出示样品或进行演示，还可以客观介绍一下用户对该商品的评价；报价要恰当可行，既要努力谋取己方利益，又要不损害对方利益；确定支付方式要充分考虑到双方都能接受、双方都较满意的结果。

从买方来讲，谈判语言的客观性，主要表现在：介绍自己的购买力不要水分太多；评价对方商品的质量、性能要中肯，不可信口雌黄，任意褒贬；还价要充满诚意，如果提出压价，其理由要有充分根据。

如果谈判双方均能遵循客观性原则，就能给对方真实可信和"以诚相待"的印象，就可以缩小双方立场的差距，使谈判顺利进行下去，并为以后长期合作打下良好的基础。

### 案例7-2

#### 业主与承包商就地基问题的谈判

业主与承包商就地基问题各执己见。承包商认为地基4米就足够了，而业主认为至少6米。承包商讲："我用钢筋结构来做房顶，地基没有必要做那么深。"业主这时不肯让步。如何才能保证房屋坚固呢？业主可以用一些客观的安全标准来进行讨价还价。业主可以这样讲："看，也许我是错的，4米的地基就可以了；我所坚持的是地基要坚实牢固，深度要足以使房子安全。政府对此类土地的地基有没有安全标准？这一地区的其他建筑物的地基深度如何？这一地区的地震风险有多大？"遵循一些客观的标准来解决这一地基深度的问题，很可能就是谈判的出路。

(资料来源：陈丽清，何晓媛. 商务谈判理论与实务[M]. 第2版. 北京：电子工业出版社，2014.)

#### 2. 逻辑性原则

逻辑性原则是指在商务谈判中运用语言艺术，要求概念明确，判断恰当，推理符合逻辑规律，证据确凿，具有较强的说服力。要想提高谈判语言的逻辑性，既要求谈判者具备一定的逻辑学知识，又要求在谈判前做充分准备，详细占有相关资料，并加以认真整理，然后在谈判桌上以富有逻辑的语言表达出来，为对方认识和理解。

在商务谈判中，逻辑性原则反映在问题的陈述、提问、回答、辩论、说服等各个语言运用方面。陈述问题时，要注意术语概念的同一性，问题或事件及其前因后果的衔接性、全面性、本质性和具体性；提问时要注意察言观色、有的放矢，要注意和谈判议题紧密结合在一起；回答时要切题，一般不要答非所问，说服对方时要使语言、声调、表情等恰如其分地反映人的逻辑思维过程。同时，还要善于利用谈判对手在语言逻辑上的混乱和漏洞，及时驳倒对手，增强自身语言的说服力。相反，在商务谈判中语言逻辑混乱则很容易导致谈判以破裂告终。

### 案例7-3

#### 纪晓岚以逻辑性的语言应对皇帝

清朝乾隆皇帝想开个玩笑为难一下著名学者纪晓岚，于是问他："纪爱卿，'忠'孝怎么解释？"纪晓岚答道："君要臣死，臣不得不死，为忠……"乾隆立刻说："朕命你现在去死！""臣领旨！""你打算怎样去死？""跳河。""好，去吧！"纪晓岚走后，乾隆边漫步，边吟诗。一首诗还未念完，纪晓岚就跑了回来。乾隆问道："纪爱卿，你怎么没死？"纪晓岚答道："我碰到了屈原，他不让我死。""怎么这样说呢？""我到河边，正要往下跳时，屈原大夫从水里向我走来，他拍着我的肩膀说：'晓岚，这就不对了，想当年楚王是昏君，我不得不死，可如今皇上还算圣明，你应该先回去问问皇上是不是昏君，如果皇上说是，你再死也不迟啊！'"如此一席妙语，竟改变了皇上的"圣旨"。

纪晓岚此处所用的逻辑推理形式是：如果命令忠臣者死，那么这个皇帝就是昏君。但皇帝不会承认自己是昏君的，所以，皇帝不会命令纪晓岚去死。

(资料来源：常桦，凡禹. 不懂谈判就当不好经理[M]. 北京：北京工业大学出版社，2008.)

### 3. 针对性原则

在商务谈判中，谈判双方各自的语言都是表达自己的愿望和要求的，因此，谈判语言的针对性要强。谈判语言的针对性是指根据谈判的不同对手、不同目的、不同阶段的不同要求使用不同的语言。简言之，就是有的放矢、认清对象、对症下药。

(1) 根据不同的谈判对象，采用不同的谈判语言。不同的谈判对手，他们的身份、性格、态度、年龄、性别等不同，即使是同一谈判对手，随着时间、场合、环境的变化，其需要、价值观等也会有所不同，谈判者必须针对这些差异运用语言。从谈判语言技巧的角度看，这些差异透视得越细，洽谈效果就越好。

(2) 根据不同的谈判议题，采用不同的谈判语言。

(3) 根据不同的谈判目的，采用不同的谈判语言。

(4) 根据不同的谈判阶段，采用不同的谈判语言。如在谈判开始时，以文学语言、外交语言为主，有利于联络感情，创造良好的谈判氛围；在谈判进程中，应多用法律语言，并适当穿插文学语言、军事语言，以求柔中带刚，取得良效；在谈判后期，应以军事语言为主，附带法律语言，以定乾坤。

### 4. 隐含性原则

隐含性原则要求在商务谈判中运用语言艺术，要根据特定的环境与条件，委婉而含蓄地表达思想、传递信息。虽然运用语言艺术要遵循客观性、逻辑性原则，但这并不是说在任何情况下都必须直来直去，毫无遮掩。相反，在商务谈判中根据不同条件，掌握和运用绕圈子、隐晦的语言表达方式，有时会起到良好的效果。

隐含性原则在许多方面集中反映了语言运用的艺术性，除了表现在口头语言中，还直接表现在无声语言中，即无声的行为语言本身就隐含着某种感情和信息。

### 5. 规范性原则

谈判语言的规范性是指谈判过程中的语言表达要文明、清晰、严谨、精确。

首先，谈判语言必须坚持文明礼貌的原则，必须符合商界的特点和职业道德要求。无论出现何种情况，都不能使用粗鲁的语言、污秽的语言或攻击辱骂的语言。在涉外谈判中，要避免使用意识形态分歧大的语言，如"资产阶级""剥削者""霸权主义"等。

其次，谈判所用语言必须清晰易懂，口音应当标准化，不能用地方方言或黑话、俗语之类与人交谈。

再次，谈判语言应当注意抑扬顿挫、轻重缓急，避免吞吞吐吐、词不达意、嗓音微弱、大吼大叫或感情用事等。

最后，谈判语言应当准确、严谨，特别是在讨价还价等关键时刻，更要注意一言一语的准确性。在商务谈判过程中，由于一言不慎，导致谈判走向歧途，甚至导致谈判破裂的事例屡见不鲜。因此，必须认真思索，谨慎发言，用严谨、精当的语言准确地表述自己的观点和意见。

上述语言技巧的几个原则，都是在商务谈判中必须遵守的，其旨意都是为了提高语言技巧的说服力。在商务谈判实践中，不能将其绝对化，单纯强调一个方面或偏废其他原则，须坚持上述几个原则的有机结合和辩证统一。只有这样，才能达到提高语言说服力的目的。

## 7.2 商务谈判中的有声语言技巧

商务谈判的主体语言是有声语言,它是信息传递的主要载体,主要通过谈判者之间的陈述、问与答、听与辩、说服等基本方法来完成的。

### 7.2.1 陈述技巧

商务谈判中的陈述就是基于己方的观点、立场和方案等,通过阐述来表达关于参加本次谈判的基本观点和意见,使谈判双方有所了解。这是一种不受对方提问制约的主动性阐述,是决定谈判成败的关键。按照常理,在谈判中陈述问题、表达观点和意见时,应当态度诚恳,观点明朗,语言生动、流畅,层次清楚,紧凑。但这只是针对一般情况而言的。具体来讲,根据谈判活动的发展过程,商务谈判中的陈述技巧主要包括谈判入题陈述的技巧、谈判中陈述的技巧和谈判结束陈述的技巧。

**1. 谈判入题陈述的技巧**

谈判双方在刚进入谈判场所时,往往会有忐忑不安的心理,尤其是谈判新手在比较重要的谈判中更是如此。因此,采用恰当的入题陈述技巧,有助于消除这种紧张心理,激发对手的兴趣,使对手变成热心的参与者,轻松而高兴地开始会谈。

1) 迂回入题

这是一种非常巧妙的入题方法,避免了谈判时单刀直入、过于直露,也不会影响谈判的融洽气氛。

(1) 从题外话入题。这种方法是通过一些中性话题的引入,使陈述顺利进行下去,这些话题范围很广,你所听到看到的一切和谈判正题无关的话题都属此类。例如,有关天气或季节的话题,有关社会新闻、旅行见闻、社会名人、个人爱好或其他有关流行事物的话题等。

### 案例7-4

#### 天气的寒暄

邓小平同志会见英国女王伊丽莎白二世和她丈夫爱丁堡公爵菲利普亲王,在会见开始时笑着说:"这几天北京的天气很好,这也是对贵宾的欢迎。当然,北京的天气比较干燥,要是能'借'一点伦敦的雾,就更好了。我小时候就听说伦敦有雾。在巴黎时,听说登上埃菲尔铁塔就可以望见伦敦的雾。我曾登上过两次,可惜很遗憾,天气不好,没有看到。"

爱丁堡公爵说:"伦敦的雾是工业革命时的产物,现在没有了。"

邓小平风趣地说:"那么,'借'你们的雾就更加困难了。"

公爵说:"可以'借'点雨给你们,雨比雾好。你们可以'借'点阳光给我们。"

于是气氛一下子就活跃起来了。

(资料来源:龚荒. 商务谈判与沟通——理论、技巧、实务[M]. 北京:人民邮电出版社,2014.)

(2) 从介绍己方谈判者入题。通常可简略介绍一下己方谈判者的职务、学历、经历、年龄等，既打开了话题，消除了对方的不安心理，又显示了己方强大的谈判阵容，使对方不敢轻举妄动。

(3) 从"自谦"入题。如果对方在己方所在地谈判，可以谦虚地表示很多方面照顾不周，或者谦称自己才疏学浅，缺乏谈判经验，希望通过谈判建立友谊等。

(4) 从介绍己方的生产、经营、财务状况等入题。这样可以先声夺人，提供给对方一些必要资料，充分显示己方雄厚的财力、良好的信誉和质优价廉的产品等基本情况，坚定对方谈判的信心。

2) 先谈细节，后谈原则

这是以围绕谈判主题为前提的条件下，开始先谈细节问题，条分缕析，丝丝入扣，解决了所有的细节问题后便自然而然地达成原则性的协议。在谈判双方可能合作的范围不够明确的时候，双方可以先谈一些没有合作障碍的细节，通过细节摸清双方可能合作的范围后，再来讨论双方合作的整体性原则问题。

3) 先谈原则，后谈细节

一些大型的贸易谈判，由于需要洽谈的问题千头万绪，双方谈判者不应该也不可能介入全部谈判，往往要分成若干等级，进行多次谈判，这就需要采取先谈原则问题，后谈细节问题的方法入题。一旦双方就原则问题达成一致，洽谈细节问题也就有了依据。

4) 列明议题，按序进行

大型的商务谈判总是由具体的一次次谈判组成，在具体的每一次谈判会议上，双方可以首先确定本次会议的谈判议题，然后确定谈判议程，按议程进行，具体的商谈议题宜小不宜大，一般可按单位时间(半天或一天)考虑。

**2. 谈判中陈述的技巧**

商务谈判"入题"后，双方要开始陈述自己的观点，这是谈判的重要环节。通常可以采用以下一些方法。

1) 语言要通俗易懂

对谈判中陈述的要求是你说出来的话要让对方立即听懂并能理解，应避免使用晦涩的语言，当无法避免使用专业术语时，则至少要以简明易懂的惯用语加以解释，这样才能使对方准确、完整地理解你的观点。要记住陈述的目的是想让对方相信自己所言的事实或接受己方的观点，而不是借助陈述炫耀自己的学问，卖弄自己的词汇。

## 案例7-5

### 秀才买柴

一秀才买柴，曰："荷薪者过来。"卖柴者因"过来"二字明白，担到面前。问曰："其价几何？"因"价"字明白，说了价钱。秀才曰："外实而内虚，烟多而焰少，请损之。"卖柴者不知说甚，荷柴者而去。

意思是有一个秀才去买柴，他对卖柴的人说："荷薪者过来！"卖柴的人听不懂"荷薪者"(担柴的人)三个字，但是听得懂"过来"两个字，于是把柴担到秀才前面。秀才问他："其价如何？"卖柴的人听不太懂这句话，但是听得懂"价"这个字，于是就告诉秀才价钱。秀才接着说："外实而内虚，烟多而焰少，请损之。(你的木柴外表是干的，里头却是湿的，燃烧起来，会浓烟多而火焰小，请减些价钱吧。）"卖柴的人因为听不懂秀才的话，于是担着柴走了。

谈判者最好用简单易懂的词语来传达讯息，掌握好说话的对象和时机，可能就能达到想要完成的目的。

(资料来源：秀才买柴. 百度百科.)

2) 善于使用弹性用语

如果对方语言优雅、有修养，己方也应相应使用同类语言；如果对方语言朴实无华，则己方使用的语言无须过多修饰；如果对方语言爽直、流利，则己方语言不要迂回曲折。总之，应根据对方的学识、气质、修养调整和改变己方的语言。

3) 避免使用极端用语

不论多么严肃、辛辣的议论，都应以柔和、委婉的语言表达自己的观点，而且语言本身要适合场合需要。有些过于极端的语言会使对方产生偏见，伤害对方的感情，带来尴尬的局面，影响谈判进展，如"发不义之财""无耻""叫人厌恶""小气鬼""愚蠢"等。

4) 语速要适中

通常情况下，说话的速度分快速、中速和慢速三种，这三种速度可以针对不同的情绪与内容发挥不同的效力。在商务谈判中，我们提倡以中速的节奏说话，中速说话可以给对手以必需的时间，让谈判对手从容领会你的观点、立场和态度，同时也营造了一种平静的氛围。

在谈判时通常不提倡快速说话，但可以在表明立场时运用快速说话。另外在表达激动的情绪时也可采用快速说话的方式。说话节奏放慢一般用在强调某个立场或是向对手表达你的不满情绪，以期引起对手的注意和重视的时候。原则上说，快速说话和慢速说话这两种方式不宜过多使用。

5) 语气要平和

在商务谈判中，语气的强弱对于意见的表述也有重要影响。通常运用一种平和的语气，给谈判对手留下"正常"的印象，同时也给增强语气和减弱语气埋下伏笔。增强语气说话，在表达某种特定的感情和态度时是很有必要的。通常有两种情况可以增强语气，一种是当你受到谈判对手无礼地或是有意无意地侮辱时，一种是当谈判双方观点取得一致，说话非常投机时，可采用这种方法表明你的感受。以减弱语气的方式说话，在表达诚恳、亲近和无奈的感情时运用较多。

6) 语言要生动

谈判人员在进行陈述时应该避免枯燥乏味的平铺直叙，防止抽象的说教，为加强对方的感受力，要特别注意运用生动的、活灵活现的语言来具体而形象地说明问题。如果脱离了具体，那么陈述只是一堆空洞词汇的罗列，没有任何实际意义；如果缺乏了生动，那么陈述会变成生硬的说教，也不会起到应有的作用。

## 案例7-6

### "妙语连珠"龙永图

龙永图是中国加入世界贸易组织的首席谈判代表，在谈判桌上，他口若悬河、针锋相对；在私底下，他非常幽默，经常妙语连珠。龙永图认为，中国加入世界贸易组织最重要的一点就是按照国际规则办事，为此他做了三个形象的比喻。

(1) 农贸市场论。世界贸易组织犹如一个农贸市场，中国没有加入时，就像是在市场外的小贩。现在，我们在市场中有固定的摊位了，我们做生意更名正言顺了。

(2) 大块头和小块头打架论。一个大块头和小块头发生矛盾时，大块头总喜欢把小块头拉到阴暗角落里单挑，小块头则希望到人多势众的地方找人主持公道。目前我国经济比较弱，而美国等西方国家比较强，一对一解决，我们肯定处于不利地位，我们当然希望把问题拿到WTO(世界贸易组织)多边机制中去解决。

(3) 篮球赛论。要参加奥运会篮球赛首先就必须承诺遵守篮球赛的规则，而不能一进球场就说："篮筐太高，是按照西方人的标准设定的，得把那篮筐降下几厘米来适应我们，否则就是不公平竞争。"想加入世界主流，首先就得遵守国际通行的规则，然后才能谈改变规则的问题。

龙永图用形象生动的语言说出了中国加入世界贸易组织的必要性。

(资料来源：朱春燕，陈俊红，孙林岩. 商务谈判案例[M]. 北京：清华大学出版社，2011.)

---

7) 态度要坦诚

在商务谈判中应提倡坦诚相见，不但要坦诚陈述对方想知道的内容事项，而且还应站在对方的立场上设想并回答一些问题，同时还可以适当透露我方的某些动机和假设。坦诚相见是获得对方同情和信赖的好办法，人们往往对坦诚的人有亲切感。因此，坦诚经常能达到预期的效果。当然，坦诚也是有限度的，不能把一切和盘托出，尤其是那些与此次谈判有关的核心机密，绝不可向对方坦诚交底。

8) 陈述要层次清楚

商务谈判中陈述应避免语无伦次，东拉西扯，使谈判对手听后不知所云。陈述要符合听者习惯的接受方式，明确陈述的主次，分层次地进行，让人信服。否则，对方会产生厌烦的心理，抓住把柄，打开缺口。

9) 对陈述中的错误要及时纠正

谈判者在陈述过程中，常常会因为偏见或遗忘等原因出现错误。一旦出现这种情况，谈判者应有勇气及时纠正这些错误，不可为了顾全面子而采取顺水推舟、将错就错的做法。否则会使对方误解，影响谈判者的思想交流，更不可事后文过饰非，自圆其说，这样只会使事情变得越来越糟糕，谈判不会取得好的效果。

### 3. 谈判结束陈述的技巧

商务谈判中结束语起着压轴的作用，在谈判中占据特殊地位。得体的总结陈述，既可以让对方深思，又可以引导对方陈述问题的态度与方向。在进行总结陈述时要注意以下几点。

1) 总结陈述是对前一阶段成果的总结

进行总结陈述时，首先要肯定前一阶段的谈判成果，增强各方谈判的信心，不要以否定性的语言结束谈判，以免在谈判各方心中留下消极印象。

2) 发言要紧扣主题，简明扼要

商务谈判作为商务活动的一部分，效率也是衡量谈判是否成功的标准之一。由于时间有限，在总结陈述时，谈判中双方都应紧紧围绕主题进行陈述，简洁切题。

3) 观点要鲜明，言语要中肯

在对前一阶段谈判进行总结陈述时，一方面观点要鲜明，对方才能更好地了解己方的立场与要求；另一方面，要注意措辞得体，过于极端的语言不仅易刺伤对方的自尊心，引起对方的反感，而且容易给对方留下不客观、不专业的印象，甚至可能会使对方质疑你的谈判诚意。

常见的结束语有:"今天的会谈进一步明确了我们彼此的观点,并在某某问题上达成了一致看法,但在某某问题上还需要再谈。"或者:"对贵方的要求我刚才谈了我们的意见,但关于这个问题我们打算进一步研究,待下次见面再谈,您看如何?"总之,结束语在谈判陈述中是不可忽视的一个方面,在实践中应视谈判的情况而定,既有刻板的、公式化的结束语,也有友好、诙谐、促进性的结束语,不可一概而论。

### 7.2.2 问与答的技巧

在日常生活中,问是很有艺术性的。比如某豆浆店对顾客是否在豆浆中加鸡蛋的事情,刚开始服务员总是问顾客:"顾客,豆浆里加鸡蛋吗?"因为会有人选择"不要",所以其销售额平平。后来,经理要求服务员换一种问法:"顾客,豆浆里要一个鸡蛋还是两个鸡蛋?"多数人选择一个,甚至有人选择两个,结果其销售额大增,这充分体现问话要讲究艺术性。第一种问法,容易得到否定回答,而后一种问法是选择式,大多数情况下,顾客会选一种。在商务谈判中常运用提问作为摸清对方的需要,掌握对方心理、表达己方感情的手段。针对对方的提问,实事求是地回答,但对所有问题都正面地提供答案,并不一定是最好的答复。所以,问要有技巧,答要有艺术。

#### 1. 问的技巧

在商务谈判中,如何"问"是很有讲究的。一般来说,通过有效的提问,可以引起对方的注意,使对方对提出的问题予以重视;通过有效的提问,可以收集对方的信息,发现对方的需要,以便对症下药;通过有效的提问,为对方的思考和回答规定方向,进而有助于控制谈判的方向,使话题趋向结论。因此,谈判者应充分了解提问的类型,掌握提问的时机,灵活、艺术地运用提问的技巧。

1) 提问的类型

提问的类型主要有以下几种。

(1) 封闭式提问。它是指足以在特定领域中带出特定答复(如"是"或"否")的问句。例如,"您同意这个价格吗?""您是否认为售后服务没有改进的可能?""贵方在这个问题上的态度可否再明朗点?"封闭式提问可使发问者获得特定的信息资料,而答复这种提问的人并不需要太多的思索就能给予答复,但这种提问有时会带有相当程度的威胁性,从而引起对方的不快。

(2) 开放式提问。它是指足以在广泛领域内带出广泛答复的问句。这类提问通常无法以"是"或"否"等简单的措辞做答复。例如,"您对当前市场销售状况有何看法?""您对当前市场前景有何看法?"由于开放式提问并不限定答复的范围,所以答话者可以畅所欲言,同时发问者也可获悉答话者的立场与感受。

(3) 澄清式提问。它是针对对手的答复重新措辞,使对方证实或补充原先答复的问句。例如,"您刚才的这一意见,代表贵方的真正意见吗?""根据您刚才的陈述,我理解……是这样吗?"澄清式提问不但足以确保谈判各方在述说"同一语言"的基础上进行沟通,而且这是针对对手的话语进行回馈的一种理想方式。

(4) 引导式提问。它是对答案具有强烈暗示性的问句。这类提问几乎令对手毫无选择地按发问者所设计的答案作答。这是一种反义疑问句的句型,在商务谈判中,往往是使对方与自己的观念产生赞同反应的表示。例如,"讲究商业道德的人是不会胡乱提价的,您说是不是?""在交货时,难道我们不考虑入境的问题吗?"引导式提问不但可以充分地发掘信息,而且可以体现问者对对手答复的重视。

(5) 借助式提问。它是凭借权威的力量去影响谈判对手的问句。在采取这种提问方式时，应当注意被借助者应是对手所熟悉并能对其产生积极影响的人或机构，否则，就会影响其效果，甚至适得其反。例如，"我们这种产品是国家首创，经过国内某某教授的鉴定。现在我们就谈谈产品的价格吧？"

(6) 坦诚式提问。它是一种推心置腹友好性的问句。这类问句一般是对方陷入困境或有难办之处，出于友好，帮其排忧解难的问句。例如，"告诉我，你至少要销掉多少？""要改变您的现状，需要花费多少钱？"

(7) 婉转式提问。它是在没有摸清对方虚实的情况下，采用婉转的方式，在适当的场所或时机向对方提问的问句。这种问句可避免被对方拒绝而出现的难堪，更可以自然地探出对方的虚实，从而达到自己的目的。例如，"这种产品的功能还不错吧？您能评价一下吗？"

(8) 多主题提问。它是包含多个主题的问句，即一个问句中包含多种内容。例如，"您是否能就这个协议产生的背景、履约的情况、违约的责任，以及双方的看法和态度谈一谈？"这种问句因含过多的主题而致使对方难以周全把握。很多有关专家均认为，一个问题最好只包含一个主题，最多不超过三个主题，这样，才能使对手有效地掌握。

2) 提问的时机

什么时候问话、怎样问话都是很有讲究的。掌握好提问的时机，有助于引起对方的注意，掌握主动权，使谈判按照自己一方的意图顺利进行。

(1) 在对方发言完毕之后提问。在商务谈判中，对方发言的时候一般不要急于提问，因为打断别人的发言是不礼貌的，还极易引起对方的反感，影响谈判情绪。当对方发言时，你要认真倾听，即使你发现了对方的问题，很想立即提问，也要克制自己，可以先把发现的和想到的问题记下来，待对方发言完毕再提问。这样，既体现了尊重对方，也反映出自己的修养，而且能全面、完整地了解对方的观点和意图，避免操之过急而曲解或误解了对方的意图。

(2) 在对方发言停顿或间歇时提问。谈判中，如果对方的发言冗长、纠缠细节或离题太远而影响谈判进程，那么，就可以利用对方发言停顿或间歇时提问，这是掌握谈判进程、争取主动的必然要求。例如，利用对方点烟、喝水的瞬间或停顿、间歇时借机发问："关于价格问题有机会再议，现在是否可以先谈谈产品质量？"

(3) 在议程规定的辩论时间提问。一般来说，大型的商务谈判在进行前都要商定谈判议程，设定辩论时间。因此，在双方各自介绍情况和陈述的时间里一般不进行辩论，也不向对方提问，只有在具体的辩论时间里，双方才自由提问及进行辩论。在这种情况下，在辩论前的谈判中，一定要做好记录，归纳出自己想提出的问题再提问，使提出的问题具有针对性。

(4) 在己方发言前后提问。在商务谈判中，当轮到己方发言时，可以在谈己方的观点之前对对方的发言进行提问。这种提问，可以要求对方回答，也可以不要求对方回答，自问自答，以争取主动。例如，"价格问题您已经讲得很清楚，但质量和售后服务怎样呢？我先谈谈我们的意见。"

3) 提问的技巧

在谈判过程中，谈判者应根据谈判的具体情况来设计问题，使用提问技巧，很多时候能取得出奇制胜的效果。

(1) 预先准备好问题。在商务谈判前，谈判者应做好充分的事前准备，针对谈判事先拟好要提出的问题，这样能够做到有针对性。同时，预先准备好问题也可预防对方反问。有些有经验的谈判者，往往先提出一些看上去很一般，并且比较容易回答的问题，而这些问题恰恰是随后所要提出的比较重要的问题的前奏。这时，如果对方思想比较松懈，突然面对所提出的较为重要的问题时往往措手不及，收到意想不到的效果。

(2) 提问态度要诚恳。当直接提出某一问题而对方或是不感兴趣，或是态度谨慎而不愿展开回答时，我们可以转换一个角度，用十分诚恳的态度来提出问题，以此来激发对方回答问题的兴趣。诚恳的态度能够增强谈判双方之间的情感沟通，加强对方的信任感，从而使谈判在更加和谐、友好的氛围中进行。

(3) 提问应言简意赅。在商务谈判过程中，提出问题的句式越短越好，而由提问所引出的回答则越长越好，这样一方面我方可以多发问，另一方面从对方的回答中，我方可以获得更多对谈判有用的信息，从而洞悉对方的心理。而当我方提问比对方回答还长时，我方将处于被动的地位，显然这种提问是错误的。

(4) 不要以法官的态度来询问对方。像法官一样询问谈判对方，会造成对方的敌对与防范心理和情绪，因为双方之间的谈判不等于法庭上的审判，需要双方心平气和地提出和回答问题。

(5) 不强行追问。如果对方的答案不够完整，甚至回避不答，这时不要强行追问，因为这样做不仅没有收获，而且浪费时间和精力，而是要有耐心和毅力等待时机到来时再继续追问，这样做以求得对谈判对手的尊重，同时再继续回答对方问题也是对方的义务和责任，因此时机成熟时，对方自然不会推卸。

(6) 忌讳提出有关私人方面的问题。在商务谈判中，有关对方个人生活、工作方面的问题，如对方的收入、家庭情况、女士或太太的年龄等，属于个人隐私。如果提问涉及私人方面的问题，会被对方认为有窥视隐私的嫌疑，是不礼貌或不道德的行为。所以，不提有关私人方面的问题，在谈判中也已成为一种习惯。

(7) 提出问题后应闭口不言。谈判中，通常的做法是，当我方提出问题后，应闭口不言，如果这时对方也是沉默不语，则无形中给对方施加了一种压力。这时，我方保持沉默，由于问题是由我方提出，我方自然就占有一定的主动权，对方必须以回答问题的方式来打破沉默，或者说打破沉默的责任将由对方来承担。所以，提出问题后，不要讲话，静静地等待对方的回答后再伺机行事，才是上策。

(8) 尽量避免对方的否定回答。谈判专家曾做过一个统计，在商务谈判中，如果提问方连续几次提问都遭到对方以否定形式"不"作为回答，那么提问方通常会阵脚大乱，在谈判中陷入劣势。古希腊哲学家苏格拉底以善言善辩著称于世，他克敌制胜的独特方法，就是在辩论过程中绝不让对手说"不"。事实上，当一件事得到对方肯定时，气氛往往会缓和下来。如果对方连续说了好多遍"是"，他就会不知不觉地消除对你的戒备，逐渐对你的意见变得乐于接受，这样一来，再棘手的问题也能得到解决。相反，如果总是让对方用"不"来回答你的问题，谈判气氛就会越来越紧张，对立情绪也会越来越明显。因此，为了保证谈判能向着有利于己方的方向发展，就要努力把问话组织为能获得对方肯定式答复的形态，以免遭到否定回答的打击。

(9) 注意对手的心境。谈判者受情绪的影响在所难免。商务谈判中，要随时留心对手的心境，在适当的时候提出相应的问题。对方心境好时，常常会轻易地满足你所提出的要求，而且会变得粗心大意，透露一些相关的信息。此时，抓住机会，提出问题，通常会有所收获。

**2. 答的技巧**

有问必有答，来而不往非礼也。在商务谈判中，提问有艺术，应答也有技巧。问得不当，不利谈判；答得不好，同样也会使己方陷入被动。17世纪的英国哲学家弗朗西斯·培根说过，"谈判是个发现的过程"。提问、解答、陈述、辩驳，谈判者要承受巨大压力去对问题进行快速陈述和明智的回答。在商务谈判中,谈判者无法预知对方可能提出的所有问题,更多的时候谈判的回答是一场即兴表演。谈判者所提出的问题往往千奇百怪、五花八门,多是对方处心积虑、精心设计之后才提出的,可能含有谋略、圈套,如果对所有的问题都直接回答,反而未必是一件好事,所以回答问题必须运用和掌握一定的技巧。

1) 回答的方式

回答的方式主要有以下几种。

(1) 避重就轻法。这种回答方法又称部分回答法。它往往是做不彻底地回答,不把自己的真相全部说明,而是将那些表面的、形式的东西回答给对方,有意避开问题的实质、真相,令对方摸不清己方的真实意图。例如,当对方问及价格问题时,可以做这样的回答:"由于商品的等级不同,价格也不同。"

## 案例7-7

### 刘伯温的机智回答

明朝的刘伯温是个堪比诸葛亮的聪明人。有一次,开国皇帝朱元璋问他:"明朝的江山可坐多少年?"刘伯温心想,无论怎么回答都可能招致杀身之祸,不由得汗流浃背地伏地回答说:"我皇万子万孙,何须问我?"他的这个回答用"万子万孙"的恭维话作为掩护,实际上却是以"何须问我"的托词做了回答,朱元璋抓不到刘伯温的任何把柄,自然也就无可奈何。

(资料来源:张煜. 商务谈判[M]. 成都:四川大学出版社,2005.)

(2) 答非所问法。这种方法就是在回答对方的问题时把商务谈判的话题引到其他方向上去。在商务谈判中往往会遇到一些不方便回答或难以回答的提问,最好的回答方式是顾左右而言他。有意识地将话题引开,借以破解对方的进攻。

(3) 以问代答法。这种方法往往是在商务谈判中不宜回答或难以回答时采用,相当于一种反击式的提问,将对方的思路套回到他自己身上去。运用得好,会使一些棘手问题迎刃而解,例如,"在答复您的问题之前,我想向您先请教个问题。"

(4) 委婉拒答法。在商务谈判中,当遇到牵涉有损己方形象或一些无聊的问题时,宜做委婉拒答,减轻对方提问的压力。例如,"这类问题,只要你仔细想想,就会找到答案的。""关于这个问题要做回答现在还不是时候。"

(5) 顺水推舟法。这种方法是指当对方在谈判时已抓住你的薄弱环节进行攻击或自己回答出现漏洞,再做强辩或一概不承认都对己不利,这时不妨来个顺水推舟,部分地表示赞同,这样可以防止对方再做进一步的攻击,待躲过锋芒后,再伺机还击。例如,"你们说的这些我们自己也有所认识。""我们会认真考虑你们的合理要求的。""我们也正在考虑这方面的问题。"

2) 回答的技巧

回答的技巧主要有以下几方面。

(1) 充分考虑,缜密思索。一般情况下,谈判者对问题答复得好坏与思考时间成正比。正因为如此,有些提问者会不断地催问,迫使你在对问题没有进行充分思考的情况下仓促作答。谈判经验告诉我们,在对方提出问题之后,己方必须经过缜密思考,即使是一些需要马上回答的问题,也应借故拖延时间,如可通过点烟、喝水、整理一下桌上的资料等动作来延缓一下时间,给自己留有一个合理的时间考虑一下对方的问题。经过再三思考,在充分了解对方所提问题的真实含义之后,再予以回答。

(2) 针对提问者的目的和动机回答。在商务谈判中,谈判者提出问题的目的是多种多样的,动机也是比较复杂的。如果在谈判中,没有弄清对方的根本意图,就按照常规做出回答,效果往往是不佳的,甚至会陷入对方的圈套。因此,谈判者在回答问题时,一定要清楚对方的真实意图,才可做出高明的回答。

(3) 开诚布公地回答。其又可称为"实事求是"地回答。这是最普遍的回答方式,即对对方所提出的问题,在不涉及商业秘密,不至于使谈判者陷于被动的情况下,实事求是地相告。这既能节约谈判的时间,又能很好地体现出己方的诚意,有利于解决存在的问题,迅速达成谈判协议。

(4) 不知道的问题不要回答。谈判者并非先知,尽管做了充分的准备,谈判时还是会经常遇到陌生难解的问题,此时,谈判者切不可打肿脸充胖子强作答复,这样不仅可能损害自己的利益,若对方是通过提问来试探己方,则可能因此而丧失对方的信任,使己方陷入被动局面。

(5) 不要彻底回答。商务谈判中并非任何问题都要回答,要知道有些问题并不值得回答。对方提问或是想了解己方的观点、立场或态度,或是想确认某些信息。不要彻底回答就是指答话人将问话的范围缩小,或只回答问题的某一部分,或者似答非答,做非正面的间接回答。例如,对方问:"你们对这个方案怎么看,是否同意?"这时,如果马上回答同意,时机尚未成熟,你可以说:"我们正在考虑、推敲,关于付款方式只讲两点,我看是否再加上……"这样,就避开了对方问话的主题,同时,也把对方的思路引到你讲的内容上来。

(6) 不要确切回答。模棱两可、弹性较大的回答有时很有必要。有时遇上一些难以答复或不便答复的问题,对此类问题,并不一定要回答,而且针对问题的回答并不一定就是最好的回答,就要采取不确切的回答。例如,对方问:"你打算购买多少?"你可以回答:"这要根据情况而定,看你们的优惠条件是什么?"

(7) 使对方失去追问的兴趣。在许多场合下,提问者会采取连珠炮的方式提问,这对回答者很不利。特别是当对方有准备时,会诱使答话者落入其圈套。因此,要尽量使问话者找不到继续追问的话题和借口。比较好的方法是,在回答时,特别要注意不让对方抓住某一点继续发问。这时可以资料不全或记不准为借口拖延,这样让对方等你将资料准备齐全了再谈;也可以说明许多客观理由如铁路运输方面、许可证办理方面、气候方面……但不说自己公司方面可能出现的问题。

(8) 将错就错,避正答偏。在沟通过程中,由于双方在表述与理解上的不一致,错误理解对方讲话意思的事情常有发生,当对方对我方的答复产生错误的理解,而这种理解又符合我方的利益时,就应该将错就错;有时当出现一些可能对己不利的问题,可采用故意避开问题的实质,避正答偏,而将话题引向歧路,以破解对方的进攻。

## 案例7-8

### 周总理的巧妙应答

一位西方记者在一次记者招待会上曾经向周恩来总理提问:"请问,中国人民银行有多少资金?"周总理深知对方是在嘲笑新中国的贫困,如实话实讲,自然会使对方的计谋得逞,于是答道:"中国人民银行的资金嘛,有十八元八角八分。中国银行发行面额有十元、五元、二元、一元、五角、二角、一角、五分、二分、一分的十种主辅人民币,合计为十八元八角八分。"周总理的回答巧妙地避开了对方的话锋，使对方无机可乘，被中国人民传为佳话。

(资料来源：赵莉. 商务谈判[M]. 北京：电子工业出版社，2013.)

### 7.2.3 听与辩的技巧

#### 1. 听的技巧

造物主给我们每个人两个耳朵、一个嘴巴，意思是要我们多听少说。社会学家兰金指出，在人们日常的语言交往活动中，听的时间占45%，说的时间占30%，读的时间占16%，写的时间占9%。这说明，倾听在人们交往中居于非常重要的地位。在商务谈判中，为了保证谈判者能够在谈判中及时、准确、恰当地接受或反馈信息，必须掌握商务谈判中"听"的技巧，只有在清楚了解对方立场和观点之后，我们才能提出己方的方针和对策，才能有力地辩驳。

1) 倾听的作用

倾听的作用有很多，具体如下。

(1) 有助于了解对方的需要，发现事实真相。谈判是双方沟通和了解的活动，掌握信息对双方都是很重要的。一方不仅要了解对方的目的、意图和打算，还要掌握不断出现的新情况和新问题。因此，谈判双方十分注意收集整理对方的情况，试图掌握更多的信息，而倾听便是最简捷的途径。它可以使己方得以了解对方的立场、观点、态度，了解对方的沟通方式、内在联系，甚至谈判小组内成员的意见分歧，从而使己方掌握谈判的主动权。

(2) 有助于了解对方态度的变化。在商务谈判中，有的时候，对方态度已经有了明显的变化，但是出于某种需要，却没有用语言明确地表达出来，但是谈判者又可以通过对方说话时所使用的称谓来推断其态度的变化。例如，当谈判进行得很顺利，双方关系很融洽时，双方都可能在对方的称呼上加以简化，以表示关系的亲密，如李某某，可以简称为小李，但是如果突然间改变了称呼，一本正经地叫李某某同志，或是他的官衔，这种改变是关系紧张的信号，预示着谈判将出现分歧或困难。

(3) 有助于给对方留下良好的印象。根据人性理论，我们知道人往往喜欢表现自己，更喜欢别人倾听。一旦有人倾听，说者更热情、更起劲。因此，专注地倾听别人讲话，则表示倾听者对讲话人的尊重及对其讲话内容的重视，能使对方对你产生信赖和好感，使讲话者形成愉快、宽容的心理，从而有利于双方保持良好的关系。

2) 倾听的障碍

在商务谈判中，谈判者彼此频繁地进行着微妙、复杂的信息交流，如果谈判者一时疏忽，将会失去不可再得的信息。倾听就显得非常重要，为什么有时我们不能很好地倾听呢？原因就在于倾听过程中存在的障碍，归纳起来，主要有以下几方面。

(1) 不想去听。谈判者认为只有说话才是自己表白、说服对方的唯一有效方式，或者是急于反驳对方的观点。

(2) 无意去听。谈判者在对方讲话时，只注意与己方有关的内容，或只考虑自己头脑中的问题，或因一些其他事情而分心。

(3) 不愿去听。谈判者精神不集中或思路跟不上对方，或在某种观点上与对方的看法不一致时，都不愿去听。

(4) 听不明白。商务谈判总是针对专业知识进行的，因此，如果谈判者对专业知识掌握有限，在谈判中一旦涉及这方面知识，就会造成由于知识水平的限制而形成的倾听障碍。特别是对于国际商务谈判，由于语言上的差别，也会造成倾听障碍。

(5) 听不进去。由于谈判日程安排紧张或长时间磋商，连日征战，消耗很大，谈判者得不到充分休息，导致精神不佳、注意力下降，从而影响听的效果。

3) 倾听的技巧

要实现有效的倾听，就要设法克服上述障碍。在商务谈判中，听的关键在于了解对方阐述的主要事实，理解对方表达的显在和潜在含义，并鼓励对方进一步充分地表述其所面临的问题和其对有关问题的想法。要达到这些要求，就需要把握以下倾听的技巧。

(1) 要专心致志、集中精力地听。专心致志倾听讲话者讲话，要求谈判者在听对方发言时要特别聚精会神，全神贯注地倾听对方的每一句话，即便自己已经熟知的话题，也不可充耳不闻，避免出现心不在焉、"开小差"的现象，仔细分析对方话语中蕴含的真正含义。我们必须时刻集中精力地倾听对方讲话，同时主动与讲话者进行目光接触，并做出相应的表情，以鼓励讲话者，比如扬一下眼眉，或是微微一笑，或是赞同地点点头等，这些动作配合，可帮助我们精力集中，起到良好的收听效果。

(2) 要学会耐心倾听。作为一名商务谈判者，应该养成耐心倾听对方讲话的习惯，这是个人良好修养的表现。耐心地倾听，不随意打断对方的发言，有利于让对方充分表达他的谈判信息，有利于自己全面、准确地把握对方的心态。它要求谈判者在未弄清对方全部的、真实的意图之前，不要轻率地提出问题或进行反驳；或未等对方把话说完，就断然插入，打断人家的发言；也不可急于记录而放弃听取下文，因为上、下文往往是紧密联系、不可分割的。

(3) 通过记笔记来集中精力。通常，人们即席记忆并保持的能力是有限的，为了弥补这一不足，应该在倾听时做大量的笔记，不管是否会再次参考这些笔记，仅仅是在当时记下要点这个行为本身，就能推动整个倾听过程。记笔记的好处在于：一方面，有了笔记不仅可以帮助记忆，而且有助于在对方发言完毕之后，就某些问题向对方提出质询，同时自己也有时间做充分的分析，理解对方讲话的精神实质；另一方面，通过记笔记，可以给讲话者的印象是重视其讲话的内容，当停笔抬头来看看发言者，会对发言者产生一定的鼓励作用。

对于商务谈判这种信息量较大且较为重要的活动来讲，一定要动笔做记录，作为后续谈判的参考。实践证明，即使记忆力再好也只能记住一个大概内容，有的干脆忘得一干二净，因此，记笔记是不可少的，也是比较容易做到的用以清除倾听障碍的好方法。

(4) 站在对方立场去倾听。倾听的目的是最大限度地接收说话者所发出的信息，因此在倾听时，要最大程度地破除自我的心理定式，尽量站在对方的立场去倾听。在倾听过程中，要避免过早做出判断，一定要等到完全理解了对方的意图后，再做出正面或负面的判断；要避免将困难的、令人不悦的或不满意的信息筛选出来；要避免通过过度简化或粗化而曲解信息，不要去掉细节和简化复杂的信息而使它们易于记忆。如果在商务谈判中，能够站在对方的立场去倾听，牢骚和抱怨也许并不那么难以化解，谈判的结果会更为有利。

(5) 克服先入为主的倾听做法。先入为主地倾听是指听话者没有充分听取对方的说话内容，而是捕捉到对方似是而非的信息，按自己的主观意志想当然处理，常常导致自己判断不当，做出错误的反馈，造成行为选择上的失误。因此，谈判者不应以对方的谈话方式、谈判技巧或对对方谈话内容的喜恶来看待对方的谈话，应力求客观、公正地去听取对方的发言，将讲话者的意思听懂、听完、听透。

(6) 要有鉴别地倾听。在专心倾听的基础上，为了达到良好的倾听效果，可以采取有鉴别的方法来倾听对方发言。通常情况下,人们说话时是边说边想,来不及整理,有时表达一个意思要绕着弯子讲许多内容,从表面上听,根本谈不上什么重点突出,因此,听话者就需要在用心倾听的基础上,鉴别传递过来的信息的真伪,去粗取精,这样才能抓住重点,收到良好的倾听效果。

**2. 辩的技巧**

在商务谈判中,辩论是必不可少的,由于谈判双方利益、立场的差别,会不可避免地出现观点上的对立,辩论则能使这种对立得到沟通和解决。谈判中的讨价还价就集中体现在"辩"上。它是人类语言艺术和思维艺术的综合运用,具有较强的技巧性。

1) 辩论的方法

辩论的方法主要有以下几种。

(1) 直接论证。直接论证就是一种从论据的真实性直接推出论题的真实性的一种证明方法。

(2) 间接论证。间接论证就是通过证明反论题的虚假性,来确定原论题真实性的论证方法,它可分为反证法和选言证法两种。反证法就是通过否定与原论题相矛盾的论题来判定论题真实性的论证方法;选言证法就是将论题作为选言推理前提的一个选言支,运用否定肯定式确定其他选言支为假,从而确定选题为真的证明方法。

2) 辩论的技巧

辩论的技巧具体如下。

(1) 观点明确,立场坚定。商务谈判中辩论的目的就是要论证己方的观点,反驳对方的观点。辩论的过程就是通过摆事实、讲道理来说明己方的观点和立场的过程。为了能更清晰地论证己方观点和立场的正确性及公正性,在辩论时,谈判者必须做好材料的选择、整理和加工工作,运用客观材料及所有能够支持己方论点的证据,增强己方的辩论效果,反驳对方的观点。

(2) 思路敏捷,逻辑严密。商务谈判中的辩论,往往是双方进行磋商遇到难解的问题时才发生的。一个优秀的辩手,应该头脑冷静、思维敏捷、论辩严密且富有逻辑性,只有具有这种素质的人才能应付各种各样的困难,摆脱困境。为此,商务谈判者应加强这方面基本功的训练,培养自己的逻辑思维能力,以便在谈判中以不变应万变,立于不败之地。

## 案例7-9

### 周总理的机智反驳

1961年,一个外国记者,以挑衅的口吻问周恩来总理:"中国这么多人口,是否对别国有扩张领土的要求?"周总理严正回答:"你似乎认为一个国家向外扩张,是由于人口太多。我们不同意这种看法。英国的人口在第一次世界大战以前是4 500万,不算太多,但是英国在很长时间内曾是'日不落'的殖民帝国。美国的面积略小于中国,而美国的人口还不到中国人口的1/3,但是美国的军事基地遍布全球,美国的海外驻军达150万人。中国人口虽多,但是没有一兵一卒驻在外国的领土,更没有在外国建立一个军事基地。可见一个国家是否向外扩张,并不决定于它的人口多少。"

(资料来源:张国良. 商务谈判与沟通[M]. 北京:机械工业出版社,2015.)

(3) 态度客观,措辞准确。商务谈判中的辩论体现现代文明的谈判准则,不论辩论双方如何针锋相对,争论多么激烈,都必须本着客观公正的态度,准确措辞,切忌用侮辱诽谤、尖酸刻薄的语言进行人身攻击。如果某一方违背了这一准则，其结果只能是损害自己的形象，降低己方的谈判质量和谈判实力，不但不会给谈判带来丝毫帮助，反而可能置谈判于破裂的边缘。

(4) 辩论应进取有度。辩论的目的是要证明己方立场、观点的正确性，反驳对方的立场、观点上的不足，以便能够争取到有利于己方的谈判结果，而不是要打击或毁灭对方。因此，在辩论中一旦达到目的，就要适可而止，不可穷追不舍，得理不饶人。在商务谈判中，如果某一方被另一方逼得走投无路，往往会产生强烈的敌对心理，甚至反击的念头更强烈，这样即使对方暂时可能认可某些事情，事后也不会善罢甘休，最终会对双方的合作不利。

(5) 原则要坚持，枝节不纠缠。在辩论过程中，谈判者要有战略眼光，将辩论的注意力集中在主要问题上，不要在枝节问题上与对手纠缠不休。在反驳对方的错误观点时，要抓住要害，有的放矢，坚决抛弃断章取义、强词夺理等不健康的辩论方法。

(6) 处理好辩论中的优劣势。在商务谈判的辩论中，双方的优劣势往往是交替存在的。当处于优势状态时，谈判者要注意以优势压顶，滔滔雄辩，气度非凡，并注意借助语调、手势的配合，渲染己方的观点，以维护己方的立场；当处于劣势状态时，要记住这只是暂时的，应沉着冷静，从容不迫，既不可怄气，又不可沮丧、泄气、慌乱不堪，保持己方阵脚不乱，才会对对方的优势构成潜在的威胁，从而使对方不敢贸然进犯。

### 7.2.4 说服的技巧

在商务谈判中，谈判双方存在各种各样的分歧很正常。要想消除分歧，谋求一致，主要办法之一就是设法说服对方改变初衷，心甘情愿地接纳己方的意见或建议。因此，说服技巧常常贯穿于商务谈判的始终，它综合运用"听""问""答""叙""辩"等各种技巧，是谈判中最艰巨、最复杂，也是最富技巧性的工作。

**1. 商务谈判中说服的作用**

1) 有助于达成有利于己方的协议

能否有效地说服对方接受己方的观点，对于谈判过程中双方之间的关系及最终所达成的协议有着重要的影响。大量研究表明，如果谈判者缺乏说服技巧，而又认为自己所坚持的观点十分重要，必须体现在谈判协议中，或是在某一问题上不能取得对方的共识情愿不达成协议时，说服无效的结果就可能是争执乃至威胁，从而导致双方之间关系的恶化，那么，要想说服对方达成有效协议则变得更为困难。

2) 有助于建立良好的谈判者形象

强有力的说服技能不仅能为谈判者带来理想的交易条件，而且也有助于建立良好的谈判者形象。在商务谈判过程中，如果谈判者能够有理有节、客观公正地表明自己的观点，以理服人，以情动人，而不是动辄大动肝火，甚至对对方进行人身攻击，不惜频繁使用威胁手段以实现自身利益，就能够在对方心目中确立起良好的形象，也可以为双方未来的谈判奠定坚实的基础。

3) 有助于提高商务谈判的效率

谈判过程是双方交换信息、试图达成共识的过程。在这一过程中，说服对方，达成有利的谈判协议，是谈判双方的重要任务，也是消耗时间较多的一个环节。有效地说服能够促使对方接受有关意见，并能避免双方在谈判过程中不必要的对抗，大大缩短磋商过程，提高商务谈判的效率。

### 2. 商务谈判中说服的障碍

**1) 将对方视为要击败的敌人**

很多谈判者在谈判中倾向于将谈判对手视为敌人,其谈判的逻辑是要尽可能彻底地击败对方。谈判者所持的这种态度会构成说服过程中的一大障碍。将谈判对方视为必须在谈判桌上要击败的敌人,通常容易引起谈判气氛的紧张和双方之间的对抗,导致双方之间的互不尊重和互不信任。

**2) 缺乏充分而有效的说服准备**

在现实谈判中,由于时间限制,人们往往缺乏足够的谈判前准备,有些谈判者甚至缺乏对自身谈判目的的清楚理解,从而为有效说服对方自行设置了一道障碍。缺乏对自身谈判目的的理解,就不可能真正理解到底在哪些方面需要得到对方的共识,需要说服对方。缺乏目的的说服过程就可能变成为说服而说服的过程,不利于自身谈判目标的实现。

**3) 背后利益集团的影响**

在某些情况下,说服对方的障碍不是参与谈判的代表,而是对方背后的利益集团。所谓背后利益集团,就是对谈判结果的有效性及谈判者个人可能产生重大影响,但又不直接参与谈判的若干个人或组织。例如,如果谈判对手是某企业的推销员,则其背后利益集团的组成者包括:该企业的销售主管、企业最高层领导、其他推销员及对该推销员活动可能产生影响的其他部门或个人等。在某些情况下,尽管对方谈判者个人对你提出的方案或意见已经能够理解或认同,但考虑其背后的利益集团,对方谈判者可能仍旧不会接受你的意见。

**4) 沟通障碍**

沟通障碍是说服过程中常见的一种障碍。在试图说服对方时,说服者的表达能力存在欠缺,不能清楚易懂地表达希望对方接受的观点,或是对方的接受能力有限,无法理解说服者的意图,或者是双方之间对沟通过程中有关问题的理解存在着巨大的文化差异,这些都可能成为说服的巨大障碍。

## 案例7-10

### 名医劝治的失败

我国古代春秋战国时期,有一位著名的医生,他叫扁鹊。有一次,扁鹊谒见蔡桓公,站了一会儿,他看看蔡桓公的脸色,然后说:"国君,你的皮肤有病,不治怕是要加重了。"蔡桓公笑着说:"我没有任何病。"扁鹊告辞后,蔡桓公对他的臣下说:"医生就喜欢给没病的人治病,以显示自己有本事。"

过了十几天,扁鹊又前来拜见蔡桓公,他仔细看看蔡桓公的脸色说:"国君,你的病已到了皮肉之间,不治会加重的。"蔡桓公见他尽说些不着边际的话,气得没有理他。扁鹊走后,蔡桓公还没有消气。

又过十多天后,扁鹊又来朝见蔡桓公,神色凝重地说:"国君,你的病已入肠胃,再不治就危险了。"蔡桓公气得叫人把他轰走了。

再过十几天,蔡桓公出宫巡视,扁鹊远远地望见蔡桓公,转身就走。蔡桓公很奇怪,派人去追问。扁鹊叹息说:"皮肤上的病,用药物敷贴就可以治好;皮肉之间的病,用针灸可以治好;病在胃肠之间,服用汤药就可以治好;但是病入骨髓,那么生命已掌握在司命之神的手里了,医生是无能为力了。如今国君的病已深入骨髓,所以我不敢再去谒见了。"蔡桓公听后仍不相信。

五天之后,蔡桓公遍体疼痛,连忙派人去请扁鹊,这时扁鹊已经逃往秦国躲起来了。不久,蔡桓公便病死了。

(资料来源：龚荒. 商务谈判与沟通——理论、技巧、实务[M]. 北京：人民邮电出版社，2014.)

#### 3. 商务谈判中说服的技巧

1) 明确说服的目标

要想提高商务谈判过程中说服的效果和效率，谈判者先要明确谈判过程中希望说服的目标，明确尚有哪些问题有待取得一致意见，必须在目前与对方就哪些问题达成一致，己方究竟希望达成怎样的协议，在哪些问题上即便不能取得一致也不会影响到谈判目标的实现，等等。

2) 注意说服的次序

商务谈判最好遵循由浅至深、由易到难的顺序。在谈判开始阶段，可就比较有把握的问题先进行谈判或者从较易达成一致的问题着手，然后再深入、扩展到要题、难题上，尽可能把正在争论的问题与已经解决的问题联系起来，进而有助于谈判顺利地展开。

3) 取得对方的信任

信任是人际沟通的基石。只有对方信任你，才会理解你友好的动机。要说服对方，就要考虑到对方观点或行为存在的理由，要站在对方的角度设身处地地考虑对方的境况，认识到自己原来确定的谈判目标有些是不合理的，从而使对方对你产生一种"自己人"的感觉，消除对方的戒心和成见。这样，对方就会信任你，就会感到你是在为他着想，效果将会十分明显。

4) 寻找对方能接受的谈话起点

要说服对方，还必须寻找到对方能接受的谈话起点，即寻求与对方思想上的共鸣。先表示出自己对对方的理解，然后步步深入，把自己的观点渗透到对方的思想中，但要循序渐进，不能急于求成，否则，将会事与愿违。

5) 运用经验和事实说服对方

在说服艺术中，运用历史经验或事实去说服别人，无疑比那种直截了当地说一番大道理要有效得多。善于劝说的谈判者都懂得人们做事、处理问题都会受到个人的具体经验影响，抽象地讲大道理的说服力远远比不上运用经验和例证去进行劝说。

6) 要有足够的耐心说服

说服必须耐心细致，不厌其烦地动之以情，晓之以理，把接受己方意见的好处和不接受己方意见的害处讲深、讲透。不怕挫折，一直坚持到对方能够听取你的意见为止。在谈判实践中常遇到对方的工作已经做通，但对方基于面子或其他原因，一时还下不了台。这时谈判者不能心急，要给对方一定的时间，直到瓜熟蒂落。

7) 要委婉地说服对方

在整个商务谈判活动中，谈判者应用动听的言辞、温和委婉的语气、平易近人的态度、曲折隐晦的暗示，引起对方的共鸣，使对方理解自己、信任自己，从而达到有效说服的目的。基于委婉生动的言语，容易吸引和打动对方，增强双方的情感沟通，从而在和谐一致的氛围中，使商务谈判顺利进行。

## 7.3　商务谈判中的行为语言技巧

商务谈判不仅是口头语言的交流，同时也是行为语言的交流。商务谈判中，谈判者常常通过人的目光、形体、姿态、表情等非发音器官来与对方沟通，传递信息、表示态度、交流思想。世界著名的非语言传播专家伯德维斯泰尔指出，两个人之间一次普通的谈话，口头语言部分传播的信息不到35%，而行为语言部分传播的信息达到65%以上。因此，作为一名优秀的商务谈判者，除了具有丰富的有声语言技巧外，还应该具有丰富的行为语言技巧，在谈判过程中留意观察谈判对手的一颦一笑、一举一动，就有可能通过其行为语言窥视谈判对手的心理世界，把握谈判的情势，掌握谈判获胜的主动权。在商务谈判中，行为语言有着有声语言所无法替代的作用，但行为语言必须有一定的连续性才能表达比较完整的意义，单独的一个动作难以传递丰富、复杂、完整的意义。

## 案例7-11

### 面部表情的复杂性

古人说："人身之有面，犹室之有门；人未入室，先见大门。"没有哪一个人能以愤怒的表情说出优美和蔼动听的问候语。表情在人与人之间的感情沟通上占有相当重要的地位。健康的面部表情留给人们的印象是深刻的，它是优雅风度的重要组成部分。

(资料来源：陈汉明，李占红. 商务谈判理论与实务[M]. 长沙：湖南师范大学出版社，2014.)

### 7.3.1 眼睛语言

人们常说"眼睛是心灵的窗户"，这句话道出了眼睛具有反映内心世界的功能，人的一切情绪、情感和态度的变化都可以从眼睛中显示出来，眼睛里表露出来的信息往往不是刻意能掩饰的。通过眼视的方向、方位不同，产生不同的眼神，传递和表达不同的信息。在谈判进行的过程中，谈判组成员之间可能会相互使眼色，这样，谈判者就必须注意眼睛对信息传递的观察和利用。在商务谈判中，常见的眼睛"语言"有以下几种。

(1) 在谈话中，对方的视线经常停留在你的脸上或瞪大眼睛看着你，说明对方对谈判内容感兴趣，想急于了解你的态度和诚意，成交的可能性较大。

(2) 谈判中，对方的视线时时左右转移、眼神闪烁不定，说明他对你所谈的内容不感兴趣，但又不好意思打断你的谈话而产生了焦躁情绪。

(3) 倾听对方谈话时，几乎不看对方，那是企图掩饰什么的表现，有不实的地方。海关的检查人员在检查过关人员已填好的报关表格时，他会再问一句："还有什么东西要呈报没有？"这时多数检查人员的眼睛不是看报关表格或其他什么东西，而是看过关人员的眼睛，如不敢正视检查人员的眼睛，那么就表明过关人员还有东西未报关。

(4) 对方的视线时时躲避与你的视线相交，说明对方把卖价抬得偏高或把买价压得过低。

(5) 对方眨眼的时间明显地长于自然眨眼的时间时，这是神情活跃，对某事物感兴趣的表现；有时由于个性怯懦或羞涩，不敢正眼直视会做出不停眨眼的动作。

(6) 当人处于欢喜或兴奋时，往往是双眼生辉，炯炯有神，此时眼睛瞳孔就会放大；而消极、戒备或愤怒时，愁眉紧锁，目光无神，神情呆滞，此时眼睛瞳孔就会缩小。有一些企业家在谈判中之所以喜欢戴上有色眼镜，就是因为担心对方觉察到自己瞳孔的变化。

(7) 说话人的视线往下(即俯视)，一般表示"爱护、宽容"之意；视线平行接触(即正视)，一般多为"理性、平等"之意;视线朝上接触(即仰视),一般体现"尊敬、期待"之意。

(8) 扫视常用来表示好奇的态度,侧视尤其是乜斜而视常表示轻蔑的态度。在商务谈判中,过多使用扫视,对方会认为你心不在焉,过多使用侧视会给对方造成敌意。

---

**案例7-12**

阮籍"垂青"

《晋书·阮籍传》载:阮籍狂放不羁,他能作青眼(黑眼珠)和白眼,两种眼神各有所用。对情投意合的人,他就青眼相看;对那些礼俗之士,便以白眼对待。后来,人们根据这个故事,用青眼和白眼分别表示重视和鄙薄。青眼即眼珠在中间,正视。而垂即正视。正眼看人,表示对人尊重或喜爱。

(资料来源:垂青[J]. 天天爱学习,2015(7).)

---

### 7.3.2 嘴巴语言

人的嘴巴除了说话、吃喝和呼吸以外,还可以有许多动作,借以反映人的丰富的内心世界。观察嘴巴要注意嘴的张合,嘴角的挪动,与眼睛、面部肌肉综合观察判断则更准确。在商务谈判中,常见的嘴巴"语言"有以下几种。

(1) 嘴巴紧紧地抿住,往往表示意志坚决。

(2) 噘起嘴是不满意和准备攻击对方的表示。

(3) 嘴巴微微张开,嘴角朝两边拉开,脸部肌肉放松地微笑,是友好、亲切的表现。微笑应该发自内心,自然坦诚,在谈判桌上,微微一笑,谈判双方都从发自内心的微笑中获得这样的信息:"我是你的朋友""你是值得我微笑的人"。微笑虽然无声,但它说出了很多意思:高兴、欢悦、同意、赞许、尊敬。作为一名优秀的谈判者,请你时时处处把笑意写在脸上。

(4) 遭到失败时,咬嘴唇是一种自我惩罚的动作,有时也可解释为自我解嘲和内疚的心情。

(5) 注意倾听对方说话时,嘴角会稍稍向后拉或向上拉。

(6) 嘴巴呈小圆形开口张开,脸部肌肉略为紧张,有吃惊、喜悦或渴望之意。

(7) 不满和固执时嘴角向下。

### 7.3.3 腿部语言

腿部的动作较易为人们所忽视,其实腿部是人最先表露潜意识的部位,也正因如此,人们在谈判时常常用桌子来掩遮腿部的位置。在商务谈判中,常见的腿部"语言"有以下几种。

(1) "二郎腿"(一般性的交叉跷腿的坐姿)。与对方并排而坐时,对方若架着"二郎腿"并且上身向你前倾,意味着合作态度;反之则意味着拒绝、傲慢或有较强的优越感。相对而坐时,对方架着"二郎腿"却正襟危坐,表明他是比较拘谨的人,且自觉处于很低的交易地位,成交期望值很高。

(2) 架腿(把一脚架在另一条腿的膝盖或大腿上)。对方与你初次打交道时就采取这个姿势并仰靠在沙发靠背上,通常带有倨傲、戒备、怀疑、不愿合作等意思。若上身前倾同时又滔滔不绝地说话，则意味着对方是个热情但文化素质较低的人，对谈判内容感兴趣。如果频繁变换架腿姿势，则表示情绪不稳定，焦躁不安或不耐烦。女士交叉上臂并架腿而坐，表示不安或为了摆脱某种紧张感。

(3) 并腿。交谈中始终或经常保持这一姿势并上身直立或前倾的对手，意味着谦恭、尊敬，表明对方有求于你，自觉交易地位低下，成交期望值很高。时常并腿后仰的对手大多小心谨慎，思虑细致全面，但缺乏自信心和魄力。

(4) 分腿。双膝分开、上身后仰者，表明对方是充满自信的、愿意合作的、自觉交易地位优越的人，但要指望对方做出较大让步是相当困难的。

(5) 双腿交叉。站立时双腿交叉，往往给人一种自我保护或封闭防御的感觉，相反，说话时双腿张开，脚尖指向谈话对方，则是友好交谈的开放姿势。

(6) 抖动腿。坐着的时候无意识地抖动小腿或用脚尖拍打地板，或用一只脚的脚尖去摩擦另一条腿的小腿，都表示焦躁不安、无可奈何或欲摆脱某种紧张情绪。

## 7.3.4 手势语言

手势是人们在交谈中用得最多的一种行为语言，主要是通过手部动作来表达特定含义。在商务谈判过程中，手势的合理运用有助于表现自己的情绪，更好地说明问题，增加说话的说服力和感染力。手势的运用要自然大方，与谈话的内容，说话的语速、音调、音量及要表达的情绪密切配合，不能出现脱节的滑稽情况。不同文化的手势语其种类、含义都有较大差别。

(1) 握拳，是表现向对方挑战或自我紧张的情绪。握拳的同时使手指关节发出响声或用拳击掌，都是向对方表示无言的威吓或发出攻击的信号。握拳使人肌肉紧张、能量集中，一般只有在遇到外部的威胁和挑战而准备进行抗击时才会产生。

(2) 伸出食指，其余的手指紧握并指着对方，表示不满对方的所作所为，带有很大的威胁性。

(3) 两手手指相互交叉，两个拇指相互搓动，往往表示闲极无聊、紧张不安或烦躁等情绪。

(4) 两手手指并拢架成耸立的塔形并置于胸前，表明充满信心，这种动作多见于西方人，特别是会议主持人和领导者多用这个动作以示独断或高傲，以起到震慑与会者或下属的作用。

(5) 手与手连接放在胸腹部的位置，是谦逊、矜持或略带不安心情的反映。歌唱家、获奖者、等待被人介绍者常有这样的姿势。

(6) 说话时掌心向上的手势，表示谦虚、诚实、屈从、不带有任何威胁性；掌心向下的手势，表示控制、压抑，带有强制性，会使人产生抵触情绪。

(7) 对方若身体前倾托腮，双目注视你的脸，意味着对你谈的内容很感兴趣；若是身体后仰托腮，同时视线向下，则意味着对你谈的内容有疑虑、有戒心，不以为然甚至厌烦。

(8) 背手常表示一种权威，但在一个人极度紧张不安时，常常背手以缓和这种紧张情绪，另外，如果背手伴以俯视踱步，则表示沉思。

(9) 双臂紧紧交叉于胸前，这种姿势暗示一种防御和敌意态度。

(10) 握手的原意是表示问候或一种保证、信赖和契约。标准的握手姿势应该用手指稍稍用力握住对方的手掌，对方应该用手指稍稍用力回握，用力握的时间在1~3秒，如发生不同于此的情况，则表明此时的握手另有他意。如握手时对方手常出汗，表示对方处于兴奋、紧张或情绪不稳定的心理状态；若对方回握用力，表明此人具有好动、热情的性格，凡事比较主动；先凝视对方再握手，是想将对方置于心理上的劣势地位；手掌向下握手，表示想争取主动、优势或支配地位。

(11) 吮手指或指甲的动作是婴儿行为的延续，成年人做出这样的动作是个性或性格不成熟的表现。

## 7.4 不同形势下的商务谈判技巧

如果注意观察身边的一些事情，如下棋、打牌等休闲娱乐活动，就会发现许多游戏都有着共同的特点，即技巧或计谋在游戏中起着举足轻重的作用。因为当确定了游戏的基本规则之后，参与游戏各方的技巧的选择将成为左右游戏结果最关键的因素。

有人把商务谈判称为"合作的利己主义"的过程，在这个过程中，参与谈判的双方或多方都要为自己争取尽可能多的利益而绞尽脑汁。作为一种复杂的智力竞争活动，谈判高手无不借助谈判技巧的运用来显示其才华。商务谈判尽管不像一场战争充满刀光剑影，但唇枪舌剑的场面绝不亚于战争。战有战谋，谈有谈法。因此，不同形势下谈判技巧选用是否得当，能否成功，是衡量谈判者能力高低、经验丰富与否的主要标志。

### 7.4.1 谈判形势概述

在商务谈判过程中，由于谈判者在素质、经济实力、拥有的信息量等方面存在着许多差异，因此，谈判者在谈判中所处的形势总是因时、因人而异。谈判者在商务谈判中处于何种形势、何种地位，归根结底是由其谈判实力决定的。所谓谈判实力是指谈判者拥有其他谈判方欠缺而对谈判空间的改变发挥关键作用的能力。谈判实力在商务谈判中起着重要作用，双方谈判能力的强弱差异决定了谈判结果的差别。谈判实力的来源主要有以下几个方面。

#### 1. 信息

信息是可以赋予谈判者谈判实力的资源。谈判者掌握充分的信息可以改变谈判者对事项与隐含利益之间关系的认识和理解，从而通过影响和改变谈判者对达成协议的价值认知，来影响和改变谈判空间。实际上，一个常用的谈判技巧是让对方沉浸于信息的海洋中，谈判过程中谈判者用大量的信息将对方淹没以致对方根本无法操作这些信息——这样的话，他可能更乐于接受专业人士提出的解决方法、精简后的信息，并承认其倾向的技巧或解决办法。

#### 2. 时间

时间是谈判实力的来源之一。谈判中可能出现的有时间限制的紧急事件，如果一方受时间的压力，自然会增强另一方的谈判实力。有些事情的最后期限是不能逾越的，否则就要发生重大损失。谈判往往是在最后的不到10%的时间里谈成的。在洽谈的最后时间里，双方做出的每一个让步都会影响全部销售价值的90%的变动幅度。

#### 3. 资源的控制

谈判中实力的第三个主要来源就是资源的控制。可以控制资源的人都是很有实力的，他们可以分配资源给那些对他们有利的人，同时对那些不利于他们的人采取限制资源的态度。为了使资源运用成为谈判实力的基础，必须对对方需要的稀缺物品进行控制，成功的控制还必须保证对方不可能从其他途径得到同样的资源。各种资源的日益稀缺导致了谈判中又一条黄金规则，即"谁持有黄金,谁制定规则"。

#### 4. 关系

如果与谈判对手之间建立强有力的关系,在同其谈判时就会拥有实力,但是,也许有的对手觉得对方只是为了利益,因而不愿建立深入的关系。

我们进行谈判的目的并非得到一切,而是争取更多。获胜只是一种感觉,经常提供给对方即将获胜的感觉,就会使他相信,即使没有做出让步,他也赢得了谈判。很多情况下,为别人着想,就是为自己着想。谈判者必须学会处理"给"与"取"的关系,在争取己方利益的同时,满足对方的某些需求和利益。

---

**案例7-13**

#### 送人玫瑰,手留余香

一位盲人在夜晚走路时,手里总是提着一盏明亮的灯笼。人们觉得奇怪,就问他:"你自己什么也看不见,为什么还要提着灯笼走路呢?"盲人回答说:"我提着灯笼走,既为别人照亮了路,同时别人也容易看到我,不会撞倒我。这样既帮助了别人,也保护了我自己。"这就是我们平日里总挂在嘴边的"送人玫瑰,手留余香"的道理,在帮助他人的同时,也在帮助自己。

(资料来源:汇智书源. 学点实用谈判技巧[M]. 北京:中国铁道出版社,2015.)

---

#### 5. 可选择性

在一些谈判中,谈判者没有选择对手的机会,所以他只能面对两种选择:要么和谈判对手达成协议,要么谈判破裂。在另一些谈判中,一方谈判者可以对谈判对手有选择性,即可以不和某个人达成协议而与另外的人达成协议。这就是说谈判对象有可选择性。如果你方可选择的机会较多,且对方认为你的产品或服务是唯一的或者其没有太多选择余地,那么你方就拥有较强的谈判实力。

#### 6. 知识和技能

知识就是力量。谈判者运用充分的知识和技能与谈判对手之间进行沟通和说服,可以直接引导对方对谈判空间的认识,使之向有利于己方的方向发展。如果充分了解谈判对手的问题和需求,并预测到此次谈判能如何满足其需求,你的知识和技能无疑就增强了自身的谈判实力。反之,如果对手拥有更多的知识和技能,谈判对手就有较强的谈判实力。

#### 7. 可信性

可信性包括产品可信性、企业自身的信誉等,它是谈判成功的推动力,但并不能决定最后是否成交。

在商务谈判中,谈判者总是处于下述三种情况之一:处于优势地位、处于劣势地位或处于均势地位。当谈判者所处的地位不同时,就应选择不同的谈判技巧来实现自己的谈判目的。

### 7.4.2 优势谈判技巧

商务谈判技巧的选择和运用在很大程度上取决于谈判中双方实力的强弱。在商务谈判活动中,经济实力较强、谈判需求程度较弱的一方，往往处于谈判中的优势地位。当处于优势时，其核心是争取尽可能多的利益需求，可以考虑以下谈判技巧。

### 1. 不开先例技巧

不开先例技巧，是指在商务谈判过程中处于优势的一方，为了坚持和实现己方的交易条件，而采取的对己有利的先例来约束对方，从而使对方就范，接受己方交易条件的一种技巧。当对方所提的要求己方不能接受时，己方谈判者可以解释说："如果答应了你这次的要求，就等于开了一个交易先例，这样就会迫使我方今后在遇到类似交易行为时，也至少必须提供同样的优惠，而这是我方无法承担的。"不开先例技巧是对事不对人，一切不利因素都推诿于客观原因，运用这一技巧既不伤面子，又不伤感情，同时还是强化己方谈判地位和立场最简单有效的方法。当然，既然是技巧，提出的一方不一定是真没开过先例，也不能保证以后不开先例，只说明对应用者不开先例。

1) 不开先例技巧的运用

不开先例技巧的核心是运用先例来约束对方。这里的先例是过去已有的事例。作为一个成功的商务谈判者，在运用不开先例技巧时，必须充分运用好各种先例，为己方谈判成功服务。

当商务谈判中出现以下情形时，可以选择运用不开先例技巧。

(1) 谈判内容属于保密性交易活动时。

(2) 交易商品属于垄断经营时。

(3) 市场有利于卖方，而买主急于达成交易时。

(4) 对方提出的交易条件难以接受时。

2) 不开先例技巧的破解

在商务谈判中，面对谈判对手采用不开先例技巧时，我们应采用积极的技巧进行破解。

(1) 收集信息，吃透"先例"。商务谈判中，只有收集到了必要的情报资料，清除了对"先例"的"无知"，方可破译"先例"，揭穿先例的虚假性，从而使对方使用的这一技巧归于失败。如"既然贵方从未开过先例，那么为什么对××公司降价了呢？"

(2) 克服习惯型心理的约束。作为成功的谈判者要勇于打破成规，不要被习惯、经验捆住了手脚，要以变化了的诸多条件，作为开展谈判的根本依据。

(3) 证明环境变化致使"先例"不再适用。有一位电冰箱采购员面对供货方不肯降价时指出："是的，过去一直是以1 700元成交的，但是，从上周开始，全国各大商店的冰箱都有不同程度的降价，我方提出的要求显然是合理的。"在本案例中，采购员就是通过指出市场行情已经变化来证明先例的非通用性，从而有效反击了不开先例技巧的运用。

### 2. 先苦后甜技巧

先苦后甜技巧，是指在商务谈判中一方为了达到己方预定目的，先向对方提出苛刻要求，再三挑剔，提出一大堆问题，然后再逐渐让步，求得对方一致的做法，以此来获得己方的最大利益。生活中人们常用的"漫天要价，就地还钱""减价要狠"等均属于此类手法。

先苦后甜技巧在商务谈判中发挥作用的原因在于：人们对外界的刺激总是先入为主，如果先入刺激为甜，再加一点苦，则觉得更苦；若先入刺激为苦，稍加一点甜，则感到很甜。该技巧就是用"苦"降低对方的期望值，用"甜"满足对方的心理需要，因而很容易实现谈判目标，使对方满意地签订合同，使己方从中获取较大利益。

1) 先苦后甜技巧的运用

在首次报价和首次还价中，卖方报出最高可行价(市场上，相同商品以往达成交易的最高价)，或是超出最高可行价报价；买方报出最低可行价(市场上，相同商品以往达成交易的最低价)，或是低出最低可行价报价，两者均离己方的成交价格目标下限有相当大的距离。即先报高价(或低价)，然后再步步为营地让价，或是通过给予各种优惠待遇，如数量折扣、价格折扣、佣金或支付条件上的优惠来逐步软化和接近对方的立场和条件，最终达到成交的目的。

在实际应用中，决定采用这一技巧时应记住"过犹不及"的格言，开始向对方所提的要求，不能过于苛刻，"苦"要苦得有分寸，不能与通行的惯例和做法相距甚远。否则，对方会觉得缺乏诚意，以至中止或退出谈判。

2) 先苦后甜技巧的破解

在谈判对方运用先苦后甜技巧时，最有效的破解是及时予以识破。为此，可以采用以下两种对策。

(1) 了解对手的真正需要。运用先苦后甜技巧时，面对谈判对手提出的一大堆刻薄要求，谈判者应善于通过调查研究，分辨出哪些是对方的真正需求，哪些是对方故意提出的虚假条件，把谈判重点放在对方真正关心的需要上。

(2) 针锋相对，退出或拒绝谈判。当谈判对手提出许多苛刻条件时，如能针锋相对，表示退出或拒绝谈判，那么，对方可能会有弄巧成拙的感觉。当然这种选择须三思而后行，往往在不得已的情况下方可实施。

### 3. 最后期限技巧

最后期限技巧，是指在商务谈判过程中，规定谈判的结束时间，也称为"死线"的技巧。谈判若设有期限，那么，除非期限已到，不然的话，谈判者是不会感觉到什么压力的存在。例如平常人都怕死，虽明知每个人终将难逃一死，但总觉得那是"遥遥无期"的事，然而，若有一天，医生突然宣布，你只有一个月可活了，这样的痛苦谁可以忍受得了呢？由此可见，在谈判中，某一方提出最后期限，开始并不能够引起对方十分关注，但是随着谈判期限的迫近，对方会感到达成协议的时间紧迫，内心的焦虑会不断增加，就会一改平时漫不经心的态度，努力从合作的角度出发，争取问题的解决。

曾经有这样一个故事，恰如其分地说明了最后期限的力量。

## 案例7-14

### 最后期限的力量

广州某公司王总带翻译与美国一家公司代表洽谈进口原材料事宜。美方代表是一名技术人员，该代表第二天上午要飞往以色列。谈判地点在美国人所住的宾馆房间内。略做寒暄后，美方开始报价420元/千克。王总通过翻译向其大谈双方合作的前景及美方的未来收益，并还价200元/千克。美方表示无权接受，需向公司请示。一番国际长途之后，美方表示可以最低价300元/千克成交。王总再三努力，美方不肯再退，王总表示，因本人要去北京出差，不妨5天后待其回来后再谈。美方脸色尴尬，经紧张测算后，最后开价250元/千克，双方成交。这个事例中，王总采用了最后期限策略，促使双方合作成功。

(资料来源：陈汉明，李占红. 商务谈判理论与实务[M]. 长沙：湖南师范大学出版社，2014.)

1) 最后期限技巧的运用

一般来说，在以下4种情况下，才使用最后期限技巧。

(1) 谈判者知道自己处于一个强有力的地位，别的竞争者都不如他的条件优越，如果对方要使谈判继续进行并达成协议的话，只有找他。

(2) 谈判者已尝试过其他的方法，但都未取得什么效果。这时，采取最后期限技巧是迫使对方改变想法的唯一手段。

(3) 当己方将条件降到最低限度时。

(4) 当谈判对手经过旷日持久的谈判，已无法再担负由于失去这笔交易所造成的损失而非达成协议不可时。

2) 运用最后期限技巧的条件

运用最后期限技巧时应注意以下三点。

(1) 不要激怒对方。最后期限技巧主要是一种保护性的行为，因此，采取这种技巧时，要设法消除对方的敌意。除语气委婉、措辞恰当外，最好以某种公认的法则或习惯作为向对方解释的依据，既要达到目的，又不至于锋芒太露。

(2) 给对方最后期限的方式和时间要恰当。一般是在提出最后期限前，想方设法让对方在你身上先做些投资，等到对方的"投资"达到一定程度时，即可抛出最后期限，使得对方难以抽身。

(3) 给对方留有考虑或请示的时间。在商务谈判中，让对方放弃原来的条件与立场，是需要时间的。因此，谈判者送出最后期限后，还要给对方留有考虑或请示的时间，这样，可使对方感到你不是在强迫他接受城下之盟，而是向他提供一个解决问题的方案。尽管这个方案的结果不利于他，但是毕竟是由他自己做了最后的选择。

**4. 故布疑阵技巧**

故布疑阵技巧是指通过不露痕迹地向对方提供虚假信息而使对方上当，从而取得有利的谈判条件的技巧。

使用该技巧可以通过给对方提供虚假信息来干扰对方的判断，在大多数人的意识中，由间接途径得到的信息，常常被认为比正式公开获得的资料更可信赖。因此，在谈判中，对方丢失的备忘录、遗忘的便条等，常被认为是真实情况。同样是这些资料，如果是在谈判桌上直接递交给对方，对方一定不会感兴趣。

1) 故布疑阵技巧的运用

有经验的谈判者在谈判中常采用故布疑阵的技巧，有意向对方传递导致他误判的信息，施放一些烟雾来干扰对方，使对方的计划被打乱或接受误导，使谈判对其有利。该技巧的具体做法是：故意在走廊上遗失备忘录或其他所谓的"内部资料、机密文件"，或者故意把它们丢在看似困难实际容易被对方发现的地方，或者组员之间故意鬼鬼祟祟地交谈所谓"内部秘密"，引起对方注意直至听清楚，或者在休息期间把笔记本放在无人的谈判桌上，等等。

当然，要实现故布疑阵的目标，最重要的一点是要做得一切都合乎情理。否则，被对方识破真相，会给人以缺乏诚意之感，落下个"聪明反被聪明误"的结果。一般在运用这种技巧时需要两个条件：一是为对方创造获取机密的有利条件；二是使对方相信并惊喜，因为无意中得到的情报对他们太重要了。

2) 故布疑阵技巧的破解

在商务谈判中，面对对方运用故布疑阵技巧时，我们应做到以下几点。

(1) 不要轻易相信毫不费力所得到的资料或信息。越是得来全不费工夫的资料、数字或信息，越要考虑清楚，多加分析，分析出对方的目的，以不变应万变的态势对待，以免落入对方设下的圈套。

(2) 应具备高超的观察力和应变力。在关注对方一举一动的同时，洞察其举动的真实意图，并据此制订灵活有效的应对策略。

(3) 提出抗议以试探对方的诚意。若掌握对方急切与我方达成协议，且我方已胜券在握，可间接揭露对方此技巧的真实目的，指出在谈判中故意出差错是非常不合道德的。若证实对方缺乏诚意，则考虑中止谈判或退出谈判，等待对方回心转意。

### 5. 价格陷阱技巧

价格陷阱技巧，又称为价格诱惑技巧，是卖方利用买方担心市场价格上涨的心理，诱使对方迅速签订协议的技巧。例如，在购买设备的谈判中，卖方提出明年初，价格随市场行情大约上涨5%，如果打算购买这批设备，要在年底前签协议，结果，买方唯恐错过时机迅速与卖方签订合同。在这个案例中，卖方谈判的成功靠的是价格陷阱技巧的成功运用。

价格陷阱技巧之所以行之有效，主要是充分利用了人们的心理因素。一是利用了人们"买涨不买跌"的求购心理。市场上商品价格下跌时，人们一般不愿购买，期盼价格进一步下降；反之，市场上商品价格上涨时，人们唯恐价格继续上涨，积极进行买进，这种心理正好被价格陷阱技巧所利用。二是利用了人们"价格中心"的心理定式。价格在谈判中十分重要，因为许多谈判就是价格的谈判，即使不是价格谈判，谈判者一般都将交易价格作为商务谈判中最重要的条款，它直接反映了谈判者双方的切身利益。很多谈判者认为只要在价格上取得了优惠就等于整个谈判大功告成。

1) 价格陷阱技巧的运用

不难看出，所谓价格陷阱技巧，其实质就是利用价格上涨的时机，以及人们对之普遍担心的心理，把谈判对手的注意力吸引到价格问题上来，使其忽略对其他重要条款的讨价还价，诱使对方跳入价格陷阱。为增加该种技巧成功的可能性，谈判者可与最后期限技巧结合起来加以运用。例如，卖方说："某种商品的价格即将上涨20%，要是采购者一周内在订货合同上签字，就免除了因价格上升而带来的损失。"这里，卖方一面给买方设下价格陷阱，一面又给买方时间压力，诱使买方草率、快速地做出购买决策，达到签订合同的目的。

2) 价格陷阱技巧的破解

在商务谈判中，面对对方使用价格陷阱技巧时，我们应注意以下几点。

(1) 不要轻易改变谈判的目标、计划和具体步骤。谈判的目标、计划和具体步骤一经确定，就要毫不动摇地坚持去做，相信自己的判断力，排除外界环境的干扰，该反击就果断反击，决不手软。

(2) 不要轻易相信对方的宣传。买方要根据实际需要来确定订货单，不要轻信对方的宣传，应在冷静、全面考虑之后再采取行动，切忌被对方在价格上的蝇头小利所迷惑。

(3) 不要在时间上受对方所提期限的约束而匆忙做出决定。一般而言，买方在商务谈判中能够抵御卖方各种招数，坚持得越久，最终得到的实惠和好处也就越多；反之，如果买方招架不住卖方的各种招数，急于订购其商品，必然给自己带来很大的损失。

## 7.4.3 劣势谈判技巧

在现代瞬息万变的市场环境下，任何企业都不可能永远处于优势，当一时处于极为不利的条件下进行商务谈判时，其主要的谈判技巧应以尽可能减少损失为前提，或者变劣势中的被动为主动来争取谈判的成功。

### 1. 吹毛求疵技巧

吹毛求疵技巧,即谈判中劣势方对优势方炫耀自己的实力,谈及对方的实力或优势时采取回避态度,而专门寻找对方的弱点,伺机打击对方的技巧。这种技巧是通过再三挑剔,提出一大堆问题和要求来运用的,使劣势方达到转守为攻的目的。运用该技巧的关键是恰到好处地提出挑剔性问题,尽管有的问题是真实的,有的问题是虚张声势,但都可以成为讨价还价的理由。

## 案例7-15

### 吹毛求疵在谈判中的运用

海南三亚地区有家商行一直订购湖南某瓷厂的茶具,并且常常夸奖该厂的瓷器美观大方,质量可靠。可是,恰逢商行生意一度不景气,更换了新经理,于是商行与瓷厂的交易谈判出现了紧张气氛。

经理:"我们非常感谢贵厂对我们商行的长期支持。这次我来,是想看看贵厂最近又推出了什么新产品?"

厂长:"欢迎经理惠顾!本厂因人力、物力有限,眼下并没有推出新产品,真是对不起。"

经理:"我们商行认为,贵厂生产的成套茶具、茶壶手柄太粗,茶杯镀金不均匀。"

厂长:"贵商行上的一批货,我们是和某国瓷商所要的货一次发运的,属于同一品种,同一包装。某国朋友信中说我们茶具镀的金边很均匀,茶壶手柄造型与大小恰到好处。经理您看,这是某国瓷商的信。"

经理:"他们欣赏瓷器的水平哪比得上我们商行的元老呢?不信,咱们可以用尺子和放大镜来检验。"

几经争执,经理尽力指出瓷厂产品的低劣,厂长深感客商在故意挑剔,但考虑经营业务渠道的多向性,最后答应降低5%的价格出售给三亚某商行新上任的经理。

(资料来源:朱春燕,陈俊红,孙林岩. 商务谈判案例[M]. 北京:清华大学出版社,2011.)

1) 吹毛求疵技巧的运用

吹毛求疵技巧能使谈判一方充分地争取到讨价还价的余地。恰到好处地提出挑剔性问题,是运用吹毛求疵技巧的关键所在。只有掌握了商品的有关技术知识,才有助于对商品进行正确的估价,才能将毛病挑到点子上,使对方泄气。如果劣势方在吹毛求疵时,抓不住重点,击不中要害,不但不足以说明问题,还会引起对方的怀疑,以为你在故意刁难,这样,谈判就很难进行下去了。

2) 吹毛求疵技巧的破解

吹毛求疵技巧在谈判桌上已证明是行得通的,但从相互立场来说,面对别人采用吹毛求疵技巧时,又该如何展开对抗呢?

(1) 必须很有耐心。那些虚张声势的问题及要求随你的耐心和韧劲自然会渐渐地露出马脚,并且失去影响力。时刻记住:你别怕他挑毛病,不真心想买他就不挑毛病了。

(2) 不予理睬,或及时提出抗议。当对方在消磨时间、节外生枝、做无谓的挑剔或无理的要求时,或视若无睹地一笔带过、不予理睬,或及时提出抗议,予以揭露。

(3) 建议一个具体且彻底的解决方法。不要讨论那些没有关系的问题,向买主建议一个具体且彻底的解决方法。不要轻易让步,以免对方不劳而获。

### 2. 权力有限技巧

权力有限技巧是指谈判者为了达到降低对方条件、迫使对方让步或修改承诺条文的目的,采取转移矛盾,假借其上司或委托人等第三者之名,故意将谈判工作搁浅,让对方心中无数地等待,再趁机反攻的一种技巧。

精于谈判之道的人信奉这样一句名言:"在谈判中,受了限制的权力才会成为真正的权力。"一个优秀的谈判者必须学会利用有限的权力作为谈判的筹码,巧妙地与对方讨价还价。

1) 权力有限技巧的运用

成功地运用权力有限技巧,对谈判者大获全胜很有作用。

(1) 有效地保护自己的作用。谈判者的权力受到限制,也就是给谈判者规定了一个由有限权力制约的最低限度的目标。例如,买方"成交价格超过每件100元,须请示上级",这种权力限制实际上是给对方规定了一个最低限度目标——成交价格最多不能超过每件100元。

(2) 可以使谈判者立场更加坚定。一个未经授权的卖主,不能答应降价、赊账或打折;一个未经授权的买主,无权超出预定价格成交。

(3) 可以作为对抗对方的盾牌。权力有限作为一种技巧,有些是真正的权力有限,有些则不完全属实。有的谈判者本来有做出让步的权力,反而宣称没有被授予做出这种让步的权力,这实际上是一种对抗对方的盾牌。

### 案例7-16

#### 权力有限技巧的妙用

一对年轻人在一家专卖家具的商场里,看上了一套标价为23 000元人民币的板式拼装家具。经过激烈的讨价还价,自称是厂家负责人的女士同意把价格降为19 000元,但说要打电话向总经理请示一下,并宽慰两位年轻人:"应该没有什么问题。"于是,两位年轻人开始张罗找搬运工、租卡车的事了。过了一会儿,女士满脸歉意地走过来告诉他们:"对不起,总经理不同意刚才的价,说最低也得22 000元,你们看能不能再加一些?"这时,两位年轻人很明显在谈判中处于不利的地位,望着身后的搬运工和门外的卡车,他们砍价的语气已近乎无可奈何了。最终,这笔交易以21 800元的价格成交,大大超出了他们当初的预算。

(资料来源:石永恒. 商务谈判实务与案例[M]. 北京:机械工业出版社,2008.)

2) 权力有限技巧的破解

当对方采用权力有限技巧迫使己方让步时,不要轻易受其迷惑而让步,应弄清真相,了解对方有权力者是谁,然后可以要求跟对方有权决定的人直接洽谈,或者坚持对等的原则,表示己方也保留重新考虑任何问题或修改任何允诺的权力。这样,可以有效抑制对方滥用权力有限技巧对己方施加压力。

### 7.4.4 均势谈判技巧

当谈判双方势均力敌,都无明显优势的时候,往往会出现"拉锯战"的情况。此时,谈判者应有所作为,审时度势,打破相持不下的局面,争取谈判桌上的主动。因此,在这种情况下,应以谋求合作和追求互利为前提。

### 1. 货比三家技巧

货比三家技巧是指在商务谈判中,为了使对方处在竞争地位或被选择地位,同时将与其竞争的对手或同行请来谈判,以选择其中一家的做法。

货比三家技巧虽广为人知,但其运用较为复杂,要求也严,否则比不出结果来。

(1) 选的对象要势均力敌。若对比对象力量不均,就应制造可比之处,使各家均有信心去争取交易,这样比起来才有劲。

(2) 对比内容要科学。货比三家技巧客观上造成工作量大,评比工作复杂,因此,应有快捷统一的评比方法和内容,以减少重复、不准确的工作,避免个人感情的影响。

(3) 平等对待参加竞争的各个对手。平等地与参加竞争的各对手谈判是信誉的需要,但在谈判的组织上应有重点突破,这是谈判全局的需要,两者缺一不可,相辅相成。

(4) 慎守承诺。对于评选出的结果应慎守承诺,如遇落选竞争对手卷土重来,虽然其结果会带来好处,但应慎用该机会,否则会对组织信誉产生不良影响。

(5) 提高组织效率。这里是指谈判组织要有时间效率。由于在运用货比三家技巧时需要谈判时间做支持,又由于存在联合对外谈判时多家对手可以施计分化、瓦解、联合,进而摆脱其被比的地位的可能性,因此,在组织这类谈判时,要设法提高谈判效率。

## 案例7-17

### 商务谈判离不开"货比三家"

利用卖方在竞争的压力下,不断压低价格,买方可从中以最小的代价获得更好的产品。

假如你想修建一个自己的游泳池,要求非常简单——长30米,宽15米,有温水过滤设备,要在两个月内完成。除此而外,没有什么其他要求了。

当你在报纸上登完广告后,有三个承包商来投标。你心中大喜,想要将工程承包给最低的出价者。可当你看过这三个承包商的报价后,你发现每个人的报价都不相同。三个人所提供的温水设备、抽水装置和设计、装饰、付款条件等都大不相同。

那应该怎么办呢?最好的方法是召开一次公开投标会,邀请三个竞争者到家中来,第一个约在上午9点,第二个约在9点15分,第三个约在9点30分。让这三个承包商在同一个客厅里等候,使彼此有机会见面。过一会儿,你请第一个承包商到你的书房谈条件,承包商甲会告诉你,他的游泳池一向是做得最棒的。同时,他也会告诉你其他承包商的不足之处,如乙经常使用陈旧的过滤网,丙则曾有过丢下许多未完工程的恶性例子。然后你就请承包商乙进来,从他那里你可以了解到其他人提供的管道都是塑料管,而乙提供的是钢管。再请丙进来,他会告诉你其他人使用的过滤网质量低劣,并且往往不能彻底完工,收到付款后就撒手不管了。

经过这样一番调查,你就能做出较佳的选择了。要求每一个承包商都提出自己的最后报价,然后把这项工程交给一个能提出最好的报价,供应优良的设备,最值得信赖的承包商。

(资料来源:朱春燕,陈俊红,孙林岩. 商务谈判案例[M]. 北京:清华大学出版社,2011.)

### 2. 为人置梯技巧

所谓为人置梯技巧，通俗地说，就是如何"给人台阶下"的技巧。这种技巧就是当对方已经做出一定的许诺，或表明一种坚定的态度，而自己又不能改变自己的立场时，你要改变对方的观点，首先要顾全他的面子，给他一个改变观点的能被他接受的合理的理由，也就是给他个"台阶"下。

为人置梯技巧的运用主要有以下几点。

(1) "置梯"的对象。需要"置梯"的是那种特别爱面子又很聪明的谈判对手，"爱面子"决定了他需要"台阶"下，"聪明"决定了他会顺水推舟。

(2) "置梯"的时机。"置梯"的时机是在谈判对手已经意识到了己方的错误，但因碍于情面或不愿放弃既得利益而没有自己承认错误时。

(3) "置梯"的内容。通常的做法是强调客观原因。比如，可以把对方的错误解释为"掌握的资料有限""财务、技术人员提供的数字有误"，等等。

(4) 为人置梯技巧的使用并不排除在有些情况下，需要正面严肃地指出对方的错误。当谈判的形势或问题需要谈判者直接指出对方错误时，不能优柔寡断，但态度要诚恳，不要得理不饶人。

### 3. 开诚布公技巧

开诚布公技巧，是指谈判者在谈判过程中，均持诚恳、坦率的合作态度向对方吐露己方的真实思想和观点，客观地介绍己方情况，提出要求，以促使对方进行合作，使双方能够在坦诚、友好的氛围中达成协议的技巧。这个技巧常常会被持传统观点的人否定。他们认为这样会暴露己方，给对方可乘之机，但事实证明，这一技巧很有效，它有助于谈判者达成一个双方满意的协议，促使双方长期合作，这对双方的受益远远不是一次交易结果所能评价的。当然，开诚布公，并不意味着己方将自己的所有情况都毫无保留地暴露给对方，如何采用这一技巧，要视具体情况而定。

开诚布公技巧的运用主要有以下两点。

(1) 谈判双方都对谈判抱有诚意。谈判双方都各自把对方当作唯一的谈判对象，不能进行多角谈判。

(2) 时机选择也很重要。一般是在谈判的探测阶段结束或报价之初。因为，在此阶段，对方的立场、观点、态度、风格等各方面情况，我方已有所掌握和了解，双方是处在诚恳、友好的谈判气氛中，这时提出我方要求，坦露我方观点，比较适宜。

### 4. 休会技巧

休会技巧，是指在谈判的进行中遇到某种障碍或在谈判的某一阶段，谈判一方或双方提出中断谈判、暂时休会的一种技巧，以便使谈判双方人员都有机会重新研究、调整对策和恢复体力。休会的谈判技巧不仅可以避免僵持局面出现和争论发生，而且可以使双方调整思绪，平心静气地考虑双方的意见，达到顺利解决问题的目的。

1) 休会技巧的运用

当谈判出现以下情况时，应及时运用体会技巧。

(1) 谈判某一阶段接近尾声。此时的休会，可使双方借休息之机，分析讨论这一阶段进展情况，预测下一阶段谈判的发展，提出新的对策。

(2) 谈判出现低潮。在谈判出现低潮时，谈判者如果出现体力不支、头脑不清、精力难以集中，显然不利于谈判的进行，可休息一下，再继续谈判。

(3) 谈判出现僵局。在商务谈判中，双方各持己见、互不妥协，谈判难免会陷入僵局。这时，继续谈判是徒劳无益的，有时甚至适得其反，使以前谈判的成果付诸东流。此时休会能使谈判双方有机会冷静下来,客观分析问题,采取相应对策,而不至于一味沉浸于紧张的气氛中,不利于问题有效地解决。

(4) 谈判一方不满现状。谈判一方对谈判内容、程序等方面出现不满意的情况,为避免对方采取消极态度对待双方应有合作意愿的谈判时,就应进行休会,调整气氛,改变影响情绪之处,推进谈判顺利进行。

(5) 谈判出现疑难问题。在商务谈判中,由于是双方以上的交涉,新情况、新问题会层出不穷。如出现难以解决的问题时,休会后,各自进行协商,提出处理办法。

2) 休会技巧运用中应注意的问题

(1) 提出休会的一方要说明休会的必要性并经双方同意。如果提出者在对方同意休会之前擅自离开谈判桌,会影响双方关系以致影响谈判进行。

(2) 讲清休会的时间。即恢复谈判的时间,休会时间的长短要视双方冲突的程度、人员精力疲惫状况,以及一方要了解有关问题所需的时间来确定。

(3) 提出休会和讨论休会时,要避免谈过多的新问题或对方非常敏感的问题,以便创造冷却紧张气氛的时机。

## 本章小结

1. 商务谈判技巧是指在商务谈判中,为了实现谈判目标,配合谈判方针、策略的展开所使用的技术窍门。这里的技巧一方面是谈判者要掌握的语言方面的技巧,另一方面还有很多在实际谈判过程中需要大家不断体会和掌握的优势、劣势和均势技巧。

2. 商务谈判的语言从不同的角度或按照不同的标准可以划分为不同的类型,可以分为有声语言和无声语言;专业语言、法律语言、外交语言、文学语言和军事语言;留有余地的语言、幽默诙谐的语言和威胁强硬的语言。

3. 商务谈判语言技巧运用的重要性主要体现在:语言艺术是通向谈判成功的桥梁;语言艺术是谈判中表达己方观点的有效工具;语言艺术是谈判中说服对方的重要武器;语言艺术是实施谈判策略的主要途径;语言艺术是处理谈判中人际关系的关键。

4. 商务谈判中运用语言技巧时必须遵循的原则包括客观性原则、逻辑性原则、针对性原则、隐含性原则、规范性原则。

5. 商务谈判的主体语言是有声语言,有声语言技巧包括陈述技巧、问与答的技巧、听与辩的技巧、说服的技巧。

6. 商务谈判不仅是口头语言的交流,同时也是行为语言的交流。商务谈判中的行为语言技巧包括眼睛语言、嘴巴语言、腿部语言、手势语言。

7. 谈判者在商务谈判中处于何种形势、何种地位,归根结底是由其谈判实力决定的。所谓谈判实力是指谈判者拥有其他谈判方欠缺而对谈判空间的改变发挥关键作用的能力。商务谈判中,谈判实力的来源主要包括7个方面:信息、时间、资源的控制、关系、可选择性、知识和技能、可信性。

8. 商务谈判技巧的选择和运用在很大程度上取决于谈判中双方实力的强弱。当谈判一方处于优势时,可以考虑的谈判技巧为:不开先例技巧、先苦后甜技巧、最后期限技巧、故布疑阵技巧、价格陷阱技巧;当谈判一方处于劣势时,可以考虑的谈判技巧为:吹毛求疵技巧、权力有限技巧;

当谈判双方势均力敌，都无明显优势的时候，可以考虑的谈判技巧为：货比三家技巧、为人置梯技巧、开诚布公技巧、休会技巧。

# 综合练习

### 一、判断题
1. 说服常常贯穿于商务谈判的始终。( )
2. 在商务谈判中，运用有声语言和行为语言，可以产生珠联璧合、相辅相成、绝妙默契的效果。( )
3. 为了表示合作的诚意，在商务谈判过程中对对方提出的问题都要直接如实回答。( )
4. 说服性的大小是语言艺术高低的衡量尺度。( )
5. 为了弄清对方的情况，商务谈判过程中任何方面的问题都可以随意提问。( )
6. 谈判技巧不是十全十美的，一种具体的谈判技巧总是有利有弊的。( )
7. 当在商务谈判中处于劣势时，最好的谈判技巧就是尽可能地满足对方的要求。( )

### 二、选择题
1. "深表遗憾""有待研究"属于( )。
   A. 专业语言　　　　　　　　B. 法律语言
   C. 外交语言　　　　　　　　D. 文学语言
2. 在商务谈判中，运用有声语言的技巧主要体现在( )方面。
   A. 陈述　　　　　　　　　　B. 问与答
   C. 听与辩　　　　　　　　　D. 说服
3. 在商务谈判中，说服工作的关键在于( )。
   A. 抓住对方的手　　　　　　B. 抓住对方的眼
   C. 抓住对方的耳　　　　　　D. 抓住对方的心
4. 商务谈判中的行为语言技巧包括( )。
   A. 眼睛语言　　　　　　　　B. 嘴巴语言
   C. 腿部语言　　　　　　　　D. 手势语言
5. 商务谈判中一方处于优势时不可选择的技巧是( )。
   A. 不开先例技巧　　　　　　B. 吹毛求疵技巧
   C. 先苦后甜技巧　　　　　　D. 故布疑阵技巧

### 三、简答题
1. 为什么说谈判者永远没有现成的、固定的、成竹在胸的技巧与方法去应付所有的谈判?
2. 简述商务谈判语言技巧的运用原则。
3. 谈判中陈述的技巧有哪些?
4. 怎样理解倾听是一种艺术?
5. 在谈判中处于劣势时，采用哪些技巧比较适宜?
6. 简述在商务谈判中如何选择合适的时机进行休会。

### 四、案例题

美国华克公司承包了一项建筑工程，要在一个特定的日子之前在费城建成一座庞大的办公大厦。开始计划进行得很顺利，不料在将要完工时，负责供应内部装饰用的铜器承包商突然宣布：他无法如期交货了。这样一来，整个工程就要耽搁，还要为此付巨额的罚金！于是，长途电话不断，双方争论不休，一次次交涉都没有结果。华克公司只好派高先生前往纽约。

高先生一走进那位承包商办公室，就微笑着说："你知道吗？在布鲁克林，姓这个姓氏的只有你一个。""我从来不知道。"承包商兴致勃勃地查起电话簿来。"不错，这是个少有的姓。"他有些骄傲地说，"我的家族是从荷兰来的，几乎有200年历史了。"他继续谈论他的家族，当他说完后高先生就称赞他居然拥有这么大的一家工厂，承包商说："这是我花了一生的心血建立起来的事业，我为它感到骄傲，你愿不愿意到车间参观一下？"

高先生欣然前往。在参观时，高先生一再称赞他的组织制度健全，机器设备先进。这位承包商高兴极了，他声称有些机器还是他发明的呢！高先生马上向他请教：那些机器如何操作？工作效率如何？到了中午，承包商坚持要请高先生吃饭，他说："到处都需要铜器，但很少有人对这一行像你这样感兴趣的。"

吃完午餐，承包商说："现在，我们谈正事吧。我知道你来的目的，但我没有想到我们的相处竟会如此愉快。你可以带着我的保证回去，你们的材料将如期运到。我这样做会给另一笔生意带来损失，但我认了。"

果然，工程用的铜器及时运到，大厦正好在合同期限到了的那天完工。

问题：
(1) 在此次谈判中，华克公司处于何种谈判地位？
(2) 高先生采用什么技巧使谈判取得了成功？
(3) 如何评价承包商的行为？

## 实践练习

**实践题**：沟通方案的设计。

F负责一家软件开发公司的战略发展。近年来，公司决定以收购有前景的软件的战略来代替以往的自主开发战略。F把目标瞄准了一家小型的新起步的公司，该公司开发出一种新型软件，能够让职业女性用办公室的电脑控制家中的厨房用具。公司的CEO让F继续收购这个项目，但是，公司研发部的负责人却不怎么热心，他不断质疑该产品的商业存活力。在公开场合，他阐述的理由是产品的市场不够大，不足以验证成本和付出是否合理，而公司很多人私下都认为他一向反对任何非自己部门开发的软件。这个项目获得研发部门的赞同和支持是非常重要的。

**实践题目**：由每个小组依据案例背景，为F设计一个你们认为是与公司研发部门有效沟通的方案，并将小组结论在各个小组间进行交流和比较。

# 第8章 商务谈判僵局的破解

## 学习目标

通过本章学习,应该达到如下目标。

【知识目标】了解僵局的定义和产生原因;掌握僵局的处理原则;了解避免僵局产生的技巧;掌握处理意见性和情绪性僵局的方法;掌握破解僵局的策略。

【技能目标】正确认识谈判僵局;懂得如何对不同的僵局进行处理;能够正确运用僵局的破解策略,成功地破解谈判僵局,促成交易的达成。

【能力目标】通过对谈判僵局产生原因的分析,初步了解谈判僵局的根源,灵活应对,有效地破解谈判僵局。

## 开篇案例

### 孔子崎岖的游说路

春秋时期,孔子的"克己复礼"游说是典型的谈判活动,"天下有道,丘不与易也"给我们展示了他在周游列国宣扬"克己复礼"思想时的艰辛。

桀溺说:像洪水一般的坏东西到处都是,你们同谁去改变它呢?而且你与其跟着躲避人的人,为什么不跟着我们这些躲避社会的人呢?荷蓧丈人说:我手脚不停地劳作,五谷还来不及播种,哪里顾得上你的老师是谁?可见这两个人对孔子当时积极宣扬自己思想以期拯救世界的不赞同。楚狂接舆更是带着一种鄙视和嘲讽的态度对待孔子,他虽然看到了当时社会的弊政,但同样认为孔子的做法无异于蚍蜉撼大树——可笑不自量。所以,当孔子要和他交谈的时候,他赶紧躲开了,孔子无奈遗憾地离开。

孔子胸怀伟大抱负,希望通过自己的游说让当时各国国君施以仁政,不要战争。然而理想很美好,现实很残酷,他的"克己复礼"主张没有得到普遍理解,在游说途中困难重重,经常陷入僵局,但他从未放弃,在实现理想曲折而漫长的道路上奋斗着。

(资料来源:高秀娟. 走下圣坛,走进生活的孔子. 参考网.)

在纷繁复杂的商务活动中，谈判日渐成为商务活动主体之间进行沟通并达成交易的有效途径。谈判中双方往往为了争夺更多的利益而展开激烈角逐，谈判僵局在所难免。如何化解谈判僵局是谈判双方必须面对并积极应对的问题。党的二十大报告指出，"我们从事的是前无古人的伟大事业，守正才能不迷失方向、不犯颠覆性错误，创新才能把握时代、引领时代。"在商务谈判中，只有守正创新，才能有效化解僵局，推进商务谈判顺利进行。

# 8.1 商务谈判僵局概述

## 8.1.1 商务谈判僵局的概念

僵局是指谈判中，双方因暂时不可调和的矛盾而形成的对峙的局面。僵局并不等于谈判破裂，但是会影响谈判的进程，甚至在解决不好的情况下，会导致谈判破裂。当然，并不一定每次谈判都会出现僵局，但也可能一次谈判出现几次僵局。

## 8.1.2 商务谈判僵局形成的原因

在谈判进程中，僵局无论何时都有可能发生，任何主题都有可能形成分歧与对立。表面上看，僵局表现的时机与形式、对峙程度的高低是令人眼花缭乱、不可名状的。然而，谈判陷入危机往往是由于双方感到在多方面谈判中期望相差甚远，并且在各个主题上这些差异相互交织在一起，难以出现缓解的迹象。造成谈判僵局的原因可能是多方面的，僵局并不总是因发生震惊世界的大事或者重大的经济问题才出现的。根据一些谈判者的经验，许多谈判僵局和破裂是由细微的事情引起的，诸如谈判双方性格的差异、怕丢面子；个人的权力限制；环境的改变；公司内部纠纷；与上司的工作关系不好及缺乏决断的能力；谈判一方利用己方优势强迫另一方接纳己方的意图等。僵局的产生是由其中一个或几个因素共同作用而形成的。归纳起来，主要有以下几方面。

### 1. 立场观点的争执

谈判过程中，如果对某一问题各持自己的看法和主张，并且谁也不愿做出让步，往往容易产生分歧，争执不下。双方越是坚持自己的立场，双方之间的分歧就越大。这时，双方真正的利益被这种表面的立场所掩盖，而且为了维护各自的面子，非但不愿做出让步，反而会用顽强的意志来迫使对方改变立场。于是，谈判变成了一种意志力的较量，谈判自然陷入僵局。

所以谈判双方在立场上关注越多，就越不能注意调和双方利益，也就越不可能达成协议。纠缠于立场性争执是低效率的谈判方式，它撇开了双方各自的潜在利益，不容易达成明智的协议，而且由于相持不下，它还会直接损害双方的感情，谈判者要为此付出巨大代价。

在谈判过程中，谈判对手为了维护自己的正当利益，会提出自己的反对意见；当这些反对意见得不到解决时，便会利用制造僵局来迫使对方让步。如卖方认为要价不高，而买方认为卖方的要价太高；卖方认为自己的产品质量没有问题，而买方对产品质量不满意等。也可能是客观市场环境的变化造成的不能让步，例如由于市场价格的变化，使原定的谈判让步计划无法实施，便会在谈判中坚持条件，使谈判陷入僵局。

经验证明，谈判双方在立场上关注越多，就越不能注意调和双方利益，也就越不可能达成协议。甚至谈判双方都不想做出让步，或以退出谈判相要挟，这就更增加了达成协议的困难。因为人们最容易在谈判中犯立场观点性争执的错误，这也是形成僵局的主要原因。

### 2. 不合理的强迫

参与商务谈判的企业并非都是实力相当的，经常存在着洽谈双方一方强、一方弱，一方大、一方小等差别，这种情况往往容易使双方在进入谈判角色定位时产生偏差。

在商务谈判中，不仅存在经济利益上的相争，还有维护国家、企业及自身尊严的需要。因此，某一方越受到强迫，就越不会退让，谈判的僵局也就越容易出现。由于强迫造成的谈判僵局在国际商务谈判中尤其常见。比如在国际业务交往中，有些外商常常要求我方向派往我国的外方工作人员支付高薪报酬，或要求低价包销由其转让技术所生产的市场旺销产品，或强求购买其已淘汰的设备等，都属强迫行为。如果我方不答应，就反过来以取消贷款、停止许可证贸易等相威胁。诸如此类，都是导致僵局出现的原因，因而形成形形色色的僵局。

### 3. 人员素质的低下

谈判者素质高低是谈判能否成功的重要因素，尤其是当双方合作的客观条件良好、共同利益较一致时，谈判者素质高低往往是起决定性作用的因素。事实上，仅就导致谈判僵局的因素而言，不论是何种原因，在某种程度上都可归结为人员素质方面的原因所致。

有些僵局的产生，往往很明显是由于谈判者的素质欠佳，在使用一些策略时，因时机掌握不好或运用不当，导致谈判过程受阻及僵局的出现。因此，无论是谈判者作风方面的原因，还是知识经验、策略技术方面的不足或失误都可导致谈判的僵局。

### 4. 沟通的障碍

由于谈判本身就是靠"讲"和"听"来进行沟通的。事实上，即使一方完全听清了另一方的讲话内容并予以了正确的理解，而且也能够接受这种理解，也不意味着就能够完全把握对方所要表达的思想内涵。恰恰相反，谈判双方信息沟通过程中的失真现象是时有发生的。实践中，由于双方信息传递失真而使双方之间产生误解而出现争执，并因此使谈判陷入僵局的情况屡见不鲜。这种失真可能是口译方面的，也可能是合同文字方面的，都属于沟通方面的障碍因素。

沟通的障碍主要表现在：没有听清对方讲话的内容；没有理解对方陈述的内容；枯燥乏味的谈判情景和谈判方式；或者另一方有偏见，不愿意接受对方的观点。

1) 语言的障碍

语言障碍一般表现为：一方能够听懂，但另一方不能听懂，或双方都听不懂，以及双方都能听懂，但经常产生误解。

2) 信息传递的环节过多

信息从一个人传到另一个人的过程中会越来越失真，一般每经过一个中间环节，就要丢失30%左右的信息。

3) 地位的差异

由于信息的发送者和接收者的地位存在差异，而导致信息的沟通存在障碍。一般来说，信息发送者的层次越高，听众越倾向于接受。

4) 表达不明，渠道不畅

谈判者没有很好地用语言表明自己的意图，从而导致出现僵局。

### 5. 双方利益的差异

从谈判双方各自的角度出发，双方各有自己的利益需求。当双方各自坚持自己的成交条件，而且这种坚持虽相去甚远，却是合理的情况时，这时只要双方都迫切希望从这桩交易中获得所期望的利益而不肯做进一步的让步，那么谈判就很难进行，交易也没有希望成功，僵局也就不可避免了。

### 6. 事人不分

谈判中，人的因素除了观念问题，情感表露也可对谈判产生重要影响。当然，我们期待谈判对手的感情泄露能有助于谈判的顺利进行。例如，谈判对手刚做了一笔漂亮的生意，或者摸彩中了头奖，使他在谈判中不禁喜形于色。对方高昂的情绪可能就使得谈判非常顺利，很快达成协议。然而，也会碰到个别不如意的对手，情绪低落，甚至可能大发雷霆。如个别顾客冲着售货员就出售的货物质量或其他原因而发生争执，大发脾气，售货员觉得不是自己的问题而往往试图解释，而客户根本听不进去，不但要求退货，而且继续大吵大闹，有时甚至双方会发生激烈的口角。感情泄露在谈判中有时双方都难以抑制。个人的情绪还会有一定的传染性。有时处理不当，矛盾激化，就使谈判陷入不能自拔的境地。双方为了顾及"脸面"而彼此绝不做出任何让步。结果双方之间很难再合作下去。因此，对待和把握谈判者的感情表露也是解决人的问题的一个重要方面。在商务交往中，人的情绪高低可以决定谈判的气氛，如何对待谈判者的情感表露，特别是处理好谈判者低落的情绪，甚至愤怒的情绪，会对今后双方的进一步合作产生深远的影响。有经验的谈判专家建议，处理谈判中的情感冲突，不能采取面对面的硬式方法。采取硬式的解决方法往往会使冲突升级，反而不利于谈判的继续进行。

因此，不管你对对方的谈判组成成员有多大的成见，或多深的情感，此时，应该把它搁置起来，就事论事，这样才能做到公正合理，保证谈判双方的利益。

## 8.1.3 商务谈判僵局处理的原则

### 1. 正确认识谈判僵局

许多谈判者把僵局视为谈判失败，企图竭力避免它，在这种思想指导下，不是采取积极的措施加以缓和，而是消极躲避。在谈判开始之前，就祈求能顺利地与对方达成协议，完成交易，别出意外，别出麻烦。特别是当他负有与对方签约的使命时，这种心情就更为迫切。这样一来，为避免出现僵局，就事事处处迁就对方，一旦陷入僵局，就会很快地失去信心和耐心，甚至怀疑起自己的判断力，对预先制订的计划也产生了动摇。这种思想阻碍谈判者更好地运用谈判策略，结果可能会达成一个对己不利的协议。

应该看到，僵局出现对双方都不利。如果能正确认识，恰当处理，会变不利为有利。我们不赞成那种把僵局视为一种策略，运用它胁迫对手妥协的办法，但也不能一味地妥协退让。这样，不但僵局避免不了，还会使自己十分被动。只要具备勇气和耐心，在保全对方面子的前提下，灵活运用各种策略、技巧，僵局就不是攻克不了的堡垒。

### 2. 协调好双方的利益

当双方在同一问题上发生尖锐对立，并且各自理由充足，均既无法说服对方，又不能接受对方的条件，从而使谈判陷入僵局时，应认真分析双方的利益，只有平衡好双方的利益才有可能打破僵局。让双方从各自的目前利益和长远利益两个方面来看问题，使双方的目前利益、长远利益做出调整，寻找双方都能接受的平衡点，最终达成谈判协议。因为如果都追求目前利益，可能都失去长远利益，这对双方都是不利的。只有双方都做出让步，以协调双方的关系，才能保证双方的利益都得到实现。

### 3. 欢迎不同意见

不同意见，既是谈判顺利进行的障碍，也是一种信号。它表明实质性的谈判已开始。如果谈判双方就不同意见互相沟通，最终达成一致意见，谈判就会成功在望。因此，作为一名谈判者，不应对不同意见持拒绝和反对的态度，而应持欢迎和尊重的态度。这种态度会使我们能更加平心静气地倾听对方的意见，从而掌握更多的信息和资料，也体现了一名谈判者的宽广胸怀。

### 4. 避免争吵

争吵无助于矛盾的解决，只能使矛盾激化。如果谈判双方出现争吵，就会使双方对立情绪加重，从而很难打破僵局达成协议。即使一方在争吵中获胜，另一方无论从感情上还是心理上都很难持相同的意见，谈判仍有重重障碍。所以一名谈判高手是通过据理力争，而不是和别人大吵大嚷来解决问题的。

### 5. 冷静理智地思考

在谈判实践中，有些谈判者会脱离客观实际，盲目地坚持自己的主观立场，甚至忘记了自己的出发点是什么；由此而引发的矛盾，当激化到一定程度的时候即形成了僵局。谈判者在处理僵局时，要能防止和克服过激情绪所带来的干扰。一名优秀的谈判者必须具备头脑冷静、心平气和的谈判素养，只有这样才能面对僵局而不慌乱。只有冷静思考，才能理清头绪，正确分析问题。这时，应设法建立一项客观的准则，即让双方都认为是公平的、又易于实行的办事原则、程序或衡量事物的标准，充分考虑双方潜在的利益到底是什么，从而理智地克服一味地希望通过坚持自己的立场来"赢"得谈判的做法。这样才能有效地解决问题，打破僵局；相反，靠拍桌子、踢椅子来处理僵局是于事无补的，反而会带来负面效应。

### 6. 语言适度

语言适度指谈判者要向对方传播一些必要的信息，但又不透露己方的一些重要信息，同时积极倾听。这样不仅和谈判对方进行了必要的沟通，而且可探出对方的动机和目的，形成对等的谈判气氛。

## 8.2 僵局的处理方法

### 8.2.1 避免僵局的产生

"没有分歧就没有谈判"，说明谈判双方利益的冲突和分歧是客观存在的，无法避免的。因此，处理僵局最好的办法就是将僵局消灭在萌芽之中。

#### 1. 对待僵局的态度很关键

谈判中出现僵局是正常现象，因此在对待僵局的时候，谈判者一定要冷静、客观地看待僵局。谈判的一方提出反对意见，既是谈判顺利进行的障碍，也代表对方对这个议题感兴趣或者有成交意愿。因此，要对对方的反对意见持欢迎的态度，而且要站在对方的角度，考虑对方的反对意见，有理有据地说服对方。

即使是对方提出的过分要求，也要保持冷静的态度，不能用不满的口吻和语气反驳对方的不同意见。应变争吵为倾听,尽量化解双方的矛盾。

善于发现对方的优点,在适当的时候,要表扬对方的优点。例如,"我认为你的优点……",使对方产生愉悦的心情,有利于谈判的顺利进行。

**2. 避免僵局的方法**

避免僵局的方法主要有以下几种。

1) 立场服从利益

在谈判中,如果自觉或者不自觉地以利益服从立场为原则进行谈判,人们就会盲目地坚持自己的主观立场,忘记自己的出发点是什么,甚至脱离客观实际。因此,为了有效地避免谈判僵局,必须坚持立场服从利益的基本原则,使谈判双方认识到利益才是谈判的基本出发点。

谈判者要保持机敏、灵活的谈判风格,只要有利于己方或者双方的利益,就没有什么不能够放弃或者不可改变的。

2) 坚持使用客观标准

客观标准是指独立于双方意志之外的合乎情理和切实可行的标准。通常采用惯用的商业惯例、道德标准、科学标准、职业标准等作为客观标准。应该建立一项客观的标准,既让双方都认为是公平的,又不损害任何一方的利益,而且这一标准要易于付诸实践。

在谈判中坚持使用客观标准有助于双方冷静客观地分析问题,达成一个明智而又公正的协议。

3) 换位思考

谈判双方有效沟通的重要方法之一就是要站在对方的立场,设身处地从对方的角度来观察问题,这也是避免僵局的好办法。谈判的时候,如果我们能够进行换位思考,或者设法引导对方站在我们的立场上来思考问题,就能够增进彼此之间的理解。这对于消除分歧与误解,构筑双方都乐于接受的方案是积极有效的。

4) 寻找共同利益

谈判双方具有不同的利益,但是在利益的选择上可能有多种不同的途径,因此在大多数情况下,可以设计出兼顾双方利益的多种分配方案,然后进行协调和充分的准备,确定一种最佳的方案。

当出现僵局的时候,双方可能忽略了双方的共同利益。如果双方能够从共同利益出发,认识到双方利益的共同点,就会使双方获得合理的收益。

## 案例8-1

### 医保药品谈判再现灵魂砍价

2021年国家医疗保障局和药企之间围绕治疗罕见病的药品进行了一次谈判。这次谈判视频被央视新闻、人民日报以"医保药品谈判再现灵魂砍价"为题进行了宣传报道,迅速在各大社交平台刷屏霸榜。

一个半小时的漫长谈判,药企代表八次出门商讨,每瓶药的成交价,从53 680元降到了33 000元,降价近四成。身为国家医疗保障局谈判代表,张劲妮简简单单的一句"每一个小群体都不应该被放弃"体现了医保谈判代表们深知百姓疾苦,在医保谈判的每一个环节努力、努力、再努力,但最终的目的都是让患儿们能够用得上、用得起特效药,坚定地传递出人民至上、生命至上的理念。

我们都知道,谈判的结果是为了实现双赢,然而在现实生活中,买方想要压低价格,而卖方则想要抬高价格,这种抱有不同目的的双方是不可能实现真正的双赢的。优秀的谈判者会在附加值中找平衡,既能够在谈判中取得自己想要的,又能让对方觉得他们也赢了。在医保药品"灵魂砍价"谈判中,各方能够从共同利益出发,认识到双方利益的共同点,最终实现了患者与企业的双赢目的。

(资料来源:"我眼泪都快掉下来了"……55万一针的救命药,医保谈判灵魂砍价上热搜,现场视频公布.每日经济新闻,2021-12-03.)

### 8.2.2 处理僵局的方法

**1. 缓解意见对立性僵局的方法**

1) 借助有关事实和理由委婉地否定对方意见

一般有以下4种具体的处理方法。

(1) 先肯定,后否定。即在回答对方提问的时候,先肯定对方的一部分意见,然后再引入有关的信息和理由加以否定。

(2) 诱导对方自己否定自己。即谈判一方直接或间接地利用对方的意见说服对方。在谈判中难免发生辩论,辩论的目的在于求同,以利合作共事。而有的对手坚持己见,甚至刚愎自用,这种情况下,千万不要把自己的观点强加于人,这样做,一是容易导致谈判的破裂,不欢而散;二是即使谈判成功,也会给今后合作留下隐患。应该像朋友一样,诱导对方,让对方自己否定自己的观点。

### 案例8—2

#### 自我否定法的妙用

湖北某校派代表去广州,谋求联合办学的伙伴。他们找到一所民办学校,与其负责人谈判:希望其负责招生和毕业后的推荐就业工作,湖北某校负责教学与发证工作。谈判近于成功,其负责人又招来几位副手共同商定。有一位年纪大的副手提出异议:"湖北广东,相距千里,青年学生恐怕生活不习惯,闹出病来怎么办?此事断不可行。"一语既出,四座惊警,其负责人也哑然无语。湖北代表看出,该副手年事高,经验足,权威大。遇此老谋深算的强硬对手,如果据理力争,怕是越谈越僵。于是,湖北的代表避开对方的辞锋,来了一个诱导对方自我否定的做法。请看余下的这段对话(以下简称代表和老人)。

代表:(一笑)这位老同志说得也在理。哎呀,广州的天气真热,请把空调开大一点。

老人:(表情得意,以眼神环顾,大有"我说得不错吧"之意。)

代表:老人家,请问洗手间在哪里?

老人:(热情地)出门向右拐,我领你去。

代表:(从洗手间回来落座后)老人家,谢谢您。

老人:不谢,不谢。(似有笑意)

代表:(拉家常地)老人家高寿?

老人:今年六十一岁了,老了。

代表:您不显老,真的!听口音,您不是广东人吧?

老人：北京人。
代表：哟，比我们还远呐！来广州多少年了？
老人：(想了一下)快五年了吧。
代表：佩服，佩服。您这么大年纪，红光满面，精神很好，得向您学习呀！
老人：(谦虚地)哪里，哪里。
代表：生活还过得惯吧？
老人：(已经入瓮，但仍未察觉)还习惯，还习惯。
代表：您刚来广州时，怕总有点——(不点破，让他自己讲)
老人：(忙打断)啊，不，刚来我就很适应。
代表：您是没问题的，恐怕年轻人就不如您了。
老人：(不自觉地、谦虚地)啊，啊，老了，比不得年轻人哟。
代表：那——刚才您……
老人：(如梦初醒，略显不好意思，然后友好地一笑)嘿嘿，真有你的。
结果，谈判以成功而告终。

(资料来源：商务谈判第十一章. 百度文库.)

诱导对方自我否定的关键在于一个"诱"字，立足一个"导"字。要想诱得自然，不留痕迹；导得巧妙，不被人识破，应该注意以下4点。

第一，有目的地诱。要有明确的说服目的。所诱导的内容，要紧紧地为总目的服务。上例中，湖北的代表明在拉家常，实则处处紧扣对方提出异议的两点，即生活不习惯和容易生病，让老年人与青年人形成对比，对方之观点不攻自破。

第二，有步骤地诱。上例分4个步骤。第一步是缓和气氛，中断论辩，让对方从剑拔弩张的"战争"状态中"撤退"出来；承认对方有道理，"欲擒故纵"，让对方彻底解除武装。其时，上洗手间也是一种一箭三雕的策略：一是以逸待劳，让时间来进一步冲淡"战场"的"火药味"，以便调整策略；二是重新构思辩词；三是继续拉家常、套近乎，瓦解对方斗志，进而创造和谐、友好的气氛。第二步从问年龄、问籍贯、问来到广东的时间，找出老少对比的依据。第三步凭身体状况得出"能适应，不会生病"的结论。第四步，用与青年人对比的问话直切主旨。其潜台词是：老年人尚能适应，何况青年人？这里真理已明，又不直接点破，其结论尽在不言中，为对方自己"下台"留有余地，保持友好合作的良好氛围。

第三，有预料地诱。诱导中，对方会怎么讲，可能有几种讲法，怎样随机应变，都要有所预料，这样才使自己的诱导不致变成"哑炮"。本来，到第三步得出"身体状况很好"的结论，目的已经达到，但对方尚未省悟，仍然有打"哑炮"的危险。于是又用第四步，单刀直入，直点主题。这样，其论辩才"功德"圆满。

第四，有诚意地导。诚恳开导，不讽刺，不挖苦，防其恼羞成怒。以尊重为主导，以关心为主线。以情感人，以理服人，使对方心悦诚服。

(3) 先提问，后否定。即谈判中不直接回答问题，而是提出问题，使对方回答自己提出的反对意见，从而达到否定原来意见的目的。

(4) 先重复，后削弱。即谈判者先用比较委婉的语气，把对方的反对意见复述一次，再回答，但复述的原意不能变，文字或顺序可颠倒。

2) 求大同存小异

如果谈判各方的利益要求完全一致，就无须谈判，因而产生谈判的前提是各方利益、条件、意见等存在着分歧。商务谈判，实际上是通过协商弥合分歧使各方利益目标趋于一致而最后达成协议的过程。如果因为争执升级、互不相让而使分歧扩大，则容易导致谈判破裂。而如果想使一切分歧意见皆求得一致，在谈判上既不可能也无必要。因此，互利的一个重要要求就是求同存异，求大同存小异。谈判各方应谋求共同利益，妥善解决和尽量忽略非实质性的差异，这是商务谈判成功的重要条件。

## 案例8-3

### 求大同存小异

聪明的谈判家在僵局中反复斟酌，冥思苦想，找到解决问题的钥匙。基辛格在中美建交会议的谈判中，与周恩来总理在起草《中美联合公报》时用25个小时讨论世界形势，用15个小时磋商联合声明。"我们要找到一种模式，既承认中国的统一，又不放弃我们目前的关系。最后中国台湾问题是这样表述的：美国认识到在中国台湾海峡两边的所有中国人都认为只有一个中国，台湾是中国的一部分。美国政府对这一立场不提出异议。"两位谈判高手就中国台湾这个陷入僵局的重大问题做出了机智而又不失原则的表述，从而使谈判取得了重大突破。

(资料来源：陈敦德. 新中国外交谈判[M]. 北京：中国青年出版社，2005.)

首先，要把谋求共同利益放在第一位。在商务谈判中，各方之"同"，是使谈判顺利进行和达到预期目的的基础，从分歧到分歧等于无效谈判。谈判中的分歧通常表现为利益上的分歧和立场上的分歧。参与谈判的每一方都要追求自身的利益，由于所处地位、价值观念及处理态度不同，对待利益的立场也就不同。需要指出的是，谈判各方从固有的立场出发，是难以取得一致的，只有瞄准利益，才有可能找到共同之处。而且，商务谈判的目的是求得各方利益之同，并非立场之同。所以，要把谈判的重点和求同的指向放在各方的利益上，而不是对立的立场上，以谋求共同利益为目标。这就是求大同，即求利益之同。然而，求利益之同难以求到完全相同，只要在总体上和原则上达到一致即可，这是对求大同的进一步理解。求同是互利的重要内容，如果谈判者只追求自己的利益，不考虑对方的利益，不注重双方的共同利益，势必扩大对立，中断谈判，各方均不能有所得。一项成功的商务谈判，并不是置对方于一败涂地，而是各方达成互利的协议。谈判者都本着谋求共同利益的态度参与谈判，各方均能不同程度地达到自己的目的。林肯曾颇有感触地说："我展开并赢得一场谈判的方式，是先找到一个共同的赞同点。"谈判的前提是"异"，谈判的良好开端则是"同"，谈判的推动力和谈判的归宿更在于"同"。

其次，努力发现各方之"同"。商务谈判是一种交换利益的过程，而这种交换在谈判结束时的协议中才明确地体现出来。谈判之初，各方的利益要求还不明朗或不甚明朗，精明的谈判者能随着谈判的逐步深入从各种意见的碰撞中积极寻找各自利益的相容点或共同点，然后据此进一步探求彼此基本利益的结合点。谈判各方利益纵然有诸多相异之处，总能找到某种相同或吻合之点，否则在一开始就缺乏谈判的基础和可能。为了引导对方表露其利益要求，应在谈判中主动且有策略地说明己方的利益。只要不表现出轻视或无视对方的利益，你就可以用坚定的态度陈述自己利益的重要性。坚持互利原则就是坚持自己的利益，但是要把这种自我坚持奠定在对对方利益的认可与容纳的基础之上。忽视、排斥对方的利益和隐藏、削弱自身的利益，都不利于寻求相互之间的共同之处，都会妨碍谈判目标的正常实现。在解释自己的利益时，要力求具体化、生动化、情感化，以增加感染力，唤起对方的关切。在协调不同要求和意见的过程中，应以对方最小的损失换取自己最大的收获，而不是相反。

最后，把分歧和差异限定在合度的范围内。求大同同时意味着存小异，存小异折射着谈判各方的互利性，绝对无异不现实，而差异太大难互利。就商务谈判而言，"小异"不只是个数量概念，更重要的是有质的含义。其质的要求有两个方面：其一是谈判各方非利益之异；其二是若存在利益上的差异，则应为非基本利益之异。这是互利性要求的内在规定，是谈判协议中保留分歧的原则界限。谈判各方的不同利益需要，又可分为相容性的和排斥性的。属于排斥性的，只要不与上述原则要求相悖，允许存在于谈判协议之中；如是相容性的，则能各取所需，互为补充，互相满足。

3) 拖延战术

当双方"谈不拢"造成僵局时，有必要把洽谈节奏放慢，看看到底阻碍在什么地方，以便想办法解决。

拖延战术是对谈判者意志施压的一种最常用的方法。突然地中止、没有答复(或是含混不清地答复)往往比破口大骂、暴跳如雷更令人难以接受。

拖延战术还有一种通过恶意的运用，即通过拖延时间，静待法规、行情、汇率等变动，掌握主动，要挟对方做出让步。一般来说，可分两种情况：一是拖延谈判时间，稳住对方；二是谈判中留下漏洞，拖延交货。

4) 沉着应对，后发制人

陷入僵局之前，谈判的一方往往使出最后通牒一招，迫使对方就范。这时己方不妨多听少说，多问少答，冷眼旁观，沉着应对，采取后发制人的策略，不到最后不拿出撒手锏。待时机一到，己方反戈一击，往往出奇制胜。

**2. 缓解情绪性对立僵局的技巧**

情绪性对立僵局往往是双方在商务谈判中由于激烈的气氛造成的情绪失控所引发的，多是由于词句不当引发口角而形成的僵局。如一次价格谈判中，一方冲口而出："价格太高，你们简直是漫天要价。"对方立即反击："那你开的这个价格闻所未闻，难道要我白送给你？"一言不合立马走人。

情绪不能代替原则，不能代替利益。谈判双方是为了谋求共同利益而来，赌气斗狠只会妨碍谈判进程，违背谈判初衷。应静心自问，做出反思，让谈判继续进行。化解情绪性僵局的主要策略有以下几种。

1) 静心思考，暂时休会

休会策略是谈判者为控制、调节谈判进程，缓和谈判气氛，打破谈判僵局而经常采用的一种基本策略。它不仅是谈判者为了恢复体力、精力的一种生理需求，而且是谈判者调节情绪、控制谈判过程、缓和谈判气氛、融洽双方关系的一种策略技巧。谈判中，双方因观点产生差异、出现分歧是常有的事，如果各持己见、互不妥协，往往会出现僵持严重以至谈判无法继续的局面。这时，如果继续进行谈判，双方的思想还沉浸在刚才的紧张气氛中，结果往往徒劳无益，甚至适得其反，导致以前的成果付诸东流。因此，比较好的做法就是休会，因为这时双方有时间进行思索，使双方有机会冷静下来，客观地分析形势、统一认识、商量对策。

谈判出现僵局，双方情绪都比较激动、紧张，会谈一时也难以继续进行。这时，提出休会是一个较好的缓和办法。谈判的一方把休会作为一种积极的策略加以利用，可以达到以下目的。

(1) 仔细考虑争议的问题，构思重要的问题。
(2) 可进一步对市场形势进行研究，以证实自己原来观点的正确性，思考新的论点与自卫方法。
(3) 召集各自谈判小组成员，集思广益，商量具体的解决办法，探索变通途径。
(4) 检查原定的策略及战术。
(5) 研究讨论可能的让步。
(6) 决定如何应对对手的要求。
(7) 分析价格、规格、时间与条件的变动。
(8) 阻止对手提出尴尬的问题。
(9) 排斥讨厌的谈判对手。
(10) 缓解体力不支或情绪紧张。
(11) 应付谈判出现的新情况。
(12) 缓和谈判一方的不满情绪。

谈判的任何一方都可以把休会作为一种战术性拖延的手段，走出房间，或者打个电话。当你回到谈判桌边时，你可以说，你原来说过要在某一特殊问题上让步是不可能的，但是你的上级现在指示你可以有一种途径，比如……这样让对方感到你改变观点是合理的。但是，在休会之前，务必向对方重申一下己方的提议，引起对方的注意，使对方在头脑冷静下来以后，利用休会的时间去认真地思考。例如，休会期间双方应集中考虑的问题为：贸易洽谈的议题取得了哪些进展；还有哪些方面有待深谈；双方态度有何变化；己方是否调整一下策略；下一步谈些什么；己方有什么新建议，等等。

谈判会场是正式的工作场所，容易形成一种严肃而又紧张的气氛。当双方就某一问题发生争执，各持己见，互不相让，甚至话不投机、横眉冷对时，这种环境更容易使人产生一种压抑、沉闷的感觉和烦躁不安的情绪，使双方对谈判继续下去都没有兴致。在这种情况下，可暂时停止会谈或双方人员去游览、观光、出席宴会、观看文艺节目，也可以到游艺室、俱乐部等地方消遣，把绷紧的神经松弛一下，缓和一下双方的对立情绪。这样，在轻松愉快的环境中，大家的心情自然也就放松了。更主要的是，通过游玩、休息、私下接触，双方可以进一步熟悉、了解，消除彼此间的隔阂；也可以不拘形式地就僵持的问题继续交换意见，寓严肃的讨论和谈判于轻松活泼、融洽愉快的气氛之中。这时彼此间心情愉快，人也变得慷慨大方，谈判桌上争论了几个小时无法解决的问题、障碍，在这儿也许会迎刃而解了。

反过来，如果谈判的一方遇到对方采用休会缓解策略，而自己一方不想休会时，破解的方法有以下几种。

(1) 当对方因谈判时间拖得过长、精力不济要求休会时，应设法留住对方或劝对方再多谈一会儿，或再谈论一个问题，因为此时对手精力不济，容易出差错，意志薄弱者容易妥协，所以延长时间就是胜利。

(2) 当己方提出关键性问题，对方措手不及、不知如何应付、情绪紧张时，应拖着其继续谈下去，对其有关休会的暗示、提示佯作不知。

(3) 当己方处于强有力的地位，正在使用极端情绪化的手段去激怒对手，摧毁其抵抗力，对手已显得难以承受时，对对手的休会提议可佯作不知、故意不理，直至对方让步，同意己方要求。

休会一般先由一方提出，经过双方同意，这种策略才发挥作用。①提建议的一方应把握时机，看准对方态度的变化，讲清休会时间。如果对方也有休会要求，即会一拍即合。②要清楚并委婉地讲清需要，让对方明白无误地知道。如东道主提出休会，客人出于礼貌，很少拒绝。③提出休会建议后，不要再提出其他新问题来谈，先把眼前的问题解决了再说。

2) 用语言鼓励对方打破僵局

当谈判出现僵局时，可以用话语鼓励对方："看，许多问题都已解决了，现在就剩这一点了。如果不一并解决的话，那不就太可惜了吗？"这种说法，看似很平常，实际上却能鼓动人，发挥很大的作用。

对于牵涉多项讨论议题的谈判，更要注意打破存在的僵局。比如，在一场包含六项议题的谈判中，有四项是重要议题，其余两项是次要议题。现在假设四项重要议题中已有三项取得协议，只剩下一项重要议题和两项小问题了，那么，针对僵局，你可以这样告诉对方："四个难题已解决了三个了，剩下一个如果也能一并解决的话，其他的小问题就好办了，让我们再继续努力，好好讨论一下唯一的难题吧！如果就这样放弃了，前面的工作就都白做了，大家都会觉得遗憾的！"听你这么说，对方多半会同意继续谈判，这样僵局就自然化解了。

叙述旧情，强调双方的共同点。即指通过回顾双方以往的合作历史，强调和突出共同点和合作的成果，来削弱彼此的对立情绪，以达到打破僵局的目的。

3) 利用第三者调解或仲裁

在政治事务中，特别是国家间、地区间的冲突中，由第三者做中间人进行斡旋，往往会获得意想不到的效果。商务谈判完全可以运用这一方法来帮助双方有效地消除谈判中的分歧，当谈判双方进入立场严重对峙、谁也不愿让步的状态时，找中间人来帮助调解，有时能很快使双方立场出现松动。

当谈判双方严重对峙而陷入僵局时，双方信息沟通就会出现严重障碍，互不信任，互相存有偏见甚至敌意，有些谈判务必取得成果，而不能用中止或破裂结束，如索赔谈判，这时由第三者出面斡旋可以为双方保全面子，使双方感到公平，信息交流可以畅通起来。中间人在充分听取各方解释、申辩的基础上，能清楚地发现双方冲突的焦点，分析其背后所隐含的利益分歧，据此寻求这种分歧的途径。谈判双方之所以自己不能这样做，主要是当局者迷。

商务谈判中的中间人主要是由谈判者自己挑选的。不论哪一方，它所确定的斡旋者应该是对对方所熟识，为对方所接受的，否则就很难发挥其应有作用。利用第三者调解或仲裁就成了谈判一方为打破僵局而主动采取的措施。在选择中间人时不仅要考虑其能力，还要考虑其是否具有权威性。这种权威性是使对方受中间人影响，最终转变强硬立场的重要力量。而主动运用这一策略的谈判者就是希望通过中间人的作用，将自己的意志转化为中间人的意志来达到自己的目的。

常用的方法有两种：调解和仲裁。调解是请调解人拿出一个新的方案让双方接受。由于该方案照顾了双方的利益，顾全了双方的面子，并且以旁观者的立场对方案进行分析，因而很容易被双方接受。但调解只是一种说服双方接受的方法，其结果没有必须认同的法律效力。当调解无效时，可请求仲裁。仲裁的结果具有法律效力，谈判者必须执行。但是，当发现仲裁人有偏见时，应及时提起；必要时也可对他们的行为提起诉讼，以保护自己的利益不受损失。需要说明的是，由法院判决也是处理僵局的一种办法，但很少使用。因为一是法院判决拖延的时间太长，这对双方都是不利的；二是通过法院判决容易伤害双方的感情，不利于以后的交往。因此，除非不得已，谈判各方均不愿把处理僵局的问题提交法院审理。

当出现了比较严重的僵持局面时，彼此间的感情可能都受到了伤害。因此，即使一方提出缓和建议，另一方在感情上也难以接受。在这种情况下，最好寻找一个双方都能够接受的中间人作为调节人或仲裁人。

## 8.3 破解商务谈判僵局的策略和技巧

谈判出现僵局,就会影响谈判协议的达成。无疑,这是双方谈判者都不愿看到的。因此,在双方都有诚意的谈判中,应该尽量避免出现僵局。但是,谈判本身又是双方利益的分配,是双方的讨价还价,僵局的出现也就不可避免。因此,仅从主观愿望上不愿出现谈判僵局是不够的,也是不现实的,必须正确认识、慎重对待、认真处理这一问题,掌握处理谈判僵局的策略与技巧,从而更好地争取主动,为谈判协议的签订铺平道路。在僵局已经形成的情况下,应该采取一定的策略来缓和双方的对立情绪,使谈判出现新的转机。

### 8.3.1 采取横向式的谈判打破僵局

当谈判陷入僵局,经过协商而毫无进展,双方的情绪均处于低潮时,可以采用避开该话题的办法,换一个新的话题与对方谈判,以等待高潮的到来。横向谈判是回避低潮的常用方法。由于话题和利益间的关联性,当其他话题取得成功时,再回来谈陷入僵局的话题,便会比以前容易得多。

把谈判的面散开,先撇开争议的问题,再谈另一个问题,而不是盯住一个问题不放,不达目的,誓不罢休。例如,在价格问题上双方互不相让,僵住了,可以先暂时搁置一旁,改谈交货期、付款方式等其他问题。如果在这些议题上对方感到满意了,再重新回过头来讨论价格问题,阻力就会小一些,商量的余地也更大一些,从而弥合分歧,使谈判出现新的转机。

### 8.3.2 寻找替代方案打破僵局

俗话说得好"条条大路通罗马",在商务谈判上也是如此。谈判中一般存在多种可以满足双方利益的方案,而谈判者经常简单地采用某一方案,而当这种方案不能为双方同时接受时,僵局就会形成。

谈判双方有效沟通的重要方法之一就是要站在对方的立场,设身处地从对方的角度来观察问题,这也是打破僵局的好办法。谈判陷入僵局的时候,如果双方能够进行换位思考,或者设法引导对方站在我方的立场上来思考问题,就能够增进彼此之间的理解。这对于消除分歧与误解,构筑双方都乐于接受的方案是积极有效的。

商务谈判不可能总是一帆风顺的,双方磕磕碰碰是很正常的事,这时,谁能创造性地提出可供选择的替代方案——当然,这种替代方案一定既要能有效地维护自身的利益,又要能兼顾对方的利益要求——谁就掌握了谈判的主动权。不过,要试图在谈判开始就确定什么是唯一的最佳方案,这往往阻止了许多其他可作为选择的方案的产生。相反,在谈判准备时期,就能构思彼此有利的更多方案,往往会使谈判如顺水行舟,一旦遇有障碍,只要及时调拨船头,就能顺畅无误地到达目的地。

同时,可以对一个方案中的某一部分采用不同的替代方法,如以下情况。

(1) 另选商议的时间。例如,彼此再约定好重新商议的时间,以便讨论较难解决的问题。因为到那时也许会有更多的资料和更充分的理由。

(2) 改变售后服务的方式。例如,建议减少某些烦琐的手续,以保证日后的服务。

(3) 改变承担风险的方式、时限和程度。在交易的所得所失不明确的情况下,不应该讨论分担的问题,否则只会导致争论不休。同时,如何分享未来的损失或者利益,可能会使双方找到利益的平衡点。

(4) 改变交易的形态。使互相争利的情况改变为同心协力、共同努力的团体。让交易双方的老板、工程师、技工彼此联系，互相影响，共同谋求解决的办法。

(5) 改变付款的方式和时限。在成交的总金额不变的情况下，增加定金，缩短付款时限，或者采用其他不同的付款方式。

### 8.3.3 更换谈判者或者由领导出面打破僵局

更换谈判代表或小组成员往往会产生奇效。随着谈判的深入，双方对议题的分歧慢慢地演变成对人的分歧，很多谈判僵局是人为的，双方因为不同的思想而产生不可调和的隔阂，甚至个人恩怨凌驾于企业利益之上，及时调换谈判者可以缓和双方紧张的关系。在团队谈判时，为了整体利益某位成员会扮演一些不受欢迎的角色，即前面讲到的"黑脸/白脸策略"，当谈判进入相持状态时，必要时请这位谈判手离席，请放心，他不会因此感到没有面子。

类似这种由于谈判者的性格、年龄、知识水平、生活背景、民族习惯、随便许诺、随意践约、好表现自己、对专业问题缺乏认识等因素造成的僵局，虽经多方努力仍无效果时，可以征得对方同意，及时更换谈判者，消除不和谐因素，缓和气氛，就可能轻而易举地打破僵局，保持与对方的友好合作关系。这是一种迫不得已的、被动的做法，必须慎重。

然而有时在谈判陷入僵局时调换谈判者并非出于他们的失职，而是一种自我否定的策略，用调换人员来表示：以前我方提出的某些条件不能作数，原来谈判者的主张欠妥，因而在这种情况下调换人员也常蕴含了向谈判对方致歉的意思。

临阵换将，把自己一方对僵局的责任归咎于原来的谈判者——不管他们是否确实应该担负这种责任，还是莫名其妙地充当了替罪羊的角色——这种策略为自己主动回到谈判桌前找到了一个借口，缓和了谈判场上对峙的气氛。不仅如此，这种策略还含有准备与对手握手言和的暗示，成为我方调整、改变谈判条件的一种标志，同时这也向对方发出新的邀请信号：我方已做好了妥协、退让的准备，对方是否也能做出相应的改变。

谈判双方通过谈判暂停期间的冷静思考，若发现双方合作的潜在利益要远大于既有的立场差距，那么调换人员就成了不失体面、重新谈判的有效策略，而且在新的谈判氛围中，在经历了一场暴风雨后的平静中，双方都会更积极、更迅速地找到一致点，消除分歧，甚至做出必要的、灵活的妥协，僵局由此而可能得到突破。但是，必须注意两点：第一，换人要向对方做婉转的说明，使对方能够予以理解；第二，不要随便换人，即使出于迫不得已而换人，事后也要对换下来的谈判者做一番工作，不能挫伤他们的积极性。

在有些情况下，如协议的大部分条款都已商定，却因一两个关键问题尚未解决而无法签订合同，我方也可由地位较高的负责人出来参与谈判，表示对僵持问题的关心和重视。同时，这也是向对方施加一定的心理压力，迫使对方放弃原先较高的要求，做出一些妥协，以利协议的达成。

### 8.3.4 从对方的漏洞中借题发挥打破僵局

谈判实践证明，在一些特定的形势下，抓住对方的漏洞，小题大做，会给对方一个措手不及。这对于突破谈判僵局会起到意想不到的效果，这就是所谓的从对方的漏洞中借题发挥。从对方的漏洞中借题发挥的做法有时被看作一种无事生非、有伤感情的做法。然而，对于谈判对方某些人的不合作态度或试图恃强凌弱的做法，运用从对方的漏洞中借题发挥的方法做出反击，往往可以有效地使对方有所收敛。相反，不这样做反而会招致对方变本加厉地进攻，从而使我方在谈判中进一步陷入被动局面。事实上，当对方不是故意地在为难我方，而我方又不便直截了当地提出来时，采用这种旁敲侧击的做法，往往可以使对方知错就改、主动合作。

### 8.3.5 利用"一揽子"交易打破僵局

所谓"一揽子"交易，即向对方提出谈判方案时，好坏条件搭配在一起，像卖"三明治"一样，要卖一起卖，要同意一齐同意。往往有这种情况，卖方在报价里包含了可让与不可让的条件。所以向他还价时，可采用把高档与低档的价加在一起还的做法。比如把设备、备件、配套件三类价均分出A、B、C三个方案，这样报价时即可获得不同的利润指标。在价格谈判时，卖方应视谈判气氛、对方心理再妥协让步。作为还价的人也应同样如此，即把对方货物分成三档，还价时取设备的A档价、备件的B档价、配套件的C档价，而不是都为A档价或B档价。这着棋的优点在于有吸引力，具有平衡性，对方易于接受，可以起突破僵局的作用。尽管在一次还价总额高的情况下该策略不一定有打破僵局的作用，但仍不失为一个合理还价的较好理由。

### 8.3.6 有效退让打破僵局

达到谈判目的的途径是多种多样的，谈判结果所体现的利益也是多方面的，有时谈判双方对某一方面的利益分割僵持不下，就轻易地让谈判破裂，这实在是不明智的。他们没有想到，其实只要在某些问题上稍做让步，而在另一些方面就能争取更好的条件。这种辩证的思路是一个成熟的商务谈判者应该具备的。

就拿购买设备的合作谈判来看，有些谈判者常常因价格分歧，而不得不不欢而散，至于诸如设备功能、交货时间、运输条件、付款方式等尚未涉及，就匆匆地退出了谈判。事实上，购货一方有时可以考虑接受稍高的价格，而在购货条件方面，就更有理由向对方提出更多的要求，如增加若干功能，或缩短交货期，或除在规定的年限内提供免费维修外还要保证在更长时间内免费提供易耗品，或分期付款等。

谈判犹如一个天平，每当找到了一个可以妥协之处，就等于找到一个可以加重自己谈判的砝码。在商务谈判中，当谈判陷入僵局时，如果对国内、国际情况有了全面的了解，对双方的利益所在又把握得恰当准确，那么就应以灵活的方式在某些方面采取退让的策略，去换取另外一些方面的利益，以挽回原本看似已经失败的谈判，达成双方都能接受的合同。

不能忘记坐到谈判桌上来的目的毕竟是成功而非失败。因此，当谈判陷入僵局时应有这样的认识，即如果促使合作成功所带来的利益大于坚守原有立场而让谈判破裂所带来的好处，那么有效退让就是谈判者应该采取的策略。

### 8.3.7 适当馈赠打破僵局

谈判者在相互交往的过程中，适当地互赠些礼品，会对增进双方的友谊、沟通双方的感情起到一定的作用，也是普通的社交礼仪。每一个精明的谈判者都知道：给予对方热情的接待、良好的照顾和服务，对于谈判往往产生重大的影响。它对于防止谈判出现僵局是一个行之有效的途径，这就等于直接明确地向对手表示"友情第一"。

所谓适当馈赠，就是说馈赠要讲究艺术，一是注意对方的习俗，二是防止有贿赂之嫌。有些企业为了达到自身的利益乃至企业领导人、业务人员自己的利益，在谈判中把送礼这一社交礼仪改变了性质，使之等同于贿赂，不惜触犯法律，这是错误的。所以，馈赠的礼物应是在社交范围之内的普通礼物，突出"礼轻情意重"。谈判时，招待对方吃一顿地方风味的午餐，陪对方度过一个美好的夜晚，赠送一些小小的礼物，并不是贿赂，提供这些平常的招待也不算是道德败坏。如果对方馈赠的礼品比较贵重，通常意味着对方要在谈判中"索取"较大的利益。对此，要婉转地暗示对方礼物"过重"，予以推辞，并传达出自己不会因礼物的价值而改变谈判的态度的信息。

### 8.3.8 场外沟通打破僵局

谈判会场外沟通亦称"场外交易""会下交易"等。它是一种非正式谈判，双方可以无拘无束地交换意见，达到沟通、消除障碍、避免出现僵局之目的。对于正式谈判出现的僵局，同样可以用场外沟通的途径直接进行解释，消除隔阂。

**1. 采用场外沟通策略的时机**

(1) 谈判双方在正式会谈中相持不下，即将陷入僵局。彼此虽有求和之心，但在谈判桌上碍于面子，难以启齿。

(2) 当谈判陷入僵局，谈判双方或一方的幕后主持人希望借助非正式的场合进行私下商谈，从而缓解僵局。

(3) 谈判双方的代表因为身份问题，不宜在谈判桌上让步以打破僵局，但是可以借助私下交谈打破僵局，这样又可不牵扯到身份问题。例如：谈判的领导者不是专家，但实际做决定的却是专家。这样，在非正式场合，专家就可不因为身份问题而出面从容商谈，打破僵局。

(4) 谈判对手在正式场合严肃、固执、傲慢、自负、喜好奉承。这样，在非正式场合给予其恰当的恭维(因为恭维别人不宜在谈判桌上进行)，就有可能使其做出较大的让步，以打破僵局。

(5) 谈判对手喜好郊游、娱乐。这样，在谈判桌上谈不成的东西，在郊游和娱乐的场合就有可能谈成，从而打破僵局，达成有利于己方的协议。

**2. 运用场外沟通应注意的问题**

(1) 谈判者必须明确，在一场谈判中用于正式谈判的时间是不多的，大部分时间都是在场外度过的，必须把场外活动看作谈判的一部分，场外谈判往往能得到正式谈判得不到的东西。

(2) 不要把所有的事情都放在谈判桌上讨论，要通过一连串的社交活动讨论和研究问题的细节。

(3) 当谈判陷入僵局，就应该离开谈判桌，举办多种娱乐活动，使双方无拘无束地交谈，促进相互了解，沟通感情，建立友谊。

(4) 借助社交场合，主动和非谈判代表的有关人员(如工程师、会计师、工作人员等)交谈，借以了解对方更多的情况，往往会得到意想不到的收获。

(5) 在非正式场合，可由非正式代表提出建议、发表意见，以促使对方思考，因为即使这些建议和意见很不利于对方，对方也不会追究，毕竟讲这些话的不是谈判代表。

### 8.3.9 以硬碰硬打破僵局

当对方通过制造僵局，给你施加太大压力时，妥协退让已无法满足对方的欲望，应采用以硬碰硬的办法向对方反击，让对方自动放弃过高的要求。比如，揭露对方制造僵局的用心，让对方自己放弃所要求的条件。有些谈判对手便会自动降低自己的要求，使谈判得以进行下去。你也可以离开谈判桌，以显示自己的强硬立场。如果对方想与你谈成这笔生意，他们会再来找你；这时，他们的要求就会改变，谈判的主动权就掌握在了你的手里。如果对方不来找你，也不可惜。因为如果自己继续同对方谈判，只能使自己的利益降到最低点；这样，谈成还不如谈不成。

谈判陷入僵局时，如果双方的利益差距在合理限度内，即可明确地表明自己已无退路，希望对方能让步，否则情愿接受谈判破裂的结局。这样做的前提是双方利益要求的差距不超过合理限度。只有在这种情况下，对方才有可能忍痛割舍部分期望利益、委曲求全，使谈判继续进行下去。相反，如果双方利益的差距太大，只靠对方单方面的努力与让步根本无法弥补差距时，就不能采用此策略，否则就只能使谈判破裂。当谈判陷入僵局而又实在无计可施时，以硬碰硬策略往往成为最后一个可供选择的策略。在做出这一选择时，谈判者必须做最坏的打算，否则就会显得茫然失措。切忌在毫无准备的条件下盲目滥用这一做法，因为这样只会吓跑对手，结果将是一无所获。另外，在整个谈判过程中，谈判者应该严格兑现承诺。因此，如果由于运用这一策略而使僵局得以突破，谈判者就要兑现承诺，与对方签订协议，并在日后的执行中，充分合作，保证谈判协议的顺利执行。

对于谈判的任何一方而言，坐在谈判桌前的目的是成功达成协议，而绝没有抱着失败的目的前来谈判的。谈判中，达到谈判目的的途径往往是多种多样的，谈判结果所体现的利益也是多方面的。当谈判双方对某一方面的利益分配僵持不下时，往往容易轻易地使谈判破裂。其实，这实在是一种不明智的举动。因为之所以会出现这种结果，原因就在于没有掌握辩证地思考问题的方法。如果是一个成熟的谈判者，这时他应该明智地考虑在某些问题上稍做让步，而在另一些方面去争取更好的条件。从经济的角度来讲，这样做比起匆匆而散的做法要划算得多。

商务谈判僵局处理得成功与否，从根本上讲，取决于谈判者的经验、直觉、应变能力等综合素质。

在具体谈判中，最终采用何种策略应该由谈判者根据当时当地的谈判背景与形势来决定。一种策略可以有效地运用于不同的谈判僵局之中，但一种策略在某次僵局突破中运用成功，并不意味着在其他同样类型的谈判僵局中也适用。只要僵局构成因素稍有差异(如面对不同的谈判者)，各种策略的使用效果都有可能是迥然不同的。关键还在于谈判者的素质、谈判能力和本方的谈判实力，以及实际谈判中的个人及小组的力量发挥情况如何。那些应变能力强、谈判实力强且知道灵活运用各种策略与技巧的谈判者一定能够成功应对、处理所有的谈判僵局，而实现谈判目标。

# 本章小结

1. 谈判僵局在谈判的过程中是不可避免的，只有认识到这一点，才能冷静客观地看待谈判僵局，从而采取有效策略和技巧破解僵局。

2. 僵局是指谈判中，双方因暂时不可调和的矛盾而形成的对峙的局面。僵局并不等于是谈判破裂，但是会影响谈判的进程，甚至在解决不好的情况下，会导致谈判破裂。

3. 僵局产生的原因主要有：立场观点的争执、不合理地逼迫、人员素质的低下、沟通的障碍、双方利益的差异、事人不分。

4. 僵局的处理要坚持以下原则：正确认识谈判僵局、协调双方的利益、欢迎不同意见、避免争吵、冷静理智地思考、语言适度。

5. 在谈判中要尽量避免僵局的产生，对于意见性僵局和情绪性僵局应采用不同的处理方法。

6. 掌握处理谈判僵局的策略与技巧，从而更好地争取主动，为谈判协议的签订铺平道路。在僵局已经形成的情况下应该采取一定的策略来缓和双方的对立情绪，使谈判出现新的转机。

## 综合练习

### 一、判断题

1. 商务谈判中的僵局都会导致谈判的破裂。　　　　　　　　　　　　　　　（　　）
2. 谈判中犯立场观点性争执的错误，这也是形成僵局的主要原因。　　　　　（　　）
3. 僵局可以认为是谈判的失败，应该竭力避免它。　　　　　　　　　　　　（　　）
4. 不同意见，既是谈判顺利进行的障碍，也是一种信号。　　　　　　　　　（　　）
5. 在谈判中，要把谋求共同利益放在第一位。　　　　　　　　　　　　　　（　　）
6. 拖延战术是对谈判者意志施压的一种最常用的方法。　　　　　　　　　　（　　）
7. 情绪不能代替原则，不能代替利益。　　　　　　　　　　　　　　　　　（　　）

### 二、选择题

1. 避免僵局的方法主要包括（　　）。
   A. 立场服从利益　　　　　　　　B. 换位思考
   C. 使用客观标准　　　　　　　　D. 寻求共同利益
2. 如何诱导对方自己否定自己？（　　）
   A. 有目的地诱导　　　　　　　　B. 有步骤地诱导
   C. 有预料地诱导　　　　　　　　D. 有诚意地诱导
3. 休会策略一般在（　　）采用。
   A. 谈判出现低潮的时候　　　　　B. 出现新情况的时候
   C. 出现僵局的时候　　　　　　　D. 谈判一方不满时
   E. 接近尾声的时候
4. 谈判中通常采用的替代方案有（　　）。
   A. 另议商议时间　　　　　　　　B. 改变售后服务的方式
   C. 改变承担风险的方式　　　　　D. 改变交易的形态
   E. 改变付款的方式和期限

### 三、简答题

1. 处理谈判僵局的原则有哪些？
2. 如何看待商务谈判中的僵局？
3. 简述避免僵局的方法。
4. 如何运用休会策略？
5. 破解谈判僵局的策略有哪些？

### 四、案例题

2001年9月，某建筑公司总经理获悉澳大利亚著名建筑设计师将在上海做短暂的停留，于是委派高级工程师作为全权代表飞赴上海，请这位著名设计师帮助公司为某某大厦设计一套最新方案。全权代表一行肩负重任，风尘仆仆地赶到上海，一下飞机就赶到这位著名设计师所下榻的宾馆，双方互致问候后，全权代表说明了来意，该设计师对这一项目很感兴趣，同意合作。然而设计方报价40万元人民币，这一报价令中方难以接受。根据该设计师了解，一般在上海的设计价格为每平方米6.5美元，按这一标准计算的话，整个大厦的设计费应为16.26万美元，根据当天的外汇牌价，应折合人民币136.95万元,这么算设计方40万元人民币的报价是很优惠的。全权代表说只能出20万元人民币的设计费,解释道:"在来上海之前,总经理授权我10万元的签约权限,您的要价已超出了我的权力范围,我必须请示我的上级。"经过请示,公司同意支付20万元,而这一价格这位设计师认为接受不了,于是谈判陷入了僵局。

问题:
(1) 这次商务谈判僵局产生的原因是什么?
(2) 要避免商务谈判僵局发生应抱有什么态度?
(3) 如果你是中方全权代表,你将如何突破僵局?

# 实践练习

**实践题:模拟僵局谈判。**
(1) 模拟生活中的、谈判中的僵局情景。
(2) 每个小组从僵局开始模拟谈判。
(3) 教师点评,就讨论中所涉及的知识点和破解僵局策略技巧进行归纳总结。

# 第9章 商务谈判的礼仪与礼节

## 学习目标

通过本章学习,应该达到如下目标。

**【知识目标】** 掌握并能运用常用的商务谈判的礼仪和礼节,如迎送客人、介绍等。熟悉包括签约礼仪要求和相关礼节要求。

**【技能目标】** 了解见面礼节、日常交往礼节,熟悉并能灵活应用电话联系礼节,能够按仪容仪表礼节的基本要求进行仪容仪表修饰。

**【能力目标】** 能够在商务谈判的各个环节做到懂礼、遵礼,凡事按礼行事,为商务谈判的顺利进行打下良好的基础。

## 开篇案例

### 仪容仪表礼节在商务谈判中的重要性

郑伟是一家大型国有企业的总经理。有一次,他获悉有一家著名的德国企业的董事长正在本市进行访问,并有寻求合作伙伴的意向。于是他想尽办法,请有关部门为双方牵线搭桥。让郑总经理欣喜的是,对方也有兴趣同他的企业进行合作,而且希望尽快与他见面。到了双方会面的那一天,郑总经理对自己的形象刻意地进行一番修饰。他根据自己对时尚的理解,上穿夹克衫,下穿牛仔裤,头戴棒球帽,足蹬旅游鞋。无疑,他希望自己能给对方留下精明强干、时尚新潮的印象。然而事与愿违,郑总经理自我感觉良好的这一身时髦的"行头",却偏偏坏了他的大事。

(资料来源:旅游礼宾礼仪案例分析.百度文库)

商务谈判是交易双方为了各自的目的就一项涉及双方利益的标的物进行洽商,最终解决争议、达成协议、签订合同的过程。促使商务谈判成功的因素很多,但礼仪在谈判中的效用占有十分重要的地位。党的二十大报告提出,"坚守中华文化立场,提炼展示中华文明的精神标识和文化精髓,加快构建中国话语和中国叙事体系,讲好中国故事、传播好中国声音,展现可信、可爱、可敬的中国形象。"在谈判中以礼待人,不仅体现着自身的教养与素质,还会对谈判对手的思想、情感产生一定程度的影响,更是彰显我国文化底蕴,传播中国声音的最佳时机。

# 9.1 商务谈判礼仪

## 9.1.1 迎送礼仪

迎送礼仪是商务谈判中最基本的礼仪之一。迎来送往是一种很常见的社会交往活动。这一礼仪包含两方面：一方面，对应邀前来参加商务谈判的人士——无论是官方的人士、专业代表团，还是民间团体、友好人士——在他们抵达时，一般都要安排相应身份的人员前去迎接；另一方面，谈判结束后，要安排专人欢送。重要客商或初次来的客商，要专人迎送；一般的客商、常来的客商，不接也不为失礼。

### 1. 确定迎送规格

迎送规格主要依据三方面的情况来确定，即前来谈判的人员的身份和目的，己方与被迎送者之间的关系及惯例。迎送规格，一般应遵循对等或对应原则，即主要的迎送人员应与来宾的身份相当或相应。若由于种种原因，主方主要人员不能参加迎送活动，使双方身份不能完全对等或对应，可以灵活变通，以对口原则，由职务相宜人员迎送，但应及时向对方做出解释，以免误解。

为了简化迎送礼仪，目前主要迎送人员更多的是在来宾下榻的宾馆(或饭店)迎接或送别，而另由职务相宜人员负责机场(或车站、码头)的迎送。

对于来宾的迎送规格，各国做法不尽一致。确定迎送规格，主要依据来访者的身份和访问目的，如果是国际商务谈判，还应适当考虑两国关系，同时要注意国际惯例，综合平衡。主要迎送人通常都要同来宾的身份相当，但由于各种原因(如国家体制不同，当事人年高不便出面，临时身体不适或不在当地等)，不可能完全对等。遇此情况，可灵活变通，由职位相当的人士，或由副职出面。总之，主人身份要与客人相差不大，同客人对口、对等为宜。当事人不能出面时，无论作何种处理，都应从礼貌出发，向对方做出解释。其他迎送人员不宜过多。

### 2. 迎送前的准备

1) 了解来宾抵离的准确时间

接待工作人员应当准确了解来宾所乘交通工具的航班号、车次及抵离时间。接、送站前，应保持与机场(或车站、码头)的联系，随时掌握来宾所乘航班(或车次)的变化情况。如有晚点，应及时做出相应安排。接站时，迎候人员应留足途中时间，提前到达机场(码头或车站)，以免因迟到而失礼。

2) 排定乘车号和住房号

如果来宾人数较多，为了避免接站时出现混乱，应事先排定乘车号和住房号，并打印成表格。在来宾抵达后，将乘车表发至每一位来宾手中，使之明确自己所乘的车号。同时，也便于接待人员清点每辆车上的人数。住房表可随乘车号一同发放，也可以在前往下榻宾馆的途中发放。住房表可以使来宾清楚自己所住的房间，也便于来宾入住客房后相互之间联系。

3) 安排好车辆

根据来宾和迎送人员的人数及行李数量安排车辆。乘车座位安排应适当宽松，正常情况下，附加座一般不安排坐人。如果来宾行李数量较多，应该安排专门的行李车。如果是车队行进，出发前应明确行车顺序并通知有关人员，以免行进中发生错位。

### 3. 迎送中的各个环节

**1) 介绍**

主客双方见面时，应互相介绍。按通常礼仪，应先把主人介绍给来宾，然后再把来宾介绍给主人，介绍顺序以职务的高低为先后。介绍人可由双方职务最高者或工作人员担任。如果主宾双方职务最高者本已认识，则最好由他们分别依次介绍各自人员，也可以由双方的工作人员介绍。介绍形式一般以口头介绍为主，如果人数不多，也可以采用互换名片的形式。

**2) 提取、托运行李**

如果来宾行李较多，应安排专门的工作人员，负责清点、运送行李并协助来宾办理行李的提取或托运手续。提取行李时如需等候，应让迎宾车队按时离开，留下有关人员及行李车装运行李；送行时，如果来宾需交付托运的行李较多，有关人员应随行李车先行，提前办理好托运手续，以避免主宾及送行人员在候机(车、船)厅等候过久。

**3) 注意与宾馆(饭店)的协调**

来宾下榻在宾馆(饭店)，生活安排是否周到、方便，与宾馆(饭店)的服务水平密切相关，来宾抵离宾馆(饭店)时，具体事务较多，更应做好有关事项的协调衔接。当重要来宾抵离时，负责接待工作的人员应及时通知宾馆(饭店)，以方便宾馆(饭店)组织迎送、安排客房、就餐和进出行李等。来宾入住客房，以便捷、迅速为原则，重要来宾、人数较多的代表团更是如此。为了避免来宾抵达后聚集大厅长时间等待，接待人员应与宾馆(饭店)主动联系，密切配合，进行过细的安排。通常住房安排表应在抵达住地前发给各位来宾，使每人清楚自己入住的房号。在宾馆(或饭店)迎宾处设领钥匙处，来宾抵达时，根据他们自报的房号分发住房钥匙。也可以在保证安全的前提下，事先打开房门，使来宾抵达后直接进房。不论采用何种形式，主宾入住客房应有专人陪同引导。来宾入住登记或离店手续，可在适当时间，由接待人员协助办理。来宾进店时，应通知行李房，及时将来宾行李分送各人房间或集中送到某一房间；来宾离店前，应和行李房约好出行李的时间，出行李应适当提前，以免发车前主宾和送行人员长时间等待。

**4) 为来宾留足休息时间**

来宾一路舟车劳顿，需要休息一下，不宜马上工作，所以将来宾安排到房间住下后，简单向来宾介绍一下日程安排，就应离开房间让客人休息。

**5) 送行**

在来宾临上飞机、轮船或火车之前，送行人员应按一定顺序同来宾一一握手话别。送别的顺序有两种：一种是按主方职务的高低站成一列，职务最高者站在首位，与客方职务最高者先行握手话别；也可是主方职务最低者先与客方职务最高者话别，最后才是主方职务最高者与客方职务最高者话别，为了显示盛情，双方还可多寒暄几句。

飞机起飞或轮船、火车开动之后，送行人员应向来宾挥手致意。直至飞机、轮船或火车在视野里消失，送行人员方可离去。

## 案例9—1

### 周总理待人处事的佳话

周总理待人处事的佳话不胜枚举。1964年，周恩来总理和陈毅副总理出访亚非14国，在离开加纳时专门举行宴会，宴请所有的加纳服务员。当加纳人端着中国贵宾敬的酒时，感动得流下了眼泪。一个目光敏捷的西方记者是这样报道的："这是传奇式的礼遇，中国人巧妙地把友谊传给了非洲的子孙后代。"尽管这只是一场专门的宴会，却表达了一个泱泱大国总理的风采和气度，饱含着周恩来总理尊重他人、平等待人的品行和深情。直到20世纪80年代，我国新华社记者在深入非洲腹地访问一些偏远、闭塞的部落和村庄时，那里的人们还在用当地话对中国客人喊"周恩来"。他们把"周恩来"当成是中国的象征，正是周恩来总理20多年前播撒的友谊的种子在非洲开花结果！

(资料来源：周总理待人处事的佳话. 百度文库.)

## 9.1.2 交谈礼仪

交谈是商务谈判活动的中心活动。而在圆满的交谈活动中，遵守交谈礼仪十分重要。当然，在交谈活动中，遵守了交谈礼仪未必一定使谈判成功，但是违背了交谈礼仪，必定会造成许多麻烦，或给达成协议造成困难，甚至使谈判破裂。因此，在商务谈判活动中，必须讲究和遵守交谈的礼仪。

### 1. 尊重对方，谅解对方

在交谈活动中，只有尊重对方，谅解对方，才能赢得与对方感情上的接近，从而获得对方的尊重和信任。因此，谈判者在交谈之前，应当调查研究对方的心理状态，考虑和选择令对方容易接受的方法和态度；了解、分析对方讲话的语言习惯、文化程度、生活阅历等因素对谈判可能造成的种种影响，做到多手准备，有的放矢。千万不可信口开河，不分场合；更不可咄咄逼人，自诩师尊。尊重对方，谅解对方，还应包括发现对方失言或有语病时，不要立即加以纠正，更不要当场表示惊讶。如有必要做出某种表示，可于事后根据双方关系的亲疏程度妥善处理。

### 2. 及时肯定对方

在谈判过程中，当双方的观点出现类似或基本一致的情况时，谈判者应当迅速抓住时机，肯定这些共同点。如有可能，还要想办法及时补充、发展双方一致的论点，引导、鼓励对方畅所欲言，有意将交谈推向高潮。赞同、肯定的语言在交谈中常常会产生异乎寻常的积极或消极的作用。

从积极作用方面看，当交谈一方适时中肯地确认了另一方的观点之后，会使整个交谈气氛变得活跃、和谐起来，陌生的双方从众多差异中开始产生了一致感，进而十分微妙地将心理距离拉近。在此基础上，本着求大同存小异、互谅互让、互惠互利的原则，比较容易达成协议。

从消极作用方面看，有时交谈一方虽然注意了对对方观点的赞同和肯定，但由于态度虚伪，多用讨好言辞讨好对方，甚至是极近阿谀奉承之能事，就可能引起对方怀疑和警惕，也可能招致对方的鄙夷，从而使自己失去了与对方平等对话的地位。因此，赞同要态度诚恳，肯定要恰如其分，既不可言过其实，又不可言未达意。当对方赞同或肯定我方的意见和观点时，我方应以动作语言，如点头、微笑等进行反馈交流。这种有来有往的双向交流，易于使双方谈判者感情融洽，从而为达成一致协议奠定良好基础。

### 3. 态度和气，言语得体

交谈时要自然，充满自信；态度要和气，语言表达要得体。手势不要过多过大，不要用手指指向别人，不要唾沫四溅。谈话距离要适当。交谈内容一般不要涉及病、亡等不愉快的事情，不要径直询问对方履历、工资收入、家庭财产、衣饰价格等个人生活问题；不要主动询问女性年龄、婚姻、身体健康状况等隐私问题。对方不愿回答的问题不要追问；涉及对方反感的问题要表示歉意。不要批评长者、身份地位高的人，不要讥讽别人，不要随便议论宗教，不要议论他国内政。争论问题要有节制，不可进行人身攻击。言语得体还表现在选择交谈词语方面，应能准确表达自己的意思。

#### 4. 注意语速、语调和音量

在交谈中，语速、语调和音量对意思的表达有比较大的影响。交谈中陈述意见要尽量做到平稳中速。如果说话太快，对方往往难于集中注意力正确领会和把握你的实际表达，有时还会给对方形成敷衍了事、完成任务的印象，认为不必要做出什么反应，导致双方语言交谈不畅。如果说话太慢，节奏不当，吞吞吐吐，欲言又止，容易被对方认为不可信任。在特定的场合下，可以通过改变语速来引起对方的注意，加强表达的效果。在交谈中，不同的语调可以使同一句话表达出不同的含义；声音的大小则反映说话人的心理活动、感情色彩、某种情绪或某种暗含的意思。通常的经验是，一般问题的阐述应使用正常的语调，保持能让对方清晰听见而不引起反感的高低适中的音量。切忌出现音调、音量失控，这会损害自己的形象。

### 9.1.3 会见礼仪

会见是商务谈判过程中的一项重要活动。身份高的人会见身份低的人，或是主人会见客人，一般称为接见或召见。身份低的人会见身份高的人，或是客人会见主人，一般称为拜见或拜会。接见与拜会在中国统称为会见，接见或拜会后的回访称为回拜。就其内容来说，会见分为礼节性的、政治性的和事务性的三种，或者三种兼而有之。礼节性会见时间较短，话题比较广；政治性会见一般涉及双边关系等重大问题；事务性会见一般指外交交涉、业务商谈等。商务谈判属于业务商谈一类的事务性会见。在商务谈判活动中，东道主还应根据来访者的身份和访谈目的，安排相应的有关部门负责人与之进行礼节性会见。

#### 1. 做好会见准备

如果一方要求拜会另一方，应提前将自己的姓名、职务及要求会见什么人，为何会见通知对方。接到要求的一方应尽早予以答复，无故拖延、置之不理是不妥当的。因故不能会见，应向对方做出解释。如果接到要求的一方同意对方的请求，可主动将会见的时间、地点、自己一方的参加人员通知对方。提出要求的一方亦应提供自己一方的出席人员名单，双方人员的人数和身份应大体相当。礼节性的会见时间以半小时为宜，会见一般都在会客室或办公室里进行。

会见时座位的安排是：主人坐在左边，主宾坐在右边，翻译员和记录员坐在主人和主宾的后面。双方其他人员各自按一定的顺序坐在左右两侧，主方为左，客方为右。会见室里的座位要多准备一些，以免有人无座。主人应在会见开始之前到达，以迎候客人。主人可以在宾馆或单位正门口迎候，也可以在会客室的门口迎候，或者在会客室内等候，而由工作人员把客人引入会客室。工作人员引领客人时，应走在前边。到楼梯或拐角处时，要回头告诉客人一下。宾主双方进入会客室后，工作人员应关好门，并退出现场。在会见过程中，不允许外人进进出出。

#### 2. 会见时的介绍礼仪

一般社交场合，在与来宾见面时，通常有两种介绍方式。一是第三者做介绍。介绍时，应先将来宾向我方人员介绍，随即将我方人员向对方介绍，应该按照职务的高低，将职位低者介绍给职位高者。如对方是我方人员都熟悉的人就只需将我方人员介绍给对方即可。介绍我方人员时，要把姓名、职务说清楚，介绍到个人时应有礼貌地以手示意，不要用手指点，更不要用手拍打别人。介绍时对外宾通常可称"先生""女士""小姐"，对国内客人通常可称"同志""先生""女士"和"小姐"。二是自我介绍。自我介绍适用于人数多、分散活动而无人代为介绍的场合，自我介绍时应先将自己的姓名、职务告诉来宾。

#### 3. 会见过程中应该注意的问题

商务谈判活动中的礼节性会见，因其性质决定，时间不应太长，所以会见的双方应掌握分寸，言简意赅，多谈些轻松愉快的话题、说一些相互问候的话，避免单方面冗长地叙述，更不可有意挑起争论。在会见中，如果人员较多，亦可使用扩音器。主谈人交谈时，其他人员应认真倾听，不可交头接耳，或翻看无关的材料。不允许打断他人的发言，或使用人身攻击的语言。在会见时可以预备茶水招待客人，夏季还可以准备水果。会见结束时，主人应将客人送至门口或车前，握手话别。目送客人乘坐的车子远走之后，主人方可退回室内。

### 9.1.4 谈判礼仪

企业有关人员经常需要代表自己所在的单位、部门，与其他部门、其他单位、其他行业的人士进行接洽商谈，以便维护各自一方的利益，并就某些问题达成一致。比较正规的工作性洽商，即可称之为谈判。它指的是有关各方为了各自的利益，进行有组织、有准备的正式协商及讨论，以便互让互谅，求同存异，以求最终达成某种协议的整个过程。

从实践上看，谈判并非人与人之间的一般性交谈，而是有备而至，方针既定，目标明确，志在必得，技巧性与策略性极强。虽然谈判讲究的是理智、利益、技巧和策略，但这并不意味着它绝对排斥人的思想、情感从中所起的作用。在任何谈判中，礼仪都一向颇受重视。其根本原因在于，在谈判中以礼待人，不仅体现着自身的教养与素质，还会对谈判对手的思想、情感产生一定程度的影响。一般而言，谈判的礼仪重点涉及谈判地点、谈判的临场表现、签约礼仪等具体方面。

#### 1. 谈判地点

在正式谈判中，具体谈判地点的确定很有讲究。它不仅直接关系谈判的最终结果，而且还直接涉及礼仪的应用问题。具体而言，它又与谈判分类、操作细则两个问题有关。

1) 谈判分类

按照谈判地点的不同来进行划分，谈判可分为以下4类。

(1) 主座谈判。所谓主座谈判，指的是在东道主单位所在地举行的谈判，通常认为，此种谈判往往使东道主一方拥有较大的主动性。

(2) 客座谈判。所谓客座谈判，指的是在谈判对象单位所在地举行的谈判。一般来说，这种谈判显然会使谈判对象占尽地主之利。

(3) 主客座谈判。所谓主客座谈判，指的是在谈判双方单位所在地轮流举行的谈判。这种谈判对谈判双方都比较公正。

(4) 第三地谈判。所谓第三地谈判，指的是谈判在不属于谈判双方所在单位所在地之外的第三地点进行。这种谈判，较主客座谈判更为公平，更少干扰。

显而易见，上述4类谈判对谈判双方的利与弊往往不尽相同，因此各方均会主动争取有利于己方的选择。

2) 操作细则

对参加谈判的每一方来说，确定谈判的具体地点均事关重大。从礼仪上来讲，具体确定谈判地点时，有两个方面的问题必须为有关各方所重视。

(1) 商定谈判地点。在谈论、选择谈判地点时，既不应该对对手听之任之，也不应当固执己见。正确的做法是应由各方各抒己见，最后再由大家协商确定。

(2) 做好现场布置。身为东道主时，应按照分工，自觉地做好谈判现场的布置工作，以尽地主之责。

### 2. 谈判的临场表现

举行正式谈判时，谈判者尤其是主谈者的临场表现，往往直接影响谈判的现场气氛。一般认为，谈判者的临场表现中，最为关键的是讲究打扮、保持风度、礼待对手。

1) 讲究打扮

参加谈判时，谈判者一定要讲究自己的穿着打扮，以示自己对谈判的高度重视。

(1) 修饰仪表。参加谈判前，应认真修饰个人仪表，尤其是要选择端庄、雅致的发型。一般不宜染彩色头发，男士还应当剃须。

(2) 精心化妆。出席正式谈判时，女士通常应当认真进行化妆，妆容应当淡雅清新、自然大方，不可以浓妆艳抹。

(3) 规范着装。谈判者在参加正式谈判时的着装，一定要简约、庄重，不可"摩登前卫"、标新立异，一般选择深色套装、套裙、白色衬衫，并配以黑色皮鞋。

2) 保持风度

在整个谈判进行期间，每一位谈判者都应当自觉地保持风度。具体来说，在谈判桌上保持风度，应当兼顾以下两个方面。

(1) 心平气和。在谈判桌上，每一位成功的谈判者均应做到心平气和，处变不惊，不急不躁，冷静处事。既不故意惹谈判对手生气，也不自己找气来生。在谈判中始终保持心平气和，是高明的谈判者所应保持的风度。

(2) 争取双赢。谈判往往是一种利益之争，因此谈判各方无不希望在谈判中最大限度地维护和争取自身的利益。然而从本质上来讲，真正成功的谈判应当以妥协(即有关各方的相互让步)为其结局。也就是说，谈判不应当以"你死我活"为目标，而应当使有关各方互利互惠，互有所得，实现双赢。在谈判中，只注意争利而不懂得适当地让利于人，只顾己方目标的实现而指望对方一无所得，是没有风度的表现，也不可能真正赢得谈判。

在双赢谈判中，双方对同一件事的价值评估并不相同，也可以理解为双方并非想得到同样的东西。因此，在谈判中不仅要考虑本方的需要，还要关心对方的利益，应在不损失本方利益的基础上给予对方想得到的，而不是一味地索取。只有当满足对方的基本需求的时候，他们才会给你相应的回报。

## 案例9-2

### 一次双赢的合作

凯胜科技有限公司需要购买50个U盘，其采购经理联系了该公司主要的供应商圣翔电脑有限公司，就此次交易进行谈判。两家公司有长期的业务关系，凯胜公司所有的电脑和相关产品均由圣翔电脑有限公司提供，双方合作非常愉快，凯胜公司短期内没有调换供应商的计划。

凯胜公司希望以市场最低团购价格购买，但又不愿失去一个可靠而又诚信的长期合作商；圣翔电脑公司当然期望利润最大化，同时对这个长期供货的客户也有所顾忌，担心影响日后的合作关系。

最终谈判双方签订了合同。两家公司对于双方的出价进行了折中，最终的采购价格略高于凯胜公司的期望价格，但作为补偿，圣翔电脑公司将以成本价格为凯胜公司的电脑进行升级和维护。

从这个案例中我们可以看到，在一场双赢型谈判完成后双方各有所得，同时不会影响下一次的合作。在双赢型谈判中，当一方不得不在价格上做出让步时，另外一方就可以在其他方面提供一些补偿。谈判双方立场不同，对利益的价值评估不会完全相同，也许圣翔电脑公司的供货价格是本次谈判的最重要的因素，而凯胜公司更看重的是电脑的售后服务，通过谈判，双方的问题得到了解决，他们都认为自己赢了。

(资料来源：单赢型谈判与双赢型谈判. 百度文库.)

3) 礼待对手

在谈判期间，谈判者一定要礼待自己的谈判对手。具体来讲，主要需要注意以下两点。

(1) 人事分开。在谈判中，必须明白对手之间的关系是"两国交兵，各为其主"，指望谈判对手对自己手下留情，甚至"里通外国"，不是自欺欺人，便是白日做梦。因此，要正确地处理己方人员与谈判对手之间的关系，就要做到人与事分别而论。也就是说，大家朋友归朋友，谈判归谈判。在谈判之外，对手可以成为朋友；在谈判之中，朋友也会成为对手，二者不容混为一谈。

(2) 讲究礼貌。在谈判过程中，谈判者不论身处顺境还是逆境，切不可意气用事、举止粗鲁、表情冷漠、语言放肆，不尊重谈判对手。在任何情况下，谈判者都应该待人谦和、彬彬有礼，对谈判对手友善相待。即使与对方存在严重的利益之争，也切莫对对方进行人身攻击、恶语相加、讽刺挖苦，不尊重对方的人格。

3. 签约礼仪

签约，即合同的签署。它在商务交往中被视为一项标志着有关各方的相互关系取得了更大的进展，以及为消除彼此之间的误会或抵触而达成了一致性见解的重大成果。因此，它极受商界人士的重视。为了使有关各方重视合同、遵守合同，在签署合同时，应举行郑重其事的签字仪式，即所谓的签约。

签约仪式，通常是指订立合同、协议的各方在合同、协议签署时所正式举行的仪式。举行签约仪式，不仅是对谈判成果的一种公开化、固定化，还是有关各方对自己履行合同、协议所做出的一种正式承诺。

1) 准备工作

具体的准备工作包括以下几个方面。

(1) 布置签字厅。签字厅有常设专用的，也有临时以会议厅、会客室来代替的。布置的原则是庄重、整洁、清静。一间标准的签字厅应当室内铺满地毯，除了必要的签字用桌椅外，其他一切的陈设都不需要。正规的签字桌应为长桌，其上最好铺设深绿色的台呢。签字桌应当横放于室内，在其后可摆放适量的座椅。签署双边性合同时，可放置两张座椅，供签字人就座。签署多边性合同时，可以仅放一张座椅，供各方签字人签字时轮流就座；也可以为每位签字人提供一张座椅。签字人在就座时,应当面对正门。

在签字桌上,循例应事先安放好待签的合同文本及签字笔、吸墨器等签字时所用的文具。与外商签署涉外商务合同时还需在签字桌上插放有关各方的国旗。插放国旗时,在其位置与顺序上,必须按照礼宾序列而行。中国的传统做法是"以左为上",目前通行的国际惯例是"以右为上"。签署双边性涉外商务合同时,有关各方的国旗必须插放在该方签字人座椅的正前方。

## 案例9-3

### 不可不知的签约礼仪

经过长期洽谈之后,南方某市的一家公司终于同美国的一家跨国公司谈妥了一笔大生意。双方在达成合约之后,决定正式为此举行一次签字仪式。

因为当时双方的洽谈在我国举行,故此签字仪式便由中方负责。在仪式正式举行的那一天,让中方出乎意料的是,美方差一点要在正式签字之前"临场变卦"。

原来,中方的工作人员在签字桌上摆放中美两国国旗时,误以中国的传统做法"以左为上"代替了目前所通行的国际惯例"以右为上",将中方国旗摆到了签字桌的右侧,而将美方国旗摆到签字桌的左侧,结果让美方人员恼火不已,他们甚至因此而拒绝进入签字厅。这场风波经过调解虽然平息了,但它给了人们一个教训:在商务交往中,对于签约的礼仪不可不知。

(资料来源:秘书礼仪:商务签约礼仪. 百度文库.)

(2) 安排好签字的座次。在正式签署合同时,各方代表对于礼遇均非常在意,因而商务人员对于在签字仪式上最能体现礼遇高低的座次问题,应当认真对待。签字时,各方代表的座次是由主方代为先期排定的。

一般而言,举行签约仪式时,座次排列的具体方式共有三种基本形式,它们分别适用于不同的具体情况。

一是并列式。并列式排座,是举行双边签约仪式时最常见的形式。在签署合同时,应请客方签字人在签字桌右侧就座,主方签字人则应同时就座于签字桌左侧。双方各自的助签人,应分别站立于各自一方签字人的外侧,以便随时对签字人提供帮助。双方其他的随员,可以按照一定的顺序在己方签字人的正对面就座;也可以依照职位的高低,依次自左至右(客方)或是自右至左(主方)地列成一行,站立于己方签字人的身后。当一行站不完时,可以按照以上顺序并遵照"前高后低"的惯例排成两行、三行或四行。原则上,双方随员人数应大体上相近。具体如图9-1所示。

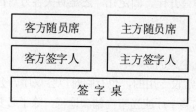

图9-1 并列式座次

二是相对式。相对式排座,与并列式排座基本相同。二者之间的主要差别,只是相对式排座将双边参加签约仪式的随员席移至签字人的对面,具体如图9-2所示。

三是主席式。主席式排座，主要适用于多边签约仪式。在签署多边性合同时，一般仅设一个签字椅。各方签字人签字时，须依照有关各方事先同意的先后顺序依次上前签字，然后退回原处就座。他们的助签人应随之一同行动。在助签时，依"右高左低"的规矩站立于签字人的左侧。与此同时，有关各方的随员应按照一定的序列，面对签字桌就座或站立，具体如图9-3所示。

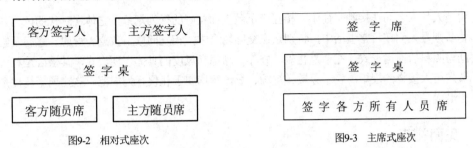

图9-2　相对式座次　　　　　　　　图9-3　主席式座次

（3）预备好待签的合同文本。依照商界的习惯，在正式签署合同之前，应由举行签约仪式的主方负责准备待签合同的正式文本。举行签约仪式是一桩严肃而庄重的大事，因此不能将"了犹未了"的"半成品"交付其使用；或是临近签字时，有关各方还在为某些细节而纠缠不休。在决定正式签署合同时，就应当拟定合同的最终文本，应当是正式的，不再进行任何更改的标准文本。

负责为签约仪式提供待签的合同文本的主方，应会同有关各方一道指定专人，共同负责合同的定稿、校对、印刷与装订。按常规，应为在合同上正式签字的有关各方，均提供一份待签的合同文本。必要时，还可再向各方提供一份副本。

签订涉外商务合同时，按照国际惯例，待签的合同文本应同时使用有关各方法定的官方语言，或者使用国际上通行的英文、法文。此外，亦可同时并用有关各方法定的官方语言与英文或法文。使用外文撰写合同时，应反复推敲，字斟句酌，不要望文生义或不解其意而乱用词汇。

（4）规范签字人员的服饰。按照规定，签字人、助签人及随员，在出席签字仪式时，应当穿着具有礼服性质的深色西装套装、中山装套装或西装套裙，并且配以白色衬衫与深色皮鞋。男士还必须系上单色领带，以示正规。在签字仪式上露面的礼仪人员、接待人员，可以穿自己的工作制服，或者旗袍一类的礼仪性服装。

2）签约程序

签约过程中，应注意以下几方面。

（1）签约仪式正式开始。有关各方人员进入签字厅，在既定的位次上各就各位。

（2）签字人正式签署合同文本。通常的做法是首先签署己方保存的合同文本，再接着签署他方保存的合同文本。每个签字人在由己方保留的合同文本上签字时，按惯例应当名列首位，因此，每个签字人均应首先签署己方保存的合同文本，然后再交由他方签字人签字。这一做法，在礼仪上称为"轮换制"。它的含义是在位次排列上，轮流使有关各方均有机会居于首位一次，以显示机会均等，各方平等。

（3）签字人正式交换有关各方已经正式签署的合同文本。此时，各方签字人应热烈握手，互致祝贺，并相互交换各自一方刚才使用过的签字笔，以示纪念。全场人员应鼓掌，表示祝贺。

（4）共饮香槟酒互相道贺。交换已签的合同文本后，有关人员，尤其是签字人当场干上一杯香槟酒，是国际上通行的用以增添喜庆色彩的做法。

## 9.2 商务谈判礼节

礼貌是人与人之间在接触交往中,相互表示敬重和友好的行为规范,它体现时代的风格与道德品质。礼节则是人们在日常生活中,特别是在交际场合中,相互问候、致意、祝愿、慰问及给予必要的协助与照料的惯用形式。礼节是礼貌、修养、品德和风度的具体表现形式,其核心是尊重和友善。礼节是待人接物的规矩,表示尊敬、祝颂、哀悼等均属于礼仪行为规范。这些规矩往往是约定俗成、相沿成习的。

### 9.2.1 见面礼节

商务谈判者初见面,可以采用握手、拥抱、鞠躬礼、合十礼、称呼礼节等。

**1. 握手**

握手是大多数国家相互见面和离别时最常见的礼节。西方人通常是在经人介绍与别人相识时才握手的,若相识的对方是女士、年长者、职位高者,则应尊重对方意愿,不主动伸手。宾主之间,主人有向客人先伸手的义务,无论在机场或宾馆接待外宾,不管对方是男是女,主人都应先伸手。握手要有适当力度,太轻会使人感到冷淡,太重会使人觉得粗鲁。男士与女士握手可轻些,不要握满全手,只握其手指部位即可。握手时男士应脱去手套,女士除遇地位高的人外,一般不用脱手套。握手时切忌一脚站在门里,一脚站在门外。多人同时握手时注意不要交叉,可等别人握完再伸手。

**2. 拥抱**

拥抱是欧美、中东及南美洲国家常见的熟人和朋友间的一种亲密礼节,有时会与接吻礼同时进行。拥抱的方法是右手扶住对方左后肩,左手扶在对方右后腰,以"左—右—左"交替的方式进行。一般礼节性的拥抱多用于同性之间。

**3. 鞠躬礼**

鞠躬礼一般通行于日本、朝鲜、韩国等东方国家,欧美国家较少采用。行鞠躬礼时需脱帽,呈立正姿势,双眼注视对方,上身前倾15度,而后恢复原状并致问候。

**4. 合十礼**

合十礼盛行于信奉佛教的南亚、东南亚国家。行礼时,两只手掌在胸前对合并微微上举,同时头微向前俯下。在对外交往中,当对方以这种礼节致礼,我方也应以合十还礼,但要注意合十的同时不要点头。

**5. 称呼**

讲究礼节的要素之一是正确、清楚地道出每个人的姓名和头衔。如果不注意,张冠李戴或称谓错误,不仅使对方不高兴,引起反感,而且还会影响谈判的顺利进行。不同国家、民族及其语言、风俗习惯不同,反映在称呼方面,也有不同的礼节。

按照国际惯例,在交际场所,一般称男子为先生,称已婚女子为夫人,称未婚女子为小姐,如无法判断女方婚否,用小姐比贸然称之为夫人更安全。对知识界人士,可以直接称呼其职称,或在职称前冠以姓氏,但称呼其学位时,除博士外,其他学位(如学士、硕士)不能作为称谓来用。

在对外交往中,对男子一般称先生。对英国人则不能单独称先生,而称"某先生"。美国人较随意,容易接近,很快就可直呼其名。对女性,一般称夫人、女士、小姐,不了解其婚姻情况的女子可称其为女士。在日本,对女性一般不称女士,而称"先生"。在我国,德高望重的女士,有时也被称为"先生"。美国、墨西哥、德国等国家,没有称"阁下"的习惯。我国对于年纪较大的人,习惯上不直呼其名,而称"某先生""某公""某翁""某老"等以示特别尊重。称呼的基本原则是:先长后幼,先上后下,先疏后亲,先外后内,这样较礼貌、周到和得体。在商务场合,无论亲疏远近,都应该以职务相称。

## 案例9-4

### 各国称呼礼仪

德国人十分注重礼节。初次见面,一定要称其职衔。如果对方是博士,则可以频繁地使用"博士"这个称谓。

同美国人打交道时在称呼上不必拘礼。美国人在非正式场合,不论男女老幼或地位高低,都喜欢直呼对方名字。但在正式场合,如果与对方初识,还是先用正式称谓,等相互熟悉了或对方建议直呼其名时再改变。

日本人习惯用"先生"来称呼国会议员、老师、律师、医生、作家等有身份的人,对其他人则以"さん(san)"相称。在正式场合,除称呼"先生"和"さん"外,还可称其职务,以示庄重。对政府官员要用其职务加上"先生"来称呼。

阿拉伯人对称呼不大计较,一般称"先生""女士"即可。但是由于受宗教和社会习俗等方面的影响,同阿拉伯女性接触时不宜主动与之打招呼,多数情况下可以微笑或点头示意。

(资料来源:http://ico.njtech.edu.cn/wsjd/gjly/wgly.htm)

### 9.2.2 日常交往礼节

日常交往过程中为了体现自己的修养和礼貌应该注意做到以下几点。

**1. 遵守时间**

参加谈判或其他商务活动,应遵守时间,按约定时间到达。过早到达,会使主人因没准备好而感到难堪;迟到,使主人长久等候,担心牵挂,则是失礼。万一因特殊原因迟到,应向主人表示歉意。如果因故不能赴约,要有礼貌地尽早通知主人,并以适当方式表示歉意。

**2. 尊重老人、女士**

很多国家的社交场合,上下楼梯或车、船、飞机,进出电梯,均让老人和女士先行;对同行的老人和女士,男士应为其提拎较重的物品;进出大门,男士应帮助老人和女士开门、关门;同桌用餐,两旁若坐着老人和女士,男士应主动照料,帮助他们入座就餐等。

**3. 尊重各国、各民族的风俗习惯**

对各个国家、民族的风俗习惯和礼节,均应予以尊重。例如,有些国家对于数字的忌讳。在欧美和信奉基督教的国家,忌讳"13",普遍认为"13"这个数字不吉利。船只启航、飞机试飞都不在13日这天举行,尤其是"13日星期五",遇上这种日子一般不举行宴请活动,平时的宴请也不宜13人同席。有些国家甚至在编排门牌号、酒店房间号时都避开"13"这个数字,而用"12A"来代替。

又如,各国对颜色等事物的好恶各异。在欧洲许多国家,人们以黑色为丧礼的颜色,遇到丧事,即臂缠黑纱,系黑领带;在日本,人们忌讳绿色,认为绿色是不祥的颜色;在巴西,人们以棕黄色为凶丧之色,认为人离世如黄叶从树上落下来,所以忌讳棕黄色;在比利时,人们最忌蓝色,遇上不吉利的事都穿蓝色的衣服,他们甚至认为,即使在梦中看到蓝色的东西,第二天也会碰到倒霉的事;在埃塞俄比亚,人们穿淡黄色的服装表示对死者的深切哀悼;在土耳其,布置室厅、礼堂、房间等喜用素色,禁用花色,人们认为花色是凶兆,把它视为禁色;在法国,人们认为摆菊花、杜鹃花、纸花和黄色的花不吉利;在匈牙利,人们认为白色的花表示庄重或丧事,等等。

再如,行为动作的不同表现方式和禁忌。在印度、印度尼西亚等国家,不能用左手与他人接触,或用左手传递东西;在使用筷子进食的东方国家,用餐时不可用一双筷子来回传递,也不能把筷子插在饭碗中间;在保加利亚、尼泊尔等国家,摇头表示赞赏,点头表示不同意。

这些风俗习惯若不注意,会使人误会对他们不尊重或闹出笑话。初到一个国家或初次参加活动,应多了解、多观察,不懂或不会做的事,可仿效他人。

不了解或不尊重其他国家、民族的风俗习惯,不仅失礼、容易造成误解,严重的还会影响双边关系,阻碍谈判达成协议,因此必须重视这一问题。

### 案例9-5 ⬇ ⬇

#### 一份具有特殊意义的国礼

2019年3月24日,国家主席习近平在法国尼斯会见法国总统马克龙。会见前,马克龙向习近平赠送1688年法国出版的首部《论语导读》法文版原著。马克龙介绍说:"《论语》的早期翻译和导读曾对孟德斯鸠和伏尔泰的哲学思想给予启发。这部《论语导读》原著目前仅存两本,一本送给习近平主席,另一本存放在巴黎的法国国立吉美亚洲艺术博物馆。"习近平说:"这个礼物很珍贵,我要把它带回去收藏在中国国家图书馆。"

这部《论语导读》的作者是17世纪法国人弗朗索瓦·贝尼耶。24日的《巴黎人报》评论说,这本《论语导读》原著"非常珍贵",法方把它作为国礼送给习近平主席,凸显了中欧交往历史的悠久。

法国前总统吉斯卡尔·德斯坦曾对新华社记者说,他读过很多关于中国历史文化的著作,《论语》就摆放在自己的床头柜上。一部《论语》,见证着中法文化交流的源远流长,印证着文化亲近感是中法关系的独特优势。德不孤,必有邻。期待《论语》和中国文化在法国拥有越来越多的知音。

(资料来源:毕思勇,赵帆. 商务谈判[M]. 北京:高等教育出版社,2021.)

**4. 举止得体**

在谈话活动中或其他礼宾活动中,谈判人应做到坐有坐姿,行有行态,落落大方,端庄稳重,诚恳谦恭。站立时,应两腿自然分开,约相距一肩宽,双手相握放在身前,或两手背放身后,挺胸、抬头,目光平视对方,面带微笑,对所负谈判任务充满信心、兴趣和进取精神。坐时,应将双手放在桌上，挺腰近台，目光平视对方，面含微笑，神情贯注，从容不迫，缓急适度。如果是陪同宾客走入房间，应先请客人坐在各自的座位上，然后自己轻步入席。如果谈判者因故迟到，应当疾步入门，用眼睛搜寻主宾，边走边伸手给主宾致意，以表达迟到的歉意。在谈判时，态度要诚恳、谦恭、热情。当对方在谈判中摆出虚假、傲慢、冷漠的态度时，不应持同样错误的态度，要分析原因，对症下药。总之，应不卑不亢，婉转指出对方表现上的失礼，奉劝其应以维护谈判的融洽气氛为重，不要因失礼而危及谈判的成功。在公共场所，应保持安静，不要喧哗。在举行重要仪式、听演讲、看演出等隆重场合，要保持肃静，不要交头接耳，窃窃私语，或者表现出不耐烦的情绪。

## 9.2.3 电话联系礼节

电话联系是一种重要的交际方式，其中也有一些礼节应当遵守。

### 1. 打电话的注意事项

商务人员在打电话的过程中应该注意以下事项。

1) 简单明了、语意清楚

通话过程中要注意做到简单明了，尽量将语意表达清楚。说话时含含糊糊、口齿不清，很容易让通话对象感到不耐烦。尤其需要注意的是，不要在通话的同时，嘴里含着食物或其他东西。

2) 勿因人而改变通话语气

不要因为对方身份的改变而改变通话语气，应该自始至终使用亲切平和的声音平等地对待客人。如果客人听到声音发生明显转变，心里很容易产生反感，从而认为打电话的人非常势利、没有教养。

### 案例9-6

#### 通话语气始终要亲切平和

一位先生要找A公司，但拿起电话却顺嘴说成了B公司。A公司的员工一听对方要找的是自己的竞争对手，马上说"你打错了"，"啪"一声就挂断了电话。这位先生回过神来，觉得心里很不舒服。他以前也跟接电话的这位员工联系过几次，没想到对方的温文尔雅都是装出来的，实际是这副"德行"，他再也不想和对方合作了。

（资料来源：电话礼仪案例. 百度文库.）

3) 说话速度恰当，语调抑扬顿挫、自然流畅

通话过程中要始终注意言谈举止，三思而后言。说话时速度要适当，不可太快，这样不但可以让对方听清楚你所说的每一句话，还有助于自我警醒，避免出现说错话而没及时发现的情况。另外，说话的语调应尽量做到抑扬顿挫、自然流畅，给人舒服的感觉。

4) 最多让来电者稍候7秒钟

根据欧美行为学家的统计，人的耐性是7秒钟，7秒钟之后就很容易烦躁。因此，最多只能让来电者稍候7秒钟，否则对方很容易产生挂断电话、以后再打的想法。如果让来电者等待，则需要说："对不起，让您久等了。"

5) 私下与人交谈需按保留键

在通话过程中，如果需要私下和其他人交谈时，注意按保留键，不要直接对着话筒跟其他人说话。否则，有些私下的交谈甚至对人的批评语言在不经意间就让客户听到了，对方很可能因此而不高兴。

6) 不要大声回答问题

通话过程中不要大声回答问题，不然将造成双方的疲劳。如果当时所处的空间声音嘈杂，则应该向客户致歉，并征求客户的意见，重新更换通话地点，或者留下电话号码稍后再拨。

7) 勿将电话转接至会场

如果指定的通话对象正在参加会议，那就不应该将电话转接到会场中去。一般来说，参加会议的人比较容易出现弹性疲劳，不适合接听电话。在这种情况下，可以将所有的电话全部据实记录下来，等会议完毕之后再转交。

8) 修正习惯性口头禅

很多人在说话过程中都习惯性地带有口头禅，在通话过程中应该努力加以修正和克服。因为口头禅听多了容易让人产生疲劳而导致精神不集中，这对交流的顺利进行是很不利的。

9) 断线应马上重拨并致歉

如果在通话过程中突然发生意外情况而导致通话中断，那么就应该按照对方的电话号码迅速重新拨打过去，不要让客户以为是被故意挂断了电话。电话重新接通之后，应该立即向客户致歉，并说明断线的原因，从而赢得客户的理解。

10) 勿对拨错电话者大呼小叫

如果对方不小心拨错了电话，不要对拨错电话的人大呼小叫，而应该礼貌地告知对方电话拨错了。因为电话接通后已经报上了公司名称，如果此时对人不礼貌的话，等于破坏了公司的形象。

11) 转接电话应给同事预留弹性空间

转接电话时，不要因为对方所找的人不是自己就显得不耐烦，不要以所找的人"不在"为理由打发对方，而应该友好地答复："对不起，他不在，需要我转告什么吗？"不要询问对方与其所找之人的关系，当对方希望转达某事给某人时，不要把此事向第三人传播。

12) 勿同时接听两个电话

在接听公司电话的同时，常常会遇到手机铃响的情况，如果同时拿起两个电话讲话，很容易造成声音互相交错，结果两边都无法听清楚。因此，遇到这种情况时应该选择先接听比较重要的电话，尤其要注意在办公室场合应做到"以公为主，以私为辅"。

13) 帮助留言应记录重点

帮助同事留言时，要注意记录电话内容的重点，应该包括来电者公司、部门、姓名、职称、电话、区域号码、事由、时间等内容。此外，还应该记录留言者的部门和姓名，以方便同事了解情况。

14) 不要将电话当烫手山芋到处转接

经常会遇到这样的情况：电话接听后发现不是自己的，就把电话转接到同事那边，同事又将电话转接到其他同事那里。这样将电话当作烫手山芋到处转接，很容易让客户产生不愉快的感觉，对公司造成不好的影响。

15) 不口出秽语，不论客户是非

在与客户通话的过程中，不管遇到任何情况，都不允许口出秽语，也不要随意讨论客户的是非，否则很容易得罪客户而使公司的生意受到损害。因此，不要在第三人面前传话，要维护同业之间的良性竞争。

16) 自报家门

无论是接电话，还是打电话，在电话接通时，都要先说"您好，这里是××××××（单位名称）"或者说"您好!我是×××"。主动自报单位名称或者姓名，能够让对方先明确你的身份，心里有所准备。如果在电话接通时，你直接问"请问×××在吗?"无论对方是不是你要找的人，都会产生一种很唐突的感觉。

17) 请教来电者的姓名

通话的时候一定不要忘记请教来电者的姓名，这样便于日后的联系和交流，有利于培养固定的客户群。通常来说，请教来电者称呼可以采用类似的语句："请问您尊姓大名？""请问贵公司宝号怎么称呼？"

### 2. 打电话的一般礼节

使用电话，是现代生活中极其普遍的交往方式。但是，电话让人又爱又恨。爱的是可以为公司创造很好的生意契机，恨的是稍有不慎就会引起客户的不满。因此，有许多打电话的礼节需要人们熟练掌握。具体而言，打电话的礼节主要有以下几个部分。

1) 了解时间限制

打电话应该以客为尊，让客户产生宾至如归的亲切感觉，那么就应该注意在恰当的时段内打电话。通常，早上10：00—11：30、下午2：00—4：00是所有公司的"黄金"时段，打电话应该尽量选择在这些最有绩效的时段。

(1) 通话时机。最佳的通话时间主要有两个：一是双方预先约定的时间，二是对方方便的时间。通话应当尽量选择上述的最佳通话时间而避开不适当的时段。例如，某个公司最近发生了重大事情，这时候就不要打电话打扰对方。

(2) 通话长度。对通话长度控制的基本要求是：以短为佳，宁短毋长。有些公司的通话系统只有一条外线，如果占线时间太久，很可能造成对方所有的对外通信被迫中断，甚至耽误其他重要事情的联络工作。因此，打电话时要遵守"3分钟原则"，牢记长话短说。

2) 斟酌通话内容

为了节省通话时间并获得良好的沟通效果，打电话之前和之中都需要认真斟酌通话的内容，做到"事先准备、简明扼要、适可而止"。

(1) 事先准备。在通话之前，应该做好充分的准备，最好把对方的姓名、电话号码、通话要点等通话内容整理好并列出一张清单。这样做可以有效地避免"现说现想、缺少条理、丢三落四"等问题的发生，收到良好的通话效果。

(2) 简明扼要。通话内容一定要简明扼要，逻辑严密，节奏适中，关键的地方要放慢速度，询问对方有没有听清，有没有记下。特别是涉及谈判议程、会议通知、谈判时间、谈判地点和出席人员等方面的内容，更不能马虎，要请对方重复一遍，经核对无误才保险。

(3) 适可而止。一旦要传达的信息已经说完，就应当果断地终止通话。按照电话礼节，应该由打电话的人终止通话。因此，不要话已讲完，依旧反复铺陈，再三絮叨。否则，会让人觉得做事拖拖拉拉，缺少教养。

3) 控制通话过程

通话过程自始至终都应做到待人以礼和文明大度，尊重自己的通话对象，尤其在通话中要注意语言文明、态度文明和举止文明，绝对不能用粗陋庸俗的语言攻击对方，损害公司的形象。

(1) 语言文明。语言文明体现为牢记电话基本文明用语。在通话之初,要向对方恭恭敬敬地问一声"您好";问候对方后,应自报家门,否则对方连通电话的对象是谁都不清楚,交流就无法达到预期效果;终止通话时,必须先说一声"再见"。

## 案例9-7

### 电话基本文明用语的使用

大明公司的林宇女士打电话给时光公司的高琦先生洽谈事务。高琦先生不在,是他的同事接的电话。

同事:时光公司,您好!请问您找谁?

林宇:我是大明公司的林宇。请问高琦在吗?

同事:麻烦您稍等,我帮您转接,看他在不在。

林宇:谢谢您!

同事:林小姐,很抱歉!高琦出去还没回来呢!请问您有什么事需要我转告他吗?

林宇:麻烦您帮我转告高琦,录像带的脚本我已经发邮件到他的邮箱中,请他回来看看有没有需要修改的地方。

同事:好的,我会转告高琦您已经把脚本发过来了。

林宇:谢谢您!

同事:不用客气!

林宇:再见!

(资料来源:电话接听礼仪. 人人文库.)

(2) 态度文明。文明的态度有益无害。当电话需要通过总机接转时,要对总机话务员问好和道谢,从而使他们感受到尊重;如果要找的人不在,需要接听电话的人代找或代为转告、留言时,态度更要礼貌;通话时电话忽然中断,应立即再拨,并说明通话中断是由于线路故障所致;如果拨错电话号码,应对接听者表示歉意。

(3) 举止文明。通话过程中虽然不是直接见面,但也应该注意举止文明。例如,打电话时不要把话筒夹在脖子下,也不要趴着、仰着、坐在桌角上,更不要把双腿高架在桌子上;通话时的嗓门不要过高,免得令对方深感"震耳欲聋";话筒和嘴的最佳距离为3厘米左右;挂电话时应轻放话筒;不要骂骂咧咧,更不要采用粗暴的举动拿电话撒气。

4) 注重通话细节

在通话过程中,尤其需要注意以下一些细节。

(1) 确认通话对象。电话接通之后,确认通话对象是必不可少的步骤,避免由于通话对象不对而闹出笑话或尴尬。很多家庭成员之间的声音非常相似,如果在电话中冒冒失失地将其他人当作通话对象,对方会觉得打电话者缺少修养。

(2) 征询通话者是否方便接听电话。电话接通后,不要忘记先征询通话的人现在是否方便接听电话。如果通话对象正在开会、接待客人或者有急事正要出门,则应该稍后再打过去。否则,对方在繁忙之中也很难心平气和地接听电话。

(3) 勿存调皮性,勿玩猜谜游戏。在商务电话接听过程中,千万不要心存调皮,尤其不要和对方玩猜谜性的游戏。很多通话对象一时无法想起打电话者的声音和名字，如果非要让他猜出你的名字，对方一般会非常尴尬，甚至产生强烈的反感。

(4) 不要忘记最后祝福和感谢。最后的祝福和感谢是电话即将结束时必须有的步骤，用轻柔的声音给予对方简单的祝福，能够给对方留下美好的印象。

### 9.2.4 仪容仪表礼节

**1. 男士的仪容仪表标准**

1) 发型发式

男士的发型发式统一的标准就是干净整洁，并且要经常地修饰、修理，头发不应该过长，一般认为男士前部的头发不要遮住自己的眉毛，侧部的头发不要盖住自己的耳朵，同时不要留过厚或过长的鬓角，男士后部的头发，应不长过西装衬衫衣领的上部。

2) 面部修饰

男士在面部修饰的时候要注意两方面的问题：一是每天都要进行剃须修面以保持面部的清洁；二是男士在商务活动中经常会接触到香烟、酒这样有刺激性气味的物品，所以要注意随时保持口气的清新。

3) 着装修饰

男士的着装修饰应重点注意以下几方面。

(1) 外套的选择。在商务谈判场合，男士应该穿西装，打领带，衬衫的搭配要适宜。杜绝在正式的谈判场合穿夹克衫，或者穿着西装，却和高领衫、T恤衫或毛衣进行搭配。男士的西装一般以深色为主，避免穿着有花格子或者颜色非常艳丽的西服。男士的西服一般分为单排扣和双排扣两种。在穿单排扣西服的时候，特别要注意，一般两粒扣子的，只系上面的一粒，如果是三粒扣子的，只系上面的两粒，而最下面的一粒不系。穿着双排扣西服的时候，则应该系好所有的纽扣。

(2) 衬衫的选择。衬衫的颜色和西装整体的颜色要协调，同时衬衫不宜过薄或过透，穿着浅色衬衫的时候，在衬衫的里面不要套深色的内衣，特别要注意不要将里面的内衣露出领口。打领带的时候，衬衫上所有的纽扣，包括领口、袖口的纽扣，都应该系好。

(3) 领带的选择。领带的颜色和衬衫、西服颜色要相互配合，整体颜色要协调，同时系领带的时候要注意领带的长度应该是正好在腰带的上方，或者有一两厘米的距离，最为适宜。

(4) 皮鞋及袜子的选择。男士在穿西服、打领带这种商务着装的情况下，要配以皮鞋，不能穿运动鞋、凉鞋或者布鞋，皮鞋要每天保持光亮整洁。在选择袜子的时候要注意，袜子的质地、透气性要良好，同时袜子的颜色必须保持和西装的整体颜色相协调。如果是穿深色皮鞋的时候，袜子的颜色也应该以深色为主，同时避免出现比较花哨的图案。

4) 必备物品

在和西装进行搭配的时候，有几件物品是男士在商务活动中必备的。

(1) 公司的徽标。公司的徽标需要随身携带，它准确的佩戴位置是男士西装左胸的上方，这只是男士在穿西装的时候需要搭配的物品。

(2) 钢笔(签字笔)。从事商务活动经常要使用钢笔(签字笔)，其正确的位置应该是放在男士公文包内，而不应该放在男士西装的外侧口袋，一般情况下尽量避免把它携带在衬衫的口袋里面，避免把衬衫弄污。

(3) 名片夹。应该选择一个比较好的名片夹来放自己的名片，这样可以保持名片的清洁整齐。

同时接受他人名片的时候,也有一个妥善的位置能够保存,而避免直接把对方的名片放在衣服口袋中,或者放在手中不停地摆弄,这都是有失礼貌的做法。

(4) 纸巾。男士在着装的时候,应该随身携带纸巾,或者携带一块手绢,可以随时清洁自己面部的污垢,避免一些尴尬场面的出现。

(5) 公文包。男士在选择公文包的时候,应注意其式样、大小须和整体的着装保持一致。一般男士的一些物品(如手机、笔记本、笔)可以放在公文包中。男士在着西装的时候,应该尽量避免口袋中携带很多物品,这样会使衣服显得臃肿,不适合商务场合。

### 2. 女士的仪容仪表标准

女士的仪容仪表标准包括发型发式、面部修饰、着装修饰及携带的必备物品等。有些内容与男士着装标准相同,这里就不再一一介绍了。女士在商务活动中的仪容仪表方面还需要注意以下细节。

1) 发型发式

女士在发型发式方面需要注意美观、大方,在选择发卡、发带时,式样也应庄重大方。

2) 面部修饰

女士在正式的商务谈判时,面部修饰应该以淡妆为主,不应该浓妆艳抹,也不要素面朝天。

3) 着装修饰

女士在商务着装的时候同样应注意干净整洁,还需要严格地区分职业套装、晚礼服及休闲服,它们之间有着本质的差别。在着正式的商务套装的时候,无领、无袖,或者是领口开得太低、太紧身的衣服应该尽量避免。衣服的款式要尽量合身,以利于活动。女士在选择丝袜及皮鞋的时候,应注意丝袜的长度一定要高于裙子的下摆,皮鞋应该尽量避免鞋跟过高、过细。

4) 佩戴物品的选择

女士在选择佩戴物品时,需要注意商务礼仪的目的是体现出对他人的尊重。女士可以从两方面来体现:一方面是修饰物,另一方面是商务物品。在这两个方面中,修饰物应该尽量避免过于奢华,如在戒指、项链的选择上。必备物品的携带和男士的携带标准基本相同。

### 案例9-8

#### 妆容要自然得体

王芳,某高校文秘专业高才生,毕业后就职于一家公司做文员。为适应工作需要,上班时,她毅然舍弃了"清纯少女妆",化起了整洁、漂亮、端庄的"白领丽人妆":不脱色粉底液,修饰自然、稍带棱角的眉毛,与服装色系搭配的灰度高、偏浅色的眼影,紧贴上睫毛根部描画的灰棕色眼线,黑色自然型睫毛,再加上自然的唇型和略显浓艳的唇色。整个妆容清爽自然,尽显自信、成熟、干练的气质。但在公休日,她又给自己来了一个大变脸,化起了久违的"青春少女妆":粉蓝或粉绿、粉红、粉黄、粉白等颜色的眼影,彩色系列的睫毛膏和眼线,粉红或粉橘的腮红,自然系的唇彩或唇釉,看上去娇嫩欲滴,鲜亮淡雅,整个身心都倍感轻松。

心情好,自然工作效率就高。一年来,王芳以自己得体的外在形象、勤奋的工作态度和骄人的业绩,赢得了公司同仁的好评。

(资料来源:礼仪案例分析. 搜狐.)

## 本章小结

1. 迎送礼仪是商务谈判中最基本的礼仪之一。迎送礼仪主要包括确定迎送规格、迎送前的准备、迎送中的各个环节。

2. 交谈礼仪的基本要求是尊重对方，谅解对方，及时肯定对方，态度和气，言语得体，注意语速、语调和音量。

3. 会见礼仪主要包括做好会见准备、遵循介绍礼仪，会见过程中应该注意时间不应太长，多谈些轻松愉快的话题。

4. 谈判的礼仪重点涉及谈判地点、谈判的临场表现、签约礼仪等具体方面。

5. 商务谈判者初见面，可以采用握手、拥抱、鞠躬礼、合十礼、称呼礼节等。

6. 日常交往应注重的礼节有：遵守时间，尊重老人和女士，尊重各国、各民族的风俗习惯，举止得体。

7. 打电话时应遵守的礼节：注意把握通话时机和通话长度，斟酌通话内容，控制通话过程，注重通话细节。

8. 参与商务谈判的人员都应按仪容仪表礼节要求，在发型发式、面部修饰、着装修饰、必备物品等方面依标准行事。

## 综合练习

### 一、判断题

1. 重要客商或初次来的客商，不接也不为失礼。（　）
2. 与人交谈时可以询问对方履历、工资收入、家庭财产、衣饰价格等个人生活问题。（　）
3. 身份低的人会见身份高的人，或是客人会见主人，一般称为拜见或拜会。（　）
4. 双边谈判的座次排列只有一种形式，即横桌式。（　）
5. 在签署多边性合同时应采取并列式排座方式。（　）
6. 见面时如果对方是女士、年长者、职位高者，则应主动伸手相握。（　）
7. 如果指定的通话对象正在参加会议，应该将电话转接到会场。（　）
8. 女士在正式商务谈判的时候，面部修饰应该浓妆艳抹，不要素面朝天。（　）

### 二、选择题

1. 迎送前的准备工作包括(　　)。
   A. 了解来宾抵离的准确时间　　B. 排定乘车号和住房号
   C. 安排好车辆　　　　　　　　D. 为来宾留足休息时间

2. 以下属于交谈礼仪的是(　　)。
   A. 尊重对方，谅解对方　　　　B. 及时肯定对方
   C. 及时否定对方　　　　　　　D. 态度和气，言语得体

3. 会见时正确的座次安排是(　　)。
   A. 主人坐在左边，主宾坐在右边
   B. 主人坐在右边，主宾坐在左边

C. 翻译员和记录员坐在主人和主宾的后面
D. 翻译员和记录员坐在主人和主宾的左边

4. 在谈判地点的选择上对双方来讲最为公平的是(　　)。
   A. 主座谈判　　　　　　　　B. 客座谈判
   C. 主客座谈判　　　　　　　D. 第三地谈判

5. 以下属于握手礼节的是(　　)。
   A. 主人有向客人先伸手的义务　B. 客人有向主人先伸手的义务
   C. 握手要有适当的力度　　　　D. 握手时男士应脱去手套

6. 以下属于电话联系的礼节的是(　　)。
   A. 打电话的恰当时段是早上 10：00—11：30、下午2：00—4：00
   B. 最佳的通话时间是双方预先约定的时间或者对方便的时间
   C. 对通话长度控制的基本要求是以短为佳，宁短毋长
   D. 对通话长度控制的基本要求是以长为佳，宁长毋短

7. 在商务谈判场合，男士的着装应该(　　)。
   A. 穿西装，打领带，衬衫的搭配要适宜
   B. 穿夹克衫
   C. 穿着西装配高领衫
   D. 穿着西装配T恤衫

### 三、简答题

1. 按照谈判地点的不同来进行划分，谈判可分为哪几类？
2. 谈判时该如何表现？
3. 签约的基本程序有哪些？
4. 见面礼节有哪些？
5. 日常交往中的一般礼节有哪些？

### 四、案例题

1. 小刘所在的公司要与其他公司进行一次大宗交易的谈判，此次谈判比较重要，对方将派多位公司高层参加。老总特意安排小刘和他一起去参加，同时也让小刘见识一下大场面。谈判当天早上，小刘睡过了头，等他赶到，谈判已经进行了20分钟。他急急忙忙推开了谈判室的门，"吱"的一声脆响，他一下子成了会场上的焦点。刚坐下不到5分钟，肃静的会场上又响起了摇篮曲，是谁在播放音乐？原来是小刘的手机响了！这下子，小刘可成了全会场的明星……没过多久，小刘便被辞退了。

   问题：
   (1) 小刘为什么被辞退了？
   (2) 如果你是小刘，你会怎样做？

2. 某公司新建的办公大楼需要添置一系列的办公家具，价值数百万元。公司的总经理已做出决定，向A公司购买这批办公用具。这天，A公司的销售部负责人打电话来，要上门拜访这位总经理。总经理打算等对方来了就在订单上盖章，定下这笔生意。

   不料对方比预定的时间提前了2个小时，原来对方听说这家公司的员工宿舍也要在近期内落成，希望员工宿舍需要的家具也能向A公司购买。为了谈这件事，销售负责人还带来了一大堆的资

料，摆满了台面。

总经理没料到对方会提前到访，刚好手边又有事，便请秘书让对方等一会儿。这位销售员等了不到半小时，就开始不耐烦了，一边收拾起资料，一边说："我还是改天再来拜访吧。"这时，总经理发现对方在收拾资料准备离开时，将自己刚才递上的名片不小心掉在了地上，对方却并没发觉，走时还无意从名片上踩了过去。这个不小心的失误，令总经理改变了初衷，A公司不仅没有机会继续商谈员工宿舍的家具购买，连几乎到手的数百万元办公用具的生意也告吹了。

问题：
(1) 根据案例内容，用所学的相关知识分析A公司这次的业务为什么会失败？
(2) 正确的做法是什么？

## 实 践 练 习

**实践题**：仪容仪表设计。

A公司与B公司要进行正式谈判，双方非常重视此次谈判，为此事先做了许多准备工作，谈判进行得比较顺利，在双方都做了让步的情况下，签署了合同。为了庆祝谈判成功，A公司准备举行盛大的商务酒会，时间定在晚上6点到8点，场地定在香格里拉酒店宴会厅。

问题：
(1) 因为是同一天，所以参加谈判和宴会可以着同一套服装吗？
(2) 请问出席该酒会的男士和女士应如何修饰仪容仪表？

# 参考文献

1. 樊建廷. 商务谈判[M]. 大连：东北财经大学出版社，2011.
2. 朱春燕. 商务谈判案例[M]. 北京：清华大学出版社，2011.
3. 李爽. 商务谈判[M]. 2版. 北京：清华大学出版社，2011.
4. 龚荒. 商务谈判与推销技巧[M]. 北京：清华大学出版社，2010.
5. 罗伊·列维奇. 谈判实务[M]. 2版. 北京：人民邮电出版社，2004.
6. 仰书纲. 商务谈判理论与实务[M]. 北京：北京师范大学出版社，2007.
7. 吴显英. 现代商务谈判[M]. 哈尔滨：哈尔滨工程大学出版社，2002.
8. 马克态. 商务谈判——理论与实务[M]. 北京：中国国际广播出版社，2004.
9. 石永恒. 商务谈判实务与案例[M]. 北京：机械工业出版社，2008.
10. 高建军，卞纪兰. 商务谈判实务[M]. 北京：北京航空航天大学出版社，2007.
11. 丁建忠. 商务谈判学[M]. 北京：中国商务出版社，2004.
12. 陈向军. 商务谈判技术[M]. 武汉：武汉大学出版社，2004.
13. 李昆益. 商务谈判技巧[M]. 北京：对外经济贸易大学出版社，2007.
14. 李品媛. 现代商务谈判[M]. 大连：东北财经大学出版社，2005.
15. 徐春林. 商务谈判[M]. 重庆：重庆大学出版社，2004.
16. 王淑贤. 商务谈判理论与实务[M]. 北京：经济管理出版社，2003.
17. 林伟贤. 谈判艺术[M]. 北京：新华出版社，2006.
18. 尤里. 无法说不[M]. 北京：机械工业出版社，2005.
19. 加文·肯尼迪. 万事皆可谈判[M]. 北京：中国人民大学出版社，2006.
20. 潘肖珏. 商务谈判与沟通技巧[M]. 上海：复旦大学出版社，2006.
21. 雷法. 谈判分析[M]. 大连：东北财经大学出版社，2005.
22. 列维奇. 谈判学[M]. 北京：中国人民大学出版社，2006.
23. 刘必荣. 谈判圣经[M]. 北京：中国商务出版社，2004.
24. 张昊民，李燚，张芬霞. 组织行为学[M]. 北京：高等教育出版社，2007.
25. 刘必荣. 攻守之道[M]. 北京：北京大学出版社，2006.
26. 里尔登. 谈判的力量[M]. 北京：当代中国出版社，2005.
27. 郑方华. 业务谈判技能案例训练手册[M]. 北京：机械工业出版社，2006.
28. 李家龙. 人际沟通与谈判[M]. 上海：立信会计出版社，2005.
29. 斯塔克. 你也能成为谈判高手[M]. 杭州：浙江人民出版社，2005.
30. 石永恒. 商务谈判实务与案例[M]. 北京：机械工业出版社，2008.
31. 周海涛. 商务谈判成功技巧[M]. 北京：中国纺织出版社，2006.
32. 张践. 公共关系学[M]. 北京：中央广播电视大学出版社，2004.
33. 温秀珍. 商务谈判的语言技巧[J]. 中外管理，2004(8).
34. 赵秀玲. 商务谈判[M]. 上海：上海财经大学出版社，2007.

35. 陈敦德. 新中国外交谈判[M]. 北京：中国青年出版社，2005.
36. 汪清囡. 国际商务谈判中文化差异的影响及对策[J]. 江西社会科学，2006(6).
37. 周晓琛. 商务谈判理论与实践[M]. 北京：知识产权出版社，中国水利水电出版社，2004.
38. 方其. 商务谈判——理论、技巧、案例[M]. 北京：中国人民大学出版社，2004.
39. 杨晶. 商务谈判[M]. 北京：清华大学出版社，2005.
40. 陈文汉. 商务谈判实务[M]. 北京：电子工业出版社，2005.
41. 孙玉太. 商务谈判概论[M]. 大连：东北财经大学出版社，2000.
42. 汤秀莲. 国际商务谈判[M]. 天津：南开大学出版社，2003.
43. 刘园. 国际商务谈判——理论、实务、案例[M]. 北京：中国商务出版社，2005.
44. 丁建忠. 商务谈判教学案例[M]. 北京：中国人民大学出版社，2005.
45. 李祖武. 商务谈判[M]. 北京：中国财政经济出版社，2005.
46. 李博，扈建明. 浅谈商务谈判的语言技巧[J]. 军事经济学院学报，2007(4).
47. 秦立. 商务谈判中的语言技巧[J]. 商场现代化，2007(1).
48. 庞大庆，龙思红，兰顺喜. 商业谈判学[M]. 北京：国防工业出版社，1997.
49. 朱美娥. 商务谈判[M]. 北京：机械工业出版社，1997.
50. 林逸仙. 商务谈判[M]. 上海：上海财经大学出版社，2004.
51. 刘广文，张晓明. 商务谈判[M]. 北京：高等教育出版社，2005.
52. 王洪耘. 商务谈判[M]. 北京：首都经济贸易大学出版社，2005.
53. 尼尔伦伯格. 谈判的艺术[M]. 曹景行，陆延，译. 上海：上海翻译出版社，1987.
54. 刘必荣. 谈判圣经[M]. 2版. 北京：中国商务出版社，2004.
55. 毛国涛. 商务谈判[M]. 北京：北京理工大学出版社，2006.
56. 盛大声. 如何实现成功谈判[M]. 北京：北京大学出版社，2004.
57. 孙平. 商务谈判[M]. 武汉：武汉大学出版社，2007.
58. 潘忠敏. 如何进行销售谈判[M]. 北京：北京大学出版社，2004.
59. 宋魁元. 商务谈判[M]. 北京：国防科技大学出版社，2005.
60. 潘小钰. 商务谈判与沟通技巧[M]. 上海：复旦大学出版社，2006.
61. 郭秀君. 商务谈判[M]. 北京：北京大学出版社，2008.
62. 张祥. 国际商务谈判[M]. 上海：上海三联出版社，1998.
63. 罗杰·道森. 销售人员谈判训练[M]. 于卉芹，译. 北京：中国商业出版社，2002.
64. 罗德. 谈判不言败[M]. 杭州：浙江大学出版社，2003.
65. 刘宏. 国际商务谈判[M]. 大连：东北财经大学出版社，2009.
66. 夏圣亭. 商务谈判技术[M]. 北京：高等教育出版社，2000.
67. 白远. 国际商务谈判[M]. 北京：中国人民大学出版社，2004.
68. 孙平. 当代商务谈判[M]. 武汉：武汉大学出版社，2007.
69. 常桦，凡禹. 不懂谈判就当不好经理[M]. 北京：北京工业大学出版社，2008.
70. 莫林虎. 商务交流[M]. 北京：中国人民大学出版社，2008.